近世日本の開発経済論と国際化構想

——本多利明の経済政策思想——

宮田 純 著

御茶の水書房

近世日本の開発経済論と国際化構想

目次

目次

近世日本の開発経済論と国際化構想

――本多利明の経済政策思想――

序章　本書の分析視角と内容構成

――近世日本の開発経済論と国際化構想に関する理解に寄せて――

本多利明（一七四三～一八二一）という人物名と接した場合に想起されるイメージはどのようなものだろうか。経済政策論者、数学者、最上徳内の師など、これまでに付与されてきた様々な呼称に鑑みながらも、やはり、徳川時代の日本においては先取的な見解に相当する対外交易論の適用を提起しながらの日本の国際化を憧憬視した人物、さらには、付帯的な提言として国内開発論についても触れていた人物、という理解が一般的ではないだろうか。この認識は当時として特異な発想に相当する対外交易論の分析に力点が置かれ、その一方において国内開発論の意義を的確に指摘した成果が希少であったという研究動向に依拠している点を、開口一番として強調しておきたい。

利明が経済政策論説の文中において対外交易論について言及していたという事実は、三〇〇点に及ぶ先行研究の触れるところであり、その共通認識は本庄栄治郎氏、ドナルド・キーン氏、阿部真琴氏、塚谷晃弘氏の研究成果の影響下に醸成されていったといえる。しかし、これらの先学による蓄積を回顧しながら、利明の発するところの国内開発論の意義ならびに対外交易論の意義を明確に位置づけた成果や、両論の相関関係を明瞭化しながら利明の経済政策思想を体系化した成果を求めてみると、必ずしも、整合性のある適切な解答が提示とされているわけではないという事実と直面することとなる。

これは、利明研究が幾つかの問題点を抱えているところに原因がある。その一つは分析方法に関するものであり、具体的には検討対象に位置してきた諸資料の扱い方という問題である。利明が残した経済政策論説は『自然治道之弁』〈寛政七年（一七九五）一月成立〉、『西薇事情』〈寛政七年（一七九五）六月成立〉、『西域物語』〈寛政一〇年（一七九八）八月成立〉、『経世秘策』〈寛政一〇年（一七九八）一〇月成立〉、『河道』〈寛政一二年（一八〇〇）一一月成立〉、『交易論』〈享和元年（一八〇一）七月成立〉、『経済放言』〈享和元年（一八〇一）八月以降成立〉、と列挙することができるが、従来の研究成果はこれら複数に及ぶ諸書からの断片的な引用に基づきながら構成されている傾向があり、必ずしも資料の個別的な分析に力点が置かれているわけではなかった。したがって、この分析方法は利明の経済政策論説の体系的な理解を求めた場合に思想的変遷を看過した解答へと帰結してしまう難点を残すこととなった。

二つ目は、資料的制約に関する問題である。従来からの利明研究は本庄栄治郎氏が解題を付した『近世社会経済学説大系　本多利明集』（誠文堂新光社、一九三五年）[1]および塚谷晃弘氏の校注による『日本思想大系　四四　本多利明海保青陵』（岩波書店、一九七〇年）[2]にそれぞれ所収された翻刻資料を使用しながら行われており、とくに後者の所収資料を内包し、その他の資料も収録した前者は利明研究における基本的資料集として位置づけられている。この本庄氏の労作は利明研究の進展に大きく寄与した点において価値の認められる成果であるが、翻刻資料の幾つかが抄録の体裁を採りながら所収されており、割愛された部分に対する検討が看過されるという問題を残すこととなった。それとの関連として筆者が格別に着目するのは、経済政策論説の嚆矢に該当する『自然治道之弁』の大半の内容が省略化されている点である。この事実を前向きに捉えれば、同資料の全内容に対する検討を経ることにより、従来の成果とは異なる思想的特質の抽出や、それに基づきながらの経済政策思想の新たな体系的理解の提起が期待されることとなる。

三つ目は分析視角に関する問題である。冒頭において触れたように、利明の経済政策思想と接した場合、徳川時代において特異な見解に相当する対外交易論にまず注目がゆくのは自然なことでもある。ただし、そこに着目するあまり、同論の意義の解明に重きが置かれすぎていないだろうか。筆者がこのような疑問を呈するのは、対外交易論には一切触れることのない経済政策論、換言すれば国内開発論の提起に終始した論説を利明は幾つか著しているという事実に基づいている。その代表例が本書において綿密に検討されることとなる『自然治道之弁』であり、その他に『西薇事情』、『河道』なども列挙することができる。その点を考慮すれば、一旦、利明の経済政策論から対外交易論を切り離したうえで、残された部分に該当する国内開発論について着目し、その視点を基軸としながらあらためて対外交易論について注視してみるといった分析視角からの考察は、既に蓄積された成果とは異なる見解の抽出に繋がる可能性をもつと考えられる。

以上において指摘した幾つかの問題すべてを解決化することにより、初めて国内開発論と対外交易論の意義の明確化や、両論の相関関係の明瞭化がなされ、さらには、それらに基づきながらの経済政策思想の適切な体系的理解が提示されると筆者は考えている。そのためには各資料の個別的分析を基盤としながらの論旨構成、ならびに経済政策論説の嚆矢に該当する『自然治道之弁』を含めた諸資料の全文に対する検討、さらには国内開発論に着目したうえで同論と対外交易論の相関関係を捉えるといった分析視角からの考察、といった幾つかの条件が利明研究に必須のものとして要求されることとなる。

こうした前提を踏まえれば、まず国内開発論の意義を位置づけたうえで対外交易論の意義の明確化を図る、といった段階的な論旨展開により利明の経済政策思想の体系的理解の提示へと迫ってゆく方法が適宜である。したがって、本書は国内開発論の検討を主眼とする第Ⅰ部、対外交易論の分析に力点を置く第Ⅱ部、さらにそれらの総括化を目的とした終章、といった内容構成となり、研究目的と分析方法を簡略化して示せば次の通りとなる。

第Ⅰ部　近世日本の国内開発構想としての本多利明の日本国「豊饒」化構想

――『自然治道之弁』・『河道』・『西薇事情』の分析を中心として――

〈目的〉　経済政策思想の体系化における国内開発論の意義の明示

〈方法〉　『自然治道之弁』・『河道』・『西薇事情』の分析

第Ⅱ部　近世日本の国際化構想としての本多利明の対外交易論

――『西域物語』・『経世秘策』・『交易論』・『経済放言』の分析を中心として――

〈目的〉経済政策思想の体系化における対外交易論の意義の明示

〈方法〉『西域物語』・『経世秘策』・『交易論』・『経済放言』の分析

終章　結論

――近世日本の国内開発・国際化構想としての本多利明の経済政策思想の総合的位置づけ――

〈目的〉段階的な政策導入プロセスにおける国内開発論ならびに対外交易論の意義を明瞭化しながらの、本多利明の経済政策思想の適切な体系的理解の提示

〈方法〉第Ⅰ部ならびに第Ⅱ部の成果を融合化しながらの整理

まず第Ⅰ部においては、『自然治道之弁』〈寛政七年（一七九五）一月成立〉、『河道』〈寛政一二年（一八〇〇）一一月成立〉、『西薇事情』〈寛政七年（一七九五）六月成立〉に提起された国内開発論の適用による日本国の「豊饒」化構想について検討を加え、利明の経済政策思想における同論の意義を位置づける。なお、経済政策論説の嚆矢に該当する『自然治道之弁』の全文に対する分析作業は利明研究における初めての試みである点を強調しておきたい。

『自然治道之弁』についての考察は、利明が問題視した社会経済現象とは何か、どのような特徴を有する対応策を提起したのか、さらにはその結果としてどのような社会像の創出を想定したのか、という設問を踏まえながら、同書に記された利明の政策理念の明確化やそれに基づく根幹的政策、あるいはそれを支える政策の整理を通じて進められる。その結果として日本国全体の「豊饒」化を視野においた国内開発論の意義が位置づけられることとなる。

それとの関連として、関東の「豊饒」化に着目した『河道』ならびに備後国の「豊饒」化を展望した『西薇事情』に

展開された国内開発論についても検討が加えられる。これらは局地的な領域を対象とした「豊饒」化構想が『自然治道之弁』における主張と互恵的な関係性を有している点を証明する作業である。

以上の一連の過程を通じながら、第Ⅰ部の総括として経済政策思想の体系的理解における国内開発論の意義が位置づけられることとなる。この成果は段階的な政策導入プロセスにおける国内開発論の役割の明確化に繋がるものであり、ひいては第Ⅱ部における成果との融合が図られる終章への集成を経て、利明の経済政策思想の体系的理解の提示に資することとなる。(3)

つづいて、第Ⅱ部においては日本の国際化に連動する対外交易論が展開された経済政策論説『西域物語』〈寛政一〇年(一七九八)八月成立〉、『経世秘策』〈寛政一〇年(一七九八)一〇月成立〉、『交易論』〈享和元年(一八〇一)七月成立〉、『経済放言』〈享和元年(一八〇一)八月以降成立〉について細微な検討を加え、利明の経済政策思想における同論の意義を位置づける。

これら四点の資料は、『西域物語』ならびに『経世秘策』といった一七九八年段階の著述と、『交易論』ならびに『経済放言』といった一八〇一年段階のものというように、段階的に成立しているといった特徴を有している。その点を考慮すれば、諸書の内容についての個別的な考察に基礎を置きながら、一七九八年段階の見解、および一八〇一年段階の見解それぞれの特質を弁別的に抽出する方法が適宜である。この作業は対外交易論に関する論調の変化を時系列として把握することに繋がる。それに際し、利明が対外交易論の適用時期をいつに求めていたのか、または、国内開発論との関連性についてどのように考えていたのか、という課題についても明らかにしなければならない。

こうした一連の分析過程を経ながら、第Ⅱ部の総括として経済政策思想の体系的理解における対外交易論の意義を位置づける。それは、段階的な政策導入プロセスにおける対外交易論の役割の指摘へと連綿し、第Ⅰ部の成果と同様に終章の内容へと集成され、利明の経済政策思想の体系的理解の提示に寄与することとなる。

最後の終章においては、第Ⅰ部ならびに第Ⅱ部における検討を通じて導き出された成果を簡潔に纏め、段階的な政策導入プロセスにおける国内開発論ならびに日本の国際化への連動を考慮した対外交易論の意義を明瞭化しながら、両論の相関関係を時系列的な視点から位置づけ、本多利明の経済政策思想の適切な体系的理解を提示する。これは本書において設定された最重要課題に対する解答を意味し、換言すれば、従来の研究成果とは大きく異なる見解が結論として提起されることとなる。したがって、本多利明研究における本書の意義はこの終章に集約化される。

以上の分析視角と内容構成により考察を進めてゆくが、その場合、利明研究の泰斗である塚谷晃弘氏による、

「利明を読む場合、既成の解説にとらわれず、自分なりの角度から、自分なりの問題をもってのぞむならば、おどろくほど多くの「発見」を期待することができるであろう。開かれた思想家、利明とは実はそのような人なのである」[4]

という見解と、本多利明自身が『経世秘策』に記した、

「問ふことを好み、誹謗の言迄を挙げ容れ、短なる所あれども是を扶け、長ずる所もあらば、扶るに小善をも大善の様に取なし、悉皆衆の意に協ふ様にし給へば、衆も又群て佐け奉れば、何事も意の如く成就せん」[5]

という主張が研究上の道標としての役割を担うこととなる。なぜならば、これらの指摘は筆者の「自分なり」の本多利明研究を成り立たしめる拠り所に位置しているからである。

〈付記1〉本書の第Ⅰ部は補論も含めて博士学位論文に該当する。[6]なお、本書の収録において断片的に修整を施した。

〈付記2〉第Ⅰ部と第Ⅱ部の内容において、利明自身や諸研究から発された見解に相当する引用文や、筆者の指摘そ

のものが再出する箇所が散見されることとなるが、これは論旨の展開を念頭に置きながらの判断に基づいた意図的な重複である。

〈付記3〉巻末に付録として「本多利明研究文献一覧[7]――一八九三年~二〇一六年における研究成果――」、「本多利明の翻刻化資料一覧」、ならびに「本多利明関連年表」を添付した。諸研究の今後の発展に資すれば幸いである。

〈付記4〉本書の資料内容やその解説において、差別的な用語が散見されるが、分析対象のほとんどが近世日本であり、なおかつ、歴史研究の立場からの分析であるため、そのまま学術用語として掲載させていただいた。筆者はこうした過去の事象に鑑みながらのあらゆる差別の滅失を願っている。

註

(1) 本庄栄治郎解題『近世社会経済学説大系　本多利明集』(誠文堂新光社、一九三五年)に所収されている翻刻資料は以下の通り。『経世秘策』・『経済放言』・『西域物語』・『長器論』・『河道』・『自然治道之弁』(抄)・『四大急務に関する上書』(抄)・『船長の教訓』・『渡海新法』(抄)・『渡海日記』・『本多氏策論　蝦夷拾遺』・『蝦夷土地開発愚存の大概』(抄)・『蝦夷開発に関する上書』(抄)・『蝦夷道知辺』(抄)・『西薇事情』・『本多利明手簡』・『本多利明先生行状記』。以下、同書については『集』と略記する。

(2) 塚谷晃弘・蔵並省自校注『日本思想大系　四四　本多利明　海保青陵』(岩波書店、一九七〇年)に所収されている翻刻資料は以下の通り。『経世秘策』・『西域物語』・『交易論』・『西薇事情』(抄)・『長器論』(抄)。以下、同書については『大系』と略記する。

(3) なお、第Ⅰ部においては補論が二つ副えられる。その一つは対外交易論についての見解であり、『西域物語』・『経世秘策』の内容に基づきながら同論の概略的な内容が示されることとなり、第Ⅰ部から第Ⅱ部への展開を準備する意味において有益である。もう一つは、利明の経済政策思想における船舶技術論の展開についての指摘であり、『長器論』〈享和元年(一八〇一)八月成立〉についての検討を通じながら、本編第Ⅰ部の内容に関する理解を深化させる。なお、同書を経済政策論説としてみなすことも不可能ではないが、やはり、航海技術の紹介に力点を置いている特徴からすると、本多利明の経済政策思想における技術論の展開というテーマにおいて位置づけられるべき資料であるといえる。

（4）塚谷晃弘「解説　本多利明」『大系』、四七三頁。

（5）本多利明『経世秘策』「後編」『大系』、八五～八六頁。

（6）博士学位論文『本多利明の経済政策思想――『自然治道之弁』による日本国「豊饒」化構想とその後の展開――』〈同志社大学（経済学）平成二二年度甲第四七三号、二〇一一年三月二一日〉。

（7）「本多利明研究文献一覧」は、本多利明研究の編年的な把握を目的の一つとしたものであり、発表時の時代背景や研究動向を強く意識しながらの先行研究の〝読み方〟が求められる、といった筆者の自覚に基づいている。この観点は、原典批判の分析、具体的には考証学研究の碩学である竹村英二氏との共同研究の機会〈筆者のテーマは本多利明ではなく、近代の書誌学・歴史学者幸田成友（一八七三～一九五四）〉を得たことにより成立したものである。同氏のいわゆる〝読み方〟についての国際的な史的研究書〈竹村英二『江戸後期儒者のフィロロギー――原典批判の諸相とその国際比較――』（思文閣出版、二〇一六年）〉にまとめられた成果の成立過程に多少なりとも関わりながら、かような観点が醸成されていった事実をここに明記しておく。

第Ⅰ部　近世日本の国内開発構想としての本多利明の日本国「豊饒」化構想

――『自然治道之弁』・『河道』・『西薇事情』の分析を中心として――

はじめに

1　第Ⅰ部の課題

第Ⅰ部においては徳川時代後期の「経済学者」本多利明〈寛保三年（一七四三）〜文政三年（一八二〇）〉[1]が提起した国内開発論について検討を加え、経済政策思想の体系化ならびに思想的特質の抽出を試みる。この課題は経済政策論に該当する『自然治道之弁』〈寛政七年（一七九五）一月成立〉、『西薇事情』〈同年六月成立〉、『河道』〈寛政一二年（一八〇〇）一一月成立〉といった経済政策論の検討に基づきながら、一八世紀後半の日本において利明が問題視した社会経済現象とは何か、それに対してどのような解決策を発想したか、さらに、それが具現化された場合にどのような社会の出現を想定したのか、という問いに対する解答を通じて明らかとなる。

利明の生存期に該当する一八世紀後半以降に特徴的な時代背景は、商品流通の活性化による市場経済の展開が江戸ならびに大坂、京都の三都以外の全国各地に波及する一方で、天明飢饉に代表される天災の頻発に基づく偏在的な物資不足が全国的傾向としてみられ、また、貧窮化した為政者側の財政事情や、日本の北方に位置する蝦夷地に対するロシア南下の情勢が問題化し、それらへの政策的対応が模索された時代であった。これらの社会現象に特徴づけられる時代相[2]から利明が看取した社会経済問題を明らかにする作業は、経済政策思想の成立要因の確定へと繋がる。

こうした問題視すべき社会経済現象の指摘を通じながら、利明は国内開発に主眼を置いた経済政策論を解決策として提言している。それは単なる対応策の羅列ではなく、理論化された発案として展開されており、その中枢に位置するのが「自然治道」と利明自身が名付けた政策理念である。この「自然治道」と呼称される表現の意味を定義する作業は、具体策へと反映される政策理念の位置づけへと繋がり、ひいては経済政策思想の体系化に資することとなる。

この政策理念「自然治道」を基底に置いた具体的解決策に該当するのが根幹的「治道」としての「渡海運送交易」政策であり、同政策は利明の経済政策論において基軸に位置している。利明が捉えた社会経済問題との関連において、この「渡海運送交易」政策の内容やその効果についての分析作業は同政策の根幹的「治道」としての意義の解明へと繋がる。

利明はさらに「渡海運送交易」政策を支える政策として「四大急務」政策を提起し、その成果として日本国の「豊饒」化を構想している。その際、考慮しなければならないのは、利明の経済政策思想の特質として従来から指摘されつづけてきた政策案に該当する対外交易論との関連性である。したがって、同論に関する通説的な見解を踏まえながら、国内開発論との相関関係についても触れる必要がある[3]。

以上に加えて、利明は日本国の「豊饒」化を補完する局地的政策も提起している。それは、関東および備後国といった各領域の特性を考慮した政策と「渡海運送交易」政策を連動させたものであり、互恵的な経済効果を念頭に置きながら包括的な日本国「豊饒」化を構想している。この狭小的領域に着目した諸政策案に関する検討は、地域独自の社会経済問題に対する処方やその効果の明示のみならず、政策理念「自然治道」やその反映である根幹的「治道」としての「渡海運送交易」政策の汎用性の指摘へと繋がる。

以上の着眼点を踏まえた分析は、利明の経済政策思想を理解する場合に不可欠な作業であり、そこから抽出された各々の位置づけに基づきながら体系化がなされなければならない。したがって、以上のように設定した問題に対する解答を順次に示しながら国内開発論の意義を明確化し、それを踏まえながらの本多利明の経済政策思想の体系化ならびにその思想的特質の抽出を第Ⅰ部の課題とする。

2　検討上の問題点――『自然治道之弁』の分析方法について――

以上の検討課題に取り組むに際して念頭に置くべき分析上の問題点を指摘しておきたい。これは利明の経済政策思想の位置づけに大きく関わる要素であり、第Ⅰ部の意義に関わる問題といっても過言ではない。

これまで、利明の経済政策思想に対する考察は経済政策論説の嚆矢に該当する『自然治道之弁』の検討を基礎としながら進められ、その際、常に使用されつづけてきたのが利明研究の碩学である本庄栄治郎氏の翻刻による『自然治道之弁』であった。それは『近世社会経済学説大系　本多利明集』（誠文堂新光社、一九三五年）に所収されており、「自然治道之弁　同一書名の下に異れる内容を有するものが二つある。即ち其一は先ず人才の登用を説き、農業の道を以て国政の根本とし、更に士商両階級の関係に及び、又運送交易の必要を説いている。其の二は四大急務を説けること経世秘策及同補遺と同様であるが、その文章内容はやや異っている。第四の属島の開業に就て特に然りである。而してその奥書には寛政七乙卯年正月吉辰、東都処士本田三郎右衛門利明と記されている」[4]という同氏の解題が付されている。同書の刊行は『自然治道之弁』の一般化に資する成果であり、筆者もそれを十分に認めている。ただし、思想の体系化を行う場合の資料の取り扱い方を考慮した場合、幾つかの重要な問題点をここに指摘しなければならない。それは、翻刻時に使用された資料そのものの所蔵先が未記載であるという点と、『自然治道之弁』自体が抄録の体裁で翻刻化されており、約五〇％の内容が「中略」表記のもとで割愛されている点である。

この問題との関連として、同翻刻の成立事情について触れておきたい。本庄氏は遡ること大正四年（一九一五）段階の論文において、『本多利明集』の解題とほぼ同じ内容を付しながら『自然治道之弁』を紹介し、「大日本通商史書類百七十一冊所収。東京大学ニモ写本アリ」[5]と記し、また、昭和一〇年（一九三五）の『本多利明集』刊行時に「資料のうちには先年の関東大震災のため烏有に帰し、異本の所在明らかならざるため、今日に於ては私が嘗て写し取っておいた部分だけしか明かならざるものがあり、此等は已むを得ず其部分だけを抄出することとし[6]」という序文を寄せている。これらの記載に基づけば、本庄氏が翻刻時に参照したものは①「大蔵省文庫　大日本通商史書類所収本」および②「東京大学写本」のそれぞれ、もしくは両書の併用であり、なおかつ、同氏の抜粋箇所のみが使用されたと推測される。

さらに、①・②のその後の所在についての情報として、詳細な利明著作目録を作成した阿部真琴氏は、昭和三〇年（一九五五）の段階において両書の滅失を断定するとともに、北海道庁に残存している事実を明記し[7]、「利明の経世学説は、『自然治道の《ママ》弁』にはじめて体系となり、敷衍されて『西域物語』・『経世秘策』・『経済放言』などの主著に示された。およそ一七九八年前後をその成立の時期とする。それはまた天明危機前後の深刻な社会的体験から出発している[8]」と指摘した。本庄氏ならびに阿部氏によるこれらの記載に鑑みれば、北海道庁の所蔵するところの『自然治道之弁』が関東大震災以降に残存する唯一のものであり[9]、それは現在の管理機関である北海道立文書館の所蔵資料③「北海道立文書館蔵資料」（資料タイトル『自然治道之弁　全[10]』）に該当するといえる。

ここで、現存する③の来歴を補足しておく必要がある。その場合、③を含む資料群「旧記」の残存過程を具体的に紹介した佐藤京子氏の調査[11]は「旧記」の資料的価値を指摘した成果であるのと同時に、結果として利明研究の進展に多大な貢献を果たしている。この佐藤研究に大きく依拠しながら北海道立文書館と『自然治道之弁』の関係について示せば次の通りとなる。

明治一〇年（一八七七）、文部省書籍館が東京府に移管される際に、③を含む資料の払い下げが決まり、それらは函館の書店魁文社を通じて開拓使に売却され、地誌ならびに修史編纂事業に供されることとなった。翌一一年（一八七八）以降には開拓使函館支庁が写本を作成したうえでこの購入原本を保管し、同時に謄写本は開拓使本庁に分布される。その後、明治一五年（一八八二）の開拓使の廃止にともない、これら資料群の管理を札幌本庁が引き継ぐこととなり、北海道庁（後に北海道立文書館）の所蔵としての端が開かれることとなる。同所に収蔵された資料群は、中央省庁や大学機関からの提供依頼を受けるケースがあり、佐藤研究は農商務省や東京大学からの謄写要請等を例示している。

こうした経緯に拠れば、現存する③「北海道立文書館蔵資料」を開拓使時代以降に謄写した①・②（阿部研究によれば両方ともに滅失）を断片的に翻刻したものが『本多利明集』所収の『自然治道之弁』であると結論づけることができる。

以上のように整理される資料①〜③に関する一連の経緯は、重要資料である『自然治道之弁』全文についての精査が看過されながら利明の経済政策思想が分析されてきたという事実を照射しており、管見によれば、同書全文を分析対象としたうえでの体系的な研究成果は本庄氏ならびに阿部氏、さらには近年における代表的研究者である塚谷晃弘氏といった利明研究の泰斗の労作をはじめとしてこれまでのところ見当たらない[12]。このような根本的な問題点を考慮すれば、『自然治道之弁』全文の検討は本多利明の経済政策思想の体系化における適切な位置づけの提起や新たな発見に繋がる可能性を秘めているといえる。

したがって、第Ⅰ部においては『自然治道之弁』全文の分析に力点を置き、そこから導き出された考察結果に基づきながら体系化や思想的特質の抽出を試み、従来から適宜とされてきた見解との相違点について指摘する。なお、こうした分析作業は利明の経済政策思想研究史上における初めての試みである。

3　分析の手順

第Ⅰ部では前述した問題点を念頭に置きながら、各課題に対する解答を導くために以下の手順により検証作業を進めてゆく。

第一章では、本多利明の略歴を紹介したうえで、「経済学者」としての本多利明研究の代表的成果を編年的に整理し、従来の見解における問題点について指摘する。

第二章では、経済政策論説の嚆矢である『自然治道之弁』〈寛政七年（一七九五）一月成立〉を分析し、一八世紀後半という時代環境から利明が捉えた社会経済問題を明らかにし、それを前提として成立した政策理念「自然治道」の意味を定義したうえで、その反映である根幹的「治道」としての「渡海運送交易」政策の意義を位置づける。

第三章では、前章同様に、『自然治道之弁』について分析を進め、国内開発を重点化した日本国「豊饒」化プランについての考察を行い、根幹的「治道」としての「渡海運送交易」政策を支える「四大急務」政策の内容を検討したうえで、「渡海運送交易」政策との連動による日本国「豊饒」化構想を明らかにする。また、これとの関連として、利明の特質的発想として指摘されつづけてきた対外交易論との関係性についての指摘も行い、同論の通説的な位置づけに対して若干の修正を試み、第Ⅱ部への展開を考慮しながら概略的な見通しを提示する。

第四章では、日本国「豊饒」化構想の補完を関東「豊饒」化に求めた提言である『河道』〈寛政一二年（一八〇〇）一一月成立〉を分析対象とし、関東「豊饒」化プランについての検討を行う。その際、同プランを組成する内陸輸送ルート整備案および海上輸送ルート整備案についての考察を進め、それら諸案と「渡海運送交易」政策による関東「豊饒」化構想との関係性を明らかにする。

第五章では、日本国「豊饒」化構想の補完を備後国「豊饒」化に求めた提言である『西薇事情』〈寛政七年（一七九五）六月成立〉を分析対象とし、備後国「豊饒」化プランについて検討を加える。その際、同プランを組成する商品作物「産業」活性化案についての考察を進め、同案と「渡海運送交易」政策による備後国「豊饒」化構想を明らかにする。

最後に、〝おわりに　第Ⅰ部の総括〟としてそれまでの各章における検討結果を纏め、国内開発論の意義を踏まえながら本多利明の経済政策思想の体系化を行い、その思想的特質についての見解を提示する。

なお、第Ⅰ部では補論1および補論2を配した。補論1では『西域物語』〈寛政一〇年（一七九八）八月成立〉ならびに『経世秘策』〈同年一〇月成立〉に着目しながら、対外交易論がどのような理想像へ展開されているのかという点についての見解を付記し、また、補論2では、『長器論』〈享和元年（一八〇一）八月成立〉に展開された船舶技術論を紹介し、同論の展開についての見解を補足した。それぞれは第Ⅰ部の理解における助力的な内容であるのと同時に、続く第Ⅱ部の内容に関わる簡易な前置きとしての役割を担うこととなる。

註

（1）利明の没年月日は文政三年一二月二二日である。それは西暦に換算すると一八二一年一月二五日に該当する。

（2）源了圓氏は思想史的側面から一七二八〜一八四〇年を「江戸後期」に相当するとしており、具体的には、江戸後期と呼んだ時代は、天明・安永の田沼時代と呼ばれる商業資本の肯定・外来文化の積極的評価の時代であり、更に寛政異学の禁止を含むところの寛政改革の時代であり、その挫折後の「化・政」期と呼ばれる大江戸の文化の爛熟の時期を経由して天保改革を迎え、江戸時代の中においても比較的波瀾の多い時代であり、商品経済と農業に立脚する自然経済の矛盾が露呈し、その間の調整に当局が苦慮した時代である。しかしそれは違った角度から見れば、庶民の経済力や文化的力がたびたびの飢饉や天災にもかかわらず次第に向上した時代〈源了圓「江戸後期の比較文化論的考察」源了圓編『江戸後期の比較文化研究』（ぺりかん社、一九九〇年）、六頁〉と概括している。このように実際の社会的背景はマイナス要因のみにより組成されていたわけではない。

（3）日本の国際化への連動が認められる対外交易論に関する本格的な分析は第Ⅱ部において展開する。その成果を踏まえながら終章において同論と国内開発論の相関関係についての明確な指摘を行う。したがって、第Ⅰ部における対外交易論に関する筆者の見解は第Ⅱ部の内容への関連性を考慮しながらの見通しとしての役割を担うこととなる。

（4）本庄栄治郎「本多利明集解題」『集』、一九〜二〇頁。

（5）本庄栄治郎「本多利明ノ著書ニ就テ」『経済論叢』第一巻第四号（一九一五年）、一五二頁。なお、本庄氏は『日本経済思想史研究下巻』（日本評論社、一九六六年）を戦後に刊行しているが、同書にも『本多利明集』所収の解題が再録され、「『大日本通商史書類』百七十一冊所収。東京大学にも写本あり」（同書、一〇九頁）という文言が記されている。

(6) 本庄栄治郎「本多利明集解題」『集』、三頁。

(7) 阿部真琴「本田利明の伝記的研究（三）」『ヒストリア』第一三号（一九五五年）、一一一頁。本庄氏は資料①・②の残存状況について、「大日本通商史書類その他、関東大震災のため焼失し、今再び見るを得ないものが少くない」〈本庄栄治郎「本多利明の研究」『日本経済思想史研究　下巻』（日本評論社、一九六六年）、一一五頁〉と指摘している。なお、関東大震災の発生が大正一二年（一九二三）九月一日である点を考慮すれば、翻刻時において資料①・②は既に滅失していたこととなる。

(8) 阿部真琴「本田利明の伝記的研究（四）」『ヒストリア』第一五号（一九五六年）、五四頁。

(9) 昭和三八年（一九六三）段階における北海道庁所蔵資料については登録番号１６０９・１６１０・１６１１を附した三点の『自然治道之弁　全』〈北海道総務部文書課史料編集係編『北海道所蔵史料目録・第５集　旧記の部』（北海道総務部文書課、一九六三年）、四四頁〉を確認することができ、現在の北海道立文書館の登録と不変である。また、昭和四一年（一九六六）段階における『国書総目録』の記載も写本としての所蔵は北海道庁のみになっている〈国書研究室編『国書総目録　四巻』（岩波書店、一九六六年）、九五頁〉。ただし、『国書総目録』に反映された個別の書誌ならびに所蔵データについては情報採取時期について不明瞭な点があるなどの問題点がある。なお、『国書総目録』編纂の経緯については、市古貞次氏の見解〈市古貞次「『国書総目録』の編纂」『日本歴史』第六一〇号（一九九九年）、三四～四九頁（座談会における聞き手：益田宗・笹山晴生）〉ならびに熊田淳美氏の成果〈熊田淳美『三大編纂物　群書類従　古事類苑　国書総目録　の出版文化史』（勉誠出版、二〇〇九年）、二六三～三一二頁〉をそれぞれ参照した。

(10) 北海道立文書館に現存する③「北海道立文書館蔵資料」（『自然治道之弁　全』）は平成二〇年（二〇〇九）時に以下の通り三点（全て写本）ある。

〈一〉『自然治道之弁　全』〈登録番号：旧記１６０９／マイクロフィルム請求記号：旧記Ｆ２-４３０〉

〈二〉『自然治道之弁　全』〈登録番号：旧記１６１０／マイクロフィルム請求記号：旧記Ｆ２-１０８１〉

〈三〉『自然治道之弁　全』〈登録番号：旧記１６１１／未マイクロフィルム化〉

〈一〉は柱に印字「開拓使」がある開拓使罫紙に謄写されており、明治期以降の写本である。〈二〉は和紙への写本であり、字体から最も原本に近いものと推定される（徳川時代後期か）。〈三〉は〈一〉・〈二〉を参照しながら作成された写本であり明治期以降の成立と推定される。以上により、資料〈二〉旧記一六一〇『自然治道之弁　全』に展開された全文が利明研究に最も適した資料としての位置づけとなる。なお、『自然治道之弁』は『国書総目録』に「しぜんちどうのべん」〈国書研究室編『国書総目録　四巻』（岩波書店、一九六六年〉、九五頁〉というふりがな表記のもとで記載されている。

(11) 佐藤京子「北海道立文書館所蔵「旧記」の来歴について」『北海道立文書館研究紀要』第一六号（二〇〇一年）、三一～七九頁。

(12)『自然治道之弁』の全文と接していた唯一の研究者と思われる本庄栄治郎氏は翻刻以前の大正五年（一九一六）段階の論文〈同著「本多利明ノ経済説（一）～（三）」『経済論叢』第二巻第一号、第四号、第六号（一九一六年）〉において『自然治道之弁』の内容を引用しているが、『集』の未翻刻箇所については未使用である。

第一章　本多利明と利明研究史

第一節　本多利明の略歴

徳川時代後期の「経済学者」本多利明[1]（一七四三〜一八二一）は通称三郎右衛門という。その出自は加賀藩士であった先祖が浪人して越後国に土着した家系出身と推定されている。

寛保三年（一七四三）に越後に誕生した利明は、一八歳時に江戸に赴き、関流算学の始祖関孝和（一六四二?〜一七〇八）からの系統に当る今井兼庭（一七一八〜一七八〇）に算学を、千葉歳胤（一七一三〜一七八九）に天文学や暦学をそれぞれ学んだ。利明の修学時は漢訳洋書を通じてヨーロッパの天文学が研究されており、この時代環境の影響下にヨーロッパの航海技術および社会事情や歴史に関する情報を得ることとなる[2]。

明和三年（一七六六）に江戸音羽に算学の私塾を開いた利明は、

「一　弐拾人扶持　本多三郎右衛門利明
　江戸浪人、天文方於江戸為合力、文化六三廿六廿口[3]」

と加賀藩の『絶家録』に記録されているように、文化六年（一八〇九）に加賀国の前田家へ短期間出仕[4]した以外は家持町人[5]としての生涯を過ごし、市井の算学者という社会的立場のまま文政三年（一八二一）一二月二二日[6]にその生涯を七八歳で終えた。

以上の略歴のもとで確認しうる交友関係について触れれば、利明が訂正に携わった『天球図』〈寛政八年（一七九六）

成立〉を作成し、『西域物語』においてもその名を記された画家の司馬江漢（一七四七～一八一八）や、『訂正増訳采覧異言』〈享和二年（一八〇二）成立〉を著した地理学者山村才助（一七七〇～一八〇七）[7]、また、書簡を往復する関係にあった水戸藩士の立原翠軒（一七四四～一八二三）ならびに小宮山楓軒（一七六四～一八四〇）などが交流を認められる代表的人物であり[8]、蝦夷地調査でその名を知られる最上徳内（一七五五～一八三六）や航海術書である『海路安心録』〈文化一四年（一八一七）成立〉の著者坂部広胖（一七五九～一八二四）は利明の門弟にあたる。

そのほかに、幕府との関係に着目してみると、『蝦夷廟議』（京都大学文学部所蔵）や『利明上書』（東京大学総合図書館所蔵）を検討した藤田覚氏が両書に基づきながら指摘したように、①普請役青島俊蔵―本多利明―最上徳内、②目付村上義礼―支配勘定格屋代戸右衛門―本多利明[9]、という繋がりが明らかとなっている。また、利明が老中松平定信に対して上申書を提出していたという事跡[10]や、定信の側近水野爲長の記録『よしの冊子』における、

「米倉丹州にて急ニ廿人扶持ニて儒者を抱候由。是ハ間違のよし。素人了見ニて日本人の外ハ皆唐人と心得居り候ニ付、万一オロシヤ人領知へ来候節、筆談の為に抱候由。儒者でハいくまい、夫より音羽町の本多三郎右衛門が弟子でも抱たがよかろふ。と笑候てさた仕候よし[11]」

という寛政五年（一七九三）一月二七日～二月一九日の間の記事[12]を考慮すれば、直接的ではないにせよ、③老中松平定信―本多利明という関係性も成立していたといえる。

つづいて、生業に関する特徴について触れると、利明は筆算による代数方程式である天元術を内容とする書物に校訂を行うレベルにあり、のちに関流の免許を授けられているところから一流の算学者としての評価が妥当である。また、関孝和百年忌の催行時〈寛政六年（一七九四）〉に、利明が筆頭としてこれを主宰し、記念碑を建立したという事跡や、利明の死後である文政九年（一八二六）に成立した番付『古今名人算者鑑』における、

「前頭　高名　加賀　本田三郎右衛門利明[13]」

という記載から、関流算学における地位の高さが裏づけられる。

このような位置づけは、徳川時代後期の文人藤堂梅花の回想録であり、利明の死後である文政一三年（一八三〇）から天保一四年（一八四三）に亘り纏められた『老婆心話』における、

「先年、蝦夷御開きの頃なり。本多三郎右衛門こと〈関流算法家、近来之達者也〉蝦夷御用にて船を出せし事あり。江戸鉄炮洲より出船し、直に東洋へ乗り出し、天度を見て走りける故に、外の船より十一日跡よりおくれ出船して、廿日も以前に松前へ着船なしたり。帰船之刻も它船よりは十一日先に下総銚子港迄入船。它船を見合て、江戸同様に入たりと、余に本田利明物かたりき[14]」

という記載にも顕著であり、利明を「関流算法家、近来之達者也」とみなす認識は同時代人に共通のものであったといえる。

以上のように、社会的立場を算学者として認知されていた本多利明を本書において「経済学者[15]」と位置づけながら分析対象としたのは、専門領域である算学や天文学および暦学関連の著述や校訂のほかに、当時の日本が直面していた諸問題への解決策を提起した経済政策論説を幾つか著しているからであり[16]、さきに書名のみの紹介に止めた『自然治道之弁』などの著述内容から、算学者としての利明とは異なる思想的側面を看取することができる。

ただし、当時において、利明の社会的立場が「経済学者」として認知されていたとは断定できない。なぜなら、経済政策論の提起を主旨とした著述は門弟への限定的頒布や、懇意の関係が認められる水戸の小宮山楓軒や立原翠軒への提供、または、上申書の体裁にて幕府に提供された事跡が認められる段階に止まり、利明の考えが一般化されるほど社会全般に浸透した形跡は確認できないからである。

したがって、本多利明とは、公的な存在としての市井の算学者という立場と、民間の私的な「経済学者」という立場とを兼備した人物として理解するのが適切である。[17]

第二節　「経済学者」としての本多利明研究史

本多利明の経済政策思想の全容理解を目的した分析結果は、国内では本庄栄治郎氏を始めとして、阿部真琴氏、塚谷晃弘氏の以上三氏により段階的に蓄積されてきた。代表的利明研究者である彼らの業績を整理する作業は、のちに本書において明らかとなる成果とは異なる通説的見解の提示へと連動する。

既に明治期において、数学史の分野を中心に利明の存在は認知されていたが、[18]「経済学者」としての利明の思想を網羅的に纏めたものは戦前における本庄氏の成果〈「本多利明集解題」『近世社会経済学説大系　本多利明集』（誠文堂新光社、一九三五年）〉[19]を嚆矢とする。同氏は利明の生涯や著述についての情報収集および整理を行いながら、とくに利明の経済政策論説に着目し、社会事情や洋学の知識の流入といった時代の機運に促された利明の思想について、「メルカンチリズムの思想に類似せる点が少くない」と言及し、積極的な対外交易を推奨した点において「同時代の学者の所説に比し、極めて進歩的」という位置づけを行った。[20]この指摘は、西洋経済学説から利明の提言を照射する方法により導き出された成果であり、徳川時代の日本においては特殊な見解としての認識下に、頻発した諸問題への対応を対外交易に求めた発想が特筆として紹介されている。

その後の昭和三〇年（一九五五～）代に本庄研究を敷衍しながら連載された阿部真琴氏の成果〈「本田利明の伝記的研究（一）～（六）」『ヒストリア』第一一～一三、一五～一七号（一九五五年～一九五七年）〉[21]は、様々な経済政策論の紹介を主旨とした本庄研究に比すれば、利明の事績の再検証や、関連資料の残存状況の調査に主眼が置かれており、時代背景との関連に着目しながら利明の生涯を編年的に纏めている。阿部研究は本質的には利明の経済政策思想の体系化を目的としたものではないが、為政者主導の要求、交通と商業に着目した経済観、政治改革意見としての主張といった幾つかの思想的特質を指摘している。[22]

両氏によるこれらの労作を敷衍しながら、さらに昭和四五年（一九七〇）までの論説全般の精査を通じた研究として塚谷晃弘氏の成果〈「解説　江戸後期における経世家の二つの型——本多利明と海保青陵——」ならびに「解説　本多利明」『日本思想大系　四四　本多利明　海保青陵』（岩波書店、一九七〇年）[23]〉が挙げられる。これは利明の経済政策思想の本格的な体系化を試みた画期的な論説として認めるべき成果である。同氏は、世界に位置する日本としての経済全体を見つめ、藩体制を超えて日本全体に利益ある経済政策を提言した人物として利明を捉え、「海外交易の流通過程から富をひきだす——〝抜き取る〟——ことに富国の根源」を置いた点を特質として指摘しており[24]、この塚谷研究による位置づけが日本経済思想史の分野のみならず日本史や日本思想史、あるいは対外交渉史といった専門領域にも浸透し、さらにいえば、一般的な認知へと波及している。

以上の三氏による研究成果の段階的な進捗状況について簡略化すれば、経済政策思想の総合的研究の嚆矢としての役割を果たした本庄研究、時代背景との因果関係に関する実証的考察に力点を置いた阿部研究、そして、それまでに蓄積された成果を包括しながら本格的な経済政策思想の体系化を試みた塚谷研究、という一連の過程として理解することができる。これらの成果の意義は、利明のさまざまな経済政策論が一八世紀後半という時代背景との関連下に指摘され、後の派生的研究[25]に繋がる基盤的な役割を担うこととなった点にある。

また、「日本の永続的な繁栄はただ外国との貿易によってのみ達成されうること[26]」を主張した人物として利明を海外に紹介したドナルド・キーン氏のきわめて有意義な成果や、テツオ・ナジタ氏の「利明の国家構想はメルカンティリストの発想であり、統一君主の管理主導下による富の創出と蓄積を対外交易と鉱山開発にもとめた[27]」という概容が提起されたように、利明の経済政策思想研究が諸外国の専門家に注目されている点も強調すべきであろう。[28]この過程に鑑みれば、本多利明研究は国際的な学術的貢献として展開されてきた側面を有していたといえる。

その一方で、あらためて検討すべき課題も残されており、それについても再び強調しておかなければならない。それは、「はじめに　2　検討上の問題点――『自然治道之弁』の分析方法について――」項において指摘したとおり、本格的な体系化を試みた唯一の成果である塚谷研究は『自然治道之弁』の五〇％の分量に相当する内容についての検討を未着手としているという問題である。その点については本庄研究や阿部研究、さらに既存の研究すべてが同様であるといえる。これは、利明の経済政策論において嚆矢的役割を担う『自然治道之弁』の内容についての精微な検討が加えられないまま、利明の経済政策思想に関する様々な成果が提起されつづけてきたという研究状況を示している。

したがって、「経済学者」としての本多利明研究史そのものこそが、『自然治道之弁』全文の分析を通じた筆者の成果と対比させられるべき旧来からの通説に該当しているのである。

註

（1）本多利明の生涯については、〈一〉本庄栄治郎「本多利明集解題」『集』、〈二〉森銑三「本多利明の墓誌の発見」『科学ペン』第四巻第一号（一九三九年）、〈三〉阿部真琴「本田利明の伝記的研究」『ヒストリア』第一一号〜第一三号、第一五号〜第一七号（一九五五年〜一九五七年）〈阿部論文において「本多」は「本田」と明記されている〉、〈四〉塚谷晃弘「解説　本多利明」『大系』、の以上四点が有益である。「利明」は通常「としあき」と発音されることが多いが、「としあきら」または「りめい」のケースもあり、アルファベット表記では"Honda Toshiaki"がスタンダードである。なお、「本多」は「本田」と記される場合もある。

（2）塚谷晃弘氏は、漢訳洋書から齎される西洋流の天文・測量・地理を踏み台として、経世的蘭学者へのコースへと進んだと位置づけている。その場合、利明には蘭学方面の正統な師はいなく、山村才助や司馬江漢など蘭学に関係が深い人々との交わりにおいて蘭学を独学した、と指摘している（以上、塚谷晃弘「解説　本多利明」『大系』、四四六頁）。この評価との関連として、Keene氏は"In his books Honda referred constantly to Dutch learning, but we do not know how much he actually knew of the language...certain mistakes in Dutch that he made in his other works suggest that his grasp of the language was not very secure."〈Keene, D.,(1952) *The Japanese Discovery of Europe, Honda Toshiaki and Other Discoverers 1720–1798*, Routledge and Kegan Paul, p.75〉との見解を示し、オランダ語の読解能力について疑問を呈している。なお、蘭学について、板沢武雄氏は「蘭学とは、和蘭の学問の略で、江戸時代にオランダ語及びオランダ人を通じて、とりいれられ、研究され、実用に供せられた学問、技術、思想のことである。蘭学の外に蛮学、洋学、西学などという言葉も用いられた。蛮学とは南蛮学の略であり、南蛮文化の伝統をひいた言葉で、早くから用いられた。（中略）洋学とは西洋学の略で、幕末になって広く用いられた。蘭学と全く同じことである。西学とは泰西学の略で、洋学と同じ意味であるが、洋学ほど広く用いられなかった」〈板沢武雄『日本とオランダ』（至文堂、一九五五年）、一三三～一三四頁〉と指摘している。この類型化された位置づけは利明と「蘭学」の関係性を理解するうえで示唆に富む。

（3）小木貞正旧蔵『絶家録』金沢市史編さん委員会編『金沢市史　資料編5　近世三　家中』（金沢市、二〇〇三年）、五八六頁。『絶家録』は元和～安政期に加賀藩において絶家した家ならびに人物の一覧である。引用資料中の「文化六三廿六廿口」は、「三月廿六日於江戸、左之通被仰付候段、前田織江殿御申渡之旨申来。御合米　一、二十人扶持　江戸浪人　本多三郎右衛門　三郎右衛門儀、天文学宜旨被聞召候に付、是以後御用可被仰付、依之為御合力如斯御扶持方被下之」〈前田育徳会編『加賀藩史料』第一一編（清文堂、一九三七年）、七九六頁〉という文化六年（一八〇九）の記事からすれば、「文化六（年）三（月）廿六（日）廿口」の意として理解しうる。

（4）ただし、経済政策論者としてではなく、測量術や船舶に関する専門家としての招聘である。利明と加賀国前田家の関係については前田育徳会編『加賀藩史料』一一編（清文堂、一九三七年）、七九六～七九七、八二一～八二三頁を参照。

（5）塚谷晃弘「解説　本多利明」『大系』、四四八頁。

（6）文政三年一二月二二日は西暦に換算すると一八二一年一月二五日に該当する。

（7）山村才助の事績として『訂正増訂采覧異言』の執筆が特筆として挙げられる。川村博忠氏は「（新井）白石の『采覧異言』が書かれてから約九〇年を経た享和二年（一八〇二）に、土浦藩士の山村才助（昌永）は漢訳書のほかオランダ語で得た新知識をもって同書の誤謬をただし、広範な増補により『訂正増訳采覧異言』と題する充実した世界地理書を書きあげている。本書の出現はわが国知識人の世界地理知識を飛躍的に拡大させることになった」〈川村博忠『近世日本の世界像』（ぺりかん社、二〇〇三年）、一九三頁〉と指摘している。また、鮎沢信太郎氏は、「才助は、（西川）如見の『四十二国人物図説』に訂正と増補を施して、『訂正四十二国人物図説』を作った。才助は、（新井）白石の『采覧異言』に命をかけて訂正と増訳を加えて『訂正増訳采覧異言』十三巻を作った。白石と如見の世界地理学を集大成したのは山村才助であった」〈鮎沢信太郎『山村才助』（吉川弘文館、一九八九年）、二五二頁〉という評価を与えている。

(8) 阿部真琴「本田利明の伝記的研究（二）」『ヒストリア』第一二号（一九五五年）、八四〜八五頁。

(9) 藤田覚「寛政改革と蝦夷地改革」同編『幕藩制改革の展開』（山川出版社、二〇〇一年）一一六〜一二四頁。

(10) 「利明上策は白河少将御執政之時三郎左衛門封書に而上候草案内々遺候に而御座候右思召に而御取扱可被下候已上　十二月九日　立原甚五郎」（『本多氏策論　蝦夷拾遺』『集』、二九五頁）という記事による。寛政二年（一七九〇）七月に完成した同書は、利明の蝦夷地開発論が所収されている。なお、国立公文書館蔵『本田氏策論　蝦夷拾遺』（請求番号：178-0339）を適宜参照した。

(11) 水野為長著・駒井乗邨編『よしの冊子』〈森銑三・野間光辰・中村幸彦・朝倉治彦編「よしの冊子」『随筆百花苑』第九巻（中央公論社、一九八一年）、四六七頁〉。なお、国立国会図書館蔵『よしの冊子』〈駒井乗邨編『鶯宿雑記』（原本請求記号：YD-古-526、YD-古-697／マイクロフィルム請求記号：238-1）〉を適宜参照した。引用文は、定信自身が利明について言及しているという点において稀有な記録である。

(12) 日付の特定については、『よしの冊子』の記載内容から看取することができない。

(13) 北川錠次郎蔵『古今名人算者鑑』名古屋市教育委員会編『名古屋叢書　第十三巻　科学編』（名古屋市教育委員会、一九六三年）、口絵。

(14) 藤堂梅花著『老婆心話』〈揖斐高・マーク・ボーラ・中島穂高・小林ふみ子・瀧口恵美・堀秀巳翻刻「老婆心話（翻刻）その一」『成蹊人文研究』第六号（一九九八年）、二〇八頁〉。なお、本引用の具体的な内容は享和一年（一八〇一）における利明の蝦夷地渡航に関する話である。『老婆心話』に展開された利明に関するその他の記載を以下に紹介しておく。

〈一〉「船を乗るには、天度を委しく知るへし。阿蘭陀船に用る「イスタラビ」「ヲクタンド」なとをよく遣ひ覚へてより乗るへし。船を地方近く乗る故に破ること多し。大洋を乗れは無恙物なりと本田三郎右衛門申せしなり」〈同、二〇九頁〉。

〈二〉「関先生年六歳の頃、炊奴に塵劫記の二の段を学ひ、夫より考勘をなして、日数一月を経すしてこと〳〵く臆記す。それよりしては難解算法と云はなし。遂に天元術の法を開けり。今算聖と仰なり。〈関先生牛込七軒寺町日蓮宗浄林寺に葬。十月廿四日忌日。先生手沢の書、山田家にありて、先年予不残算書持来りぬ。其後火事にて尽く焼失せり。可惜。大極の伝書、本田三郎右衛門へ貸す。今以不返。時ありて可得ことなり」〈同、二〇九頁〉。

〈一〉は航海術についての利明の見解を記したものであり、〈二〉は利明に貸した関孝和ゆかりの「大極の伝書」が梅花に未返却であるエピソードが語られている。なお、本註を含む註(3)・(11)・(13)・(14)の引用は利明研究における初出に相当する。

(15) 徳川時代に於ける用語「経済」とは、「経世済民」または「経国済民」の略語であり、太宰春台の「凡天下国家ヲ治ムルヲ経済と云、世ヲ経メ民ヲ済フト云フ義也」〔太宰春台『経済録』（享保一四年〈一七二九〉成立）〕（滝本誠一編『日本経済大典　九巻』（明治文献、一九六七年）、三九四頁）という見解に顕著なように、〝治国平天下の道〟、〝政策的思惟〟、〝政治〟、〝統治〟、〝道徳〟、〝倫理〟、〝身分〟、〝商業〟等が有機的に連関した抽象的概念であり、広義の「経済」としての理解となる。また、現代的な生産や分配や消費にかかわる金銭的な社会的関係を意味する「経済」は、商品流通経済の展開のもとで、〝理財〟または〝食貨〟として表現されており、狭義の「経済」としての理解となる。以上に関して、川口浩氏による「近世において一応の纏まりを持った経済論が成立したのは、一六六〇―七〇年頃であった。但し、それは為政者の立場からする経世済民論（あるいは単に経世論とも言う）に含まれる形で語られたものであった。現在の経済という語は元来この経世済民という言葉に由来するものである。しかし、経世済民とは、世を治め民を済うということであり、今日的な言い方をすれば、むしろ政治を意味していた。そして、あるべき政治の姿やそのための政策的提言を開陳したものが経世済民論なのである。つまり、今日的な意味での経済論は政治論の一部として、それに組み込まれて出現したのであった」（川口浩「近世的経済主体の出現――山鹿素行・熊沢蕃山・伊藤仁斎」杉原四郎・逆井孝仁・藤原昭夫・藤井隆至編『日本の経済思想四百年』（日本経済評論社、一九九四年）、三三～三四頁）という指摘は示唆に富む。なお、太宰春台の「経済」観についての近年の考察結果として、西岡幹雄氏は制度の利用により「厚生」に至るように利を誘導し、人々の生活の恒常的安定化を基底に置いたものとして捉えている（Nishioka, Mikio "Economic Thought and Public Welfare in Early Modern Japan: Dazai Shundai's Idea of Political Economy and Joheiso"、『経済学史研究』第五二巻第一号（二〇一〇年）、一～一九頁、および、同「制度フレームとインセンティブ設計――太宰春台の「常平倉」論における経済社会安定化論――」『経済学論叢』第五六巻第四号（二〇〇五年）、七五～一一六頁）。

(16) 経済政策論の成立要因を探求する場合に、利明生存時の思想環境における徂徠学の隆盛を念頭に置く必要がある。源了圓氏の、「制度を通じた政治に多くの期待をよせた儒者荻生徂徠（一六六六～一七二八）の発想により、知的関心は外面の世界へと変わり、実証の世界が開かれ、のちの経世論に強い影響を及ぼすこととなった」（源了圓『徳川合理思想の系譜』（中央公論社、一九七二年）、八六、九七～九八、一五六～一五七頁）という指摘を前提としながら、利明の経済政策論において為政者主導が要望され、なおかつ政策という「制度」、利明の表現でいうところの「治道」そのものの実践により社会経済問題の解決化が模索されている点に着目すれば、すくなくとも徂徠学の影響下にあったという理解へと到達する。ただし、明確な思想的影響については不詳である。

(17) 民間の立場から経済政策論が発せられた場合、その目的とは一体何かという命題が発生する。確たる証拠がないので、あくまでも推測ということになるが、持論の経済政策論を伝達する対象が幕府や諸国の領主であったことを考慮すれば、経済政策論を実践化するための仕官先を希求するという意図のもとで幾つかの経済政策論を著されたという仮説が成り立つ。

(18) 遠藤利貞『大日本数学史』(私家版、一八九六年)が代表的成果である。なお、同書はのちに『増修日本数学史』(恒星社厚生閣、一九六〇年)として刊行されている。また、藤原松三郎氏ならびに平山諦氏の成果として、戦後に刊行された、日本学士院日本科学史刊行会編『明治前日本数学史 第一巻~第五巻』(岩波書店、一九五四~一九六〇年)にも数学者としての利明の事績が数多く記されている。

(19) 幾つかの単著に収められた本庄氏の利明研究は〈一〉「徳川時代の経済学者、本多利明の研究」『経済史研究』(弘文堂、一九二〇年)、〈二〉「本多利明集解題」『近世社会経済学説大系 本多利明集』(誠文堂新光社、一九三五年)、〈三〉「本多利明の研究」『日本経済思想史研究 下巻』(日本評論社、一九六六年)と編年的に列挙しうる。〈二〉が〈一〉を増補し、〈三〉が〈二〉と同内容である点を考慮すれば、〈二〉こそが本格的に纏められた利明研究の嚆矢に該当するといえる。

(20) 本庄栄治郎「本多利明集解題」『集』、一〇九頁。

(21) 阿部真琴「本田利明の伝記的研究(一)~(六)」『ヒストリア』第一一号~第一三号、第一五号~第一七号(一九五五~一九五七年)に連載。

(22) 阿部真琴「本田利明の伝記的研究(四)」『ヒストリア』第一五号(一九五六年)、五六頁。

(23) 「江戸後期における経世家の二つの型――本多利明と海保青陵――」は『大系』の四二一~四四二頁に、「解説 本多利明」は同書の四四三~四八〇頁にそれぞれ掲載されている。

(24) 塚谷晃弘「解説 本多利明」『大系』、四六七~四七三頁。

(25) 現在の研究水準における注目すべき成果として西岡幹雄氏ならびに矢嶋道文氏の見解がある。西岡氏は利明の経済政策について、現代の開発経済学のモデリングに近いと指摘し、それを推進する処方を知的所産としての「西域」型経世学に求めている〈西岡幹雄「本多利明の「自然治道」論と開発経済モデル――政策思想における「西域」型経世学への転換――」『経済学論叢』第五一巻第三号(二〇〇〇年)、一三七~一三八頁〉。西岡研究の学術的価値はその他の徳川時代の識者との比較のみならず、現代的な分析視覚において利明の発想を考察している点にあり、徳川時代から現在へと至る経世学の展開過程における利明の経済政策思想の意義を考察する場合に極めて有益な成果といえる。また、矢嶋道文氏は「重商主義」という普遍概念を分析装置として、そこから徳川時代の経済思想を照射しており、利明の経済政策思想を貿易・植民地型「政策思想」として位置づけている〈矢嶋道文『近世日本の「重商主義」思想研究——貿易思想と農政——』（御茶の水書房、二〇〇三年）、一五一〜一九三頁〉。

（26）Keene, Donald.,（1952）*The Japanese Discovery of Europe, Honda Toshiaki and Other Discoverers 1720–1798*, Rautledge and Kegan Paul, p.130。本引用に該当するKeene氏の見解は“only through foreign trade could Japan attain lasting prosperity”である。なお、本庄栄治郎氏の研究成果を援用した同書は翻訳版も刊行されている〈藤田豊・大沼雅彦訳『日本人の西洋発見』（錦正社、一九五七年）〉。また、同書は増補版に当たるRevised Edition〈Keene, Donald.,（1969）*The Japanese Discovery of Europe, 1720–1830, Revised Edition*, Stanford University Press.〉も刊行されている。こちらについても翻訳版〈芳賀徹訳『日本人の西洋発見』（中央公論社、一九六八年）〉がある。

（27）Najita, Tetsuo.,（1991）“History and Nature in Eighteenth-Century Tokugawa Thought,” *The Cambridge History of Japan*, Vol. 4, Cambridge University Press, p.650. 本引用に該当するNajita氏の見解は“Toshiaki's conception of the nation state is clearly that of a mercantilist. The production and accumulation of wealth were the responsibility of the central government, whether this wealth was acquired through trade or mining”である。なお、Najita氏はKeene氏の研究ならびに塚谷晃弘氏の『大系』における成果に依拠しながら論説を展開している。その他に海外の研究者による利明に対する見解として、対外交渉史研究の分野に属するBeasley氏は西洋諸国が政治的ならびに経済的に多国間競争を展開している様相を念頭に置きながら、世界で富強の国家創生を示唆した人物として利明をとりあげている〈Beasley, William. Gerald.,（1984）,“The Edo Experience and Japanese Nationalism,” *Modern Asian Studies*, Vol. 18, No.4, Cambridge University Press, p.561〉。

（28）Keene氏とNajita氏の見解の影響下に、利明を一般化した成果としてTotman氏の業績があげられる。同氏は蘭学の知識を通じて得たヨーロッパ情報に基づきながら経済政策論を提言した人物として利明を紹介している〈Totman, Conrad.,（1993）,*Early Modern Japan*, University of California Press, p.437〉。また、De, Bary氏の編さんにより『経世秘策』において展開された「四大急務」政策の中の第三船舶活用政策案が中略化されながら英訳されており、書名『経世秘策』は“*A Secret Plan of Government*”と訳されている〈De, Bary, William. Theodore.,（2008）,*Sources of East Asian Tradition*, Vol. 2, Columbia University Press, pp.331–334〉。ただし、この資料紹介の大部分はKeene氏の成果に依拠したものである。以上の研究動向を念頭に置けば、Keene氏の学究活動に基づきながら利明が国際的に認知されるようになったといえる。それとの関連として、同氏が教鞭をとったコロンビア大学から刊行されている日本通史のテキスト〈De, Bary, William. Theodore., Keene, Donald., Tsunoda Ryusaku.,（1958）*Sources of Japanese Tradition*, Columbia University Press〉においても利明が紹介されており、同書の五五三〜五六一頁がそれに該当する。同書は後日に改訂版〈De, Bary, William. Theodore., Gluck,

Carol., Tiedemann, E. Arthur.,（2006）*Sources of Japanese Tradition second edition*（*vol. 2: part 1: 1600 to 1868*）, Columbia University Press〉が刊行されており、利明についての情報は同書の四九六～五〇三頁に記されている。また、徳川時代の日本経済思想史の展開過程を日本側から発信したものとしてKomuro, Masamichi 氏の成果が挙げられる。同氏の指摘は、利明の提起による政策の幾つかは明治政府の国家運営における原型的な要素に相当するというものである〈Komuro, Masamichi.,（1998）, "Trends in economic thought in the Tokugawa period," Edited by Shiro, Sugihara and Toshihiro, Tanaka, *Economic Thought and Modernization in Japan*, Cheltenham, UK. Massachusetts, USA: Edward Elgar, p.10〉。なお、同様の指摘として、Morris-Suzuki 氏の "The concept of a 'prosperous country and a strong army'（*fukoku kyohei*）appears recurrently in Tokugawa economic writings, and had been given particular emphasis by Honda Toshiaki and Sato Nobuhiro"〈Tessa, Morris-Suzuki.,（1991）*A History of Japanese Economic Thought*, Routledge, p.41〉という見解も付記しておく。なお、同書には翻刻版〈テッサ・モーリス−鈴木著、藤井隆至訳『日本の経済思想』（岩波書店、一九九一年）〉がある。

第二章　『自然治道之弁』における本多利明の政策理念「自然治道」と根幹的「治道」としての「渡海運送交易」政策

本多利明の経済政策論説の嚆矢的著述は、寛政七年（一七九五）一月に成立した『自然治道之弁』(1)に求められる。本章では同書を分析対象として、まず、利明の経済政策思想の端緒に該当する日本国の社会経済問題認識を検証する。この作業は、一八世紀後半の日本において利明が問題視した社会経済現象とは何か、という問いについての解答の明示へと繋がるのみならず、問題視した現象の指摘から、日本国全体を経済圏とみなした経済構造観の抽出へと連綿することとなる。それに続いて、以上の問題意識への対応を企図した解決策について検証を進めてゆく。その際、諸問題の認識から成立した政策理念「自然治道」について考察を行い、基盤に位置する政策観を規定したうえで、その理念を反映させた根幹的政策を意味する根幹的「治道」としての「渡海運送交易」政策の内容について検討を加える。以上の一連の分析過程を通じて導き出される検証結果は、利明の経済政策思想のベースの部分に相当し、体系化に資する重要な位置を占めることとなる。

第一節　利明の捉えた社会経済問題

経済政策論である『自然治道之弁』において、利明が捉えた当時としての社会経済現象の理解は、

「時勢に随ひ治道に益あらん事を探索あれとも善き事にも悪き事を含み行ひ難く強て行へは善悪五分〳〵となつて手戻りとなると後に世話損となる事多きゆへ時の執政の御方々も是に怖れ見合居て容易に手を出す事をせす然るに

其非漸々に積り[2]」

というものである。ここでは「悪き事」が頻発し、社会経済情勢が悪化している境遇としての理解のもとで、「非」とされる悲観的様相が拡大傾向にあり、この趨勢が「時勢」として認識されている。この見解を提示した真意は、万民の社会生活に影響を及ぼす諸問題の発生を前提としながら、「容易に手を出す事をせす」というように即時の対応が計られていない点を批判するのと同時に、その状況を打開する役割を「時の執政の御方々」として描写した為政者側に要望することにある。その場合、悪化した社会経済状況を好転化させる具体的政策、すなわち「治道」の導入による政策的誘導が不可欠であると強調されている。

この引用は悪化した社会経済状況を包括的に捉えた抽象的な記載であるが、それのみに留まることなく、利明は社会現象を組成する諸問題について詳述している。それは、日本国が抱える危機的問題として細分化されながら指摘されており、〈1〉全国的傾向としての国内生産力低下と物資需給問題、〈2〉国内社会秩序の混乱問題、〈3〉ロシア南下情勢に基づく蝦夷地問題、の以上三つに大別しうる。それらについて、以下、個別的に検証を進める。

1　全国的傾向としての国内生産力低下と物資需給問題

利明が着目した社会経済問題の一つは全国的傾向としての国内生産力低下と物資需給問題である。それは、

「今既に諸国に田畑の手余地亡処となりたる事夥しく出来租税逐年に減少して今に至ては如何んともすへき様なきに至りたり[3]」

という記載に如実に示されている。これは、米穀などに代表される農作物を産出する役割をもつ耕地が「手余地」とされる荒廃地へと化し、さらにその領域の拡大化傾向が生産高の減産化へと連動し、結果として為政者側の税収減といっ

た境遇を創出させているという認識である。この見解は、「諸国」と記すように、全国的規模に波及した様相として捉えられており、農業生産力の低下に対する視点に基づきながら日本国内の生産力低下問題を憂慮した指摘である。

この観点を発想させた要因について、利明は、

「亡処手余地多きは天明癸卯年以来の飢饉の節餓死断絶跡の田畑なり(4)」

と記しており、天明飢饉という不測の事態をその一つとして挙げている。天明飢饉は天明三〜六年（一七八三〜八六）に及ぶ全国的飢饉の総称であり、利明が「癸卯」と記した天明三年（一七八三）の飢饉は、冷害凶作と浅間山の噴火による降灰被害とが複合化した現象である。このケースでは、とくに秋作が大打撃を受け、食料が極端に欠乏して翌四年にかけて餓死や疫死が激増し、東北地方では死者数が三〇万人を超える規模の災害(5)であったと推定されている。この惨状を齎した飢饉の様相について、利明自身は「余天明乙巳年十月奥羽両州の飢饉の折節旅行せしに(6)」と天明五年（一七八五）の時点で東北方面へ赴き、現地の凄惨さと直面しており、「相馬領岩城領南部領秋田領皆大飢饉餓死をし人数凡二百万人もあるへしとなり(7)」と飢饉を要因とする餓死者の数を二〇〇万人と推算している。さらに、この理解のもとで「此地にて銭は用に立す商人なけれは食物の売買もなし(8)」という認識を記していることから、実体験を通じての見解であることがわかる。

ここで着目すべきは、「餓死断絶跡」および「食物の売買もなし」という表記である。前者は農業労働人口の枯渇化傾向が荒廃地拡大化を誘引し、さらなる生産力低下現象を発生させる悪循環として連鎖性を看取したものであり、後者は、物資売買を不可能とする極度の物資不足現象を指摘したものである。この天明飢饉の影響に着目した見解は、飢饉の発生が全国的傾向としての国内生産力の低下現象を発生させているという認識を示している。

こうした指摘とは別に、利明は、

「農民の欲る処に齟齬するより皆虐政に曲て或は凶歳飢饉に当り餓死退転断絶せしゆへ其跡皆手余りとなり永く亡処となりたるなり」[9]

という見解も記している。これは、為政者側の農民に対する「虐政」を荒廃地拡大化の要因の一つに挙げたものであり、農民生活の継続に関わる農民側の要望と為政者側の政策的対応が乖離し、それを遠因とした餓死や離農が発生し、ひいては、「手余り」および「亡処」とされる荒廃地拡大に帰結しているという指摘である。ここから、もう一つの生産力低下を齎す要因は、為政者側の政策的過失に基づく人災的側面から誘引されるものとした認識を看取することができる。

以上の他に、次の様な見解もある。それは、

「かくの如き大飢饉なるに夫に引替上方辺池田伊丹を始め例年の通り造酒して夥しき潰米せり此造酒の潰米を用て救たらは二百万領の餓死人とはなるまし」[10]

というものである。これは、飢饉発生時に生産物の増産化を達成し、造酒事業を活性化させた地域[11]に着目したものである。その認識下に、「造酒の潰米」に該当する増産地の生産力を減産地へとシフトさせる方法が餓死者の人数を意味する「二百万」人規模の人命救済に繋がるという効果が推測されている。

この上方の池田や伊丹に対する認識が示唆するのは、全国一律的に生産力低下現象が発生しているわけではなく、増産地と減産地が時として同時期に出現するという国内生産力の偏在的側面についても考慮がなされている点である。また、偏在性を伴う局地的な物資の増産および減産状況を念頭に置きながら、増産地から減産地への物資移動が「救」になるという指摘から、物資需給調整に対する関心を有している点も理解でき、さらに、物資充足状況を基準としながらの地域間格差に対する観点が抽出される。

このような状況下において、利明がことさら農民の境遇を記した理由は、「農民の国の本たる事は我衣食住の安き所

に心を附は瞭然たり[12]」という記事に明らかである。利明にとって、農民の役割とは衣食住に関わる様々な物資を生産する労働力そのものであった。そうした認識下に、飢饉による「餓死」や人災である「虐政」により労働力人口が減少すれば、それは必然的に生産力の低下へと波及し、さらに、人々の衣食住に直接関連する諸物資の不足が常態化されるという悪循環の連鎖に繋がるものとして考えられているのである。

以上から、利明の指摘するところの全国的傾向としての国内生産力低下と物資需給問題とは、全国一律的に生産力低下現象が発生しているわけではなく、増産地および減産地の存在も考慮されているところから、あくまでも全国的な国内生産力低下現象を偏在的なものとして捉えていたとの理解を寄せるのが適切である。その場合、この現象を誘引する要因は天明飢饉に代表される災害や「虐政」としての政策的過失であると断定され、それらの天災や人災が餓死および離農による農業労働人口の減少を促進し、それが荒廃地拡大へと連綿して生産力低下による物資不足問題を齎しているという、いわば悪循環の連鎖[13]としての指摘に基づいているといった特徴がある。

この問題への政策的対応について利明は、

「今爰に是を改革せされは不足逐年に増殖して終に大事に至りなは如何ともすへき様なきに至るへし[14]」

と記しており、「今爰に」と強調するように、即時的な対処を要望し、「改革」という為政者による政策的介入の必要性を主張している。この「改革」に資する政策の採否を判断する分水嶺が天明飢饉を背景とした時節であると利明は判断しているのである。

2　国内社会秩序の混乱問題

いま一つの大枠的問題は、伝統的規範意識に相当する士農工商[15]と称される対人秩序の瓦解に着眼しながら、これを国内社会秩序の混乱状況として問題視した見解である。この問題を利明に認知させた前提として、一八世紀以降の全国的な商品流通経済の進展があった。江戸、大坂ならびに京都の三都市場を中心に米穀や商品作物の全国的展開が活性化する一方で、商品経済の農村への浸透が農民層分解の促進や本百姓体制の崩壊へと連綿し、米納収入に依拠する幕藩領主層の財政窮乏を深刻化させるといった問題を発生させ、さらに、領主財政の基礎を脅かす「米価安諸色高」といった物価動向[16]の現象化という時代相を創出させた。この様相下において利明は、為政者層を意味する「士」や農民層を意味する「農」、そして商人層を意味する「商」のそれぞれの経済的関係や、各階層への富の分配状況に着目しながら問題点を指摘している。

まず、武家の境遇は次の様に記されている。

「今既に天下の諸侯至極の困窮に及たり依て商の仕送を請け今日の凌きするを恥辱ともせす二百六十余侯の内自立の侯は稀にて余は皆借財の淵に沈み[17]」

これは、為政者として社会的秩序の上位に位置する権威を先天的に付与されながらも、財政的な維持を商人からの借金に委ねざるをえない「天下の諸侯」の経済的境遇を描写したものであり、為政者側の困窮の様相は「至極の困窮」や「借財の淵に沈み」といった記載に顕著である。さらに、「二百六十余侯」に対する「商の仕送」といった為政者と商人の経済的関係の指摘から、富裕の商人から諸大名への金銀貸付を意味する大名貸[18]が日常化し、それが全国的なものとして捉えられている。この指摘が示唆するのは、為政者の存立の維持が商人からの借金を手段としているといった記載を踏まえれば、経済的側面においては、主が「商」である商人層、従が「士」である為政者層となった主従逆転現象が社会一般において常態化しているといった認識である。

この様相についての利明の評価は、「天下の諸侯永く商に所領を奪たるに異なるなし苦々敷事に非すや[19]」というものであり、「苦々敷事に非すや」という批判的な表現に顕著である。利明の理解によれば、本来的に商人とは、「商は無禄にして交易の利潤を以て身を立て屋を保ち民の末につらなり世を渡るなり[20]」というものであり、「交易の利潤を以て身を立て」と記すように、商品流通経済の仲介役として物資売買に専従する存在であるのと同時に、「民の末につらなり世を渡る」とも記すように身分秩序の末端に属すべき存在として認識されていた。この理解と為政者層の貧窮化に対する憂慮に基づけば、士農工商の秩序により形成される社会を利明は是認していたといえる。

この社会観と乖離した様相について、利明は数値に依拠した見解も提示している。

「今天下の宝貨皆商家に集り威権四民の上に出て天下の国産凡十六分にして其十五は商の収納其一は士農二民の収納となりたり[21]」

これは国内市場に流通する金銀が商人へ一極的に集積化された現象を指摘したものである。ここで記された数値的根拠は不明であるが、国内の富の約九四％（一五／一六）を商人が占有し、残り約六％（一／一六）を為政者と農民が分配された状況として把握されており[22]、経済的側面からすれば商人を上位とする社会秩序の既成化がここでも指摘されている。この認識には、「天下の交易を商にのみ任たる疵謬より出来せり[23]」という理由も補足されており、商人の富独占化を成立させた要因を「交易を商にのみ任たる」と断言しているように、商品流通経済の進展下における商人の経済的優位性に求め、それを管理統制しえない為政者側の関与が「疵謬」として批判視されている。その場合、こうした判断は、物資売買や物々交換の意味あいをもつ「交易」という経済的営為や商いの機会を占有している商人の職務的特性に対する観点から成立しているといえる。このような認識は「威権四民の上に出て」というように、商人側への過度な富の蓄積化を通じて社会秩序の上位に商人が位置し、商人が士、農、工を実質的に支配する社会状況を早期に改革すべしという主張へ連綿することとなる。

この「士」と「商」に着目した社会秩序の主従逆転現象の影響について、利明はさらなる指摘を行っている。

「諸侯の勝手を見るに商の借財を償といへとも不減却て逐年増殖する故有司の不器量なりとて退けられ跡役の有司又農を責め虐け(24)」

これは、「商の借財」が示唆する債務に追われる為政者層の財政再建の為に、「農を責め虐け」と記されるように、農民への過度の租税徴収が遂行されるといった様相を批判したものであり、商人側へ占有化された富は、為政者側への融資金へと転化し、武家は借金返済のために農民から過度の収奪を永続的に行わなければならず、ひいては、農民の困窮化へと連鎖するとした認識である。この理解は商人と武家の関係のみならず、武家を経由したうえでの商人と農民の関係を捉えたものであり、「威権四民の上に出て」という状況を強調する役割を担っているといえる。

以上において検証してきたように、利明は、まず、商人の富独占化現象を特徴とする全国的な富の分配状況や、富の貸し手を商人とし、借り手を為政者とする「商」と「士」双方の貸借関係、さらに、債務履行のために収奪を行う「士」とそのために酷使される「農」双方の関係といった各階層間の関係に着目している。この観点は、経済的側面から商人層が為政者層より上位に位置する主従逆転現象に対する批判的見地から成立しており、混乱した社会秩序に対する危機意識として理解することができる。このように否定的にとらえた様相について、「四民の釣合を取直す事は治道第一の要務なり(25)」および「商の利得天下に渡ては是非とも改革〔三病平癒策に詳也〕なくては不叶事なり(26)」と利明は、それぞれ記しており、「四民の釣合」に該当する士農工商といった社会秩序を経済的側面から再編成する方針が要望され、為政者主導の政策を意味する「治道」による「改革」が希求されることとなるのである。

さらなる大枠的問題は、現在の北海道を内包する蝦夷地以北の地域に着目したものである。それは、ロシア南下の情勢に基づく蝦夷地問題に対する見解として理解できる。

3　ロシア南下の情勢に基づく蝦夷地問題

一八世紀後半におけるロシア南下情勢と蝦夷地の関係は次のように概括的に示すことができる。田沼意次政権下の安永七年（一七七八）にロシアが蝦夷地根室半島のノツカマプに、翌年にはアツケシに来航して、蝦夷地統治を委任されていた松前藩に交易を要求する事態が発生する。[27] また、ロシアの動向に着目した工藤平助の『赤蝦夷風説考』〈天明三年（一七八三）成立〉[28]に記された見解に基づいて、天明五年（一七八五）以降の田沼主導による幕府の蝦夷地調査隊派遣事業[29]が展開される。この趨勢を受けた次代の松平定信政権においても、ロシア南下の情勢に対する関心は継続し、寛政三年（一七九一）の幕命による最上徳内のエトロフ島およびウルップ島調査[30]に基づきながら、幕府の蝦夷地対策が模索される。さらに、同四年（一七九二）のロシア使節アダム・ラクスマン（一七六六～？）の通商要求を目的とした根室来航に対する外交上の折衝が余儀なくされる出来事も発生する。[31] これらの田沼および松平政権期の北方情勢は、ロシアの蝦夷地接触への対処を考慮しつつも、国内領域としてみなしていた蝦夷地をどのように国内市場として活用するかという課題が顕在化したものであり、経済および外交問題の双方が複合化された現象である。

利明のロシア南下情勢に基づく蝦夷地問題に対する意識はこの趨勢の中で醸成され、伝聞[32]に基づきながらではあるが、

「明和安永の頃よりカムサツカより南方洋中の嶋々凡十八九嶋（筆者注――千島列島）を横領〔東蝦夷の諸島なり〕各塞を築き官を開き土人を撫育して政務を執行ひ租税を取てモスコビヤ（筆者注――ロシア）へ運送するといへり[33]」

と記し、当時のロシアの動向を脅威として認識している。この記載における「明和安永の頃」の動向とは、明和八年（一七七一）にロシア側の捕虜としてカムチャッカに流刑となったハンガリー軍人ベニョフスキー（一七四六～一七八

六）が脱走して阿波や奄美大島に漂着し、その後、長崎出島の館長にロシア南下を警告した事跡[34]と、安永七年（一七七八）にロシア人がキイタップ場所ノッカマプに来航して通商を要求したが、松前藩がそれを拒絶した事跡をそれぞれ指している。

利明はこのようなロシア南下の情勢に関する情報に基づきながら、カムチャッカ半島以南に点在する「十八九嶋」に該当する千島列島にロシアの侵食が及んでいると推測している。具体的には、既に「官」を意味するロシア側の役所の設置や、現地在住民であるアイヌを教導するシステムの確立、さらに、ロシア側に対する租税貢納という社会秩序が形成され、結果として、財としての租税が「モスコビヤ」と表記されるロシア本土に流出していると指摘している。これは、ロシア南下の具体的影響を経済的側面から問題視した見解である。

さらに、ロシアの南下が今後も進めば、

「国界のなき蝦夷の嶋々なれは取勝となつて十八九嶋まて奪はれたるは惜とも歎すへしともいふべき様なし[35]」

と記すように、千島列島全体がロシアの領土となり、ひいてはロシアの経済圏の拡張に連動するものとして危惧している。ここで注目すべきは、「国界のなき蝦夷の嶋々」という表記である。当時の北方情勢について、一八世紀末ころまでの日本の識者たちの多くは、北海道でさえも日本の領域と認識しておらず、仙台藩士林子平（一七三八～一七九三）は蝦夷地を朝鮮や琉球と並べて「夫此三国ハ壌ヲ本邦ニ接シテ実ニ隣接ノ国也」（『三国通覧図説』〈天明五年（一七八五）成立〉）と記して地続きの領域とみなし、地理学者古川古松軒（一七二六～一八〇七）も「今世にいう蝦夷の地は、必ず松前侯の支配あるにもあらず、島のあるじというもなし」（『東遊雑記』〈江戸中期成立〉）と不明瞭な統治状況を記載していたという実態[36]があった。このように事実認識に関して不確定要素の多い時代環境の中で、利明は、国境を意味する「国界」という境界線に着眼しながら、国境の未画定がロシア南下の予防に無効であるとみなし、「奪はれたるは惜」

と記すように、ロシアの千島列島侵食の様相を憂慮しているのである。

これらの蝦夷地以北に対する概括的な認識を前提としながらも、利明自身は蝦夷の島々を含む国内領域を次のように示している。

「ウルップエトロフクナシリカラフトの四嶋取留おかは日本国より二三倍位はあらん大国を得へし[37]」

ここでは、千島列島のウルップ島（得撫島）、エトロフ島（択捉島）、クナシリ島（国後島）、そして、カラフト島（樺太島）を列挙し、ロシアの侵食を予防する意味あいをもつ「取留おかは」という表現を記載していることから、以上の島々と、当時において幕府の直轄化政策が模索されている「松前所在島」（北海道）を加えた総計五つの島々が、利明にとって日本固有の領域としてみなされていることがわかる。これらの諸島をロシアの南下から保全することは、「二三倍」の経済効果の創出を期待しうる開発対象地の確保へと繋がると考えられており、その際、ロシアと千島列島在住民の教導と租税貢納の関係性についての認識を考慮すれば、本土にとって同様の経済効果が期待される対象地として蝦夷の諸島を捉えていたといえる。

以上のように、蝦夷地を日本国内の領域とみなす一方で、利明は先述した引用で「国界のなき蝦夷の嶋々」と描写された千島列島に対しては、「十八九嶋まて奪はれたるは惜」とロシアの侵食が既存であると推測しながらも、その対象地名については明確にしていない。この場合、蝦夷地情勢に関する正確な情報入手が困難であったという時代的制約を考慮すれば、利明もその影響下にあり、とくに、千島列島の状況把握については断定的な見解を提示しえない限界性を看取しうる。しかし、すくなくとも、千島列島におけるウルップ島、エトロフ島、クナシリ島以北の諸島に関しては、日本固有の領域とは規定できないものの日本国内に該当する領域としての可能性を考慮していると考えられ、日本固有の領域として断定するにはグレーゾーンに該当する領域として認知していたといえる。

このように理解された北方の諸島に着目しながら利明が問題視したのは、日本の領域へのロシアの侵食が経済圏の保全に対して不安要素と化している点である。したがって、国境画定問題に関連する外交的側面と、国内としての経済圏の確保に繋がる経済的側面の双方が複合化されたうえで醸成された問題意識がロシアの南下情勢に基づく蝦夷地問題として位置づけられる。

この問題が悪化した場合の利明の見解は「若又手延にならは異国に属すへき勢ひ(38)」というものであり、もし、この趨勢を放置しつづければ、日本国内に該当する五つの島々にまで「異国に属す」こととなり、ロシアの勢力下に置かれる状況が発生すると危機的に捉えられている。それを踏まえながらの利明の意見は、

「此十八九嶋を取戻す手重き事なれは此上濫入せぬ様に国界を立へき大切の時節なり(39)」

というものである。これは、グレーゾーンの領域を再確保することが「取戻す手重き事」とされるように困難であるのだとすれば、すくなくとも、「此上濫入せぬ様」と侵食を予防すべきであるとした主張であり、北海道、ウルップ島、エトロフ島、クナシリ島、カラフト島を明確な日本国内としてのロシアに認知させるために「国界を立へき」と国境の画定を要望しながら「大切な時節」への呼応を図る姿勢を為政者側に求めた見解として理解しうる。

以上に亘り触れてきた、飢饉や人災に基づく悪循環の連鎖を要因とみなし、生産力の偏在性にも着目した〈1〉全国的傾向としての国内生産力低下と物資需給問題、および、経済的側面から主が「商」に、従が「士」であると認識し、主従逆転した対人関係に着目した〈2〉国内社会秩序の混乱問題、さらに、北方の五つの島々を含む日本国内としての領域を明示しながら、国境画定や領土の保全を要望した〈3〉ロシア南下の情勢に基づく蝦夷地問題、の三つの社会経済問題は、それぞれ、諸要因や地域性により増減する国内生産力に対する視座、生産力の偏在性に基づく物資需給関係への関心、物資需給に介在する物資の移動を反映した物流観、物流における「交易」活動を営為とする経済主体への着

眼、北方の五つの島々を含む国内領域としての経済圏に対する認知、といった視点により組成された経済構造観から発せられたものである。そして、この問題認識を発想させた「時勢」的な齟齬に対する解決策が、〈1〉〜〈3〉の三つの社会経済問題への呼応を図りうるとみなされた為政者主導の政策、すなわち、「治道」なのである。

第二節　政策理念「自然治道」について

前節で検討した三つの社会経済問題の解決化を図るに際して、利明は具体策へと反映される政策理念を明示している。本節では、「自然治道」と呼称される政策理念について検証を加えてゆく。

書名『自然治道之弁』の表題中にも記載されている「自然治道」という言葉は「自然」と「治道」の両語が結合した表現であり、その他の経済政策論説にも散見される利明の常套句である。なお、論説中では「治道自然」と記されているケースもあり、「治道自然に協ひ治す」や「治道自然の天理」などの使用例を列挙することができる。

利明の政策理念「自然治道」については先行研究においても幾つかの位置づけが試みられており、塚谷晃弘氏の「彼の全思想、政策の中枢に位置するといって過言ではない。それは「聖人の道」に該当する独自のカテゴリーである。この考え方がかためられたのは、寛政七年（一七九五）の正月、『自然治道之弁』においてであって、以後の経世策のすべての出発点をなすものとなった(40)」という指摘が代表的なものである。この見解について付言すれば、政策理念「自然治道」が表明されたその端緒を経済政策論説の嚆矢に該当する『自然治道之弁』に求め、なおかつ、「政策の中枢に位置する」とした位置づけは、筆者も賛同するところであるが、「聖人の道」に該当するか否かという点については、塚谷氏自身が「聖人」の意味について詳述しておらず、さらに、『自然治道之弁』の内容における五〇％に相当する部分に対する考察が欠落していることから、この点については、塚谷説の正誤を判断することは困難である。したがって、政策理念「自然治道」のもつ具体的な意味を正確に把握するためには、『自然治道之弁』の未翻刻箇所に対する検討も加味しながら、文脈上における「自然治道」の使用例を検証し、あらためて政策理念「自然治道」の意味を再考する必要がある。

政策理念「自然治道」について触れた利明の見解は、まず、次のようなものとして示されている。

「衰たる天下を再興せんには四大急務といふ事あり第一焔硝第二諸金第三船舶第四開業なり是は四大急務といふ当時の時勢是より急務なるはなし是を修行するに於ては四民順に立て治道自然に協ひ治すとも万歳の基を開の良策にして是より長大なる善政はなし[41]」

これは、社会経済問題認識を醸成させた当時の世相を「衰たる天下」と捉えながら、「再興」に資する為政者の具体的政策、すなわち「治道」の関係を明記したものである。ここでは、「四大急務」政策と呼ばれる具体策[42]が「万歳の基を開の良策」としての効果を齎す「治道」の一つとして採り上げられている。ここで注目すべきは、「治道」が「自然」に「協ひ」なおかつ、「治す」と記されている点である。この表現を念頭に置きながら、政策としての「治道」が「治す」べき「自然」とは何か、という問いを設定した場合、その「自然」に該当するのは、「衰たる天下」としての「当時の時勢」であり、それは社会経済問題や社会的な仕組みを含めた徳川時代の社会的趨勢そのものであるといえる。

ここで、「自然」という用語に関する研究を纏めた相良亨氏の「『おのずからの』および『おのずからに』の意味での『自然の』『自然に』は古くから使われており、その『自然』が名詞として用いられることになった[43]」という見解に基づきながら、用語「自然」に込められた〝おのずから〟という本来的な意味を利明の表現に当てはめてみると、「治道」である「四大急務」政策という具体的政策が〝おのずから〟の現象に「協ひ」なおかつ「治す」、という解釈が成立する。この見解を踏まえれば、利明は、「衰たる天下」である「当時の時勢」に該当する社会的趨勢を〝おのずから〟の

「自然」として認識し、それへの対応を具体的政策である「治道」に求めている、という理解へと到達する。

この位置づけを補完すべく、他の用例もみてゆくと、

「是を修行すれは国家豊饒となり是を修行せされは国家衰微となる是則治道自然の天理にして国土守護の天職なり」(44)という記載もある。ここでいう「是」とは、前引用でも具体的な「治道」として記された「四大急務」を意味するものであるが、この文脈では、「治道」を導入すれば、「国家豊饒」となり、逆に不採択であれば「国家衰微」が継続化すると指摘し、その認識に基づきながら、「治道」と「自然」の関係性を「天理」、すなわち普遍的な現象として捉えている。さらに、先に示した「自然治道」についての引用や、表現としての「自然」に込められた〝おのずから〟という意味を念頭に置きながら、本引用の深層に立ち入れば、「衰たる」や「衰微」という「当時の時勢」を社会的趨勢である〝おのずから〟の「自然」として捉え、その状況に対して人為的な「治道」の導入を図ることにより、結果として「国家豊饒」の社会という新たな「時勢」を創出させるといった志向性も理解できる。したがって、利明にとっての〝おのずから〟の「自然」とは、新たな社会状況の形成にも関連するものでもあり、「豊饒」の社会が当時から将来へと展開してゆく過程としても認知されているのである。

一方で、「治道」の不採択により、「当時の時勢」である「衰たる天下」としての状況が、〝おのずから〟の「自然」である「国家衰微」の社会的趨勢として継続されてゆく可能性も併記されている点も考慮すれば、利明にとって、「治道」の採否を分岐点とした、将来に関わる〝おのずから〟の「自然」とは、「豊饒」もしくは「衰微」の社会といった二筋の可能性として想定されていると理解しうる。

ただし、利明はこの発想を提示したうえで沈思し、「衰たる」ならびに「衰微」としての「時勢」を傍観しているわけではなく、「治道」に該当する具体的な諸政策を経済政策論説において提起している。その「治道」が導入されるこ

とにより、「衰たる」や「衰微」である「時勢」の変化を現実的に期待し、将来的な「国家豊饒」という社会の確立を要望している点を考慮すれば、利明の政策理念「自然治道」は新たな社会的趨勢としての「豊饒」化が可能であるという認識下に展開されていると理解できる。

以上により、利明の経済政策論における政策理念「自然治道」とは、「衰微」の社会としての「時勢」を〝おのずから〟の現象＝「自然」として捉え、それに為政者主導の「治道」＝政策という刺激を与えることにより、「豊饒」の社会としての「時勢」という新たな〝おのずから〟の現象＝「自然」を生成させるという概念として理解することができる。この発想は、『自然治道之弁』のみならず、他の経済政策論説においても具体的な諸政策を展開するうえで常に意識されていることから、利明の思想における普遍的な政策理念として理解すべきである。

第三節　根幹的「治道」としての「渡海運送交易」政策について

前節において検証した政策理念「自然治道」を反映させた様々な具体策を、利明は提言しているが、それらはすべて並列的なものではなく、根幹的な政策と付帯的な政策とに序列化されている。本節では、根幹的な政策に該当する、利明の表現でいうところの根幹的「治道」としての「渡海運送交易」政策について検討を加えてゆく。

その場合、「渡海運送交易」政策が「自然治道」の反映であると指摘した理由から明らかにしなければならないが、それは、

「国を治るの本は渡海運送交易にあり此道を用ひ治る時は自然に協ひ天応に法り天下の国産天下に融通し天下の万民不自由なる事なし陸地の駄送入用海上運送入用引去り其跡諸国の直段平均すれは万民の恨悔あるへき様なし此製度建立の以後如何なる凶歳ありといへとも庶民餓死する事なし是永久不易の善政にして自然治道の制度也[45]」

という記載から明らかにされる。これは、「渡海運送交易」政策を為政者の主体的な政策関与を意味する「国を治る」ための「善政」に相当する「治道」として強調しながら、「自然治道の制度」と明記したものである。ここから、同政策が政策理念に基づく具体的政策であることがわかる。

この「渡海運送交易」政策は、「渡海」と「運送」と「交易」という人的営為を意味する用語により構成されており、それを文字通りにうけとれば、海域を主要動脈とした「渡海」により、物資輸送を意味する「運送」を行い、物資売買および物々交換を営為とする「交易」を推奨した政策であり、複数の営為を一つに集約させたものである。その効果として、「天下の国産天下に融通し天下の万民不自由なる事なし」とされるように、日本国内で産出される物資が万民の需要に対して安定的な呼応となり、「諸国の直段平均」という状況を創出させて、物価の乱高下の問題を解決化へと導き、「万民の恨悔」や「庶民餓死」という悲観的境遇からの脱却に資するものとして展望されている。

こうした内容をもつ「渡海運送交易」政策の意味について、利明はさらに詳述している。以下、①「渡海」、②「運送」、③「交易」、といった個別の表現に着目しながら検討をすすめていく。

まず、①「渡海」に関する見解についてであるが、利明は、

「我邦は周廻皆海なれは渡海運送自由自在なり縦凶歳ありといへとも永久飢饉なる事なき筈也(46)」

と主張している。ここで着目すべきは「我邦は周廻皆海」という周廻を海域に囲まれた地理的条件を前提としている点である。この条件下に船舶利用を手段とした海上輸送による円滑な物資輸送体制を構築することが、日本国にとって適正な方針であると判断されている。利明がこの「渡海」の利便性に着目したのは、海上輸送による「渡海」の特性として、「自由自在」な移動が可能であると既知していたからであり、その効果は、「永久」的な「飢饉」状況から万民の救済へと連動してゆくものとして考えられている

この見解に「船舶の運送不便利なれは国産の有無を過る事難し[47]」という記載も補足すれば、利明にとって、「渡海」を考慮しない物資輸送体制は国内生産の偏在的側面から誘引される「国産の有無」の安定化には不適であり、したがって、それを解決するために、増産化をなしえた地域から減産化した地域へ「自由自在」な海上輸送による物資の移動が適宜であると主張されるのである。以上を踏まえれば、利明にとっての「渡海」とは、周廻を海域とする日本固有の自然条件を前提としながら、船舶活用による海上輸送ルートの利便性に着目した手段であり、国内生産力の偏在性から誘引される物資需給問題の解決化を図るために不可欠な人為として認識されていたといえる。

この「渡海」観の一要素である「周廻皆海」という表記との関連として、利明の特徴的表現の一つを補足的に紹介しておきたい。それは日本国を直接的に指した「海国」という表現であり、他の経済政策論説にも多々散見されるものである。『自然治道之弁』においては「海国程善きはなし[48]」とした記載がみられ、この好意的に捉えた国土観から、海上輸送や船舶に関する発想が生成されたと理解できる。したがって、この「海国」日本を成立させた条件が「渡海運送交易」政策の、とくに「渡海」を強調するに際して重要な役割を果たしているといえる。

つづいて、②「運送」の意味について検討してゆく。利明の「運送」に関する見解は、

「運送交易は万民の飢寒に係り国務の最第一なる事勿論なり[49]」

というものである。ここでは「交易」を仲介とする「運送」の意義が示されており、「運送交易」自体を「国務」としている点から、「渡海運送交易」政策全体と同様に、為政者主導の政策としての位置づけが強調されている。さらに、「万民の飢寒に係り」としている点から、万民の物資需要への対応を意図した発案として理解できる。

そのために、要望されたのが、

「国務の大意は新道を開き新河を通し[50]」

と記すように、内陸部の輸送ルートに含まれる陸路と河川水路の整備開発事業の推奨である。この見解を提示した理由は「運送不便利ゆへに国産自腐する国々は前にいふ新道新河の便利を扶くへき[51]」というものであり、「運送不便利」を意味する物資輸送ルートの閉塞性により、物資移動が停滞し、本来的に減産地の需要に応えるべく諸物資が「国産自腐」と記すように、生産地内で滅失されてゆく様相を問題視する観点から成立したものである。

この開発事業が全国的に具現化された場合、その効果は、

「新道新河の功に依て其国其処の自腐の五穀百菓を扶け他国へ出して国用に達[52]」

と予想されている。利明の想定によれば、「新道新河」の整備開発による輸送経路の確立により物資需給に呼応した輸送体制が日本国内の内陸部へと波及することが期待されている。それだけでなく、物流の円滑化により人々の物資需要が安定的に充足化されれば、労働力人口の延命化が図られることとなり、ひいては労働力の枯渇化の予防へと連鎖し、結果として「国民も殖へ行き自然に亡所手余地も独開けて終には元の良田畑と立戻り何不自由のなき様になるものなり[53]」というように、餓死問題の解決や荒廃地の復興、さらには生産力の上昇化へも連動するものとして展望されている。

以上の「運送」に関する利明の考えから、「運送」に込められた意味の多義性を指摘することができる。利明にとって「運送」とは、「新道新河」の表現に顕著であるように、陸路および河川水路という物資輸送ルートの開発に基づく恒常的活用を一義として意味している。さらに、この「運送」で強調される陸路および河川水路と海上輸送を意味する「渡海」に不可欠な海路といった多様な輸送ルートが結合された場合に物流の促進が見込まれる点を考慮すれば、内陸輸送ルートと海上輸送ルートの結合化に基づいた国内輸送網の構築も意味しているといえる。

最後に、③「交易」の意味について検討を進めてゆく。利明は「交易」について、

「交易は今天下の商の預る所也[54]」

という見解を示している。ここから、利明にとっての「交易」とは、従来、商人の営為として認識されていたものであり、それは、物資売買や物々交換の意味あいをもつ経済的営為としての商いそのものを指していると理解しうる。ただし、利明は、この商人を経済主体とした「交易」活動を全面的に容認していない。それは、

「天下の交易を商にのみ任たる疵謬より出来せり」[55]

という記載に顕著である。本来的に、商人の経済的活動に該当する「交易」の展開において、過失を意味する「疵謬」という状況が発生している点を利明は憂慮しており、それに対して新たに為政者を経済主体としながら「渡海運送交易」政策を推進することが正当な「交易」体制の構築に繋がると判断している。したがって、利明が要望する「交易」とは、商人の存在を完全に否定しているわけではないにせよ、為政者の経済主体化に基づく物資売買や物々交換といった経済的営為を推奨した発想といえる。

以上の、①「渡海」、②「運送」、③「交易」に関する個別的な意味を踏まえながら、「渡海運送交易」政策を定義すれば、次のようになる。まず、同政策は「自然治道の制度」として明記されていることから、根幹的「治道」に相当し、利明の経済政策の中でも最も重要視された政策である。具体的には、船舶利用による国内海上輸送ルートの主要動脈化を意味する「渡海」や、国内内陸輸送ルートと国内海上輸送ルートの結合による円滑な物資輸送を意味する「運送」、さらに、物資移動の仲介として物資売買や物々交換を意味する「交易」、といった営為への積極的関与をそれぞれ為政者側に要望した政策である。その際、北方の五つの島々までを含んだ経済圏を範囲とする日本国内の物流の円滑化と、物資需給調整がそれぞれ図られるとみなされており、ひいては、日本国「豊饒」化に資するものとして評価されているのである。

註

（1）『自然治道之弁』の引用については、北海道立文書館蔵の写本『自然治道之弁　全』〈登録番号：旧記1610／マイクロフィルム請求記号：旧記F2-1081〉を使用し、該当頁を〈『自然治道之弁』～丁表もしくは裏〉と表記する。なお、「はじめに　二　検討上の問題点――『自然治道之弁』の分析方法について――」項で指摘したように、『集』所収の翻刻版『自然治道之弁』は五〇％に相当する部分が中略化されているため、翻刻箇所については〈『集』、～頁〉と補い、また、未翻刻箇所については、〈『集』、未翻刻〉と付記する。

（2）『自然治道之弁』一丁表〈『集』、二五一頁〉。

（3）『自然治道之弁』一丁表〈『集』、二五一頁〉。

（4）『自然治道之弁』一一丁表〈『集』、未翻刻〉。

（5）菊池勇夫『飢饉から読む近世社会』（校倉書房、二〇〇三年）、三五頁。なお、菊池氏は「天明の飢饉は天明三年（一七八三）が大凶作であったが、前年が西日本の不作によって米価が上がっており、売りの絶好な機会とばかり根こそぎ移出したのが裏目に出てしまった。飢饉が危惧されると各藩は穀留を実施し、また冬期の海上・陸上交通の支障も加わり、一度移出してしまえば緊急移入はできなかった」〈同書、四二五頁〉という経済的側面からの要因も指摘している。

（6）『自然治道之弁』七丁表〈『集』、二五四頁〉。

（7）『自然治道之弁』九丁裏〈『集』、未翻刻〉。菊池勇夫氏によると、東北地方においては、弘前藩八万人、八戸藩三万人、盛岡藩六万人、仙台藩一四万人、相馬藩一万八、〇〇〇人、総計三〇万人を超える死者数が天明飢饉時のもの〈菊池勇夫『飢饉から読む近世社会』（校倉書房、二〇〇三年）、五五頁〉として推定されており、利明が推算した二〇〇万人の死者といった数量把握は実態と大幅に乖離している。

（8）『自然治道之弁』九丁表〈『集』、未翻刻〉。

（9）『自然治道之弁』一丁裏〈『集』、二五一頁〉。

（10）『自然治道之弁』一〇丁裏〈『集』、二五四頁〉。

（11）飢饉には地域性があり、天明飢饉は東北日本の被害が大きく、それに対し、ウンカの異常発生による虫害を凶作の原因とする享保飢饉（一七三二～三三）では西日本が打撃をうけた〈菊池勇夫『飢饉』（集英社、二〇〇〇年）、四二頁〉と指摘されている。

（12）『自然治道之弁』一一丁裏〈『集』、未翻刻〉。

（13）利明が問題視した国内生産力低下傾向と耕地の荒廃地化傾向に関する実態については、新保博氏ならびに長谷川彰氏の研究によれば、実収石高（農業産出高）は一六九七年の三、〇六三万石から一八三〇年の三、九七七万石へと推移し、約三〇％の増大が認められ、その間には一六〇〇～一七三〇年で四四％の耕地面積増加率であり、一七三〇～一八五〇年では一一％に低下して増加のテンポが鈍化し、耕地の増加率は低い水準にとどまりながらも、土地生産性の上昇が農業産出高の増大に寄与した〈新保博・長谷川彰「商品生産・流通のダイナミックス」速水融・宮本又郎編『日本経済史　1　経済社会の成立』（岩波書店、一九八八年）、二四九～二五〇頁〉と指摘されている。この数値的傾向と利明の認識は一見、乖離しているように見えるが、利明の問題認識は天明飢饉という不測の事態を考慮しながら成立したものであり、後世の分析が天明飢饉時のデータ収集の困難さに直面している研究動向を念頭に置けば、一方的に利明の見解が誤認であると断定しえない。その一方で、餓死者の人数を二〇〇万人とした記載など明らかな誤解があるのも事実である。

(14)『自然治道之弁』三丁裏〈『集』、二五三頁〉。

(15)深谷克己氏は「士農工商は、役目・職務・業種によって編成される近世身分制をよく表現している。役目・職務・業種は個人に課されるが、請けた個人は「家役・家職・家業」というように、「家」の責任行為として受けとめ、その家族メンバーもそのように認識した。「士農工商」という用語がふだんに使われたことは、江戸時代が身分制度・世襲制度の隅々までゆきわたった身分制社会だった証だと考えられている」〈深谷克己『江戸時代の身分願望――身上りと上下無し――』（吉川弘文館、二〇〇六年）、一〇頁〉と纏めている。

(16)逆井孝仁「経済の発展と経済思想」大石慎三郎編『日本史（五）　近世二』（有斐閣、一九七八年）、一八六、一九六～一九七頁。

(17)『自然治道之弁』三丁裏～四丁表〈『集』、二五三頁〉。

(18)大名貸の実態としては、元利棚上げの申し出、または、ふみたおしも行われ、「廻米能力を含めて各藩の経済力を熟知し、選択的におこなうことが絶対の条件」〈森泰博「鴻池善右衛門家の大名貸――掛合控の成立を中心として――」宮本又次編著『上方の研究　第三巻』（清文堂、一九七五年）、六九頁〉とした鴻池家の事例や、債務返済お断りである大名の借財切捨て政策や長年賦償還仕法（例、薩摩藩の五〇〇万両の二五〇年賦償還）は、大名金融では滞りを訴えても身分違いであるために、民事訴訟制度の枠外に置かれ、大名金融は富の蓄積手段とならなかった〈賀川隆行『近世大名金融史の研究』（吉川弘文館、一九九六年）、四頁〉という三井家の事例もあり、貸し手および借り手双方が問題を抱えている実態がある。したがって、利明の認識は一面的なものである。なお、幕藩財政再建策として、有力商人に課せられた「御用金」政策もあり、「買米によって米価引き上げをはかり、幕藩財政を救済しようとした」ものや「基本的に大名財政の救済策であり、かつ幕府自身が収益を得ようとする政策」〈以上、賀川隆行『江戸幕府御用金の研究』（法政大学出版局、二〇〇二年）、二頁～四頁〉など、幕藩領主側の手段や目的は多様である

(19)『自然治道之弁』四丁表〈『集』、二五三頁〉。

(20)『自然治道之弁』四丁表~同裏〈『集』、二五三頁〉。
(21)『自然治道之弁』四丁裏〈『集』、二五三~二五四頁〉。
(22)利明は農民一ヶ月の労働内容についても数値化しており、「農民一文の産業を以ていへは壱ヶ月三十日の内一日は公に一日は我身の償《ついえ》に二十八日は商の為に勤る」〈『自然治道之弁』六丁表〈『集』、未翻刻〉〉と、一ヶ月の内二八日は商人のための経済活動という認識を示している。
(23)『自然治道之弁』四丁裏〈『集』、二五四頁〉。
(24)『自然治道之弁』五丁表〈『集』、二五四頁（未翻刻含）〉。
(25)『自然治道之弁』五丁表〈『集』、二五四頁〉。
(26)『自然治道之弁』五丁裏〈『集』、二五四頁〉。なお、この引用文中にある『三病平癒策』は残存しておらず、内容は不明である。また、同引用における「渡」は『集』においては「浮」と翻刻されている。
(27)菊池勇夫「海防と北方問題」朝尾直弘・網野善彦・石井進・鹿野政直・早川庄八・安丸良夫編『岩波講座　日本通史　第一四巻　近世四』（岩波書店、一九九五年）、二二六頁。また、ロシアの交易要求について、佐藤昌介氏は「公然とは許可されなかったが、やがてアイヌを介して場所請負の日本商人とロシア人との間に交易が行われるようになり、ロシア船のもたらす商品が大坂市場で販売されるにいたっている。もっとも、蝦夷地の支配と管理にあたっていた松前藩は、幕府の干渉をおそれて、この事実をひたかくしにしていた」〈佐藤昌介『洋学史の研究』（中央公論社、一九八〇年）、一一九頁〉と指摘している。このように、交流空間としての蝦夷地においては、幕府、松前藩、ロシア、現地在住民のアイヌそれぞれの思惑が錯綜していた実態がある。
(28)『赤蝦夷風説考』は「北方問題をとりあげ、その対策を論じて、時の老中田沼意次に献上したもので、上下二巻からなる。上巻はロシアの南下の実状を示してその対策を論述した部分からなり、下巻は、主として蘭書の知識にもとづき、ロシアおよびカムチャッカの歴史と現状を記したもの」〈佐藤昌介『洋学史の研究』（中央公論社、一九八〇年）、一二一頁〉である。なお、近年の研究水準からすると、『赤蝦夷風説考』の名称は、『加模西葛杜加国風説考』と呼称すべきという論調〈岩﨑奈緒子「「赤蝦夷風説考」再考」『北海道・東北史研究』第三号（二〇〇六年）、八〇頁〉がある。
(29)天明六年（一七八六）に幕府は「飛彈屋久兵衛の請負であった東蝦夷地アッケシ・キイタップ・クナシリの三場所を一年間休ませ、廻船方御用達苫屋久兵衛に幕府による「御試交易」を実施させている」〈菊池勇夫「海防と北方問題」朝尾直弘・網野善彦・石井進・鹿野政直・早川庄八・安丸良夫編『岩波講座　日本通史　第一四巻　近世四』（岩波書店、一九九五年）、二二六頁。

(30) 寛政年間における幕府の蝦夷地調査は「寛政二〜四年に幕吏たちを東西蝦夷地およびクナシリ島に派遣して実情調査をするとともに、アイヌ交易における不正を匡すため「御救交易」を実施している。その際には最上徳内、和田兵太夫らによって再び千島のエトロフ島、ウルップ島および南樺太の調査も行われた」〈秋月俊幸「千島列島の領有と経営」大江志乃夫・浅田喬二・三谷太一郎・後藤乾一・小林英夫・高崎宗司・若林正丈・川村湊編『岩波講座近代日本と植民地一　植民地帝国日本』(岩波書店、一九九二年)、一二四頁〉と指摘されている。なお、山下恒夫編『江戸漂流記総集　別巻　大黒屋光太夫史料集　第一巻』(日本評論社、二〇〇三年、五一九〜五三三頁)には「〔参考史料〕本多利明宛最上徳内書簡」が翻刻されている。

(31) 藤田覚氏は「ラクスマンとの折衝は、寛政四、五年の対外関係の現実、それは一八世紀に確立した近世日本の対外関係の現実であるが、その関係を「国法」にまで高め、さらに祖法化する起点となった」〈藤田覚『近世後期政治史と対外関係』(東京大学出版会、二〇〇五年)、三六頁〉という見解を提起している。

(32) 利明の北方情報認識は、門弟の最上徳内経由で齎されている。なお、徳内は田沼意次ならびに松平定信両政権期において蝦夷地調査に幕吏として参加しているが、徳内を派遣使節一行の一員として推薦したのは利明である。とくに、天明五年(一七八五)の田沼政権期の調査においては、本来は利明が随行する予定であったが、病床に臥していた為、「余が末弟最上徳内といふ無禄人あり、此者を彼地へ先陣に契諾決整したり」〈『本多氏策論　蝦夷拾遺』(『集』、二九六頁)〉という経緯のもと徳内を代替として蝦夷地へ赴かせることとなった〈島谷良吉『最上徳内』(吉川弘文館、一九七七年)、二八頁〉。

(33) 『自然治道之弁』三二丁表〈『集』、未翻刻〉。なお、「モスコビヤ」は直接的にはモスクワをさすが、利明も含めた同時代人が「モスコビヤ」あるいは「モスコヒヤ」の表記を使用する場合は、国家としてのロシアを意味する呼称としてのケースが多い。

(34) 塚谷晃弘「頭注」『大系』、四六頁。

(35) 『自然治道之弁』三二丁表〈『集』、未翻刻〉。

(36) 秋月俊幸「千島列島の領有と経営」大江志乃夫・浅田喬二・三谷太一郎・後藤乾一・小林英夫・高崎宗司・若林正丈・川村湊編『岩波講座近代日本と植民地一　植民地帝国日本』(岩波書店、一九九二年)、一二二頁。なお、林子平による『三国通覧図説』は日本および朝鮮や琉球、さらに蝦夷地を図示して解説を加えたものであり、寛政四年(一七九二)に幕命により絶版となっている。また、古川古松軒の『東遊雑記』は天明八年(一七八八)の幕府の蝦夷地巡見使に帯同した際の見聞記である。

(37) 『自然治道之弁』三二丁裏〜三三丁表〈『集』、二六三頁〉。

(38) 『自然治道之弁』三三丁表〈『集』、二六三頁〉。

(39)『自然治道之弁』三一丁表〈『集』、未翻刻〉。
(40)塚谷晃弘「解説　江戸後期における経世家の二つの型」『大系』、四二六頁。なお、塚谷氏は「それ自体が「天理」であるとともに、具体的な術策、すなわち国家豊饒策＝富国策であり、〝作為〟によって到達しうる〝永久不易〟の理想像をも意味する、一種の複合概念といえる」（塚谷晃弘「解説　本多利明」『大系』、四五五～四五六頁）という見解も提起している。なお、本庄栄治郎氏は、政策理念「自然治道」については明確に定義していない。また、阿部真琴氏は「自然治道」について、「いいかえれば、国富をつくり、農民を撫育する、自然的な経済政策である」（阿部真琴「本田利明の伝記的研究（四）」『ヒストリア』第一五号（一九五六年）、六五頁）という見解を示している。
(41)『自然治道之弁』一四丁裏〈『集』、未翻刻〉。
(42)「四大急務」政策の内容については第三章第一節において詳述する。
(43)相良亨「「自然」という言葉をめぐる考え方について――「自然」形而上学と倫理――」金子武蔵編『自然――倫理学的考察――』（以文社、一九七九年）、二三一頁。
(44)『自然治道之弁』三二丁裏〈『集』、二六四頁〉。
(45)『自然治道之弁』二五丁表〈『集』、二五七～二五八頁〉。
(46)『自然治道之弁』二三丁表〈『集』、未翻刻〉。
(47)『自然治道之弁』二三丁表～同裏〈『集』、未翻刻〉。
(48)『自然治道之弁』二三丁裏〈『集』、未翻刻〉。
(49)『自然治道之弁』四丁裏〈『集』、二五四頁〉。
(50)『自然治道之弁』一二丁裏〈『集』、二五五頁〉。
(51)『自然治道之弁』一三丁表〈『集』、二五五頁〉。なお「国々」は『集』においては「国」と、「いふ」は「いつ」と翻刻されている。
(52)『自然治道之弁』一三丁表～同裏〈『集』、二五五頁〉。なお「扶」は『集』においては「捉」と翻刻されている。
(53)『自然治道之弁』一三丁表〈『集』、二五五頁〉。なお、「独」は『集』においては「猶」と翻刻されている。
(54)『自然治道之弁』一八丁裏〈『集』、未翻刻〉。
(55)『自然治道之弁』四丁裏〈『集』、二五四頁〉。

第三章　『自然治道之弁』における日本国「豊饒」化プラン

利明は『自然治道之弁』において「渡海運送交易」政策の導入のみを提唱しているわけではなく、同政策を支える「四大急務」政策と呼称される「治道」を起案しながら、日本国「豊饒」化プランを提起している。本章では、まず、四つの具体的政策により組成される「四大急務」政策の内容について検討を加え、個々の政策案の特徴を明らかにする。それに基づきながら、根幹的「治道」としての「渡海運送交易」政策との関連性を位置づけ、さらに、両政策により、どのような日本国「豊饒」化を構想していたのかについて指摘する。また、本章では『自然治道之弁』において主張された政策内容と対外交易論の関係についての若干の検討を行い、第Ⅱ部への関連を考慮した見通しが示される。

第一節　「四大急務」政策の内容

根幹的「治道」である「渡海運送交易」政策の具現化に際して、利明が導入を必要視した「四大急務」政策とは、

「第一　焔硝を堀取り国に益ある事
第二　金銀銅鉛鉄を堀取り国に益ある事
第三　渡海の船舶を新製あつて国に益ある事
第四　属嶋の開業に丹誠あつて国に益ある事
是等は当時の勢ひに依ての急務にして国を治るの急務なり金言妙句に拘らす和漢古今に関らす今を救の急務なり(1)」

という「第一」から「第四」の条目を冒頭に列記しながら展開したものである。この四つに細分化された各条は、1焔硝活用政策案、2鉱産資源活用政策案、3船舶活用政策案、4属島開発政策案をそれぞれ意味している。

前記の引用から、この「四大急務」政策の全体的な特徴について触れれば、「当時の勢ひ」と記してあるところから、政策理念「自然治道」や「渡海運送交易」政策同様に、利明が問題視した『衰微』の社会としての「時勢」を念頭に置いた対応策としての意味をもつものであり、三つの社会経済問題の解決化が図られているといった志向性がみられる。また、「国を治る」と記すところから、為政者が実践すべき政策としての認識下に、各条についての具体的内容を展開してゆくという方針を看取しうる。さらに、各条すべての具現化により「国に益ある」という帰結が確信されており、楽観的な想定のもとで発案されているという性質も抽出しうる。なお、この引用において、利明が「国」と記した対象とは、『自然治道之弁』において北方の五つの島々を含む日本国内を一つの経済圏と捉えながら政策を立案している点を考慮すれば、この「四大急務」政策の効果を期待した「国」とは、日本国全体を意味するという理解となる。

ここで、利明のいうところの「国の益」と類似的な表現である「国益」との関連について触れておきたい。「国益」思想については、「大名領主経済の自立化の理念的表現として、大名領主側から持ち出されて来た[2]」という見解を提起し、さらに、「宝暦〜天明期（一七五一〜一七八八）に藩経済の自立化政策―幕府の直轄下にある江戸および大坂ならびに京都といった三都のいわゆる中央市場（＝幕藩制市場構造）への依存からの離脱―、国産物自給自足の思想という形をとって成立し、藩財政の実務に携わる武士の、いわば藩国家官庁エコノミストの経済思想として実践的に磨き上げられて行く[3]」と指摘した藤田貞一郎氏の代表的成果がある。しかし、『自然治道之弁』における利明の提言は、かならずしも藩に特化したうえで展開されているわけではない。ただし、為政者の主体的関与による「治道」の実践を要望していた点においては、藤田氏の着目するところの、「国益」思想の醸成主体と一致しており、同氏が定義するところの

「国益」思想と親和性のある発想を利明は「国の益」の表記を通じて展開していたといえる。
このような「国に益ある」という目的の下で、利明は「四大急務」政策を展開している。以下、各条を個別的に分析してゆく。

1　焔硝活用政策案

「一　第一焔硝は乱に武備の要害となり治に其用甚多といへども河道を開を先とせり」(4)

という焔硝活用政策案は、火薬の爆薬としての活用を推奨した経済政策である。焔硝は本来的に火薬の原料の一部である硝石を指し(5)、日本では鉄砲伝来により需要が高まり、「古土法」と呼称される古い土から抽出する方法による生産が行われ、さらに、自給されるようになった物資であり(6)、この硝石と硫黄と木炭を混成させたものが火薬である。ただし、火薬そのものを直接的に示す表現として「焔硝」も使用されており(7)、利明の場合は火薬と同義的に用語「焔硝」を使用している(8)。

利明は、この焔硝の用途を「武備」としての軍事利用ではなく、「河道を開」というように国内の内陸輸送ルートに含まれる河川水路の開削事業への活用を提起している。また、それだけでなく、

「焔硝を用て山々に切通を補理し峠道を助け或は金銀山の堀方を助け或河々に大石ありて大瀧となつて通船なり難を助け其外種々国用に達して其功莫大なり」(9)

とも記す様に、「山々」や「峠」という陸路における物資輸送上の阻害要因の除去や、さらに、金山ならびに銀山を対象とした鉱産資源採掘事業への利用も考慮している。

この政策案における焔硝そのものについて、利明は「焔硝九二一に調合し」(10)と記すように、硝石と硫黄と木炭を九対

二対一の比率により混成する火薬調合法を提案しながら、

「螺旋柱を建て［丸柱に螺の如く火道の溝を彫穿なり］此柱に火縄［此縄は焔硝の煮付なり］を巻通[11]」

と、螺旋柱に巻きつけた導火線を意味する「火縄」の先端に焔硝を附置した爆破装置を考案している。その効果は、

「火移るや否百雷千雷の如く鳴響その勢ひたとえへき物なく活石微塵に砕て虚空前後左右に散乱に其跡忽渕源となるなりこれ人力を省て策のみに非す雑費も又十分の一を減し[12]」

と記されるように、焔硝の爆発により、爆破対象物としての岩が「活石微塵に砕て」というように粉砕され、通常、人力のみでは多大な労力と時間を費やすはずの岩石除去作業が容易化されるものとして考えられている。

ここで着目されるのは、火薬の効能のみならず、「人力を省て策のみに非す雑費も又十分の一を減し」という記載である。本来的に人力のみによる輸送ルートの整備開発を意味する土木工事事業は、当時としては「普請」を指し、それには人夫が大量に動員され、人件費や開発事業費に莫大な経費が掛かり、幕府側から石高に応じながら各領主に要請された普請経費の供出は、為政者側の財政負担となっていたという実態があった。この様相に鑑みれば、「人力を省て」というように、公共インフラ推進のための土木工事事業に動員される人数の減少による人件費の削減や、さらに開発に関する諸経費も「雑費も又十分の一を減し」とされるように一割カット（一／一〇）しうると述べた利明の発案は、爆薬活用の利便性のみならず、経費節減という効率的側面から領主財政逼迫の緩和を意図したものでもある。その際、代替として手段化されるのが焔硝の活用なのであり、科学的見地に基づく調合法や爆破装置を提起した点を考慮すれば、実学的な発想[13]による開発案として理解できる。

なお、この政策案の妥当性について、利明は、

「「モスコヒヤ」の女王「エーカテリナ」なる者大功数ヶ条の内隣国に大湖あり大雨長く毎次に溢水大湖の周廻に溯

り万民の難儀是より甚しきはなし時に女王その害を禦ん事を謀り彼大業を用ひ里程十七里〔日本の百町を用て一里となりたり〕の山を穿て大河もなりてより湖水の憂なきのみに非らす河道開けて通船の運送便利を得国民大に悦ひ[14]」

と記している。これは、ロシアのエカチェリーナⅡ世（一七二九～一七九六）[15]が湖の溢水問題の解決に焔硝を活用して山を爆破し、「山を穿て大河もなりて」というように、広域な排水路を開削して、溢水を他所へ迂回させた事例の紹介である。ここでは、波及的効果として、「河道」とされる河川水路も整備され、「通船の運送便利を得」と記すように、船舶活用に基づく物資の水上輸送の円滑化が展開され、その事業が国民に歓迎された様相も付記されている。

さらに、利明はエカチェリーナⅡ世の事績として、

「女王又或湊に水かふりの盤石ありて往還の船舶動もすれは破船をりといへり是も又周廻に塘堤を築き内の水をかへつして後火薬を用ひ反割り[16]」

という記事も記している。これは港湾を意味する「湊」における発着に際しての阻害要因であり、船舶を難船へと誘引する「盤石」という岩を爆破したという事例である。ここには、内陸の水上輸送ルートのみならず、海上輸送ルート上に位置する港湾といった要衝の整備開発事業への焔硝活用が紹介されている。したがって、焔硝活用政策の効果は多岐にわたる輸送ルートの整備開発事業に応用が可能であるという理解を利明は事例を通じて有していたといえる。これらのエカチェリーナⅡ世によるロシアの事例は、人為では困難をきたす整備開発事業への対処を紹介したものであり、利明の提唱する焔硝活用政策案の日本国内への展開についても同様の効果を齎す根拠としての役割を担っているのである。

以上の焔硝活用政策案の内容は、「焔硝」を意味する火薬の活用を手段とした科学的方法に基づきながら、国内の内陸輸送ルートに含有される陸路ならびに河川水路の開削や、海上輸送ルートの要衝である港湾の安全化を要望した政策案として纏めることができる。その効果として、国内の物資輸送網の利便性が向上し、物流の円滑化が想定されている。

また、それ以外にも副次的効果として鉱産資源採掘事業への活用や土木工事事業における人件費の削減による領主財政逼迫の緩和についても考慮されている政策案とした理解が適宜である。

2　鉱産資源活用政策案

「一　第二には金銀銅鉛鉄山の堀方也[17]」

という鉱産資源活用政策案は、

「諸山を検査して有無善悪を探索の後順運先后は下評までも能容れ堀方に程能丹誠あれは月を追ひ年を追ひ諸金増殖する者なり[18]」

という記載から、一義として、「諸山を検査して」と記すように、事前調査に基づく国内の鉱山開発により「諸金増殖する」とされる鉱産資源産出量の増加を要望した政策案である。本来的に、徳川時代における鉱山開発の展開過程については、一六世紀中期から一七世紀前期にかけて金銀山が全国的に開発され、金銀の大増産となってあらわれ、幕府は一七世紀までに実質的に全国的な鉱山開発事業を統括し、その帰結として貨幣鋳造権は幕府が完全に握ることとなった[19]という経緯がある。ただし、利明生存時においては、長崎貿易による大量輸出[20]や産出量の低下などの影響により日本全国の金銀鉱山は枯渇化傾向[21]にあり、利明の認識は実態と乖離していると指摘できる。

このような性質をもつ利明の発案は単純に採掘という行為のみを推奨しているわけではない。それは、

「金銀は天下の宝貨なれは国務の甚大なる事勿論なり[22]」

という記載に顕著である。これは鉱産資源である金ならびに銀について、「天下」である全国に流通する貨幣としての役割に着目した見解である。その際、利明は貨幣に対する国家的関与を「国務」として要望している点から、日本全国

の貨幣流通市場を対象とした貨幣政策に着目していたことを理解しうる。

ここで、利明にとっての「金銀」貨幣観[23]および、その経済的影響力についての認識を示しておきたい。それには、まず、

「夫金銀の主用は交易なり交易は今天下の商の預る所也[24]」

という記載を提示しうる。これは物資売買を意味する「交易」に介在する貨幣としての金銀の役割を指摘したものである。この理解に基づきながら、「今」の状況下においては、実態としての貨幣流通量の直接的コントロールが全国の商人に掌握されている様相が指摘されている。この認識を踏まえながら、利明はさらに、

「通用金銀となつて多く出る時は種々様々の災害あり[25]」

と記している。これは、市場に流通する金銀を意味する「通用金銀」の影響に着目した見解であり、全国市場における貨幣供給量が「多く出る時」と記すように、過度に増加した場合、「災害」という悲観的な経済現象を発生させるという理解が示されている。

この「災害」とは一体どのような現象を指すのかという点については、

「諸色高直なれは通用金銀の出遊多きを知て又下直なれは通用金銀の出遊少処知す[26]」

という記載が解答へと導いてくれる。利明は米穀価格以外の諸物資の価格を意味する「諸色」にも着目したうえで、「諸色高直」という物価高の状況であれば、「通用金銀の出遊多き」というように市場における貨幣供給量が過多の状況であり、逆に、「下直」である物価安の状況であれば、「通用金銀の出遊少」という貨幣供給量が過不足であるという認識をもっている。この見解から、貨幣供給量の過多による物価高という経済現象を「災害」として問題視していたと理解でき、過度な物価高現象の発生に対する危機意識と、物資需給問題についての関心を念頭に置きながら持論を展開し

ようとする姿勢を看取しうる。

さらに、この貨幣供給量と物価の関係について、利明は次のような見解も提示している。それは、

「天下の人民の員数と米穀出産の員数と通用金銀の員数との釣合治道第壱の要務[27]」

というものである。ここでは、物資需要の意味合いを含む人口数として「人民の員数」、米穀産出量を意味する「米穀出産の員数」、そして、前述してきた、貨幣供給量を意味する「通用金銀の員数」として示される三要素のバランス調整の必要性を「釣合治道第壱の要務」として指摘し、それへの対処を為政者側に要望している。

利明は、本来的に米価以外の物価である「諸色」に着目しながら、貨幣供給量の多少を判断していることは既述の引用に明らかであるが、徳川時代の基準的物価が米穀であり[28]、享保期（一七二〇年代）以降の為政者側が対応に苦慮し続けた、米価は安いがその他の物価が高い、いわゆる「米価安諸色高[29]」の状況下において、米価と物価の上昇および低下がほぼ連動している実態を考慮すれば[30]、利明にとって、「米穀出産の員数」とは「諸色」の物価に連鎖するものであったといえる。したがって、人口数、「諸色」の価格に連動する米穀生産量、貨幣供給量の三要素の数量的相互依存の相関関係により、物価の上昇や低下が規定されるという認識を有しながら、貨幣供給量の過多による過度の物価高という経済現象を「災害」として批判的に捉えているのである。

この状況への対処について、利明は、

「或は引揚或は放ちて四民の階級を締保ち爵禄といへとも貧富に係り然は通用金銀の多少は四民の階級を正すの要務なり[31]」

という政策を提言している。これは、物価変動への対応について、貨幣の品位に関しては考慮されていないものの、貨幣供給量の操作といった人的介入を為政者側に喚起したものである。具体的には、物価高であれば貨幣供給量の収縮を

意味する「引揚」を行って物価を下落させ、逆に物価安であれば貨幣供給量の増加を意味する「放」つ政策により物価の上昇を誘導するといった物価調整政策により過度の物価高騰や暴落が抑制されるものと考えられている。その結果として、物価の安定化が物資需要への安定供給へと連動し、万民の生活維持が担保されると判断されているのである。

ここで、利明が、貨幣供給量の操作に基づく物価対策を「四民」とされる国内社会秩序と関連させながら政策案を展開しているのは興味深い。本来的に士農工商の秩序に基づく社会を正当とみなしていた利明は、経済的側面から、「商」を主、「士」を従とした主従逆転現象を批判視している。その状況を「改革」するためには、士農の生活困窮化を齎す過度の「諸色高」といった現象を適度に是正する必要があり、それが具現化された結果として、士農の生活水準の安定化が実現し、ひいては為政者側の困窮状況からの脱却により、主従逆転した身分秩序が回復するとみなされている。したがって、貨幣供給量の操作は「四民の階級を正す」役割を担うものとして重要視されているのである。

このように利明は貨幣供給量の操作を物価の安定化に資するものとして考えている。それだけでなく、全国的輸送網において、為政者の積極的な「交易」活動を要望していた点を踏まえれば、商品流通経済のさらなる進展にともなう貨幣需要への対応も念頭に置かれていたといえる。その際、利明が着目したのは、常時、貨幣を供出しうる準備体制の確立であり、そのためには、市場に未流出の金銀の確保が為政者側に要求され、その場合に要望されるのが鉱山開発に基づく鉱産資源の確保なのであり、「丹誠あれは皆宝山となり仕向次第にいか様にもなる事なり[32]」と記すように、鉱山開発に関する為政者側の政策的指針を意味する「仕向次第」により、鉱産資源産出量が左右され、ひいては貨幣流通量の操作に影響を及ぼすものとして考えられているのである。

以上の鉱産資源活用政策案の内容は、一見、鉱山開発推進政策を意味するようにも受けとめられるが、利明の真意は物価対策としての貨幣供給量の操作[33]に主眼を置いたものである。したがって、鉱産資源活用政策案は、鉱山開発の推進により鉱産資源「金銀」を為政者側が常時確保し、日本国内における物価変動や貨幣需要の増加に即応しうる貨幣準備体制の確立を要望した発案として理解できる。その効果として、物価問題を要因とする国内社会秩序の混乱問題の解決化が想定されているのである。ただし、当時の日本国内における鉱産資源は枯渇化していたという実態を踏まえれば、国内の貨幣供給能力を楽観的に捉えていた点は、利明の見識の浅さとして補記すべき点である。

3　船舶活用政策案

「一　第三には船舶の新製及ひ渡海の法則なり[34]」

という船舶活用政策は、改良船舶の利用を意味する「船舶の新製」および新たな航海の方法を意味する「渡海の法則」の導入を促しながら、為政者主導の「官船」活用による海上輸送体制の構築を要望したものであり、全国的な物流の円滑化を目的とした政策案である。

なお、徳川時代の海運の特色は定期航路の形成[35]にあり、寛文一一年（一六七一）以降に、東廻り航路ならびに西廻り航路の開発や菱垣廻船および樽廻船等の出現に基づきながら全国的海運輸送網が確立する。[36]この海上を経路とする輸送ルートの構築は商品流通経済の進展に伴い、元禄期には五〇〇石積級でこと足りていた菱垣廻船も、一八世紀中期に一〇〇〇石積、十九世紀初期には一五〇〇石積を必要とするほど商品流通量は増大していった。この趨勢は、船舶活用による物資輸送の活性化[37]へと繋がり、その様相下において利明は、

「無理なる渡海するにより或は荷物を海中へ投捨て或は破船或は漂流して行方知れすになる様[38]」

と問題点を指摘している。これは、当時の海上輸送の脆弱性[39]に着目した見解であり、「無理なる」航海から「破船」や「漂流」という海難事故が発生し、その結果として、

「毎年海中へ棄れる米穀計は数百万石に及へり天下の損失是より大なるはなし此損失皆士農に係る(40)」

と記すように、「天下の損失」を意味する積載物資の損失は米穀量一〇〇万石に相当するものとして見積もられている。さらに、その状況が物資不足や物価高騰を誘引し、士農の生活を圧迫するとみなされているのである。

この問題について、利明は「海内へ棄る国産を救にあり(41)」と積載物資の損失回避を模索している。そこで提唱された具体的な対応が、

「先只今までの大船に修理を加へ当座の渡海船をなし渡海の法に鍛錬させん(42)」

と記すように、「大船に修理を加」えた改良船舶の利用を意味する「船舶の新製」および、新規航海術を意味する「渡海の法則」の導入である。

この二つの案の内容はさらに詳述されており、個別的にみてゆくと、まず、「船舶の新製」については、

「檣を仕替壱本は艪に壱本は中に壱本は舳に三つ所共に二継に仕立波濤除に板屋根を設け(43)」

と記すように、帆柱を意味する「檣」を三本立てた大型船舶の活用を促している。これは、帆の長さが短い船舶の場合、帆走性能が劣り、横風や逆風に備え多数の漕手を乗船させる必要があった実態に鑑みれば、船舶構造の改良により、物資輸送における安全性の担保と帆走性能の向上に基づく海上輸送の円滑化を意図したものとして理解できる。それだけでなく、漕手に該当する乗組員の少人数化が人件費の削減にも繋がり、海上輸送に関連する経済効率を追求した発想も含まれている。

つづいて、新規航海術を意味する「渡海の法則」に関する見解は、

「只眼力の及ふ所の山々のみを規矩となし針路方位を求め渡海するゆへに大洋に出て眼力及す曇天にもあれは山々も見されは忽に規矩を失ひ針路方位を求る事能す(45)」

というように、当時の航海術の欠陥性を前提としている。利明が批判的に捉えた従来からの航海術は、「山々のみを規矩となし」というように山の角を対象としながら、「眼力の及ふ」というように目視して船の位置を定めたうえで、「針路方位を求め」というように方向を知るという、いわば、陸地の見える範囲内を航行する方法であり、「地乗り」と呼称された航海術である。この航海術は、「大洋に出て眼力及す曇天にもあれは」と記すように、山から遠隔な大洋に出た場合や、天候不順により視界が悪化した場合、目視しうる対象地を見失ったあげく、針路を喪失してしまうところに難点があった。

この旧来からの活用されてきた「地乗り」航海術と対照化させながら、利明は、新たな航海術に相当する「渡海の法則」として、

「夜は星象に因り昼は日輪に因て我船の所在を測量して[46]」

という方法を提起している。これは、「星象」や「日輪」と記すように、星や太陽の高度を観測し、海洋上における船舶の位置を確認しながら航行を行う「沖乗り[47]」と呼称される航海術の提案である。利明が「沖乗り」航海術を推奨した理由は、突風が比較的少ない沖に出航して遠洋航海を行えば、平穏な大洋という航路の活用が可能となるからである。この見解は安全な海上航行ルートの確保を念頭に置いたものとして理解できる。

この「沖乗り」航海術の推奨とともに、利明は、安全な航海に資する道具についても紹介している。それは、

「船具セイカルタシカットカアメルヲクタント里程綱沙漏時計の類[48]」

という記載に示されている。ここで言うところの「セイカルタ」は絵図を意味し、海上にある港や岬などに関する経緯度を記したものであり[49]、また、「シカットカアメル」は方位や新路を知るための時刻に応じた対数表などを含む航海術の書[50]である。さらに、「ヲクタント」は四五度の円弧を九〇度に目盛った天体の高度測定具[51]である。その他に距離を測

る綱である「里程綱」や砂時計を意味する「沙漏時計」も紹介されている。利明がこれらの道具の活用を促した意図は、天体観測に基づきながら位置を確認する合理的な知識や道具が既存であり、それを活用することにより、航海の安全性の向上が担保されると確信しているからである。したがって、悪例としての「地乗り」航海術とは対照的に、科学的な根拠に基づく道具の活用による新たな「渡海の法」である「沖乗り」航海術の導入による海上船舶活動が推奨されるのである。

海上輸送の安全性の向上に直結する発想である「船舶の新製」および「渡海の法則」との関連において、利明は、

「和蘭舶万里の波濤を乗り越へ肥州長崎に到るに毫も過となり其法会得するに於ては陸地の旅行より安き事百倍せり[52]」

という指摘も行っている。これは、オランダの遠洋航海による長崎来航を事例として紹介し、「其法会得」と記すように模範としたうえで、日本でも同様の海上航行が可能であると主張したものである。ここで注目すべきは、「陸地の旅行より安き事百倍」と、海上輸送の利便性を陸上輸送と比較したうえで、その優位性を認めている点である。これについて、「輸送機関としては、水上が重貨である米穀の輸送に適し、陸上に比較して運賃も安く、しかも遠隔地輸送には海上輸送が最も適していたからにほかならず、なかでも江戸における商品需要の増大は、急速に大量輸送を可能とする船舶への依存度を高めていった[53]」という柚木学氏の指摘を踏まえれば、積載物資の損失予防や航行経費の節減だけでなく、物資移動の迅速化[54]も要望した利明の見解は、商品流通経済の進展と経済効率の双方に着目したものであるといえる。

以上の主張を踏まえながら、利明は海上輸送体制に関する提言も行っている。それは、

「官船を以て此館より彼館へ彼館より此館へ運送し[55]」

という引用に明らかである。これは、全国津々浦々の港湾に設置した「館」を要衝として海上輸送網の全国的ネットワ

ークを確立し、それを経路として為政者管轄の船舶を意味する「官船」による積載物資の輸送を要望した発案である。

この海上輸送網が構築された場合、為政者側の役割は、

「直段高下あるに於ては速に館の交易を発へし高直なれは売出し下直なれは買揚年中一二割の間に保ち交易あるに於ては天下の売買皆自然に平均になり[56]」

と記すように、物価変動への視座から規定されている。ここでは、「高直」である物価高の状況では、「売出し」とするように「館」と「館」の間における輸送と交易を通じて物資を市場へと供給し、その効果として物価を下落させ、逆に「下直」である物価安の状況であれば、「買揚」とするように、市場からの物資購入により物資供給量を減少させ、その結果として物価の安定化を誘導するといった方法が示されている。また、この引用からは、「年中一二割の間に保ち」というように、物価高および物価安の状況を一〜二割の増減幅を限度とした物価調整を適宜とみなす考えも抽出しうる。したがって、全国の海上輸送網において散在させた「館」を「官船」による物資移動の要衝として、または「交易」の場としながら、物価安定化を齎す役割を為政者に委ねた発想が、為政者主導の「官船」活用に基づく海上輸送体制構築案として位置づけられる。

このような、海上輸送に着目した船舶活用政策案を推奨した理由は、

「海国程善きはなし依て船舶の製作及ひ渡海の法則は自然に具足すへき国土なり[57]」

という記載に顕著である。これは、第二章第三節において検討を加えた、周廻を海域とする地理認識に基づく「海国」観[58]と同義の見解であり、この自然環境に適した政策案として船舶活用政策案が提起されているのである。

以上において検証してきた船舶活用政策案について纏めれば、同政策案は周廻を海域とする地理的条件に適合した発案として主張されたものである。その際、改良船舶の利用を意味する「船舶の新製」および新規航海術の導入を意味す

る「渡海の法則」の適用と、全国的な物流の円滑化と物価安定化を目的とした「館」と「官船」活用による海上輸送体制構築が要望されている。この場合、「交易」に関する為政者の経済主体としての役割が物価の調整機能を果たすものとして想定されている。

これらの政策が齎す効果として、積載物資の損失が予防され、また、物資輸送の安全性の担保と帆走性能の向上化による海上輸送の円滑化が期待されている。それだけでなく、乗組員の少人数化による航行経費の節減も副次的な効果としてみなされている。このような内容をもつ船舶活用政策案は、海上輸送の円滑化による物資供給の安定化と物価調整を企図している点において、利明が問題視していた、生産高の偏在性に基づく物資需給問題や、過度の物価変動に誘引されるとみなした国内社会秩序の混乱問題の解決を視野に容れた発案として理解できる。

4　属島開発政策案

「一　第四には属嶋の開業也[59]」

という属島開発政策案は、「属島」に含有される日本国内の北方の五つの島々に着目した開発政策案である。これは、日本本土への搬入を意図した物資の確保を主目的としながら経済圏の広域化を図り、さらには、ロシアの南下情勢を踏まえたうえでの国境の画定についても考慮した提起である。

この発案を展開するうえで、利明は、

「国政能く制度善く其度に協は周廻の嶋々皆独り開け良国となつて四方八方の洋中の国々より租税競貢する様になれは今の租税の数百倍と増殖するも啻是制度教示に因るのみなり左すれは当時の疲たる農民を虐せすとも却而国用潤沢となる良策に協なれは開業の外に近き国益のなき事明白なり[60]」

という概説的な見通しを示している。これは、日本国内に点在するの「周廻の嶋々」を対象として為政者主導の「国政」や「制度」に基づく政策が適用されれば、各島々が「良国」化し、結果として「租税競貢」という状況が発生すると展望したものであり、日本本土への新たな税収源の確保が期待されている。その際、利明が推定した経済効果は、当時の「数百倍」の税収として見込まれている。ここで、「当時の疲たる農民」に該当する本土の農民の酷使による税収増を求める方針とは対照的に、為政者主導の「開業」を意味する産業開発事業の促進による未開発地からの新規税収により「国用」不足問題が解決化されると想定されている点を考慮すれば、全国的傾向としての国内生産力の低下問題を念頭に置いた発想であるといえる。

その場合の開発対象地について、利明は、

「嶋々多といへとも先最初は蝦夷の諸嶌に係るへきなり[61]」

と記している。この見解から、日本周廻に点在する島々の中でも、「蝦夷の諸嶌」の開発に主眼が置かれていることがわかる。具体的には、第二章第一節において既述した通り、北海道、ウルップ島、エトロフ島、クナシリ島、カラフト島といった五つの島々である。これらの諸島を対象としながら産業開発を意味する「開業」を推奨する方針が属島開発政策案には含まれているといえる。

この開発政策案を提唱する前提として、利明は北海道、ウルップ島、エトロフ島、クナシリ島の、以上四つの島々について、

「周廻の磯部のみ夷人住居して魚猟を以て産業とせり故に嶋々皆奥の地中は空地にして夷人も住居する事なし耕作の道なき故に五穀なく[62]」

と記している。この引用から「夷人」とされる在住民の既存の産業は「磯辺」における「魚猟」であり、海産物の捕獲

を主要生業としていたという理解が認められる。その一方で、「奥の地中」に該当する内陸部においては、「耕作の道なき」とされるように、農作物生産が産業化されていないと把握されている。その帰結として、前記の島々は「五穀」[63]に相当する米や麦などの未産出地域としてみなされているのである。

この認識を前提としながら、利明は、

「五穀不生にてはなし耕作をせさるゆへなり惜へきとも歎へきともいふへき様なり蝦夷の諸島五穀百菓豊熟金銀銅鉛鉄山潤沢なれは大良国となるへき」[64]

と記し、農作物生産について、「五穀不生にてはなし耕作をせさるゆへ」と強調するように、耕作を行えば、農作物生産が可能であるといった認識を示し、そうでない現況を「惜へきとも歎へき」と慨嘆している。また、各島々の産業開発事業を推進することにより「五穀百菓豊熟」とされる農作物生産業が活性化されるだけでなく、「金銀銅鉛鉄山潤沢」とされるように、鉱産資源の確保も可能であると判断されている。以上の見解は四つの島々に関するものであるが、利明は残りのカラフト島についても、

「カラフトの国産本邦の扶となり益となる」[65]

と記している。ここでは、各島々と同様の成果がカラフト島から齎されるという予想が示されており、この展望と四島に関する見解に基づけば、利明が開発対象地とみなした「蝦夷の諸嶌」とはカラフト島も含めた総計五つの島々であったことが再確認される。

これらの領域から農作物と鉱産資源を新規に獲得するために、利明が提起した具体策は、

「国家の大事にも係へき程の急務なれは縦古の掟に背とも重き所に難換依て唯今までは商船渡海して夷人撫育の交易せしを官船渡海して夷人撫育の交易を為すへし」[66]

というものである。ここでは、「商船渡海」といった従来の蝦夷地への接触方法から、為政者の主体的な産業開発事業や在住民との「交易」への関与を意味する「官船渡海」に特化した方針への転換が要望されている。このような発案の前提に位置する、従来からの蝦夷地と松前藩および諸所商人の関係について触れれば、近世初期における松前藩と諸商人との連携による海運は、敦賀ならびに小浜ルートの北国海運で、大津、京都、大坂の上方市場と結びついていており[67]、その後、宝暦から天明期にかけて他国商人の参入により、北前船が台頭するという歴史的経緯があった[68]。これは、蝦夷地在住民と松前藩を仲介とした商人の経済上の関係が既存のものであったことを意味している。この実態と、商人の富占有化現象を批判視していた利明の商人観を踏まえれば、「古の掟」に該当する松前藩を仲介とした蝦夷地在住民と商人との交易[69]は否定すべき関係であり、それに代わる蝦夷地への関与として推奨されたのが、為政者主導の「官船渡海」[70]に基づく産業開発や「交易」なのである。

この「官船渡海」について、利明は詳述しており、

「東はウルツフ嶋エトロフ嶋クナシリ嶋西はカラフト嶋の内運上屋の場所まて官船にて米麹酒煙草小間物及ひ諸器材かな暦も運送ありて撫育交易せは夷人も救を蒙て大に悦ひ此方にては大に利潤あつて重き政務の道に叶ひ」[71]

という記述からその内容が明らかにされる。ここでは、ウルップ島、エトロフ島、クナシリ島、カラフト島を対象としながら、交易地としての「運上屋の場所」を結節地点として、「官船」による交易が推奨されている。その際、順序として、まずは、日本本土から「米麹酒煙草」といった農作物類や「諸器材」といった諸道具、さらに、情報伝達の手段である「かな」文字や農作業に不可欠な「暦」を蝦夷地へと導入し、それを発端として、蝦夷地在住民の農作物生産を誘導するといった方法が提起されている。

この開発事業が順調に進展すれば、利明の想定にあったように、北方の五つの島々から産出される五穀が「利潤」と

しての意味あいのもとで、本土に供給されることとなるのである。一方で、蝦夷地在住民側にしてみれば、生活水準の向上と、産業開発の進展に資する知識や道具や食糧などが本土から齎されることとなるのである。その際、蝦夷地在住民側からの「租税競貢」という状況と並立的に、為政者側の主体的関与による「交易」を通じて蝦夷地在住民との経済的関係の構築を要望しているということは、蝦夷地産出物資の一方的な収奪を意図していたわけではなく、北方の五つの島々を日本国内に含有される経済圏としての認識下に、本土と同様の租税徴収に基づきながら、「交易」を通じた物資売買や物々交換も併用するといった方針を適宜とみなしていたと理解しうる。

前記の産業開発事業との関連において、利明は、それに必要な知識についても言及しており、

「開業の外に近き国益のなき事明白なり其開業の根本は渡海にあり渡海の根本は船舶にあり天文算術測器船具にあり此船舶の製作及ひ渡海海《ママ》の法則並に天文算術測器船具の製作等は仕向次第也[72]」

と記している。利明の整理に拠れば、「開業」、すなわち産業開発を行うには、開発対象地へ到達するための航海を意味する「渡海」が必要となり、「渡海」には船舶や航海術が必要となる。それに不可欠な素養として天文学を意味する「天文」や数学を意味する「算術」、さらに、測量道具を意味する「測器」や船舶への携帯を求めた「船具」が列挙されている。

この見解は、船舶活用政策案で「船舶の新製」や「渡海の法則」の導入を促しながら、「館」や「官船」活用による海上輸送体制構築を要望していた点を踏まえれば、日本本土と同様の手法の適用化を開発対象地についても求めたものであり、産業開発事業が進展して五穀に該当する生産力が上昇化した際に、本土への円滑な物資輸送を念頭に置いたものとして理解しうる。

以上において検討を進めてきた属島開発政策案は、北方の島々の産業開発による生産力の増大化や、「交易」に基づ

く物資の日本本土への搬入といった経済的側面のみを期待した発案ではない。それは、日本国内に含有されるとみなしたカラフト島についての、

「国界の心得を以て手を引ぬ様に丹誠あれは[73]」

という記載に顕著である。これは、カラフト島に対するロシアの侵食を警戒した見解であり、国境を意味する「国界」が着目されている。利明がロシア南下情勢に対して危機感を抱いていたことは既述の通りであるが、それを念頭に置きながら、カラフト島の産業開発は「手を引ぬ様」に推進すべき重要政策であり、日本国内の開発を実践しているという既成事実をロシア側に明示すべきであると主張されている。したがって、北方の五つの島々を対象とする開発事業は同地における生産力の増大という経済効果のみならず、開発そのものが、ロシアとの国境画定に繋がるものとして考慮されているのである。

最後に、属島開発政策案について纏めれば、同政策案は日本国内に含有される北方の五つの島々の未開発状態を前提としながら、「官船渡海」により農作物類や諸道具や暦を提供し、蝦夷地在住民の農作物生産を誘導する「開業」に基づきながら、海産物の狩猟を主要生業としていた同地を農作物生産地や鉱産資源開発地へとシフトさせる発案である。その際、「開業」に不可欠なものとして、「渡海」および「船舶」、「航海術」、それらに資する天文学、算数、測量道具、船具などの知識や道具の活用が推奨されている。

このように纏められる属島開発政策案は、北方の五つの島々から確保される諸物資の本土搬入を期待している点において、利明が問題視していた全国的傾向としての国内生産力低下と物資需給問題への対応を試みたものであるといえる。それだけでなく、国境画定も視野に置かれている点を考慮すれば、ロシアの南下情勢に基づく蝦夷地問題の解決化も図られており、経済問題や外交問題の双方に対して一括的な解決を意図した複合的な性質をもつ政策案として位置づけら

れる。

第二節　「渡海運送交易」政策と「四大急務」政策の関係性

四つの具体的政策案により成り立つ「四大急務」政策は各政策案が根幹的「治道」としての「渡海運送交易」政策を支える特徴をもつ。本節では、両政策の関係性について検討を加える。その際、根幹的「治道」である「渡海運送交易」政策と「四大急務」政策との関係を個別的に提示すれば、次の通りとなる。

焔硝活用政策案は焔硝の活用による陸路および河川水路ならびに港湾といった輸送ルートの整備開発に基づきながら、物資輸送の円滑化を図る発案である。これは「渡海運送交易」政策における、海上輸送の主要動脈化を要望した「渡海」の部分と、陸路や河川水路を含む輸送経路の利便性の向上を要望した「運送」の部分をそれぞれ補う政策案として理解できる。

鉱産資源活用政策案は鉱山開発から産出される「金銀」の保有を為政者側に求めた発案であり、「金銀」の市場に流通する貨幣としての役割に着目しながら物価安定化や市場における貨幣需要への呼応に連動する貨幣供給量の操作を要望したものである。この提言は、「交易」を成立させる要素の一つである貨幣供給量への関与を為政者側に求め、物価調整を目的化している点において、物資移動に介在する「交易」活動への主体的役割を為政者に要望した「渡海運送交易」政策の「交易」の部分を念頭に置いた政策案として理解できる。

船舶活用政策案との関係については、船舶構造の改良を意味する「船舶の新製」や、新規航海術の適用化を意味する「渡海の法則」の導入による安全な海上航行を推進している点から、船舶利用による海上輸送の主要動脈化を意味する「渡海」の部分を支え、海上輸送による積載物資の移動を念頭に置いている点から、物資の輸送を意味する「運送」を補完している。また、官船の役割を物資輸送のみに限定せず、港湾に設置した「館」を拠点とする「交易」活動を推奨している点は、「交易」の部分と連動している。さらにいえば、同政策案に主張された官船を主体とする全国的海上輸送体制の構築化は、「渡海運送交易」政策を全面的に補強する政策案であるといえる。

属島開発政策案との関係については、利明が開発対象とした国内としての蝦夷地への到達を目す場合、当然、航海が必要となり、また、同地での産業開発に際して物資の搬入や、開発後における物資の相互輸送が展望されている点から、「渡海」ならびに「運送」を補うものである。さらに、蝦夷地での開発が進展したのち、官船を主体とした蝦夷地との「交易」を要望している点においては、「交易」の部分を補強している。したがって、同政策案も「渡海運送交易」政策を全体的に支えるものであると理解できる。

以上のように、「四大急務」政策は、各案が根幹的「治道」である「渡海運送交易」政策と部分的に、あるいは全面的に相関関係にあることが認められる。したがって、「渡海運送交易」政策の実践化を支える政策案として理解できる。

この「四大急務」政策について利明は、

「四大急無《ママ》の大意也是を修行すれは国家豊饒となり」(74)

と総括化した主張も記しており、「四大急務」政策を現実的に「修行」すれば日本国の「豊饒」化という効果に帰結するとみなしている点において、「渡海運送交易」政策と軌を同一としていることが理解できる。したがって、「四大急務」政策は根幹的「治道」としての「渡海運送交易」政策の具現化に不可欠な具体的政策案を付帯的に展開したものとして位置づけられる。

第三節　「渡海運送交易」政策と「四大急務」政策による日本国「豊饒」化構想の全容

本節では、「渡海運送交易」政策と「四大急務」政策に基づきながら、利明がどのような日本国「豊饒」化を構想していたのかについて明らかにする。

まず、利明の構想の中に枠組みとして描かれた日本国の領域は、北海道、ウルップ島、エトロフ島、クナシリ島、カラフト島といった北方における五つの島々と本州、四国、九州とその周辺の諸島である。この領域内で発生した社会経済問題という「時勢」的齟齬を解決するために要望されたのが「渡海運送交易」政策とそれを支える「四大急務」政策の導入である。

為政者が主体的に実践すべき根幹的「治道」としての「渡海運送交易」政策は、生産力の偏在性に基づく物資需給への対応を意図しながら、北方の島々までを含んだ経済圏としての日本国内を視野に容れたうえでの物流の円滑化を希求した特徴をもつ政策である。ただし、同政策の実践化には、それを支える諸案が幾つか必要であり、それは「四大急務」政策に求められている。

それら諸案を総合的に纏めれば、「交易」の拠点である「館」を全国各地の港湾に点在させて海上輸送網を構築し、それと整備開発された内陸輸送ルートを結合させて全国的輸送網を確立し、そこを経路として輸送される物資は従来の国内生産物とともに、北方の島々の産業開発から産出される新規生産力としての五穀である。その際、全国の輸送ルート上で展開される「交易」活動から過度の物価高や物価安の状況が誘引されるケースや、商品流通経済の進展にともなう貨幣需要の増加への対応を考慮しながら、物価安定化を担保するために、物価調整用の貨幣準備体制の確立が要望されている。(75)

この「渡海運送交易」政策と「四大急務」政策の導入により、三つの社会経済問題の解決が図られることとなり、その効果は、次のような見通しを順次に示すことができる。

まず、一つめの全国的傾向としての国内生産力低下問題と物資需給問題については、北方の五つの島々の産業開発により確保が期待された新規生産力や、供給過多の地域の生産力を、海上輸送を主軸とする円滑化された物資輸送ルートの活用に基づきながら、需要過多の地域へとシフトさせることによる解決が想定されている。

二つ目の経済的側面から主従逆転した国内社会秩序の混乱問題については、物資需給問題の解決を図りながら、物価安定のための貨幣準備体制を用意し、さらに、為政者の主体的な「交易」活動が実践されれば、物価の乱高下を利した投機的な「交易」がなくなり、その結果として商人への過度の富占有化現象が是正されることとなる。また、それだけでなく、土木工事事業の従事者や、船員数の減少化による人件費の削減も考慮されていることから、財政負担減による為政者側の貧窮化からの脱却も念頭に置かれている。利明は、これらが実現した場合、経済的側面から国内社会秩序において為政者側を主、商人側を従とした状況へと再編成されるものと展望しているのである。

三つ目のロシアの南下情勢に基づく蝦夷地問題については、本来的に日本国内という認識下にあった北方の五つの島々の開発と同地との「交易」を推進するということは、日本国内に対する施政を展開している状況をロシア側に明示する意味をもつものである。その結果として、北方の島々を含む日本国経済圏の確立を既成事実化することにより、ロシア側の侵食予防に連綿すると期待されている。

このような効果が具現化された様相が利明にとっての日本国「豊饒」化構想である。それを実現するために政策理念「自然治道」や、その反映である具体策に相当する根幹的「治道」としての「渡海運送交易」政策、さらに同政策を支える「四大急務」政策が提起されている。

ここで着目すべきは、以上の利明の発案には対外交易に基づく日本国「豊饒」化という発想が全く組み込まれていないという点である。したがって、経済政策論説の嚆矢に該当する『自然治道之弁』の成立時である寛政七年（一七九五）一月の段階においては、国内開発論のみの適用に基づいた政策により諸問題への対応を図るといった立場をとっていたと位置づけることができ、この従来の研究史において看過され続けてきた指摘は格別なものとして強調すべき思想的特質である。

さらなる特徴的要素について補記すれば、物資輸送ルートの開発において爆薬の活用を促した点や、改良船舶および新たな航海術の導入において科学技術の応用を要望していた点を指摘しうる。この発想は、科学的な知見を経済政策へ反映させたものである。

ただし、利明の日本国「豊饒」化構想を組成する幾つか要素については、実現性の薄い見解も含まれている。たとえば、実際は枯渇化していた日本国内の鉱山開発を推進した提起や、北方の諸島における穀物生産を可能とした主張は当時として非現実的な発想であり、実態に関する誤認や、分析不足の側面を看取しうる。また、「渡海運送交易」政策や「四大急務」政策を主導する役割を求めた為政者側について、政策を不正なく遂行し、なおかつ、公正な「交易」を実践する資質があるものとみなし、その一方で民間の営為を軽視していた側面があった点を考慮すれば、為政者側に対する過剰なまでの信頼感に依拠していた態度も指摘すべきであろう。

第四節　『自然治道之弁』における日本国「豊饒」化構想と対外交易論の関係性

第二章から本章前節までの検討を通じて明らかとなったように、『自然治道之弁』に展開された利明の経済政策論は国内の輸送ルートの整備ならびに国内経済圏の開発に主眼をおきながら日本国「豊饒」化を構想したものである。その際、政策理念「自然治道」を反映させた「渡海運送交易」政策と「四大急務」政策の導入が要望されている。

この見解を踏まえながら、ここで問題となってくるのは、利明の経済政策思想の特質として通説となっている対外交易論との関係性である。この対外交易論を強調した成果として、体系化を試みた塚谷晃弘氏の「『四大急務』をみると、焔硝→河道開通、諸金→金銀銅山の開発、船舶・渡渉による属島の開業といい、すべては、海外交易の流通過程から富をひきだす―〝抜き取る〟―ことに富国の根源をおくことがわかる」[76]という指摘が挙げられる。この見解は『自然治道之弁』成立以降に著された『西域物語』（一七九八年成立）ならびに『経世秘策』（同年成立）の記載から導きだしたものと推定される。これら両書において「渡海運送交易」政策と「四大急務」政策が展開され、同時に対外交易論も記されていることを考慮すれば、一見、塚谷氏が主張するように、富国の根源は対外交易に求められ、それを補完するために「四大急務」政策があるという理解が眼下に置かれることとなる。しかし、筆者の精読によれば、『自然治道之弁』の全文章中において、利明は対外交易について一切言及していないのである。

さらに、同氏は、「利明は食料増加の血路を開業（＝植民）と貿易に求める」[77]と指摘しながら、西洋諸国が「『万国の力を我国へ容ざれば、自国の養育成難き意味深長ある事を窮極して、万国の渡海・運送・交易を以て、国家を保持するの天職としたる制度」（『西域物語』「下」一四七頁）を建てて、これを解決した」[78]という事例を利明が認識していた点に触れている。これは、国内の生産力低下問題解決への活路を「万国の力を我国へ容れ」とされる「渡海運送交易」政策に基づく対外交易論に求めるうえで、西洋のケースを根拠としていた点を示した見解である。これに続く体裁で、「『此制度建立の以後、如何なる凶歳ありといへども庶民餓死する事なし。是永久不易の善政にして、自然治道の制度なり』（『自然治道之弁』）と結論する」[79]と纏め、「渡海運送交易」政策を意味する「国家を保持するの天職としたる制度」と「自然治道の制度」がともに対外交易論を念頭に置いた主張であるという理解のもとで論旨を組み立てている。

ここで着目すべきは、対外交易論を展開した『西域物語』と、同論に触れていない『自然治道之弁』、それぞれの主張を、両書の引用で使用された「制度」という表現で結びつけてしまった点にある。その結果として、「自然治道の経世論を、その主著によってみる時、その論理はつねに、次のような過程をとる。万民増殖のためには、国産の増殖が必要、だが、国産には際限があり、国民には際限がない。そこで、この国用不足を補うためには、他国より力を抜きとること、金銀を取り込むことが必要、そのためには交易が必要、交易には〝海国日本〟にあってはなによりも海洋渉渡が必須条件、この海洋渉渡には、針路方位を明白にする天文・地理学が必要、天文地理には算数が必要[80]」というように、主著である『自然治道之弁』、『西域物語』、『経世秘策』などの全てにおいて、「つねに」対外交易論が展開されているかのような位置づけへと帰結し、それが一般化へと展開されることとなったのである。

以上の通説的位置づけを念頭に置きながら、本論文が明らかにした『自然治道之弁』においては国内開発論の適用が主眼化されていたという筆者の指摘と、利明の特質的発想に位置する対外交易論の相関関係は、体系化においてどのように理解すべきであろうか。この場合、まず、対外交易論という発想が生成された要因を示すことからはじめなければならない。

そもそも、対外交易論は、『自然治道之弁』において言及されなかった人口増加の可能性に着目した見解を端緒とする。利明は、『経世秘策』において、「万民追日追月、増殖の勢ひを為す[81]」と人口増加現象について触れながら「国産も亦追日追月増殖せざれば、天下の国用不足する[82]」という関係を指摘している。これは、将来的に人口が増加した場合、人命を延命させうる生産力の上昇が求められ、もし、それが不可能であれば、全国的な物資不足という状況が発生するという認識を示した部分である。その場合、対処として、

「万国へ船舶を遣りて、国用の要用たる産物、及び金銀銅を抜き取て日本へ入れ、国力を厚くすべきは海国具足の

仕方なり[83]」

と記すように、船舶活用に基づく対外交易により諸物資を諸外国から搬入させるという方法が「海国具足の仕方」として推奨されている。

また、『経世秘策』と同年に成立した『西域物語』においても人口増加に関する記載がみられる。同書においては、「隔年に子を産て、経歴三十三年の間[84]」というように、二組の夫婦がそれぞれ子供を隔年に産み、それが三三年経過すると、一族を構成する人数は「拾九人七分五厘を得る[85]」とされるように約一九倍に増加すると推定している。その予測は、「自国の力を以、自国の養育をせんとすれば常不足[86]」とされるように、人口増加に対する物資供給を国内の生産力では補えないという可能性の提示へと達し、対応策として、

「他国の力を容れずしては、何一ツ成就する事なし。他国の力を容んは、海洋を渉渡せざれば、他国へ至る事難し。海洋を渉渡するには、天文地理渉渡の法に暗くては、海洋を渉渡する事ならず[87]」

と記している。これは、諸外国の生産力を意味する「他国の力」を得るために、「海洋を渉渡」に該当する船舶活用に依拠した対外交易を要望したものであり、「天文地理渉渡の法」といった知的素養の活用が必要視されている。

この見解は『西域物語』において、

「西域にては治道第一の国務は、渡海運送交易を以、帝王の天職なれば、至て大切に、官職有司も殊に厳重に守護する也。故に天下万国の金銀財宝珍器良産は皆欧羅巴に群集せり[88]」

と記されているように、西洋の「豊饒」化の事例を憧憬的に捉えながら示されたものであり、それが対外交易論の有効性を示す根拠となっている。この西洋諸国の情報がどのような経路で利明に齎されたのかを明確に示すことはできないが、知人の司馬江漢[89]や漢訳洋書[90]などを通じた受容である可能性が高い。こうした利明の見解は、金銀確保を主眼とした

「外国交易を以て、国家守護の本業[91]」とした『交易論』（一八〇一年成立）における主張や、外国から金銀銅を「取込には交易の外に道なく、交易は外国と交易するの外に道なく、外国と交易するは、海洋を自在に渉渡するの外に道なく、海洋を自在に渉渡するには、針路方位を明白にするの外に道なく、針路方位を明白にするには、天文学地理学の外に道なく[92]」と記した『経済放言』（一八〇一年以降成立）にも発展的に継承されてゆくのである。

以上を踏まえれば、将来的な人口増加への対応として対外交易論が『西域物語』や『経世秘策』において主張されていると理解できる。この指摘との関連として、利明は、『経世秘策』において「国本たる農民餓死多き故に、不釣合と成て種々様々の災害湧出[93]」という見解を寄せ、また、『西域物語』においては「二百万人の餓死人有ば、是を以大端をなし、後来の飢饉を救助の慈策たらんと心得させ、是より開業に企べき時節なり[94]」という主張を記している。これらの記載から、両書の成立時である一七九八年段階での利明にとっての現実とは人口減少を趨勢とする世の中であったことがわかる。その場合の対応策として両書では「渡海運送交易」政策や「四大急務」政策の導入が起案されている。この点を考慮すれば、国内開発による現実的問題への対処が利明の基軸的主張であり、人口増加という将来的な可能性を考慮した場合に対外交易の有効性が予見として、『西域物語』ならびに『経世秘策』において論じられていると理解すべきである。

このような位置づけを踏まえながら、塚谷説に集約された従来の体系的理解を部分的に修正するならば、次のような改訂化を提起しうる。

『自然治道之弁』、や『西域物語』ならびに『経世秘策』においては、国内開発を主眼とした主張である「渡海運送交易」政策と「四大急務」政策が基軸であり、『西域物語』ならびに『経世秘策』で展開された対外交易論は将来的な可能性として国内開発では対処不全をきたす過度の人口増加現象の予測に基づく提言という位置づけとなる。これは、利明にとって『自然治道之弁』で提起された国内開発論の適用が日本国「豊饒」化構想を実現するうえでの富国の根源であることを意味し、現実的対応である国内開発を基軸としながらも、その展開の先にある将来的な人口増加傾向を考慮した場合に、対外交易が必ず不可欠になるとした段階的な政策導入プロセスが観念のなかに形成されてゆくという理解が適切である。(95)

註

(1)『自然治道之弁』一四丁表〈『集』、二五六頁〉。

(2) 藤田貞一郎『近世経済思想の研究――「国益」思想と幕藩体制』(吉川弘文館、一九六六年)、四三～四五頁。

(3) 藤田貞一郎『国益思想の系譜と展開――徳川期から明治期への歩み』(清文堂、一九九八年)、三〇頁。なお、植田知子氏は「江戸中期にあらわれる「国益」思想は、経済概念として武士階級のうちに自生的に生成したものである。その特色は、これまでの研究から、技術・実用・有用性・合理性・科学性・自立といった、儒教的価値とは相容れない要素をもっている点に認められる」〈植田知子「「国益」の諸相――その展開と変容――」安藤精一・藤田貞一郎編『市場と経営の歴史――近世から近代への歩み――』(清文堂、一九九六年)、四三頁〉と特徴について纏めている。

(4)『自然治道之弁』一四丁裏〈『集』、未翻刻〉。

(5) 硝石は堆積岩として天然に産出される硝酸カリウムに該当する〈日本火薬工業会資料編集部編『一般火薬学』(日本火薬工業会、一九九七年)、二六頁〉。

(6) 板垣英治「加賀藩の火薬　1．塩硝及び硫黄の生産」『日本海域研究』第三三号(二〇〇二年)。

(7) 大矢真一「解説」大矢真一解説『江戸科学古典叢書一二　硝石製煉法　硝石製造弁　万宝叢書硝石篇』(恒和出版、一九七八年)、三頁。

(8) なお、板垣英治氏は利明による『硝石製造大略』(一七九三年成立)の「石灰様の土に天地間の大気に含所の酸気を吸入る時は即ち硝石を産出す可し」〈板垣英治「硝石の舎密学と技術史」『金沢大学文化財学研究』第八号(二〇〇六年)〉という記載を紹介しており、ここから、硝石は土壌と大気双方にあるみなした利明の認識を看取しうる。

(9)『自然治道之弁』一七丁裏～一八丁表〈『集』、未翻刻〉。
(10)『自然治道之弁』一五丁裏〈『集』、未翻刻〉。近世の火薬(黒色火薬)は塩硝・硫黄・炭を粉末にして、およそ、七・五対一対一・五の割合で作られる〈中西崇「近世の塩硝・硫黄生産と火薬製造」『史観』第一五四号、二〇〇六年〉と指摘されているが、現代において、黒色粉火薬の組成は塩硝＝硝酸カリウム(六〇～七〇％):硫黄(一五～二五％):木炭(一〇～二〇％)〈日本火薬工業会資料編集部編『一般火薬学』(日本火薬工業会、一九九七年)、二六～二七頁〉と変動性があることが証明されており、利明の調合も現代化学の指摘にほぼ則っているといえる。
(11)『自然治道之弁』一六丁表〈『集』、未翻刻〉。
(12)『自然治道之弁』一六丁裏〈『集』、未翻刻〉。
(13)杉本勲氏は、実学の基本的特性を「(一)現実性、(二)実用性、(三)実践性、(四)批判性、(五)合理性のうちの幾つかの組合せあるいはその全部の統一とみることは、近世以来の所論のすべてに共通するところ」〈杉本勲『近世実学史の研究』(吉川弘文館、一九六二年)、四一頁〉と指摘している。
(14)『自然治道之弁』一六丁裏～一七丁表〈『集』、未翻刻〉。通常、一里(約四、〇〇〇メートル)は三六町に相当するが、一里を一〇〇町とした利明の計算によると、一七里は一、七〇〇町となり、一町を約一〇〇メートルとして換算すると、本引用における一七里は約一七〇キロメートル(＝一七〇、〇〇〇メートル)となる。
(15)エカチェリーナⅡ世について、利明と同時代人の林子平は『海国兵談』〈天明六年(一七八六)成立)〉において「莫斯歌未亜の女王(筆者注――エカチェリーナⅡ世)なる歟。日本正徳の頃の国主なり。此女主五世界に一帝たらんト志て、徳を布、武を張テ、今数代ヲ経テ其令不弛也。文武両全の棟梁と云へし」〈村岡典嗣校訂『海国兵談』(岩波書店、一九三九年)、二四二頁〉と記しており、利明同様、好意的に評価している。なお、利明のエカチェリーナⅡ世に関する情報入手は、前記の林子平の著述経由か、工藤平助著『赤蝦夷風説考』天明三年(一七八三)成立〉の影響下によるものか、もしくは、利明が何らかの洋書に基づいた見解なのかは不詳である。
(16)『自然治道之弁』一七丁表〈『集』、未翻刻〉。
(17)『自然治道之弁』一八丁表〈『集』、未翻刻〉。
(18)『自然治道之弁』二〇丁表〈『集』、未翻刻〉。
(19)小葉田淳『日本鉱山史の研究』(岩波書店、一九六八年)、三～四頁。
(20)鉱産資源である金銀の国外流出の実態は次のとおりである。まず、金に関して、岩橋勝氏は、「徳川期の金流出は一六六四年にはじまり、一六六五年～九五年のオランダおよび中国への慶長金流出は約一五六万両、一六九五年以降はオランダのみに流出先が限定され、一六九五年～一七一〇年には一九～二〇万両、一七一〇年～一七一四年には七～八万両、一七一四年～一七三六年には一三万両、一七三六年～一八一八年には四万両と推算されている。ただし、金流出は、一八世紀後半より開国までの一世紀の間は記録にとどめられておらず、逆に、この期間、流出金の再輸入がみられた」（岩橋勝「徳川時代の貨幣数量――佐藤忠三郎作成貨幣有高表の検討――」梅村又次・新保博・西川俊作・速水融編『数量経済史論集1：日本経済の発展』（日本経済新聞社、一九七六年）、二四六～二四八頁）と指摘している。また、銀流出について、田代和生氏は、「長崎から輸出された銀の量は、一六四〇年～一六七二年の間に三〇万貫を越えており、その後、一六六八年オランダへの銀輸出が禁止されたため、輸出量は漸次減退し、一六八五年には「御定高仕法」（年間の貿易額の上限をオランダ船が銀三、〇〇〇貫目および清国船が銀六、〇〇〇貫目に制限）による貿易額の限定制がしかれて以来、銀の輸出は急激に減少していった趨勢を指摘するのとともに、対馬と薩摩から朝鮮および琉球に輸出された銀の数量について一六八〇年～一七五〇年の間に総計一〇～一一万貫と推算したうえで、従来、一七世紀中頃に終わりを告げたといわれてきた日本の銀輸出が、一八世紀中頃まで相当高い水準で連続していた」（田代和生「徳川時代における銀輸出と貨幣在高――一六八〇年代以降朝鮮・琉球への銀輸出を中心に――」同書、二二三～二三八頁）と指摘している。なお、日蘭貿易に着目しながら銅流出の実態を分析した鈴木康子氏は、「金銀鉱山の衰退とは対照的な国内銅山の隆盛による産出銅の飛躍的な伸張を経ながら一七世紀をピークに、その後は衰退へ向かう」（鈴木康子『近世日蘭貿易史の研究』（思文閣出版、二〇〇四年）、二〇九、四一二頁）と傾向を捉えながら、「正保三年（一六四六）に輸出解禁となった銅は、およそ年間三〇～五〇万斤程度の輸出量であったが、一六五〇年代後半から一〇〇万斤前後の輸出を記録するようになった。そして寛文八年（一六六八）には、それまで日本貿易において主要な輸出品であった銀が輸出禁止となり、それ以後、銅は小判とともに最重要輸出商品となった。元禄一一年（一六九八）には約二九三万斤の銅が輸出され、これが江戸時代を通じてオランダによる銅輸出の最高額となった。その後、正徳五年（一七一五）に正徳新例が発布され、オランダによる年間銅持渡量は一五〇万斤と規定され、延享三年（一七四六）には一一〇万斤、明和二年（一七六五）には八〇万斤、寛政二年（一七九〇）には六〇万斤と縮減される」（同書、二〇九～二一〇頁）と詳述し、さらに、「一八世紀に入ってからの銅山の衰退と貨幣鋳造により銅輸出が次第に制限されてゆく」（同書、四一五頁）と銅輸出停滞の理由を指摘している。

(21) 佐渡金山の中にある西三川砂金山の編年的考察を行った小菅徹也氏は、「慶長七年（一六〇二）の佐渡金銀山の年間運上金銀高は、金一〇〇貫目（金、三七五キログラム）および銀一万貫（銀、三七・五トン）であり、さらに、西三川砂金山の極盛期は一六世紀末であり、近世の最盛期は一七世紀初頭であったが、以後は次第に衰微期に向かった。とくに中期を過ぎると衰退は著しい」（小菅徹也「佐渡西三川砂金山の総合研究」小菅徹也編『金銀山史の研究』〈高志書店、二〇〇〇年〉、三～四、四五頁〉と指摘している。

(22)『自然治道之弁』一九丁表〈『集』、未翻刻〉。

(23)鉱産資源「金銀」について、利明は「金銀は国の骨なり」〈『自然治道之弁』二一丁表〈『集』、未翻刻〉〉という抽象的な見解も示しており、日本国の経済を組成する重要な物資としてみなしている。なお、宮崎道生氏は、「「国の骨」とあるのは、新井白石の『宝貨事略』および『折たく柴の記』に見える「金銀は天地の骨也」というシナの五行思想に基いた語を承けたものと思われる」〈宮崎道生「新井白石と洋学者――白石と本多利明・渡辺崋山――」『岡山大学法文学部学術紀要（史学篇）』第三八号（一九七七年）、七頁〉と指摘しており、利明は新井白石の見解を既知していた可能性がある。

(24)『自然治道之弁』一八丁裏〈『集』、未翻刻〉。

(25)『自然治道之弁』二〇丁裏〈『集』、未翻刻〉。

(26)『自然治道之弁』二〇丁裏〈『集』、未翻刻〉。

(27)『自然治道之弁』二〇丁裏〈『集』、未翻刻〉。

(28)利明在世時に該当する徳川時代の米穀価格の変動について、山崎隆三氏は、「米は享保中期（一七二〇年代）を画期とする低落によって形成された水準（元文銀表示で七〇匁前後）が元文期以降（一七三六年～）における変動のほぼ上限をなしつつ幕末まで持続し、その間の宝暦～安永期（一七五一年～一七八〇年頃）と化政期（一八〇四年～一八二九年頃）には最低五〇匁前後の低水準を示している。したがって元文期を基準とすれば、横ばいないしゆるやかなか低下傾向にあるとすることができる。またこの趨勢はほぼ全国的なものであり、全体として米価は全国的に連動しているといいうる」〈山崎隆三『近世物価史研究』（塙書房、一九八三年）、三五九頁〉と指摘している。

(29)土肥鑑高氏は「米価安諸色高」という表現に象徴される物価問題は、「享保改革期以降（一七一六年～）に発生する。その際、為政者側である幕府の対応としては、享保七年（一七二二）頃からの米価下落への対応として上米令が政策の基調として出され、翌年の元文の貨幣改鋳により米価安定がはかられる。その後、寛政改革期（一七八七年～一七九三年）においては、物価引き下げ令や物価調査が実施され、とくに生産地価格の規制に重点がおかれたことは享保期とは異なるもの」〈土肥鑑高『近世物価政策の展開』（雄山閣出版、一九八七年）、三五、六四～六五、八七頁〉と指摘している。

(30)近世中期以降の物価の長期趨勢について、米、小麦、大豆、綿、蠟、薪、炭、木綿、種油、醤油、清酒を対象として大坂卸売物価指数と京都消費者物価指数を算出した新保博氏は「一七二〇年代から三〇年代にかけての享保期に低い水準にあった物価は一七三〇年代後半（元文期）になると一挙に急坂をかけあがる。その後、ゆるやかに坂を下ってゆく。だが、このような動きは一七八〇年代（天明期）を迎えるとともに断ちきられ、ふたたび急激な物価上昇がおこる。一〇～一五年ほど高原状態がつづくが、世紀のかわり目（寛政末期）ごろからなだらかな下降をたどるととらえ、とくに、一七八〇年代には物価の趨勢に大きな断絶があり、高い水準のへの急激な上昇がみられ、さらに、物価の上昇・下降いずれの局面においても、一般物価の動きに対して米価はつねに先行していた、という米価の先導性を特徴的なもの」〈新保博『近世の物価と経済発展――前工業化社会への数量的接近――』（東洋経済新報社、一九七八年）、三八～三九、四五～四六頁〉と指摘している。この見解は、利明の認識と親和性があり、一七八〇年代からの物価上昇が高原状態として継続していたという分析結果から、利明が問題視していた物価高の状況把握は実態に則していたといえる。

(31)『自然治道之弁』二〇丁裏〈『集』、未翻刻〉。

(32)『自然治道之弁』一九丁表〈『集』、未翻刻〉。

(33) なお、利明の発案以前の貨幣流通量に着目した物価対策として、新井白石および徳川吉宗の政策が代表例である。新保博氏はそれぞれについて「一七〇〇年代に新井白石は良貨を念頭においた貨幣改鋳をおこなったものの、結果として、貨幣流通量の大幅な収縮をもたらし、はげしいデフレーションに帰結することとなり、その後、将軍徳川吉宗は一七三六年に貨幣の全面的貶質へと一八〇度の転換をはかる貨幣改鋳政策を行い、結果として物価水準の急騰がもたらされ、相対米価の上昇を引き起こした」〈新保博『近世の物価と経済発展――前工業化社会への数量的接近――』（東洋経済新報社、一九七八年）、三〇二頁〉と指摘している。

(34)『自然治道之弁』二一丁表〈『集』、未翻刻〉。

(35) 渡辺英夫『東廻海運史の研究』（山川出版社、二〇〇二年）、八頁。

(36) 上村雅洋『近世日本海運史の研究』（吉川弘文館、一九九四年）、八～九頁。徳川時代の航路の確立について詳述すれば、「御城米や藩米などの廻米輸送によってその端緒が開かれ、寛文一一年（一六七一）には、河村瑞賢（一六一八～一六九九）が海路房総半島を廻って陸奥米を江戸へ輸送することに成功して、東廻り航路が開け、続いて翌一二年には、同じく瑞賢が奥羽最上郡の御城米を廻送するため、酒田より北陸・山陰→瀬戸内→兵庫・大坂→江戸への航路改良の結果、西廻り航路が開発される。この東廻り・西廻り海運の整備完成によって、全国的規模での海運ルートが完成し、元禄期（一六八八～一七〇四）に至れば全国的商品輸送網が確立し、特に主要航路としての上方―江戸間海運の発達は大坂および江戸の商業に大きな刺激を与えた」〈柚木学『近世海運史の研究』（法政大学出版局、一九七九年）、一四〇頁〉という経緯があった。

(37) 石井謙治『江戸海運と弁才船』（日本海事広報協会、一九八八年）、一六頁。

(38)『自然治道之弁』二二丁裏〈『集』、未翻刻〉。

(39) 徳川時代における海難事故やそれに伴う漂流民については、「讃岐国直島周辺で海難にあった廻船数は貞享四年（一六八八）～明治三年（一八七〇）の間に三三四艘」〈上村雅洋『近世日本海運史の研究』（吉川弘文館、一九九四年）、四四～四五頁〉、または、「朝鮮からの日本漂流民の送還回数は、一六二七年～一八二四年の間に、総計七三回」〈荒野泰典『近世日本と東アジア』（東京大学出版会、一九八八年）、一二八頁〉、あるいは、「日本に来航した蘭船は、一六二一年から一八四七年まで二二七年間に七一五隻あり、途中で難破したものが二七隻あった」〈板沢武雄『日本とオランダ』（至文堂、一九五五年）、一一五頁〉という断片的なデータが指摘されている。

(40)『自然治道之弁』二二丁裏〈『集』、未翻刻〉。

(41)『自然治道之弁』二三丁表〈『集』、未翻刻〉。

(42)『自然治道之弁』二三丁表〈『集』、未翻刻〉。

(43)『自然治道之弁』二三丁表〈『集』、未翻刻〉。

(44) 上村雅洋『近世日本海運史の研究』（吉川弘文館、一九九四年）、三五頁。なお、帆の長さが短い廻船の例として、日本海で使用されていた羽賀瀬船と北国船がある（同書、同頁）。

(45)『自然治道之弁』二二丁裏〈『集』、未翻刻〉。

(46)『自然治道之弁』二三丁裏〈『集』、未翻刻〉。

(47) 一般的に「沖乗」とは陸地を見ずに航海する方法で、推測航法、天文航法の順に発達したものである。飯田嘉郎氏によれば、推測航法とは「船の針路・走る距離（航程）・緯度差・経度差の以上四つの内二つを知り、他の二つを求める計算法が主となるもので、天文航法とは天体を観測して緯度と経度を求める方法」〈飯田嘉郎『日本航海術史――古代から幕末まで――』（原書房、一九八〇年）、一一九～一二一頁〉であり、天文航法とは「天体の主として水平線からの高度を観測して、船舶の緯度と経度を求める方法」（同書、一二二～一二三頁）である。なお、同氏は、利明は航海術の基本を知らず、利明の説く船位決定法にて正しいのは、「南北に航海した場合と、太陽の子午線高度を観測して緯度を求める方法だけ」〈同「『渡海新法』における航海学」『海事史研究』第二八号（一九七七年）一九頁〉であるという見解を示している。

(48)『自然治道之弁』二三丁表～同裏〈『集』、未翻刻〉。後年、利明は、『自然治道之弁』で記した船舶活用政策案を敷衍した航海技術論を『長器論』〈享和一年（一八〇一）八月成立〉においてより具体的に展開しており、航海技術への関心は継続化される。その内容については、「補論2　利明の船舶技術論に関する付言」にて詳述する。

(49)塚谷晃弘「頭注」『大系』、一一四頁。
(50)阿部真琴「本田利明の伝記的研究（五）」『ヒストリア』第一六号（一九五六年）、四八頁。
(51)塚谷晃弘「頭注」『大系』、一一四頁。
(52)『自然治道之弁』二三丁表〈『集』、未翻刻〉。
(53)柚木学『近世海運史の研究』（法政大学出版局、一九七九年）、二六頁。
(54)物資移動の迅速化を基準とした種々廻船の盛衰について、菱垣廻船は「さまざまな種類の商品を嵩高に積載するため、集荷・艤装・出帆に手間取り、迅速性に欠けていた」また、樽廻船は「酒荷は腐敗しやすい生物であったため、とりわけ輸送上の迅速性が要求された。酒荷自身は、下積荷物であり、かつ同一規格商品のため集荷・艤装が容易であった。しかも酒樽のみの輸送は嵩高に積載しないため安定性が高く、それだけ気象条件が少々悪くても航行が可能となり、廻船の迅速化に繋がった」〈上村雅洋『近世日本海運史の研究』（吉川弘文館、一九九四年）、三八頁〉と指摘されている。
(55)『自然治道之弁』二三丁裏〈『集』、二五六頁〉。
(56)『自然治道之弁』二四丁表〈『集』、二五六～二五七頁〉。
(57)『自然治道之弁』二三丁裏〈『集』、未翻刻〉。
(58)日本における「海国」の思想的意義について、田中健夫氏は、「（一）海に近い国ないし島国、（二）海外の脅威に対して警備すべき国、（三）海外に雄飛発展すべき国、という三つの段階があった」〈田中健夫『前近代の国際交流と外交文書』（吉川弘文館、一九九六年）、二六四頁〉と指摘している。
(59)『自然治道之弁』二五丁表〈『集』、二五八頁〉。
(60)『自然治道之弁』二六丁表〈『集』、二五八頁〉。
(61)『自然治道之弁』二六丁裏〈『集』、二五九頁〉。
(62)『自然治道之弁』二七丁表〈『集』、二五九～二六〇頁〉。
(63)利明の記す「五穀」とは、稲・大麦・小麦・大豆・小豆をさしている可能性があるが、その内容については明記していない。なお、「五穀」といった場合、稲・麦・豆のほかに、粟や稗を含める場合などもある。
(64)『自然治道之弁』二七丁裏〈『集』、二六〇頁〉。
(65)『自然治道之弁』二九丁表〈『集』、二六一頁〉。なお、利明が日本国内に含有されるとしていたカラフト島については、「カラフト嶋は古より本邦に属せし国也」〈『自然治道之弁』二八丁裏〈『集』、二六一頁〉〉という認識を示しながらも、「カラフト嶋周廻未詳甚の大嶋也」〈『自然治道之弁』二八丁裏〈『集』、二六一頁〉〉という見解も寄せており、同地については他の島々ほどの明確な把握はなされていない。

(66)『自然治道之弁』三二丁表〜同裏〈『集』、二六三頁（未翻刻含）〉。

(67) 柚木学「近世日本海海運の発展と北前船」柚木学編『日本水上交通史論集　一巻　日本海水上交通史』（文献出版、一九八六年）、五八八頁。

(68) 牧野隆信『北前船の研究』（法政大学出版局、一九八九年）、二八〜二九頁。

(69) 菊池勇夫氏は「対アイヌ交易独占権をもつ松前藩への「委任」形態」を「近世初発〜寛政一一年（一七九九）」に求め、国家に於ける外交方針として「辺境＝外交口に位置する三藩（対馬藩・薩摩藩・松前藩）が中世以来、それぞれに隣接国・民族と独自に展開してきた交易を中心とする対外的諸関係を排他的に認知し、それを幕府が丸ごと抱え込むことによって一定の外交関係を成立させていた」〈菊池勇夫『幕藩体制と蝦夷地』（雄山閣出版、一九八四年）、一一〜一三頁〉と指摘している。

(70) 官船に類似のものとして、「廻送船には、北国海運に慣れた讃岐の塩飽諸島・直島、備前の日比浦、摂津の伝法・神戸・脇浜などの廻船を用い、これを雇船として朱の丸の幟をつけ、事実上の「官船」に編成した」〈柚木学『近世海運の経営と歴史』（清文堂、二〇〇一年）、一七二頁〉という河村瑞賢の発想もある。

(71)『自然治道之弁』三一丁裏〈『集』、二六三頁〉。

(72)『自然治道之弁』二六丁表〜同裏〈『集』、二五八〜二五九頁〉。

(73)『自然治道之弁』二九丁表〈『集』、二六一頁〉。

(74)『自然治道之弁』三三丁裏〈『集』、二六四頁〉。

(75) 利明の発案を理解するうえで、「一八世紀中期以降における経済思想の展開を特徴付けるのは「流通合理主義」ともいえる新たな経済認識の成長であった。それはこれまでみられた商品経済に不可避な、個別商取引に於ける利益計算上の数量的・実証的考察を踏まえた経験的・合理的思惟の前進が、大坂を中心にした幕藩制的全国市場の成熟過程にみられた商品経済の自立的・法則的な発展動向を、専ら流通の視点から、従ってそれだけ、そこに於ける形式的合理性の貫徹に着目して捉えたところに成立したものである。これに拠って、商業及び市場経済に対する合理的認識が進み、そこに経済理論上の成果も多く獲得されてくる」〈逆井孝仁「「流通合理主義」の成立と展開——草間直方・山方蟠桃・三浦梅園」杉原四郎・逆井孝仁・藤原昭夫・藤井隆至編『日本の経済思想四百年』（日本経済評論社、一九九〇年）、一一〇頁〉という逆井孝仁氏の見解を考慮すれば、利明の経済政策理論は同氏の指摘するところの「流通合理主義」的要素により成立しているともいえる。ただし、流通のみならず生産についても着目されている点において、利明的「流通合理主義」とした仮の理解が適切かもしれない。この暫定的な位置づけについては、徳川日本における「流通合理主義」の展開過程といったテーマのもとでのさらなる考察が必要とされよう。

(76)塚谷晃弘「解説　本多利明」『大系』、四六七頁。

(77)塚谷晃弘「解説　本多利明」『大系』、四五八頁。

(78)塚谷晃弘「解説　本多利明」『大系』、四五八頁。

(79)塚谷晃弘「解説　本多利明」『大系』、四五八頁。

(80)塚谷晃弘「解説　本多利明」『大系』、四五六頁。

(81)『経世秘策』「巻上」『大系』、一二頁。『経世秘策』からの引用については塚谷晃弘氏の校注による『大系』所収の翻刻版の掲載頁を記載した。以下、〈『経世秘策』「巻上・巻下・補遺・後編」『大系』、～頁〉と略記する。なお、東北大学附属図書館蔵狩野文庫蔵の版本『経世秘策』「巻上」・「巻下」〈原本請求記号：6‐18714‐2／マイクロフィルムリール請求№：FCA‐002〉および、「補遺」を含む国立国会図書館蔵の写本『豊饒策』〈請求記号：211‐232／マイクロフィルムリール請求記号：YD‐古‐2342〉、ならびに『経世秘策』「後編」に相当する国立公文書館蔵の写本『国家豊饒策』〈請求番号：182‐0446〉を適宜参照した。

(82)『経世秘策』「巻上」『大系』、一二頁。

(83)『経世秘策』「巻下」『大系』、三二頁。

(84)『西域物語』『大系』、一四六頁。なお、『西域物語』の引用については翻刻版に相当する塚谷晃弘校注『西域物語』『大系』を使用する。以下、〈『西域物語』『大系』、～頁〉と略記する。なお、東北大学附属図書館蔵狩野文庫蔵の写本『西域物語』〈原本請求記号：1‐25098‐3／マイクロフィルムリール№：AED‐004〉を適宜参照した。

(85)『西域物語』『大系』、一四六～一四七頁。利明の推算は、二組の夫婦による婚姻から導き出されている。一組の夫婦が三三年間に一七人の子を産殖し、二組で合計三四人となる。さらに、二組の家の構成員が互いに婚姻を結べば一七組の夫婦が誕生する。仮に、最初に婚姻を結んだ夫婦が夫一五歳および妻一三歳から隔年で子を産殖した場合、九人の子が三三年間の間に生まれ、同様に二番目の子による夫婦からは八人の子が、三番目の子による夫婦からは七人の子が、以下、九番目の子による夫婦から生まれる一人の子までを合計すると、二組四人からスタートして、三三年後には子孫七九人〈一七×二＋九＋八＋七＋六＋五＋四＋三＋二＋一＝七九〉になる〈ただし、一〇番目以下の子はまだ産殖能力がないとしている〉とされる（以上、『西域物語』『大系』、一四六〜一四七頁）。したがって、この三三年後の七九人を元の四人（二夫婦）で割れば、三三年後に人口が一九・七五倍（七九÷四＝一九・七五）に増加するという見解へと繋がる。

(86)『西域物語』『大系』、一四七頁。

(87)『西域物語』『大系』、一四七頁。

(88)『西域物語』『大系』、一〇三頁。

(89)利明は『西域物語』において、「近来東都司馬江漢なる者、天球と地球の図を銅版を以て彫刻せり」（『西域物語』『大系』、九〇頁）と記している。また、司馬江漢が刊行した『地球全図』（一七九六年成立？）の終わりには、「寛政丙辰春正月日　本田三郎右衛門訂正」と記されている〈鮎沢信太郎「泰西地理学による司馬江漢の啓蒙活動」朝倉治彦・海野一隆・菅野陽・中山茂・成瀬不二雄編『司馬江漢の研究』（八坂書房、一九九四年）、一九七頁〉。ここから利明と江漢両者の交友関係が科学に関する分野で成立していたことが理解できる。利明に比べて、江戸の蘭学者たちとの交流が活発であった司馬江漢の知的素養を考慮すれば、江漢から齎された西洋情報を参考にしながら対外交易論を明記することに繋がった可能性がある。

(90)利明は天文学を主とする西洋自然科学の知識を漢訳西洋暦算書『暦象考成』の『後編』〈戴進賢編〈一七四二年成立〉〉（『西域物語』『大系』、九一頁）から得ていると推定されている。また、ヨーロッパの歴史を記した書である『ヒストリイ』（ゴットフリート著）の名も挙げている（『西域物語』『大系』、九九頁）。ただし、西洋諸国の様相把握に関しては、この『ヒストリイ』の内容が不明なため、どのような記載に基づくものなのかを明確に規定することは難しい。なお、『暦象考成』の『後編』を編さんした戴進賢は、中国を訪問したドイツ人ケーグラー（Ignatius, Kogler）の中国語表記である。

(91)『交易論』『大系』、一八二頁。長崎貿易における金銀の国外流出を憂慮したうえでの提言である『交易論』では、天明飢饉による影響を念頭に置きながら「官の交易あらば、豊作の国々より穀菓及一切の食物になるべき物を何なりとも買取、船舶を用て渡海運送して、奥羽二ヶ国の要地々々に備置、遍く広く交易すれば、庶民末々まで行亘り、一人にても餓死する者もあるまじ」（『交易論』『大系』、一六六頁）という主張もみられる。この提起は、全国の港湾に「館」を設置したうえで、そこを要衝化したうえでの官船による「渡海運送交易」政策を強調したものである。これは、『自然治道之弁』で展開された「四大急務」政策の第三船舶活用政策案で示された内容と同様であり、国内開発に基づく「豊饒」化を想定した見解を再記したものとして理解できる。

(92)『経済放言』『集』、一一一頁。蝦夷地開発の推奨と対外交易の有効性の提示を趣旨とする『経済放言』においては、「海洋の渉渡を自在にして、各大利を得る故に、蝦夷の土地は疾より良国となり、産物も末増に出産して、金銀銅山抔も開発し、悉皆我国へ取込故に、末増に富国となり」（『経済放言』『集』、一一七頁）と主張されている。この提起は、「渡海運送交易」政策を展開するうえで、開発対象地として認識されていた国内としての蝦夷地の産業開発事業を強調したものである。これは、『自然治道之弁』で展開された「四大急務」政策の第四属島開発政策案と同内容であり、国内開発に基づく「豊饒」化を想定した見解が継続化されている。

(93)『経世秘策』「巻上」『大系』、一三頁。

(94)『西域物語』『大系』、一二八頁。

(95)利明は「万一も日本国中の凶作ならば、日本附周廻の島々より、夫食に成べき物を、何也共多く入置ば、国中融通し、何不自由ともしらずして」（『西域物語』『大系』、一五一頁）と記している。これは、「万一」のケースとして全国一律的な生産力低下問題が発生したとしても、それへの対処を対外交易には求めず、国内に該当する「日本附周廻の島々」からの諸物資補塡による解決が可能であるとした見解である。したがって、国内開発による対処を最優先とするスタンスが利明の基本的態度であるといえる。

第四章　『河道』における関東「豊饒」化プラン

政策理念「自然治道」の反映である根幹的「治道」としての「渡海運送交易」政策と、それを支える「四大急務」政策による日本国「豊饒」化プランは、『自然治道之弁』の内容に基づけば、輸送ルートの整備開発や物資確保を目的とした産業開発の推奨に顕著なように、国内開発論の適用を基軸とした発案であり、その効果として一括的な日本国「豊饒」化が展望されている。それとの関連として、利明は国内の各地域における生産力の偏在的側面を念頭に置きながら日本国内の局地的な「豊饒」化についても考慮している。

その際、利明が着目した領域の一つは関東である。利明の発案は、関東の地域的特性に鑑みながらも、日本国「豊饒」化プランと同様に「渡海運送交易」政策の応用を試みたものであり、結果として偏在的に「貧窮」化した領域の「豊饒」化が、ひいては日本国「豊饒」化を補完するものとして考えられている。したがって、利明の関東「豊饒」化プランは日本国「豊饒」化プランに内包される役割を担っている。

このような概容を踏まえながら、本章では、『河道』〈寛政一二年（一八〇〇）一一月成立〉[1]に展開された関東の「豊饒」化に関する提言を分析し、「渡海運送交易」政策の適用案について検証を加える。利明の関東「豊饒」化プランは、関東「貧国」化現象の認識による問題意識と、それへの対応策である物資輸送ルート構築案により成立しており、さらに同案は、人的関与の側面を考慮しながら、「天野原」高地の堀割を手段とする内陸輸送ルート整備案と、「那阿港」の修築による海上輸送ルート整備案に細分化されている。これらの起案が展開されることにより期待される成果は、内陸および海上輸送ルートの結合による物資輸送ルートの円滑化と「渡海運送交易」政策の応用に基づきながらの安定的な物資供給体制の構築化により、物資需給問題の解決に基づく、関東「豊饒」化の創出にあると設定されている。以上の関東「豊饒」化プランについての分析は、まず、利明が関東に着目しながら捉えた問題点を検証し、つづいて、それへの対応を企図した具体策の内容を明らかにしたうえで、「渡海運送交易」政策との関係性を指摘し、最終的には利明が想定した関東「豊饒」化構想について位置づけを行う、といった手順が適切である。

第一節　関東「貧国」化現象に対する認識

利明は関東「貧国」化現象を問題視する前提として、関東の本来的な存在価値について、

「関東は将軍家所在の土地なれは豊饒繁栄なるへき筈也[2]」

と記している。これは、政治主体としての権威を先天的に付与された徳川将軍家の拠点である江戸を中心とする関東の様相を概括した見解であり、「豊饒繁栄」という状況下に置かれるべき空間としての判断が示されている。しかし、当時の実態はこの理想的様相と乖離しており、利明は「関東の諸国当時追年亡所を増殖する事夥し[3]」と、荒地を意味する「亡所」の拡大化に伴いながら生産力が低下した貧窮の地域としての認識を示している。

こうした観察に基づきながら、利明は関東「貧国」化現象の原因を二点指摘している。その一つは、

「手余地と名付亡所となし、過税過役を遁んと謀るは奸計に似たれとも、其実の所、節場詰りての仕業にして不便と云も余り有り、是色取検見有故なり。此邪法は神尾氏の遺法なりといへり[4]」

と記すように、生産力低下現象へと連動する荒地の拡大化を誘引したのは、「過税過役を遁ん」というように、過酷な租税徴収による離農にあり、それを齎した政策として「色取検見有故なり」と指摘するように、年貢徴収手段である検

見法が批判視されている。利明が着目した「色取検見」とは、徳川時代初期に幕領で実施された検地方法であり、作柄に対応して上および中および下の等級別とし、それに相応の年貢率でもって年貢額を決定する方法である。これは、のちに実質的収量に応じて年貢額を決定する有毛検見法へと繋がることとなる。この検地方法による実収穫の算定は複雑な机上計算となり、算出された数値は農民側にとって過大な数字となりやすい特色を持ち[5]、農民生活が圧迫されるという影響を及ぼすこととなった。

利明は、色取検見法の影響として「過税過役を遁ん」とする離農や、「亡所」となった「手余地」である荒地の拡大化による生産力低下現象を問題視しながら、同法が関東の「貧国」化を誘引する「邪法」としてみなしており、さらに、それを推進した為政者側の人間である神尾春央（一六八七～一七五三）[6]を糾弾している。この指摘は、不適正な租税徴収政策という人災的側面に基づく関東の生産力低下問題を批判したものであり、第二章第一節で触れた社会経済問題に内包される偏在的に生産力が低下した地域への関心が関東にも向けられていたことを示している。

この関東全域における生産力低下現象は、万民に対する物資供給をいかに安定化すべきかという命題を利明に与えることとなり、それへの解答に関連する物資輸送に着目した記載から、もう一つの関東「貧国」化の要因を導き出すことができる。それは、

「東都は河道悪敷故に海道悪く、国産の運送容易仕難きに依て関東之諸国へ響き亘り各貧国と成りたるなり[7]」

というものである。ここでは、「河道」という河川水路に依拠した内陸輸送ルートと、「海道」という海上輸送ルート双方の未整備な状態を「悪」と捉え、国内生産物資を意味する[8]「国産」の供給が「東都」である江戸に対して「運送容易仕難き」というように閉塞化し、その影響がさらに関東の諸国全体に波及している点を関東「貧国」化の原因として指摘している。

ここで、物資輸送の閉塞化が「貧国」化を助長するという見解について補足すれば、利明は物資需要量に関連する江戸の都市人口について、

「江戸の人数上下万民ともに合せて凡二千二百五十万人程有べし[9]」

と記している。この二二五〇万人という江戸の人口数は、およそ一〇〇万人であったという当時の実態を考慮すれば、明らかに過大認識であるが、多数の人口を抱えた江戸を中心とする関東在住民の延命化には、彼らの需要に応じた物資充足化が図られなければならない。しかし、利明は、「江戸一日の相続は難成[10]」と記し、内陸および海上輸送ルートの脆弱性により物資需要への呼応が果たされていないという認識を示している。

このように、色取検見法から誘引される離農の頻発により、生産力低下現象が発生しているという認識と、内陸および海上輸送ルートの脆弱性から関東の物資供給が停滞しているという認識の双方を指摘しながら、利明は、さらに、「海道」と表記した江戸への海上輸送ルートの様相について、

「海道の悪敷を論すれは、東海に奥州石巻の港より相州浦賀の泊と海上凡百余里之内に船舶の繋場なく、是を東海の大難所とする也。其の次は南海に志州鳥羽の泊より相州浦賀の泊迄海上凡七十五里の内に、船舶の繋場なく是を南海の大難所とする也。此両所に大難所有故に諸国の船舶東海及南海を渡海して東都へ到着する事を難渋して多く北海及西海を渡海し摂州兵庫の津及大坂港へと渡海せねはならぬ[11]」

と詳述している。この記載は、奥羽から太平洋側を海上輸送ルートとする東廻り航路と、日本海側から瀬戸内海を主要幹線とする西廻り航路を経て兵庫および大坂から江戸への海上輸送ルートである江戸─上方間航路、といった二つのルートを紹介しながら、双方の経路の活用による関東への物資輸送状況を示したものである。

利明はこれらの海上輸送ルートについて、東廻り航路に含まれる「東海」ルート〈「奥州石巻」─「相州浦賀」〉と江

戸―上方間航路に含まれる「南海」ルート〈「志州鳥羽」―「相州浦賀」〉の双方に「船舶の繋場」である寄港地が少ない点を問題視している。この観点は、寄港地が少なければ長距離海上航行となるために、いったん天候不順が続けば港に長期間停泊しなければならず、もし、数多くの寄港地が整備されていれば、各港湾を経由しながら漸進的かつ確実な航行が可能であるという仮定に基づいたものとして考えられる。しかし、「東海」ルートと「南海」ルート双方には、現実的に寄港地が少ないと判断されており、その結果として、浦賀経由により江戸へと集積されるべき物資の搬入が遅延により停滞化し、ひいては、江戸を中心とする関東への安定的な物資充足化が阻害されているという見解の提示へと至っているのである。

このように、寄港地の少ない「東海」ルートと「南海」ルートの活用が敬遠される一方で、全国各地の物資が、「北海」ルートおよび「西海」ルートを含む西廻り航路を活用して「摂州兵庫の津及大坂港」に該当する兵庫ならびに大坂へと集積されている状況が対照的な様相として記されている。[12]これとの関連として、利明はこの状況が齎すさらなる弊害についても詳述している。それは兵庫ならびに大坂の商人の商品偽装に着目した見解であり、利明は、

「此土地の商賈其奸計に手練なれば、悉皆骨膏の有らん限りを抜取、其脱穀を用て東都大都会の国用とする也。是関東諸国衰微する根本也[13]」

と批判している。これは、「此土地」に該当する兵庫ならびに大坂の商人が「南海」ルートを通じて物資を江戸に輸送する場合に、船舶に積載する穀物は「脱穀」という粗悪品であり、それが「東都大都会の国用」として、江戸を中心とする関東全域に流入しているといった様相を指摘したものである。その一方で、兵庫や大坂においては「抜取」とされるように、純良な品質の物資が独占的に確保されており、各地にそれぞれ分配される物資の品質面の差が着目され、粗悪品に依拠せざるを得ない関東圏の人々の生活水準の低下が「衰微」として憂慮されている。

さらに、利明は、

「南海渡海の商船是に聞恐れ、上方より江戸へ渡海の商船絶て有まし、利を得ん為の商船なれば、危き渡海はせぬ道理也[14]」

と、物資の品質のみならず、海上輸送における人的営為についても着目している。この記載は、「南海」ルートにおける海賊への対応について触れた部分であり、輸送ルート近辺に物資略奪の可能性を風評として察知した場合、商船は「利を得ん為」とした先々の利益確保に繋がる物資の保全のために、決して出港せず、物資損失からの回避を常時意識しているという見解である。この商人側の判断は略奪に対する防御手段を装備していない点において、一方的に批判されるべきものではないが、結果として「南海」ルートによる江戸への安定的な物資輸送が停滞するのは明白であり、商人の「危き渡海」の敢行を阻害する状況そのものが弊害として認識されているのである。したがって、この様相が常態化しているとみなした当時の海上輸送体制を踏まえながら、

「江戸の上下万民の国用商賈の運送に依て今日を相続すると云は危き事の頂上也[15]」

と記すように、江戸および関東在住の「万民」の物資需要の充足化に際して、「商賈の運送」である商人主導の商船活用に依拠した状況を「危き事」として問題視しているのである。

以上から、利明が問題視した関東「貧国」化現象の要因は、一点目は色取検見の影響下に、離農に基づいた荒地の拡大による関東の生産力低下問題であり、二点目は関東の物資需要への呼応を意識したうえでの内陸および海上における物資輸送ルートの問題である。これらの要因の中でも、とくに海上輸送については、寄港地が少ないとみなされた東廻り航路に含まれる「東海」ルートおよび江戸―上方間航路に含まれる「南海」ルート双方が物資輸送経路としては円滑性の面において脆弱であるという認識がある。さらに、「南海」ルートに特化した場合には、積載物資の粗悪性や、海

賊対策として出航の見合わせを優先する商船に依存した物資輸送体制が問題視されているのである。

利明が指摘した、これらの問題は、江戸を中心とする関東の物資枯渇化の原因となり、ひいては関東「貧国」化現象を誘因するものとして把握されている。それは、

「此疵謬何れの所より湧出ると云に、色取検見の定法及ひ渡海の海道に係る也[16]」

という総括的な記載に顕著であり、色取検見法である「色取検見」と海上輸送ルートを示唆する「渡海の海道」、ならびに先述した河川水路輸送ルートの脆弱性を指摘した「東都は河道悪敷」といった諸問題が関東「貧国」化現象を成立させた要因として強調され、それが「疵謬」とみなされているのである。

ただし、前記の問題点を看取しながら、利明は沈思しているわけではなく、解決方法を模索している。その際、「今急に検見を停止し定免取箇の定法と改革せん事は迚も仕難き時勢なれは[17]」と、色取検見法から「定免取箇の定法」を意味する定免法へと年貢算出方法を変更する方針については、当時においては「仕難き時勢」として不適正であると判断している。その一方で、

「河道を通し海道を開くを急務とせん歟。大都会を所在の土地は河筋宜く船舶の運送仕安きに縁て繁昌を相続するは是大体也[18]」

という考えを提起している。これは、「河道を通し」というように内陸輸送ルートと、「海道を開く」と記すように海上輸送ルート双方の整備開発事業を推進しながら、円滑な輸送経路を確立したうえでの安定的な物資輸送体制の構築を求めたものである。それは「大都会」である江戸を物資の集積地へと誘導することを意味し、その結果として物資の充足化による関東全体の「豊饒」化が実現すると展望されているのである。

したがって、利明の判断は、生産力低下問題および物資輸送問題の双方に着眼しながら、それへの対応策として、租

税徴収法の改革よりも物資輸送問題を解決することが関東「貧国」化現象からの脱却に最適であるというものであり、そのためには、物資輸送ルートの整備開発と、輸送行為という人的関与の是正こそが関東「豊饒」化に繋がるとみなされているのである[19]。

第二節　関東における内陸および海上輸送ルート整備案について

前節において、利明の捉えた関東「貧国」化現象の原因についての分析を行った。それへの対策として利明は輸送ルートの整備開発事業の推進と、輸送に関する人的関与の改革案を提言している。本節では、輸送ルートの整備開発事業に内包される内陸輸送ルート整備案と海上輸送ルート整備案の両案それぞれについて検討を加える。

1　「天野原」高地の堀割に基づく内陸輸送ルート整備案

利明の内陸輸送ルート整備案の具体的内容は、常陸国鹿島郡に所在する河川の有効活用に着目したものである。この提起は「天野原」高地の堀割に基づく内陸輸送ルート整備案として換言しうる。

同案の詳細を明らかにする前に、ここで、利明の内陸輸送ルートの活用に関する見解について触れておきたい。

「河道不通にして運送不便なれば国産其所に自腐し、土地必貧窮する也。又河道融通し撫育可に当れば、只今迄不産の国迄も出産する様に成行、土地必ず豊饒に成也。是君道深秘に係りて政務の肝要とする所なり[20]」

これは、「河道」、すなわち、内陸輸送ルートの主要幹線に該当する河川水路の効能に関する記載である。ここでは、「運送不便」な河川水路は円滑な物資輸送に不適であり、その弊害として諸物資が生産地に滞留したまま「自腐」し、物資供給の停滞化を齎し、結果として、物資売買や物々交換の機会の喪失により生産地の貧窮化を招来させてしまうという認識が示されている。その一方で、円滑な内陸輸送ルートとして河川が機能すれば、生産力の低い地域に対する安定的な物資輸送が担保され、同地の人々の物資需要を充足化させるのみならず、「不産の国迄も出産する様に成」とされるように、食糧物資の補給に伴う労働力の延命化により生産力の上昇化へも繋がるものとしてみなされている。利明はこうした見解を踏まえながら、「河道融通」という河川水路の整備開発による円滑な物資輸送体制の確立が「豊饒」といった状況を創出させると考えており、この開発事業の主導的役割を「政務の肝要」と記すように、為政者側に求めている。こうした見解から、関東「豊饒」化には為政者主導による河川水路[21]という内陸輸送ルートの整備開発事業が不可欠であるという利明の主張を導き出すことができる。

この発想に基づきながら、具体的な政策案として提起されたのが、「天野原」高地の堀割に基づく内陸輸送ルート整備案であり、利明は常陸国鹿島郡に所在する河川水路の活用に特化した提言を行っている。この発案との関連として、当時の内陸輸送ルートを経由した関東への物資輸送の実態を示すと次の通りである。主に東北諸藩の廻米輸送の手段として鹿島灘を航行し、銚子経由で江戸へと向かう東廻り航路活用型の海上輸送ルートとは別に、内陸輸送ルートに該当する「内川廻り」というルートが既存であった。それを念頭に置きながら、以下、「内川廻り」ルートと、利明の発案の双方を組み合わせた（**図-1**）に基づきながら、論旨を展開させてゆく。

既存の「内川廻り」ルートとは、（**図-1**）によれば、常陸国の①那珂港から内陸部の②那珂川、③涸沼（干沼）、⑥北浦を経由して⑦利根川に到達し、そこから江戸へと向かう内陸輸送ルートを指す。この「内川廻り」ルートが東北諸藩からの廻米輸送に利用された理由は、利明が既に指摘した寄港地の少ない「東海」ルートに含まれる鹿島灘海域の危険からの回避が一つとしてあり、その他に、輸送される物資や期限、請負方式、船舶の種類、天候、季節などの諸条件を考慮した上で、最も安全で確実な方法に該当していたからである。ただし、この「内川廻り」ルートには問題もあっ

図-1

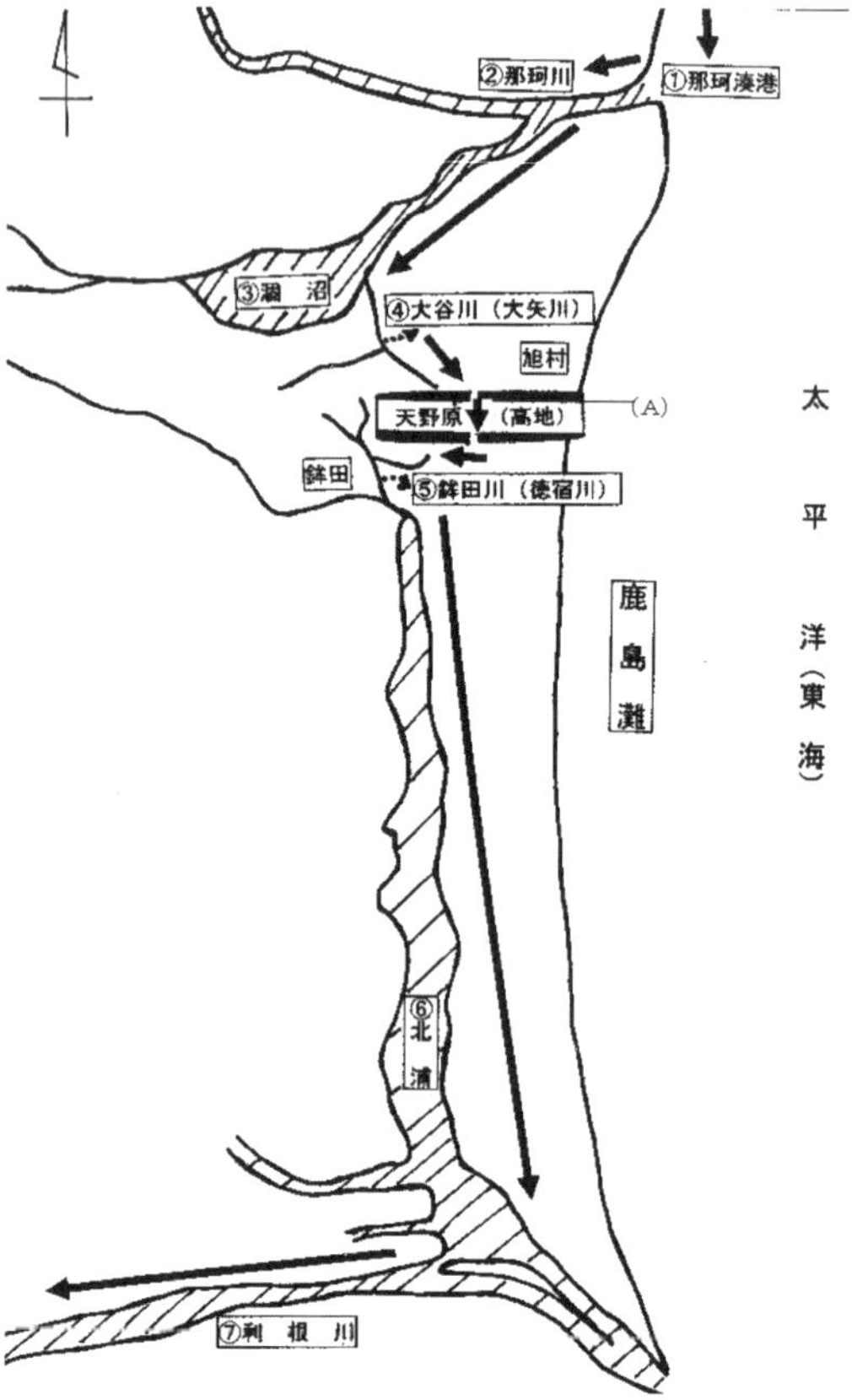

た。それは、③涸沼（干沼）から⑥北浦の両湖間にわたる長距離陸送区間の存在である。この区間では牛馬に依拠した輸送に頼らねばならず[22]、この陸送手段にかかる時間と経費は大きな問題となっており、経路に所在する村々の収入源となっていた側面を持ちながらも、東北諸藩からの物資輸送において、那珂港を結節点とする「内川廻り」ルートの円滑性を阻害しているという実情があった[23]。この長距離陸送区間を活用していた理由は、③涸沼（干沼）に通ずる④大谷川（大矢川）と⑥北浦に通ずる⑤鉾田川（徳宿川）の間に屹立するⒶ「天野原」と呼称される高地の存在に求められ、輸送上の障壁として問題視されていた。

利明はこの「天野原」高地について、

「天野原を掘割、河道を通し関東の諸国を豊饒の国に化せん為の道理を伸るものなり[24]」

と記している。これは、物資輸送の阻害要因である「天野原」高地の堀割や「河道を通し」というように河川水路の整備開発事業の推進こそが関東の「豊饒」化に繋がり、さらにその具体的な方法を述べてゆくといった利明の態度を導入的に表記した部分である。この姿勢を強調しながら、

「天野原高場の所は残し置べし。此残置たる十五六町の処は新規往還道を開き、陸地運送の場所と定置べし。余者那阿港より江戸品川海まで河船運送の場所と成也。時節到来を得て高場を堀割べし㉕」

という段階的な手順が示されることとなる。利明の発案によれば、即時的に「天野原」高地を堀割すべきではなく、「新規往還道を開き」というように、まずは、高地を迂回する往還道を敷設し、暫くの間は陸送を手段とすることが第一段階であり、つづく第二段階として、「時節到来を得て高場を堀割べし」と漸進的な「天野原」高地の突貫工事の着工が求められている。この方法については、「通船の難成時のみ彼高場を陸地運送すべし㉖」とも補足されており、河川水路に依拠した輸送が洪水などで停滞した場合の補助としての役割が陸送手段に求められている。

利明は、この陸送部分の附置を主張するとともに、「天野原」の堀割㉗についてさらに詳述している。それは、④大谷川（大矢川）と⑤鉾田川（徳宿川㉘）を運河により結合できれば、「内川廻り」ルートの問題点である陸送部分が省け、物資の輸送において利便性の向上化が図られるという判断のもとで起案化されている。その具体的内容は、

「河幅凡二十四五間に浚へ堀にすべし。新河の両縁に塘堤を築立、牽役の往還道となし又干沼よりも天野原の高場下の谷間迄備前堀に倣へ、河幅廿四五間に大矢川を便り浚堀にすべし㉙」

というものである。これは、④大谷川（大矢川）と⑤鉾田川（徳宿川）双方の拡幅工事を行い、川幅を「廿四五間」（約45m㉚）に広げるのと同時に、「塘堤を築立」というように、両河川の堤防も修築し、さらに、それと並行した往還道も附置することにより、河川水路による輸送と、陸上輸送の併用を推奨した考えである。ここで、着目されるのは、

「備前堀に傚へ」と記すように、過去の事跡としての「備前堀」を念頭に置きながら、提言化している点である。この「備前堀」とは関東の北武蔵を対象とした灌漑用水路で、関東平野の国土計画としての側面を持ち、利根川の安全とその利用を期待したものである。[31]その呼称については、江戸初期の慶長年間（一五九六〜一六一四年）に当時の関東郡代伊奈備前守忠次（一五五〇〜一六一〇年）が開削した経緯から、その名前を採って備前堀と呼称されるようになった事業である。[32]この治水土木事業の特徴は蛇行する河川に遊水地等を設けて水害を防止するのと共に沿岸に肥沃な土地を発生させるといった、人工用水路開削による新田開発促進にあり、利根川水系を中心に展開された歴史的経緯を持つもの[33]として、関東の開発に資する事業として理解されているが、利明が④大谷川（大矢川）と⑤鉾田川（徳宿川）の開発[34]に関連させて「備前堀」を模範化しているという点は、具体的な手法の援用とまではいえないものの、「備前堀」という事業そのものを理想化していた[35]と理解できる。

この「天野原」の堀割と④大谷川（大矢川）ならびに⑤鉾田川（徳宿川）の河川水路開発事業について、利明はさらに、

「此堀割は入用雑費の多少を論ずる所にあらず。関東諸国の盛衰にかゝる大切の場所なればたとへ国力の限りを尽すといふとも、残る所なく永久を謀りて堀割すべき所なり[36]」

と記している。これは、「入用雑費の多少を論ずる所にあらず」と強調しているように、事業の展開における必要経費の多少にはよらず、「天野原」高地の堀割や河川拡幅事業の完遂を優先すべしとした主張であり、「国力の限りを尽す」というように、為政者主導の整備開発事業としての重要性が唱えられている。利明がこのように主張したのは、「関東諸国の盛衰にかゝる大切の場所」といった記載にみられるように、開発対象地を要衝としてみなしていたからであり、この事業が成功裏に終われば、「盛」という表現に集約される「関東諸国」の「豊饒」化が実現すると展望されている

のである。

以上の「天野原」の堀割に基づく内陸輸送ルート整備案はⒶ「天野原」高地の堀割と、④大谷川（大矢川）ならびに⑤鉾田川（徳宿川）の川幅拡幅工事および堤防修築、そして往還道の附置を求めたものである。それは、万が一の河川水路による物資輸送ルートの停滞に対する備えとしての陸送ルートの併用も考慮しながら、内陸輸送ルートの円滑化を主張したものである。この提案を（**図-1**）に当てはめながら整理すれば、Ⓐ「天野原」高地の堀割により、新規運河を開削し、川幅が拡幅された④大谷川と⑤鉾田川を結合させ、①那珂港→②那珂川→③涸沼（干沼）→④大谷川（大矢川）→Ⓐ「天野原」→⑤鉾田川（徳宿川）→⑥北浦→⑦利根川、という新たな「内川廻り」ルートが出現することとなる。その結果として、①那珂港から⑦利根川までの経路がすべて水路化し、物資輸送の利便性が向上することとなる。こうした、水上輸送経路の一本化に主眼を置いた内陸輸送ルートの整備案は、銚子港を迂回する海上輸送ルートの危険性を考慮しながら、東廻り航路の活用による東北諸藩からの江戸へと輸送される物資を「那阿港」に集積させ、それが内陸部の河川水路を経路として江戸へと搬入されることにより、関東「貧国」化現象の解決に繋がると判断された起案であり、ここから、利明の提起するところの、為政者主導による開発事業としての「天野原」の堀割と川幅拡幅、および陸路の敷設は、内陸輸送ルートの整備開発事業の推進により物資輸送の円滑化を求めた発案として纏めることができる。

２　「那阿港」の修築に基づく海上輸送ルート整備案

これまで考察してきた「天野原」高地の堀割を中心とする政策案は、河川水路の整備と陸路の敷設に基づく関東の内陸輸送ルートの整備案であり、那珂港から江戸への円滑な物資輸送ルートの構築を求めた提言である。その際、利明は関東への物資搬入上の結節点に位置する那珂港の開発についても言及している。それは、那珂港の修築に基づく海上輸送ルート整備案と換言しうる考えであり、内陸部の河川水路と結合する港湾の要衝化を那珂港（「那阿港」）に求めた発案である。

利明が修築を要望した那珂港について紹介すれば、常陸国に位置する同港は、東北諸藩からの物資輸送経路としての東廻り航路[37]に内包される石巻―銚子間に所在する寄港地であり、水戸城下町の外港に相当し、海上交通の要地として認められていたという経緯[38]をもつ。ただし、石巻から銚子への海上区間は、潮流が複雑で、霧も多く、秋から冬にかけては強い西北風が吹き、かつ適当な避難港もなく、当時の和船航海術をもってしては、乗り切るのに大変な難所にも該当していた。その結果として、東北地方の物資を江戸へ輸送するには、日本海を回ったのち瀬戸内海からいったん大坂へ荷揚げする方法[39]が優先され、利明の記すところの「北海」および「西海」ルートを内包する西廻り航路の隆盛を誘引する原因ともなっていた。

こうした概況との関連として、利明は銚子港について、

「岩石至て多く船舶入港之時の邪魔となり常に案内にても毎々難船破船する也[40]」

と記しており、船舶発着時の障害となる「岩石」が多く、「難船破船」という、積載物資の欠損に繋がる海難事故が多発している港としての認識下に、同港の活用については消極的である。それを踏まえながらの利明の意見は、

「港及泊に修理を加へ渡海の船舶の繋場となすべし。東海第一の難所とする鹿島灘の要害の為に那阿港を再興するを先務とすべし[41]」

というものである。これは、東廻り航路に内包される「東海」ルート上の「那阿港」―銚子港間に既存の「難所」として知られる鹿島灘を航行することなく、鹿島灘の手前にあたる「那阿港」を東北から輸送される物資流入のために拠点化するという発案である。この見解は、「那阿港」を東廻り航路と関東内陸輸送ルートの結節地としたうえで、江戸へ

の安定的な物資供給体制の構築を要望したものであり、江戸を目的地とした銚子港経由の海上輸送を否定した提起である。その際、具体的な工法などについては詳述してはいないものの、「那阿港」を「修理」するという修築事業により、同港の船舶発着地としての機能を向上させ、危険な港湾として認識された銚子港とは対照的に安全性を確立した港湾の整備が求められている。

その成果についても利明は、

「那阿港は則江戸品川海の東河口と成、東国北国九州西際迄の国産は、北海の静海を渡海して東海へ出て、此東河口へ向て渡海する様に風俗立替るにて有べし[42]」

と記しており、「東国北国九州西際」とされる全国各地の諸物資が「北海の静海」と「東海」を内包する東廻り航路を経由して「那阿港」に集積される輸送体制が確立されることにより、「那阿港」から江戸への円滑な物資供給が見込めると展望している。この見通しは、西廻り航路→兵庫ならびに大坂→江戸─上方間航路→江戸→関東全域、といった輸送経路を、全国各地の諸物資→東廻り航路→那珂港→内陸輸送ルート→江戸→関東全域、という経路へとシフトさせ、「那阿港」を経由する物資輸送ルートを主要幹線化するという提起に基づくものであるが、利明は、この発案について、

「当時の兵庫津及大坂港の大街道を那阿港へと分勢する密策[43]」

と補記している。利明の認識によれば、西廻り航路の活用を重点化した従来からの海上輸送体制は物資が集積する兵庫ならびに大坂の繁栄に直結しているというものであり、それを踏まえれば、両所への一極集中的な物資集積状況を解消し、「分勢する密策」とされるように、海上輸送ルートの整備開発事業を通じて、全国的な物資配分における平準化を図ることが、関東「貧国」化現象からの脱却に繋がると判断しているといえる。

以上の「那阿港」の修築に基づく海上輸送ルート整備案は、東廻り航路における利便性の向上を要望しながら、修築

事業により要衝化した同港を通じて江戸に輸送される物資の集積化を目的とし、江戸を中心とした関東への安定的な物資供給体制の確立を希求したものである。その際、兵庫ならびに大坂への一極集中的な物資集積状況の解消を念頭に置いていることから、偏在的な物資需給問題の解決化を視野に容れた発案として纏めることができる。

第三節 「渡海運送交易」政策と内陸および海上輸送ルート整備案の関係性

輸送ルートの整備開発に着眼した発案のみならず、利明は輸送に関わる人的営為についても起案している。それは、前章で検討を加えた根幹的「治道」としての「渡海運送交易」政策との関連として示されている。

利明が「商賈の運送」を問題視していたということは既述の通りであるが、それは、商人に代わる運送主体の確立化を求める考えと同義であり、

「船舶は国家の長器なれば、唯今迄の如く商賈の所関にあらず、国君より介抱せさればば(44)」

という見解に顕著である。この記載は、宝を意味する「長器」としての船舶を活用した海上輸送による物資の移動に関して、「商賈の所関にあらず」と商人の関与を排除し、「国君」という表現に集約される為政者側の主体的な海上輸送活動への参画を要望したものである。

この主張は、利明が信頼を寄せた武家が海上輸送に従事すれば、海賊の撃退に有効であり、「危き渡海」が解消されることにより、ひいては、粗悪品の積載を予防しうるとした判断に則っている。それだけでなく、「船舶」を国家の「長器」として表現していることから、「東海」ルートのみに限定的なものではなく、その他の「南海」および「西海」あるいは「北海」ルートにおいても適用化を図るべき政策であり、全国的規模での海上輸送ルートにおける為政者サイドの主体的関与が要望されている。その結果として、安定的な物資輸送を可能とする海上輸送体制が確立され、とくに、

「東海」ルートを内包する東廻り航路の活用による関東への安定的な物資供給が期待されているといえる。

この発想は、主に「渡海運送交易」政策の「渡海」と「運送」を意識したものであるが、船舶に積載された諸物資が「交易」を経るケースもあることから、物資輸送における「交易」活動自体も為政者側に要望していると考えられる。この指摘は、西廻り航路を通じて物資が集積化される兵庫や大坂の状況について、

「当時は日本の国産悉皆此両所へ群集し売買するを旨とせり。因而土地殊に繁昌する也(45)」

と記すところから証することができる。ここでは、「両所」に該当する兵庫と大坂に全国から物資が集積し、そこでの「売買」行為が日常化し、結果として両所が「繁昌」というように繁栄化した様相を羨望視しながら描写している。この記述を踏まえれば、船舶活動の一環に物資売買を意味する「交易」も含まれており、このような経済的営為についても為政者側の主体的な関与を求めていたといえる。

この主張との関連において、利明は、

「君道厳立し威風四方に輝き亘るなり。さなくとも商賈の運送賙竅に縁て一日を送るも又残念なり(46)」

とも記している。これは、商人の物資輸送活動を意味する「商賈の運送賙竅」という状況を「残念なり」と全面的に批判したうえで、対照的に「君道厳立」とされる為政者の主体的な運送活動への関与が「四方に輝き亘る」と全国的に展開されることを要望したものである。この見解を踏まえれば、海上だけでなく、日本国内の内陸部全域に亘る物資輸送行為と「交易」活動が為政者により主体的に実践されることを喚起した発案として理解しうる。

以上の、関東「貧国」化からの脱却を念頭においた内陸および海上輸送ルート整備案の特徴は、整備開発事業の主導的役割や「東海」ルートを内包する東廻り航路の活用による物資輸送といった営為、さらに、江戸における「交易」活動への主体的関与を為政者側に要望している点にある。こうした特徴に基づけば、利明の発想は、根幹的「治道」とし

ての「渡海運送交易」政策を関東「豊饒」化に資する発案へと反映させたものとして位置づけることができる。

第四節　関東「豊饒」化構想の全容

以上において検討を加えてきた内陸および海上輸送ルート整備案について、利明は、

「残所なく堀割河道を通し、海道を可開は国君の天職に係り(47)」

と総括的に纏めている。ここでは、内陸輸送ルートの整備に該当する「堀割」および「河道を通じ」る事業と、海上輸送ルートの整備を指す「海道を可開」とした事業を推進する役割を「国君の天職」として定めている。これは、輸送ルートの円滑化に関するインフラ整備はあくまでも為政者主導で実践すべき開発事業であるとした主張であり、一方で、民間の開発活力の利用については極めて消極的である。

この発想のもとで展開されたのが内陸および海上輸送ルート整備案である。この発案に本章第一節で触れた利明の問題認識を念頭に置きながら、関東「豊饒」化構想を纏めれば次のようになる。

まず、「天野原」高地の堀割による内陸輸送ルートと、「那阿港」の修築に基づく海上輸送ルートの要衝の確立は、それぞれが独立的に機能するわけでない。「那阿港より江戸品川海まて河船運送の場所(48)」とした認識を示しているように、「那阿港」から内陸輸送ルートを経た「江戸品川」までの間は一本化されるべきという考えが利明にはある。

それを踏まえながら、東北ならびに北陸および西国や九州諸国の生産物資を積載した船舶は、まず、日本海を航路としたうえで、津軽海峡を経由し、さらに、太平洋側を通り、最終的に修築された「那阿港」を終着港とし、また、太平洋側の東北諸国の物資も太平洋側を航路として「那阿港」を目指すこととなる。これは、鹿島灘の航行や銚子港を迂回して江戸へ物資を直接的に搬入する海上輸送や、閉塞的と捉えた江戸―上方間航路上の「南海」ルートの活用に対する

批判的視点に基づく考えであり、全国の諸物資を東廻り航路の活用により「那阿港」への集積化させるという発案である。その際、海上輸送に使用すべき主要船舶は官船が妥当であるとしている。そして、「那阿港」へ到着した諸物資は川舟に転載され、整備開発された「内川廻り」ルートに該当する①那珂港（「那阿港」）→②那珂川→③涸沼（干沼）→④大谷川（大矢川）→Ⓐ「天野原」→⑤鉾田川（徳宿川）→⑥北浦→⑦利根川といった水上輸送を主要幹線とする内陸輸送ルートを利して江戸に集積化され、それが関東全域に分配されるといった展開が想定されている。この場合、内陸輸送に関する主体的な役割も為政者側に求められている。

この発想は、河川を主要幹線とする内陸輸送ルートと、東廻り航路に着目した海上輸送ルートの一本化を要望したものである。その際、円滑的な物資輸送をはかるうえでの為政者主導の整備開発を要求した地点が「天野原」高地と「那阿港」の二ヶ所であり、双方の利便性の向上により輸送体制の円滑化が促され、さらに、江戸における物資売買や物々交換という営為を意味する「交易」に対する為政者側の主体的関与も推奨されている。ただし、この発案との関連において、利明が「南海」ルートへの官船活用も念頭に置いていたことを踏まえれば、必ずしも江戸―上方間航路を活用した海上輸送を完全に否定しているわけでない。したがって、あくまでも「那阿港」を経由する東廻り航路の活用による全国の諸物資の江戸への集積化を主眼としながらも、「南海」ルートの活用による海上輸送も補足的に考慮されているという理解が適切である。

以上の発案が具現化された場合に想定された様相は、

「其余沢関東の諸国へ溢れ浸り、追年に豊饒を副て終に富国と成べし(49)」

と展望されている。これは、整備開発された内陸および海上輸送ルートを経由した物資の集積化により関東「豊饒」化が実現するとみなした見解であり、離農や生産力の低下といった問題は輸送ルートの円滑化による安定的な物資供給体制の構築により解決されると判断されている。その結果として、関東在住民の延命に基づきながらその後の生産力の上昇化が図られることとなり、ひいては、関東「貧国」化現象からの脱却が成功すると結論づけられているのである。

最後に、全国的規模での視座から、物資配分状況に着目したうえで、関東の未来像をどのように想定していたのかという点についても指摘しておきたい。利明は兵庫ならびに大坂への一極集中的な物資流入状況を羨望視しながら内陸および海上輸送ルート整備案を提起している。その点を考慮すれば、物資配分状況の過度の偏在性に対する修正を試みようとする意図が認められ、兵庫ならびに大坂への物資廻漕量を軽減化させ、一方で関東への物資流入量の増加を図るという展開が理想化されている。したがって、内陸輸送ルートと海上輸送ルートの整備開発事業の推進と根幹的「治道」である「渡海運送交易」政策の適用により創出されるとみなされた関東の「豊饒」化は、物資供給における全国的な平準化を志向している点において、日本国「豊饒」化を補完する役割を担っていると位置づけられる。

註

(1)『河道』の引用については、『集』翻刻版の掲載頁を記した。以下、〈『河道』『集』、〜頁〉と略記する。なお、国立国会図書館蔵の写本『河道』〈請求記号：和古書・漢籍211-241／マイクロフィルム請求記号：YD-古-6767〉を適宜参照した。また、同書と同内容の『東国遊覧不問物語』〈国立公文書館蔵（請求番号：183-0774）（自筆本?）〉が同年に著されていることも補記しておく。

(2)『河道』『集』、二二五頁。近世における関東は、江戸を含む武蔵・相模・安房・上総・下総・上野・下野・常陸を関八州と呼称する領域として一般的に理解されている。なお、利明は、具体的な国名を列挙していない。

(3)『河道』『集』、二二六頁。

(4)『河道』『集』、二二五頁。

(5)高尾一彦「経済構造の変化と享保改革」『岩波講座日本歴史一一　近世三』（岩波書店、一九七六年）、三三一〜三四頁。

(6)森杉夫氏は、勝手掛老中の松平乗邑（一六八六〜一七四六）配下の勘定奉行神尾春央（一六八七〜一七五三）による延享一年（一七四四）の上方筋巡見を分析しながら、「畿内・中国筋に対するきびしい徴租は、有毛検見取法と田方木綿勝手作仕法を軸として行われた。かくて延享元年を画期として、百姓の年貢負担は、いわゆる「前代未聞」の激増をみた」〈森杉夫「神尾若狭の増徴をめぐって」『歴史研究』第九号（一九六五年）、三二～三三頁〉と指摘している。

（7）『河道』『集』、二二六頁。

（8）利明は「国産」の具体的内容について明記していないが、林玲子氏は享保一一年（一七二六）段階のデータである「中後期の諸商品江戸入荷状況」表から、「繰綿・木綿・油・酒・醬油・米・炭・魚油・塩・薪・味噌」を列挙している〈林玲子『近世の市場構造と流通』（吉川弘文館、二〇〇〇年）、七二頁〉。なお、江戸への米入津量については、土肥鑑高氏によれば、「近世中期において一〇〇万石、とくに、明和期（一七六四～一七七一年）についても同様に一〇〇万石であり」〈土肥鑑高『米と江戸時代』（雄山閣出版、一九八〇年）、一五頁〉、「毎年江戸へ入荷した米の量はおよそ一〇〇万石であり、全国の生産量のおよそ三〇分の一にあたる」〈同『米の日本史』（雄山閣出版、二〇〇一年）、一三六、一三八頁〉と指摘している。その後の推移について、林玲子氏は安政三年（一八五六）の段階で「総計三〇〇万石前後が江戸に移入されている」〈林同上書、八〇頁〉と主張している。

（9）『河道』『集』、二三〇頁。江戸（町方）人口の実態について、中部よし子氏は、「天明五年（一七八六）段階で四五七、〇八二人、寛政四年（一七九二）段階で四八一、六六九人」〈中部よし子『近世都市の成立と構造』（新生社、一九六七年）、六四〇頁〉といった数値を算出しており、林玲子氏はこの見解に基づきながら「一八世紀に入ると江戸町方人口は五〇万人をこえ、江戸住みの武士や参勤交代制による武士層の増大をふくめれば一〇〇万～一二〇万人」〈林玲子『江戸と上方――人・モノ・カネ・情報――』（吉川弘文館、二〇〇一年）、三二～三三頁〉と指摘している。

（10）『河道』『集』、二三〇頁。

（11）『河道』『集』、二二六～二二七頁。

（12）林玲子氏は、「大坂への諸商品の輸送は、その大きな部分を船舶によって行った。奥羽・北陸・中国の諸国は西廻り海運を利用し、四国・九州の諸国は、地理的にも海運によらねばならなかった」〈林玲子『近世の市場構造と流通』（吉川弘文館、二〇〇〇年）、二六八頁〉と大坂への物資集積経路について触れながら、大坂へ移入された商品として、元文一年（一七三六）のデータを挙げ、米や生魚など一二二種を紹介し〈同書、六八頁〉、さらに、その後の展開として、「一八世紀後半頃から展開しはじめた農民的商品生産のたかまりの結果、一九世紀二〇年代にかけ大坂への諸商品の集中はより著しいものとなった」〈同書、一〇八頁〉と指摘している。なお、米の大坂入津量について、享保期には江戸と同様に一〇〇万石の移入がみられる〈同書、八〇頁〉という見解が示されている。

(13)『河道』『集』、二二七頁。
(14)『河道』『集』、二三二頁。
(15)『河道』『集』、二三一頁。
(16)『河道』『集』、二二五～二二六頁。
(17)『河道』『集』、二二六頁。
(18)『河道』『集』、二二六頁。
(19)利明の物資不足に基づく関東「貧国」化現象の認識との関連における、『河道』成立期前の実態として、安藤優一郎氏は、「幕府は天明六、七年（一七八六、一七八七）に米穀売買勝手令により米穀の融通を活性化させることで、江戸入津（廻米）量の増加を目指したが、買い占め行為により入津量の増加が市中（江戸）の流通量の増加（飯米の確保）に直結していなかったため、自ら米相場を操作することで、その点の克服をはかり、松平定信の主導による寛政改革においては、天明七年（一七八七）に酒造一／三制限令がだされ、江戸に入津する米穀量の増加をもたらした。また、備荒貯穀の充実化も並行して進められた。ただし、米穀売買勝手令による江戸入津量の増加政策は、当該令により荷受けを許された問屋以外の者による買い占めにより、逆に融通が滞って事態は悪化し、米穀を買い占めた者が打ちこわされる結果となり、江戸廻米量の増加が、市中の流通量の増加には直結していなかった」〈安藤優一郎『寛政改革の都市政策』（校倉書房、二〇〇〇年）、三七〇～三七一頁〉と指摘している。また、寛政改革期に導入された政策として「米価調節のために、米価下直のときは「勘定所御用達」に買入れさせ、米価高直のときは彼らに相場を売崩させる役割があった」〈土肥鑑高『米の日本史』（雄山閣出版、二〇〇一年）、一八四頁〉という「勘定所御用達」の登用が挙げられる。これについて竹内誠氏は、「江戸在住の豪商を幕府の常設パトロンとして登用し、その大きな資本とすぐれた商業手腕を利用しつつ、一般商人の自由な活動の統制を意図したものであり、上方市場に対してたえず劣勢であった江戸市場の地位を、江戸大資本の結集化により相対的に引き上げ、上方市場と江戸市場の均衡化を意識した性質をもつもの」〈竹内誠「寛政改革」『岩波講座　日本歴史一二　近世四』（一九七六年）、二〇～二一頁〉と指摘している。なお、この「勘定所御用達」の登用政策は幕末まで継続する。
(20)『河道』『集』、二四一頁。
(21)河川ルートを活用した舟運について、丹治健蔵氏は「河川舟運は農民的商品流通の進展と関東農村の生産力の増大に重要な役割を果した。しかしながら、その反面、在郷商人など有力者の土地集積を助長するとともに農民階層の分解を促進するという結果を招来した」〈丹治健蔵『近世交通運輸史の研究』（吉川弘文館、一九九六年）、三一四頁〉と指摘している。

(22) 鉾田町史編さん委員会編『鉾田町史　通史編　上巻』（鉾田町、二〇〇〇年）、三六一頁。
(23) 旭村史編さん委員会編『旭村の歴史　通史編』（旭村教育委員会、一九九八年）、三八一～三九〇頁。
(24) 『河道』『集』、二四六～二四七頁。
(25) 『河道』『集』、二四一頁。
(26) 『河道』『集』、二四二頁。
(27) 天野原掘割に拠る「内川廻り」円滑化論は寛文七年（一六六七）以降二〇回以上も発案されてきたが、当時の技術面や資金面の困難の他に河川沿岸の廻船問屋の反対や、津役銭徴収の権益にこだわる水戸藩の消極的な態度もあって、幕末まで着工に至らなかったという経緯を持つ。以上は、茨城県史編集委員会監修『茨城県史　近世編』（茨城県、一九八五年）、二七一頁、および、鉾田町史編さん委員会編『鉾田町史　通史編　上巻』（鉾田町、二〇〇〇年）、四一一頁、によった。
(28) 従来、江戸への船荷は那珂湊港から一旦鉾田へ運ばれ、仙台・秋田・相馬・平・水戸・棚倉諸藩の御用船や商人の船が、鉾田を高瀬船の基地として利用していた〈鹿島町史刊行委員会編「鹿島を中心とした交通と運輸　（上）」『鹿島町史研究』第四号（鹿島町、一九八五年）、六七頁〉。
(29) 『河道』『集』、二四一頁。
(30) 一間は約一・八一メートルであり、それに基づいて概算の数値を算出した。一・八一×二四＝約四五メートルである。
(31) 丸山知良「備前堀管見――伊奈備前守忠次の業績を中心に――」丸山知良校訂・堀江祐司編『備前堀』（きたむさし文化会、一九六九年）、九〇九～九二三頁。
(32) 茂木悟『備前堀と北武蔵』（きたむさし文化会、一九七七年）、一五頁。なお、同氏によると、「備前堀」の呼称は現在では「備前堀」で通っているが、昔は「備前渠」の文字を当てたとされる。
(33) 伊奈忠次・忠政・忠治・忠勝（克）へと連綿する伊奈氏の治績について村上直氏は、「伊奈氏の治水政策は入国以来、北関東の利根川・江戸川・荒川流域を中心に展開されたが、この水利条件の変革に伴い水田の拡大と新田地域の開発は、幕府の政治基盤の拡充に主要な役割を果した」と評価している〈村上直「初期関東幕領における在地支配（上）――伊奈郡代の開発地域を中心に――」『日本歴史』第一八四号（一九六三年）、五一頁〉。
(34) 西江錦史郎氏は、「鉾田附近には「備前堀」と呼ばれ、伊奈忠次が工事を行なったと伝承される工事跡があり、これは涸沼から北浦を結ぶ通船のために掘られたものといわれている」〈西江錦史郎「近世の治水技術――水戸藩を中心に――」沼尻源一郎編『水戸の洋学』（柏書房、一九七七年）、四八頁〉と指摘している。

(35) 矢嶋道文氏は、利明の「天野原」堀割計画は、慶長年間を初めとする堀割計画の延長線上におかれ、またその後の昭和にいたる堀割計画の指標となるものでもあった〈矢嶋道文「本多利明の富国思想——「堀割・沖乗」技術論～カムサスカ開発論へ——」『近世日本の「重商主義」思想研究——貿易思想と農政——』（御茶の水書房、二〇〇三年）、一六二頁〉と指摘している。なお、本書の（図-1）と類似な図示的理解が同氏により先行する成果として示され（同書、一五三頁）ており、筆者の分析において、おおいに参考とさせていただいた（矢嶋氏快諾済）。

(36)『河道』『集』、二四三頁。この引用における「国」とは、「天野原の堀割は関東諸国の国役に係る急務」〈『河道』『集』、二二九頁〉と記していることから、関八州の諸国をさしていると推定される。

(37) 東廻り航路は、東北諸藩から津軽海峡を経由して太平洋を南下し、房総半島を迂回して江戸に到達する航路である。なお、那珂湊港のみならず銚子港に入港し江戸に物資を搬送するルートも同航路に含まれる。

(38) 茨城県史編集委員会監修『茨城県史　近世編』（茨城県、一九八五年）、二六八頁。

(39) 速水融・宮本又郎「概説　一七—一八世紀」速水融・宮本又郎編『日本経済史　一　経済社会の成立』（岩波書店、一九八八年）、一〇頁。

(40)『河道』『集』、二四〇頁。

(41)『河道』『集』、二三二頁。

(42)『河道』『集』、二三二頁。

(43)『河道』『集』、二三三頁。

(44)『河道』『集』、二三二頁。なお、本庄栄治郎氏は、「天野原」の堀割ならびに「那珂川」の治水を水利事業の一具体例として位置づけ、「その根本思想が「船舶は国家の長器」たる点にある」〈本庄栄治郎「本多利明著「河道」について」『経済史研究』第二二号（一九三一年）、九二頁〉と指摘している。

(45)『河道』『集』、二二七頁。

(46)『河道』『集』、二三一頁。

(47)『河道』『集』、二二九頁。

(48)『河道』『集』、二四一頁。

(49)『河道』『集』、二二八頁。なお、利明の構想は〝江戸地廻り経済〟ならびに〝国益〟に関する分析視角により、別途の史的価値の指摘へとつながる可能性をもっている。その際、前記二つのキーワード双方を兼備した大局的成果である落合功氏の労作〈落合功『近世の地域経済と商品流通――江戸地廻り経済の展開――』（岩田書院、二〇〇七年）〉は示唆に富む。

第五章　『西薇事情』における備後国「豊饒」化プラン

第四章で検討を加えた関東「豊饒」化プランはやや広域な領域に発生した問題への対処を提起した経済政策論であるが、利明は、さらに狭小的な領域の「豊饒」化についても起案している。それは備後国に着目した発案であり、その内容は『西薇事情』〈寛政七年（一七九五）六月成立[1]〉に展開されている。この備後国の「豊饒」化プランは、同国の特徴を考慮したうえで、「産業[2]」開発の推進と、日本国「豊饒」化プラン同様に根幹的「治道」としての「渡海運送交易」政策の適用を提起したものであり、日本国「豊饒」化の補完に資するものとしての役割を担っている。

以上の概容を踏まえながら、本章では、『西薇事情』に展開された備後国の「豊饒」化に関する提言について分析を行う。備後国「豊饒」化プランは、八割の山岳地帯と二割の耕地により構成される備後国の様相認識を踏まえながら起案された、藺草栽培振興に基づく畳表増産化案、絹の新興「産業」化案、綿の加工に基づく木綿名産品化案、といった三案により組成される商品作物「産業」活性化案と、「渡海運送交易」政策の適用に基づきながらの商品作物の他国輸出案により成り立っている。したがって、以上の認識と諸政策案を個別的に分析したうえで、最終的には、利明が想定した備後国「豊饒[3]」化プランの位置づけを行いたい。

第一節　備後国の様相認識

利明は寛政六年（一七九四）頃に備後国福山領を訪問している[4]。その時の観察に基づきながら纏めたものが『自然治道之弁』成立後に著された経済政策論説『西薇事情』であり、備後国の「豊饒」化に関する提言が記されている。

備後国は、福山領および広島領や幾つかの幕領により構成される領域である。その中でも、利明が視察を行った福山領は備後国南部を中心に表高一〇万石（内高五万石）を領有した譜代大名の領地であり[5]、表高と内高の差が示唆するように、慢性的な財政難への対応を領主側が重要課題としていた領域である。同地の主要生業は、稲と麦の二毛作や綿作および木綿織物業の他に、藺草栽培とそれを加工した特産品としての畳表である。また、塩田造成による塩の生産を行ない、領主財政の一助としていたという実態があった。

このような特性を背景とした備後国全体に関する利明の認識は、

「備後は両作場の国にして、国中八分は端山の裸山、二分は耕地之田畑なり、田畑乏敷[6]」

というものである。ここでは、備後国の八割を「裸山」とされる山岳地帯が占有し、残り二割に相当する「田畑」において耕作が行われ、「両作場」と表記されるように、二毛作を主とした農業生産地帯としてみなされている。この認識に基づきながらの同地に対する評価は、

「山阪峠多ければ運送不便利の害、万事物不自由なれども、水旱損の害少きを以、百姓相続はなり安きなり[7]」

というものであり、坂路や峠道の多い山岳地帯特有の自然環境により、「運送不便利」と物資輸送ルートが閉塞的な地域として捉えられている。ただし、こうした物資輸送上の阻害要因を問題視しながらも、山岳地帯という特性が平地における水害の頻発を予防しているといった側面も指摘されており、それについては田畑における労働力としての農民の延命化に連動していると好意的に受けとめている。

このような自然環境における巧拙両方を把握したうえでの、利明の備後国に対する全体的な認識は「如斯之良国は余に鮮かるべし[8]」と纏められており、経済政策を提言する場合に、「衰たる天下」や「貧国」などの悲観的表現を多用す

る利明にしては珍しく、日本全国の中でも稀有な「良国」という認識がみられる。その理由について利明は次のように記している。

「国中の山々皆端山なれば、岩石少なく、漸く開発するに於ては、上畑となるべき[9]」

ここでは、「岩石」という阻害要因が少ないため、備後国の八割に該当する山岳地帯を開発対象地化しうるといった推定が示されている。これは、備後国に既存の二割の耕地以外の八割の領域において「産業」開発事業を進展させれば、同国の農作物の生産力を高めることができるとみなした見解である。その際、「国君の技を不得ば大業は為がたし[10]」とも記しており、「国君」である為政者の主導による開発事業政策の展開が同国の八割の領域の「産業」開発事業という「大業」に結びつくものとして指摘されており、利明特有の為政者主導型の開発という発想が備後国の「豊饒」化を意図した発案の中でも反映されていることがわかる。

その一方で、次のような記載もみられる。

「庄屋清兵衛といふ者、専新開に係るといへども、小身上なれば、小金を以するゆへ、僅なり[11]」

これは、「庄屋」クラスの民間の資力では、産業開発事業の推進には不適であるといった見解である。この指摘から、「産業」インフラに関わる公共的な開発による経済発展については、あくまでも為政者主導の政策誘導に求め、民間では限界があるという判断が利明のスタンスであったことがわかる。

以上の考察を纏めると、利明が捉えた備後国の様相とは、山岳地帯という自然環境を背景として物資輸送ルートが未整備であるという理解が一つとして挙げられる。このような認識とは対照的に、領域内の上壌の八割に相当する未開発地を対象として、為政者主導の「産業」開発が見込める地域としての理解もあり、これらの観点から、農作物の生産力を上昇化しうる可能性をもつ「良国」として同国を捉えているといえる。

ただし、以上の認識のみでは単なる観察に基づいた評価の段階に留まるものである。この好意的な見解を踏まえながら、利明は、

「今爰に遠く慮て、其策なきに於ては、終に産業不足になり[12]」

と指摘している。この記述は、「良国」としての様相下にある「今」において、「策」と記されたインセンティブな政策を導入しなければ、将来的に貧窮の状況が出現すると予想した見解である。それは、既存の二割の土壌における米穀産出量の維持を図るのみでは備後国の「良国」状態の継続化は将来的に困難となり、「産業不足」という生産力の低落化に繋がるという懸念として示されている。

したがって、少なくとも貧窮の状況には置かれていない「今」という時節を分水嶺として、備後国に適した経済政策の導入が要望されることとなり、利明は、

「新開の新田を発起せん事は、御国益の最初なれども、此国に於ては、第二等とす[13]」

と記している。この記載は、備後国にさらなる富を創出するための提起として「新開の新田を発起」とされる新規の新田開発による米穀産出量の増大化を一案としながらも、「此国」である備後国を念頭においた場合、この方法は「第二等」というように二番目に採択すべきものであり、政策的関与を順序立てながらの見解である。その際、一番目に採択すべきと強調された政策は、

「第壱表を多く出す策[14]」

というものであり、「表」に該当する備後国の特産物である畳表の例示に顕著なように、次節以降に詳細に検討する商品作物「産業」活性化案である。このように、段階的な手順に沿いながら経済的な効果の発生に連動するとみなされた政策方針は、備後国の永続的な「豊饒」化を実現するものとして考えられているのである。

以上のように、利明による備後国の様相認識とは、八割の山岳地帯と二割の耕地により成り立つ土壌観に求められる。それを踏まえながら、とくに八割の山岳地帯の「産業」開発に着目したうえで、「第壱」に商品作物「産業」活性化案を実践し、さらに「第二」に新田開発政策を推進することにより永続的な「豊饒」化を確立しうるとみなされた領域であったと位置づけられる。

第二節　備後国の商品作物「産業」活性化案について

備後国の「豊饒」化を視野に容れた場合、利明が新規の新田開発よりも重要視したのは、〈1〉藺草栽培振興に基づく畳表増産化案、〈2〉絹の新興「産業」化案、〈3〉綿の加工に基づく木綿名産品化案、といった商品作物「産業」活性化案である。本節では、諸案について検討を加え、利明の商品作物「産業」活性化案についての位置づけを行う。

1　藺草栽培振興に基づく畳表増産化案

〈1〉藺草栽培振興に基づく畳表増産化案について、利明は、

「第壱表を多く出す策ありて、金銀を多く容れ、其後新開に係るべし[15]」

と記し、畳表の増産化を「第壱」と位置づけている。その際、備後国からの輸出を意味する畳表を「出す」という営為は、「金銀を多く容れ」というように、多額の金銀を同国に集積化させることとなるとみなされている。これは、備後国「豊饒」化に資する商品作物に特産物である畳表を位置させた見解である。そして、ある程度の金銀が蓄積化された後に、「新開」という新田開発事業の推進が要望されている。このような段階的な政策実践手順の示唆は前節で触れた「第二等」、すなわち、新田開発を二番目に行うべきとした見解に呼応している。

この畳表に着目した発案は新興「産業」の創成を要望しているわけではなく、既存のものとしての畳表「産業」の実態認識に基づいたうえでの見解である。利明が視察を行った備後国福山領内沼隈郡は畳表の原料となる藺草の主産地[16]であり、福島氏、水野氏、阿部氏といった領主層の統制下に発展を遂げ、大坂経由で江戸へと輸送された御用表および献上表や、株仲間商人を経由した商用表が流通経路へ上り[17]、全国的な商品作物として一般化されていたという実態があった。この様相と合致する見解を利明は、「奥州の末迄も、備後表の上品を不知者もなし[18]」と記しており、「上品」とされる備後産畳表が全国的に高品質な製品として認知されている様相を紹介している。

さらに、利明の認識についてみてゆけば、畳表の原料となる藺草栽培の様相についての観察として、沼隈郡の村々の四分の一が藺田であり、

「一反に付最上の田地にて、最上の出来なれば、常表に積、凡一千枚に織る程の葦草出来、表と為し売代ろと為し、代金五十両になるといへり、尤菌代銀百目余も入るといへども大利を得る事比類罕なる国産なり[19]」

と記している。これは、一反（約九九〇平方メートル）の面積あたり畳表一、〇〇〇枚分[20]に相当する藺草が収穫され、それを加工した商品としての畳表が五〇両で取引されている[21]という理解である。その際、藺草栽培に掛かる必要経費としての肥料代である「菌」の経費を差し引いても、「大利を得る事比類罕なる国産」であり、備後国にとって、「大利」に該当する多額の利益を獲得しうる商品作物とした把握が示されている。

このような認識下において、利明は幾つかの問題点を指摘している。その一つは、

「求とすれども、価高直或は其品なく[22]」

と記すように、備後産畳表の値段が「価高直」と示されるように高価であり、さらには、「其品なく」という品薄状態から、全国的な需要に対する安定供給が図られていないという問題である。これは、商品価格と商品不足の関係性に着

眼した指摘であり、畳表の品数の少なさが価格の高騰を招来させているという認識に基づいている。この見解につづいて、

「或は備中表を、鞆表なりと偽る」[23]

というもう一つの問題点も指摘されている。これは、「備中表」である備中国の畳表が、「鞆表」[24]に該当する備後産畳表として偽装され、全国的に流通展開しているといった様相を問題視したものである。本来的に、他国から偽装商品が流出するということは、上質の備後産畳表の名目を利して、不当利益を獲得している領域が既存であったことを意味しており、その際、他所から備後国に利益が還元される保証はない。その点を踏まえながら、利明は産出地からの適正な輸出販売が行われていない様相を批判しているのである。この問題に関する利明の指摘は、他の懸案事項についても及んでおり、

「終に正真の山南表を得る人、東都だに稀なり、況や辺土遠国等は、真偽を決る事を不得」[25]

という見解を記している。これは「山南表」（福山領内山南村産の畳表）に該当する上質の正規品である備後産畳表を入手する購買層が「東都」である江戸に少なく、さらに、「辺土遠国」と表わされた遠隔地においては、商品の真贋を判別することすら不可能な状況となっている問題を紹介した部分である。

この事例を挙げながら、利明が問題視したのは、一つとしては商品不足が全国的な価格高騰を招来させている点であり、いま一つは、備中産畳表に象徴される偽装商品の全国的流出である。

これらの問題のみならず、為政者の対応についても利明は、

「表数多きゆへ不売と思ふ等は、国君の過失ならん」[26]

と批判を加えている。これは、備後国の為政者は畳表が「表数多き」というように多量に生産され、既に需要は充たさ

れている状況に陥っているものと誤認している、という指摘であり、利明は、こうした為政者側の態度を「国君の過失」として糾弾している。為政者サイドの認識は、商品不足による価格高騰や偽装品の全国的流出により購買層の需要へ呼応していないとみなしていた利明の理解とは相反するものであり、利明からすれば、為政者の備後産畳表に関する認識は改めるべき「過失」として、判断されているのである。

以上のような幾つかの批判的見地に基づけば、全国市場の需要に呼応すべき正規品としての備後産畳表の数量は過少であり、それを念頭に置いた政策の導入が要望されることとなる。それは、

「殊に表は日本第一の名産なれば、国中残なく葦田と為し、表を出すといへども、猶多しとするに足らず[27]」

という提起に集約化されている。これは、単純な見解ではあるが、購買者層の需要に対する適正な対応を用意するためには、品数不足や商品価格の高騰といった問題を解決する必要があり、それには、正規品としての備後産畳表を増産化させればよいのであり、「国中残なく葦田と為し」と示すように畳表の原料である藺草栽培を振興して原料の段階から増量化を図れば問題解決に繋がるだろうという考えである。その際、「国中残なく」と記していることから、備後国における未開発の八割の山岳地帯と二割の耕地に着目した「産業」開発が念頭に置かれているといえる[28]。ただし、「猶多しとするに足らず」とも補記しているように、仮に藺草栽培振興による畳表の増産化を奨励したとしても、購買層の需要を完全に充たすことは困難であるかもしれないといった見通しも示されている。とはいえ、そうした限界を念頭に置きながらも、それでも備後産畳表の増産化を進展させるべきという方針が利明の主張であるといえる。

以上の、〈1〉藺草栽培振興に基づく畳表増産化案は、八割の山岳地帯と既存の二割の耕地の「産業」開発により備後産畳表の増産化を促すことにより、備後国への金銀集積化を求めた発案[29]であり、価格高騰の抑制や、購買層の需要への呼応が意図されている。さらには、正規品が多量に全国に輸出されれば、偽装品が駆逐されてゆくことへも繋がると

みなされた考えである。それは、為政者側の主導により「第壱表を多く出す策ありて、金銀を多く容れ」とした記載に纏められているといえる。

2　絹の新興「産業」化案

畳表の増産化に繋がる藺草栽培振興は備後国全域に該当する「国中」を対象地としており、その中に利明が着目した八割の山岳地帯が含まれる。ただし、この領域の活用は藺草栽培のみに限定されているわけではなく、利明は商品作物である〈2〉絹の新興「産業」化案を提起し、山岳地帯における新規の「産業」開発を推奨している。それは、

「国中八分は裸山なれば、桑を植、蠶を飼、絹を出すの策[30]」

というものであり、八割の山岳地帯に「桑」を植林し、その桑を飼料とする蚕からとった生糸を原料とした「絹」を生産し、それを他所への輸出を意味する「出す」という段階的な政策である。その際、

「土地甚の上地なれば、桑も繁茂せんは疑なし、桑だに能きを産れば、蠶又上品なるを得る物なり[31]」

と、「上地」とされる八割の山岳地帯に「桑」が「繁茂」することとなると記されているが、これについて「疑なし」とつづけていることを考慮すれば、利明の視察時においては、桑の植林や蚕の飼育による絹「産業」は既存ものとして認識されていなかったといえる。この利明の観察と当時の実態的様相との関連を示せば、備後国福山領においては幕末に養蚕のための桑の植付けが盛んになった[32]と推定されており、また、成田思斎著『蚕飼絹篩大成』〈文化一一年（一八一四）成立〉において備後国が蚕業を営む国々に含まれていない[33]といった指摘を考慮すれば、利明視察時に蚕糸による絹「産業」は同国では成立していなかったといえる。したがって、利明の提起は備後国の八割の山岳地帯を開発対象地とみなしながら、新規の商品作物に該当する絹の新興「産業」化を促したものといえる。

この絹「産業」が具現化された場合の効果についても利明は記しており、

「八分の山々も、土性の能き裸山なれば、教導丹誠の仕様に依り、後には拾万石の領地とならんと思はるるなり」[34]

という展開を示している。利明の想定によれば、「桑」の植林に適した八割の山岳地帯を対象として、養蚕を目的とした「産業」開発を推進すれば、結果として、「後には拾万石」というように一〇万石の領地と同等の成果が得られると推定されている。その際、不可欠な要素として為政者主導の開発を意味する「教導丹誠」が求められているのである。

ここで、本章第一節で紹介した、備後国福山領の表高が一〇万石であり、現実としての実高が五万石（内高）であった実態を念頭に置きながら、絹の新興「産業」化により得られる成果を一〇万石として推定しているという点を考慮すれば、実高を倍増しうる効果が期待された政策として利明に意識されていることがわかる。

以上の効果を内容とする〈2〉絹の新興「産業」化案は、一〇万石規模の価値をもつこととなるだろう商品作物産業の創成を求めた政策案であると位置づけられる。ただし、利明の具体的な記述は「桑」を八割の山岳地帯に植林すべしとした指針の提示のみに留まり、蚕育成の方法や蚕糸収穫の工程、又は絹の加工に関与する労働力としての人材や、賃金などの必要経費、さらに加工技術についての言及は皆無である。その点を踏まえれば、絹の新興「産業」化に基づく商品作物「産業」活性化案は極めて抽象的な提起であるといえる。

3　綿の加工に基づく木綿名産品化案

利明は畳表や絹に関する見解を展開しているだけでなく、木綿についての政策案も提起している。それは、備後国において既存の商品作物である〈3〉綿の加工に基づく木綿名産品化案として理解しうるものである。

利明の記載によれば、

「畳表綿の二品は甚上品なり[35]」

という認識を示しているように、綿は備後国から産出される「日本第一の名産」としての畳表と同様に「上品」としてみなされており、商品作物としての高品質性が着目されている。このように好意的な評価を与えながら、利明は備後国における綿栽培について、

「綿は、田地有高半分は綿、半分は米を作る、依て綿を出す事夥し、実綿或は繰綿の儘にて、売代ろ為す風俗なり[36]」

というさらなる観察を示している。この引用から看取しうるのは、二毛作の一方として綿栽培が行われ、「田地」をその生産地として記していることから、備後国の二割に該当する耕地から生産されているという認識である[37]。ここで、灌漑や排水のきく乾田には稲と共に綿の栽培が行われていた[38]という備後国福山領の実態的様相を踏まえれば、二毛作については利明の観察と合致している。ただし、「実綿」もしくは「繰綿」のまま売却されているという記載に着目すれば、本来的に備後国福山領において、一八世紀の初め頃にはほとんど領内全域に亘って木綿が織られていた[39]という実態があり、木綿に加工化した商品作物の輸出を既存のものとして捉えていなかった利明の把握は不正確であるといえる。

とはいえ、以上の認識によりながら、利明は

「当年綿出来より、来年綿の出来迄に、婦女の業と為し、綀に採り、木綿に織て、他国に出す風俗とならば、漸々に手煉して、上品なるも出来、畳表同様に、名産の聞へあらん[40]」

という考えを提起している。この主張は「実綿」および「繰綿」販売を主要産業とする段階に留まらず、それを「木綿」に加工することにより「畳表同様」の名産品が創出されるという考えである。その際、必要視されたのが、「婦女の業と為し、綀に採り」という加工工程であり、その過程を経たうえでの「木綿」の製造および増産による名産品化が要望されているのである。

このような手法により木綿を名産品化した場合の効果についても、利明は

「売代ろ為すに及んでは、綿にて売の価と十倍せん」[41]

と記しており、「十倍せん」というように、綿の一〇倍の値段で木綿を売却しうると推算している。ここで、「他国に出す風俗」として他領域への輸出を念頭に置いていることを考慮すれば、「実綿」や「繰綿」の売却から得られる利益が全国的な取引を通じて一〇倍となり、備後国が獲得する売却利益としての金銀が必然的に増加するという見通しがこの発案には含まれているのである。

以上の、〈3〉綿の加工に基づく木綿名産品化案は、二割の耕地に栽培される綿の高品質性に着目し、それを加工という工程を経たうえで、木綿へと製品化し、さらにそれを畳表同様の名産品として全国的な流通市場へと展開させ、ひいては、備後国への金銀集積化が図られるとみなした政策案である。これは、既存の商品作物を加工することにより名産品化の創出を促した商品作物「産業」活性化案として位置づけることができ、綿という商品作物を加工した木綿の名産品化がその後の成長産業に相当すると判断されていたといえる。

第三節　「渡海運送交易」政策と商品作物「産業」活性化案の関係性

前節で検討を加えた商品作物に関する〈1〉〜〈3〉といった三つの政策案は「産業」開発による商品作物「産業」活性化案として総括化できる。その帰結として展望されているのは備後国への金銀集積化であるといえる。

ここまでは、備後国における商品作物の生産や加工に力点を置いた見解として理解できるが、そこから先の、どのような展開を通じて金銀の集積化を図るべきかという点についても利明は詳述している。それは、

「官に買揚、廻船を以運送あり、東都を始とし、漸を以、奥州の末までも、博く弘るに於ては、其益万を以算する

に至らん」[42]

という備後産畳表の全国的流通展開に関する指摘に顕著である。この記載は、「官」である領主側が備後産畳表を生産者から購入し、それを海上輸送手段である官営の「廻船」に積載して「運送」し、それを「東都」である江戸や「奥州」である奥羽地方などの広範囲な流通販売網に乗せるという、一連の過程を示したものである。その際、成果として「益」に相当する利益の獲得に連動するものとして展望されている。この主張は、「官」である為政者主導の廻船を輸送手段とした「渡海」ならびに「運送」や利益の獲得に繋がる「交易」を網羅している点を考慮すれば、第二章第三節で指摘した根幹的「治道」としての「渡海運送交易」政策を応用したものであると理解しうる。

なお、「渡海運送交易」政策の実践における対象の商品作物としてみなされた畳表は御用表および献上表、または、商用表に大別されるが、それぞれの扱いについて利明は詳述していない。ただし、備後国において、御用表は元禄一三年（一七〇〇）に幕府代官管轄となり、その後、福山領主や代官の管轄を変遷したのち、明和七年（一七七〇）に再び領主管轄下において請負商人に委託され、彼らにより大坂経由で江戸へ輸送される方法が採択され、その後、寛政元年（一七八九）に領主自らの管轄下における村役人による畳表買い集めが始まったという経緯があり、利明の視察時は福山領主管轄期に該当している。また、献上表については、元禄一四年（一七〇一）以降、福山領主の管轄下で献上表役人四人が任命され、それが維新期まで世襲されており、利明視察時はこの領主管轄期に含まれる。さらに、商用表については、城下の問屋が江戸や大坂などの他領域への輸出に関して指導権を握り、領主側である阿部氏も運上銀の徴収を主目的としており、利明視察時の様相はこの時期に該当する。以上の実態を考慮すれば、利明がとくに着目したのは、「官」の買い上げを強調しているところから、商用表であり、さらに、利明視察時に御用表と献上表は既に領主側の管轄であった点を踏まえれば、商用表が領主側の管轄下に置かれるということは、御用表と献上表とならんで、備後産畳表の全てが領主側の管轄に一本化されることとなり、その体制を構築したうえでの「渡海運送交易」政策の適用化を要望していたといえる。

また、絹と木綿についても、既出の引用文中に散見されたように、それぞれ「絹を出す策」および「木綿に織て、他国へ出す」と記されていた点に鑑みれば、備後産畳表のみならず、同地産の絹や木綿についても、他領域へ「出す」という営為に該当する輸出が金銀集積化に資する有効な方法としてみなされていたことがわかる。それを実現するための具体的手段として、絹ならびに木綿といった双方の商品作物についても「渡海運送交易」政策の応用による流通展開が推奨されているのである。

以上のように、「産業」開発による商品作物「産業」活性化案を推奨したうえで、そこから得られる商品作物を全国的流通網に乗せることにより、利益の獲得へと繋げる手段が為政者主導の「渡海運送交易」政策であり、備後国のような局地的領域を対象とした根幹的「治道」の応用として理解することができる。したがって、「運送不便利」として認識されていた八割の山岳地帯を先天的な自然環境として持つ備後国に着目しながら、輸送上の利便性の向上を廻船利用による海上輸送に求め、さらに、領主の積極的な全国的商品流通経済への参画を促した利明の発案は、狭小的な備後国という領域の「産業」開発と「渡海運送交易」政策を融合させたものとして理解できる。

第四節　備後国「豊饒」化構想の全容

最後に、本章において検討を加えてきた内容を整理し、利明の備後国「豊饒」化構想についての位置づけを提起する。利明の備後国「豊饒」化を目的とした政策案は八割の山岳地帯による農業と二割の耕地における二毛作が既存の主要産業であると捉えた備後国の様相把握に基づいており、とりわけ、物資輸送ルートの閉塞性を齎す「運送不便利」である八割の山岳地帯に対する関心は極めて高い。この観点を踏まえながら発案されたのが、商品作物「産業」活性化案と根幹的「治道」である「渡海運送交易」政策の双方を具現化したうえで、備後国への金銀の集積化を図り、その後に新田開発を行うというプランであり、段階的な手順を踏むところが特徴的である。

利明が新田開発よりも重要視した商品作物「産業」活性化案は〈1〉藺草栽培振興に基づく畳表増産化案、〈2〉絹の新興「産業」化案、〈3〉綿の加工に基づく木綿名産品化案、といった諸案により組成されており、商品作物ならびに加工商品の増産化に力点が置かれている。〈1〉は既存の「産業」に着目しながら、八割の山岳地帯を含む備後国全域を生産地として対象化し、成果として全国の商品需要の充足化と売却益の増大化を見込んだ政策案である。また、新規「産業」の創成を企図した〈2〉は八割の山岳地帯の新規開発による政策案であり、備後国の表高に相当する一〇万石規模の成果の獲得へ繋がるものとしてみなされている。さらに、もう一つの既存の「産業」に着目した〈3〉は二割の耕地の開発を要望した政策案であり、加工化された商品作物である木綿を一〇倍の価格で売却しうると推算されている。

これら三つの政策案に基づきながら増産化された商品作物の生産力を、利益の獲得へと連結させるために、根幹的「治道」としての「渡海運送交易」政策の適用が要望されている。その場合、「官」である為政者主導の廻船を輸送手段とした「渡海」および「運送」や利益の獲得に直結する「交易」が商品作物の全国的流通展開のために不可欠な営為であり、こうした活動により備後国への金銀集積化が図られることとなる[46]。なお、この発案においては、全国的な商品作物に対する需要への呼応や価格高騰の抑制も考慮されており、備後国からの商品作物の輸出による効果は、同地の「豊饒」化のみならず、物資需給における偏在的側面を問題視したうえで構想された日本国「豊饒」化を補完する役割を担っているといえる。

このように段階的な手順を示した政策案の実現過程において、利明は、

「国産の半減するも、倍増するも、唯政務の疎密に因る、故に二六時中、無怠慢丹誠すべきは、政務にして、国君の天職なり[47]」

と為政者側の存在意義についても力説している。利明の判断によれば、備後国の生産力を意味する「国産」の増減は、「政務」といった為政者の政策的関与により左右されることとなり、場合によっては「半減」、あるいは「倍増」といった結果おのおのへと展開される可能性があるとみなされている。この指摘は「半減」といった生産力の低下を抑止し、「倍増」といった生産力の上昇を推進する主体的役割を「国君の天職」というように、為政者側に強く要望することにあり、あくまでも為政者主導による産業開発が適宜と判断されているのである。この見解は、一見、「産業」開発事業のみへの限定的な関与を為政者側に求めているかのように見受けられるが、産出される商品作物を全国的に展開させる場合に、為政者側の主体的な役割に該当する「渡海運送交易」政策の導入を求めている点を考慮すれば、備後国の商品作物「産業」活性化案と「渡海運送交易」政策の双方は共に、為政者側の積極的な関与のもとで推進されるべき政策としてみなされていたと位置づけることができる。

前記のような経済効果に関する為政者の役割を強調するのみならず、利明は「其国其処の領内の、豊国と貧国の勢ひ[48]」が「制度の善悪にも因るなり[49]」とも記している。ここには、商品作物「産業」活性化案と「渡海運送交易」政策という「制度」が備後国の「豊饒」化を実現するものとして簡潔に示されている。このように、利明の表現するところの「豊国」を目的とした備後国「豊饒」化案は、備後国全体を構成する八割の山岳地帯と二割の耕地から産出される商品作物の増収を意図した「産業」開発事業による商品作物「産業」活性化案と、「渡海運送交易」政策という「制度」の導入に基づいたものであり、為政者側の主体的な「産業」開発と商品流通経済への参画が促されている。その結果とし

て、全国各地からの売却益が金銀として備後国へと集積化され、それを元手としながら新田開発事業を進展させることにより、備後国の生産力のさらなる発展的な上昇を求めた考えである。以上の構想は、偏在的な物資需給問題への関心を踏まえながら商品作物の全国的展開を模索していたという点を考慮すれば、日本国「豊饒」化を補完する性質を持つ提言として理解すべきである。

註

(1)『西薇事情』の引用については『集』翻刻版の掲載頁を記した。なお、慶應義塾大学図書館貴重書室蔵の写本『西薇事情』〈請求記号：和漢古典籍201@84@1〉を適宜参照した。以下、〈『西薇事情』『集』、〜頁〉と略記する。なお、『西薇事情』に関する考察として、島崎隆夫氏の成果が挙げられる。同氏は「比較的豊かな土地である備後国の生産力に焦点を当て、特産品としての畳表と綿に着目したうえで畳表の産出により金銀を獲得し、国産の奨励と藩専売制度の提言を特質の一つ」〈島崎隆夫「本多利明の農政論――その前提――」『三田学会雑誌』第五一巻第五号（一九五八年）・同「本多利明の農政論（続）――その経済政策の性格――」同第五一巻第一〇号（一九五八年）、九〜一〇頁〉という見解を示している。

(2) 利明は「其策なきに於ては、終に産業不足になり」〈『西薇事情』『集』、三三八頁〉と「産業」という表現を使用している。したがって、本章において〝産業〟については「産業」と表記する

(3) 利明は『西薇事情』の文中において、「豊饒」という表現を使用しておらず、備後国が富裕化された状況について「豊国」〈『西薇事情』『集』、三四九頁〉と表記している。したがって、「豊国」の「豊」と「豊饒」を同義的に捉えることができ、本章の本文中でも、「豊饒」という表記を継続的に使用する。

(4) 塚谷晃弘「解説　本多利明」『大系』、四七七頁。阿部真琴氏は利明が福山に赴いた経緯は門人の福山藩士石坂繁太郎から福山領内調査の依頼を受けたものとして推定している〈阿部真琴「本田利明の伝記的研究（三）」『ヒストリア』第一三号（一九五五年）、一〇六頁〉。なお、『国史大辞典』で項目化された石坂常堅（生没年不詳）に関して「江戸時代後期の天文学者」と記されており、この常堅が繁太郎に該当する可能性がある。

(5) 青野春水「福山藩」木村礎・藤野保・村上直編『藩史大事典　第六巻　中国・四国編』（雄山閣出版、一九九〇年）、二六七頁。なお、

福山領の統治者は、福島正則（一五六一～一六二四）が領国を没収された後、水野勝成（一五六四～一六五一）が福山に入封し、その後、松平忠雅（一六八三～一七四六）入封期を経て阿部正邦（一六五八～一七一五）の支配領域となり、以来、福山は一七〇余年にわたり阿部氏の領有という変遷過程が認められる。利明の政策論と関連する阿部時代の福山領は備後国深津、沼隈、芦田、品治、安那五郡で構成されていた（児玉幸多・北島正元監修『藩史総覧』（新人物往来社、一九七七年）、三四五頁）。なお、利明訪問時の領主阿部正倫（一七四五～一八〇五）の施政下において、財政難の深刻化や綱紀の弛緩が問題となっており、領主側は綱紀粛正と質素倹約を励行し、大坂商人の御用達登用による財政再建が模索されている（福山市史編纂会編『福山市史　中』（国書刊行会、一九八三年）、五三八～五五〇頁）。

(6)『西薇事情』『集』、三三七頁。
(7)『西薇事情』『集』、三四二～三四三頁。
(8)『西薇事情』『集』、三三八頁。
(9)『西薇事情』『集』、三三八頁。
(10)『西薇事情』『集』、三三九頁。
(11)『西薇事情』『集』、三三九頁。
(12)『西薇事情』『集』、三三八頁。
(13)『西薇事情』『集』、三四一頁。
(14)『西薇事情』『集』、三四一頁。
(15)『西薇事情』『集』、三四一頁。
(16)宮崎安貞（一六二三～一六九七）は『農業全書　巻六　三草之類』（元禄一〇年（一六九七）成立）において、畳表の原料となる「藺」部で「藺。一名ハ燈草ともいふ。畳の面とし根席とし、燈心に用ひ、薬ともなる。凡衣食すでに足りてハ、居所を安からしむべし。されば是功用おもき物也。土地相応する所にてハ、広く作るべし」（宮崎安貞『農業全書』山田龍雄・井浦徳監修『日本農書全集　一三』（農山漁村文化協会、一九七八年）、六六～六七頁））と位置づけた後、「備後ハ肥良の地多き国にて、南方を受るゆへ、土産色々おほき中に、藺田の利勝れて多し」（同書、七〇頁）と藺草生産の様相を記している。
(17)谷口澄夫・柴田一「備後表」地方史研究協議会編『日本産業史大系　七　中国四国地方篇』（東京大学出版会、一九六〇年）、一一四～一二九頁。

(18)『西薇事情』『集』、三四〇頁。
(19)『西薇事情』『集』、三四〇頁。
(20)備後国の畳表生産の実態として、寛保二年（一七四二）の例として、藺田面積約七〇町（七〇〇反）につき、一年間の藺草生産量は二八、〇六四束であり、それを加工した畳表生産量は、一六八、三八四〜二二四、五一二枚と推算〈福山市史編纂会編『福山市史　中』（国書刊行会、一九八三年）、五九三頁〉されており、一反あたりに換算すると、約二八〇枚の畳表が生産されていたことになる。この数値は利明の認識とは乖離している。
(21)たとえば、主に幕府側の管轄に相当する御用表の代金を示唆するものとして、安永三年（一七七四）頃に年間約二七、〇〇〇枚の畳表が代銀一二〇貫目というデータがあり〈福山市史編纂会編『福山市史　中』（国書刊行会、一九八三年）、五八二頁〉、金銀の変換比率の変動もあり算定は難解であるが、銀一貫＝一、〇〇〇匁とすれば、代銀は一二〇、〇〇〇匁ということとなり、金一両＝銀六〇匁として算出すると、畳表二七、〇〇〇枚が金約二、〇〇〇両に相当することとなり、約一三枚が一両に相当する。一方で、畳表一、〇〇〇枚が金五〇両に相当するとした利明の観察によれば約二〇枚が一両となる。
(22)『西薇事情』『集』、三四〇頁。
(23)『西薇事情』『集』、三四〇頁。
(24)「鞆」とは福山領内の港町を指す。したがって、「鞆表」は福山領を通じて輸出される備後産畳表に該当する。
(25)『西薇事情』『集』、三四〇頁。山南表は福山領内山南村産の畳表であり、利明は「上品の出るは、上山南村中山南村下山南村、此三ヶ村を最上の場所とせり」〈同書、同頁〉という認識を示している。
(26)『西薇事情』『集』、三四〇頁。「国君の過失」との関連事項として、利明は備後国で発生した福山藩天明一揆についても関心を寄せ、『西薇事情』の文中において触れている。なお、同一揆に関しては、「一揆につき下宮家伝来書状」・「福山領騒動風聞留書」・「西備遠藤実記」・「安部野童子問」・「一揆取鎮め方につき阿部正倫書状」〈福山市史編さん委員会編『福山市史　近世資料編Ⅰ　政治・社会』（福山市、二〇一一年）〉が翻刻化されている。
(27)『西薇事情』『集』、三三九頁。
(28)藺草は湿地や水田で栽培する農作物であり、備後国の八割に該当するとみなした山岳地帯における栽培が適正か否かについて利明は言及していない。
(29)備後産畳表の増産化は流通市場で売買されることにより、備後国の富の集積に繋がるが、それは薄利多売によるものなのか、高価な商品としての多売によるものなのかについて、利明は明らかにしていない。ただし、「価高直」という認識を有していたことからすれば、過度の価格高騰自体には否定的であったといえる。

(30)『西薇事情』『集』、三四二頁。
(31)『西薇事情』『集』、三四二頁。
(32)福山市史編纂会編『福山市史　中』(国書刊行会、一九八三年)、六一二頁。
(33)新保博・斎藤修「概説　一九世紀へ」新保博・斎藤修編『日本経済史　2　近代成長の胎動』(岩波書店、一九九四年)、一五～一六頁。
(34)『西薇事情』『集』、三四二頁。
(35)『西薇事情』『集』、三三九頁。
(36)『西薇事情』『集』、三四一頁。
(37)近世社会における木綿生産の特徴として、「綿は西日本の比較的肥沃な耕地に植えられ、木綿は、大衆衣料として、一方では自家用生産も根強く残ると同時に、市場でもかなり広範な需要をもつ製品であった」〈新保博・斎藤修「概説　一九世紀へ」新保博・斎藤修編『日本経済史　2　近代成長の胎動』(岩波書店、一九九四年)、一五頁〉という国家的様相がある。なお、福山領では、「寛文(一六六〇年代)ごろに各地に運上所が設けられて綿の統制が実施され、その後、運上所の廃止期を経て、安永元年(一七七二)には統制が強化され、天明四年(一七八四)には実綿の他領持出禁止、翌年には城下に綿改所が設けられるなど統制強化の試みがいちじるしい」〈吉永昭『近世の専売制度』(吉川弘文館、一九九六年)、一四六頁〉という実態があった。
(38)福山市史編纂会編『福山市史　中』(国書刊行会、一九八三年)、五五六頁。ただし、綿植付け面積、収穫量については知ることができない〈同書、五九五頁〉。
(39)福山市史編纂会編『福山市史　中』(国書刊行会、一九八三年)、六〇三頁。
(40)『西薇事情』『集』、三四一頁。
(41)『西薇事情』『集』、三四二頁。
(42)『西薇事情』『集』、三四〇～三四一頁。
(43)福山市史編纂会編『福山市史　中』(国書刊行会、一九八三年)、五七五～五八三頁。
(44)福山市史編纂会編『福山市史　中』(国書刊行会、一九八三年)、五七五頁。

(45)福山市史編纂会編『福山市史　中』（国書刊行会、一九八三年）、五八六～五八九頁。

(46)利明の備後国「豊饒」化を目的とした政策案は、殖産興業的側面が強いといえる。「諸藩による殖産興業の推進は特産物管理統制や藩専売仕法の実践により富を得、商品流通に対する積極的な政策的関与を意味するものであり、特に専売仕法に拠る特定商品の独占は、それが領外に移出されて正貨獲得の有力な手段となっただけに、財政困窮に悩む各領主が競って実施するところであった」〈吉永昭「藩専売制度の基盤と構造——松代藩産物会所仕法をめぐって——」古島敏雄編『日本経済史大系　4　近世下』（東京大学出版会、一九六五年）、二二七頁〉という吉永昭氏の指摘を考慮すれば、為政者の主体的関与による「産業」開発政策案は特産物管理統制と、「渡海運送交易」政策による富の蓄積化は藩専売仕法とそれぞれ親和性があるといえる。

(47)『西薇事情』『集』、三五〇頁。

(48)『西薇事情』『集』、三四九頁。

(49)『西薇事情』『集』、三四九頁。

おわりに　第Ⅰ部の総括――近世日本の国内開発構想としての本多利明の経済政策思想の位置づけ――

最後に、『自然治道之弁』の全文に対する分析という研究史上初の試みと『河道』および『西薇事情』の検討に基づいた国内開発論の意義の指摘を踏まえながら、本書第Ⅰ部の課題である本多利明の経済政策思想の体系化を行い、その思想的特質を提起する。なお、利明の経済政策論は、当時の為政者に採用されず、その効果を現実的に検証する機会が失されたという事実がある。こうした経緯を踏まえれば、利明の経済政策論はあくまでも構想の段階に留まっている点を前提として理解しておくべきである。そのように概括しうる利明の経済政策思想を体系化すれば、以下のような段階的理解となる。

まず、経済政策思想を展開する端緒として『自然治道之弁』〈寛政七年（一七九五）一月成立〉が著され、そこにおいて一八世紀後半の日本国が直面していた「衰微」としての「時勢」を組成する社会経済問題が示される。それは、飢饉や人災に基づく悪循環の連鎖や生産力の偏在性を起因とする全国的傾向としての国内生産力低下と物資需給問題、および、為政者が商人に従属化しているといった見地に基づく国内社会秩序の混乱問題、さらに、日本国内の領域としての認識下にあった北方の五つの島々（北海道、ウルップ島、エトロフ島、クナシリ島、カラフト島）の保全に対する弊害とみなしたロシアの南下情勢に基づく蝦夷地問題、といった三つの問題に大別される。

それらを解決するために必要視されたのが、為政者主導の具体的政策を意味する「治道」であり、「自然治道」と呼称される政策理念に基づいている。この政策理念「自然治道」とは、「衰微」の社会としての「時勢」を〝おのずから〟の現象＝「自然」として捉え、それに為政者主導の「治道」＝政策という刺激を与えることにより、「豊饒」の社会としての「時勢」という新たな〝おのずから〟の現象＝「自然」を生成させるという概念である。この発想は、徳川社会の時代相に対して、為政者の徳治や民間主導の営為の優位性は認めず、あくまでも為政者主導の政策にこそ実効性があるとみなした主張である。

このような性質をもつ政策理念「自然治道」を反映させた具体策を利明は幾つか提起しており、その中でも、とくに重要視された政策が「自然治道の制度」に該当する根幹的「治道」としての「渡海運送交易」政策である。この政策は、国内海上輸送ルートの主要動脈化に基づいた船舶活動を意味する「渡海」や、陸路と河川水路の整備開発に基づきながら結合化された国内の内陸および海上輸送ルートにおける物資輸送を意味する「運送」、さらに、物資移動の過程において発生する物資売買や物々交換を意味する「交易」、といった三つの営為への積極的関与を為政者側に求めたものである。その際、北方の諸島までを含んだ経済圏における国内流通の円滑化が希求されている。

ただし、この「渡海運送交易」政策の実践には国内生産力の増大化や輸送ルートの整備、ならびに物価調整用の貨幣の調達が準備されなければならない。そのために、これら国内インフラの整備に資する政策として、焔硝活用政策案、鉱産資源活用政策案、船舶活用政策案、属島開発政策案の以上四案により組成される「四大急務」政策の導入が要望されている。

この「四大急務」政策が適用された場合の予想図は次のようなものである。まず、属島開発政策案の導入により北方の島々から五穀や鉱産資源が新規の生産力として確保され、また、焔硝活用政策案の適用により整備された国内内陸輸送ルートと海上輸送ルートの結合化を経たうえで全国的な輸送網が構築される。その場合、船舶活用政策案において主張されたように、全国各地の港湾における「交易」の場としての「館」の設置や、新規の航海術を駆使した改良型官船の導入も必要とされる。こうしたインフラ整備により全国規模の新たな流通ルートが出現し、そこにおいて活発な「交易」が展開されることとなるが、それは、過度の物価高や物価安現象、あるいは商品流通経済の進展に伴う貨幣需要の増加といった問題を発生させる要因にもなる。そうしたケースへの対応として、鉱山開発により物価調整用の貨幣を事前に準備する体制を確立すべきという見解が鉱産資源活用政策案により主張されている。

利明は、前記が全備された日本国の経済圏において根幹的「治道」としての「渡海運送交易」政策の実践を求めており、その結果として三つの社会経済問題が解決化されると判断している。その効果を個別的に示せば、次のようになる。

一点目の全国的傾向としての国内生産力低下問題と物資需給問題に対しては、北方の諸島から産出される新規の生産力や供給過多の地域の生産力を需要過多の地域へと移出させることにより解決化が図られるとみなしている。この見通しは円滑化された内陸および海上の物資輸送ルートの活用により成立するものであり、「渡海」や「運送」といった営為の有効性が念頭に置かれている。

二点目の国内社会秩序の混乱問題については、公正性を有するとみなした為政者を「交易」活動へと参画させ、さらに、人件費の削減に基づく為政者側の財政負担を軽減化することにより、商人が過度に富を占有化しているといった状況が改善され、経済的側面から為政者側を主、商人側を従とした旧来の状況へと再編成されることになると展望している。

三点目のロシアの南下情勢に基づく蝦夷地問題に関しては、日本国内の領域とみなした北方の五つの島々の産業開発を進めながら、同地における「交易」を行い、それを既成事実化することによりロシアの侵食が予防され、ひいては国境の画定につながると想定している。

この三つの帰結を実現化するための過程が利明の日本国「豊饒」化構想であり、本質的に『自然治道之弁』において展開された政策案に基づいている。ただし、そのような展望とは裏腹に、日本国は生産力の偏在性を常に考慮しなければならない国家である。こうした特徴を踏まえながら、利明は、日本国「豊饒」化を補完する局地的な経済政策案を提起している。その一つが関東における「貧国」化現象の改善を図った関東「豊饒」化構想であり、いま一つが、産業開発による生産力の増大化を促した備後国「豊饒」化構想である。

『河道』〈寛政一二年（一八〇〇）一一月成立〉において展開された関東「豊饒」化構想は関東の物資充足化に主眼を置いた発想であり、内陸および海上輸送ルートの整備開発や、それにより円滑化された輸送ルートにおける「渡海運送交易」政策の適用を具体的な手段としている。これらの政策案を導入した場合には、官船に積載された全国の諸物資が「那阿港」へと集積し、それが内陸輸送ルートを経由して江戸へと齎され、ひいては関東全域の物資充足化に資するものとしてみなされている。なお、この提起は関東の人々の延命に基づいた生産力の増大化を視野に容れているところから、日本国全体の「豊饒」化への連動が考慮されているといった性質を持ち、また、兵庫ならびに大坂への物資廻漕量の軽減化を図りながら、一方で関東への物資流入量を増加させる方針を適宜とみなしていた点に基づけば、関東「豊饒」化構想は、全国的な物資配分状況における過度の偏在性に対して修正を試みた発案としての側面もある。このような内容を持つ関東「豊饒」化構想は、関東のみに限定化した発案ではなく、生産力の増大化や物流の円滑化に基づきながら物資配分の全国的平準化を要望している点において日本国「豊饒」化を補完する役割を担っているといえる。

いま一つの備後国「豊饒」化構想は八割の山岳地帯と二割の耕地により構成される備後国に着目した政策案であり、『西薇事情』〈寛政七年（一七九五）六月成立〉において展開されたものである。具体的には、商品作物「産業」活性化案に基づきながら備後国から産出される特産物の増産化を誘導し、さらに、それを「渡海運送交易」政策の導入により全国的な流通展開へと連結させ、結果として同国への金銀集積化を図るという内容である。その際、これらの政策案は為政者主導のもとでの実践が求められている。以上の発案は、単に備後国のみの「豊饒」化を目的としているわけではなく、特産物に対する全国的な需要への対応や価格高騰の抑制も考慮されている。その点を踏まえれば、備後国「豊饒」化構想は物資需給の偏在的側面への対処を意図した日本国「豊饒」化構想を補完する役割を担っているといえる。

これらの局地的領域を対象とした発案は、いずれも、当該領域の「豊饒」化に着目したものである。ただし、生産力の増大化や物資配分の平準化、さらに全国的な物資需要への呼応を考慮している点を踏まえれば、『自然治道之弁』で展開された日本国「豊饒」化を実現するに際して、不足する部分を補う性質を持つ構想として理解することができる。この位置づけは、日本国「豊饒」化構想の完成には関東「豊饒」化構想ならびに備後国「豊饒」化構想との併用が不可欠であるとみなした利明の判断として理解できる。

以上の一連の発想を踏まえれば、利明の考えるところの日本国「豊饒」化は国内開発論の適用によるインフラ整備に基づいた国内流通の円滑化ならびに国内生産力の増大化を基調としていると位置づけられる。ただし、このプランが適用外となるケースについても利明は考慮している。それは将来的に過度の人口増加現象が発生した場合に対する処方の提示に明らかであり、『西域物語』〈寛政一〇年（一七九八）八月成立〉ならびに『経世秘策』〈同年一〇月成立〉において展開された対外交易論の適用が解決策として有効であると考えられている。この主張に鑑みれば、利明にとっての対外交易論とは、国内開発論の適用では対処不全をきたすケースの将来的な予測に基づく提言として理解しうる。なお、この発想は『交易論』〈享和元年（一八〇一）七月成立〉や『経済放言』〈享和元年（一八〇一）八月以降成立〉の主張へと発展的に継承されてゆく。

ただし、対外交易論が紹介された『西域物語』、『経世秘策』、『交易論』、『経済放言』の全てにおいて、根幹的「治道」である「渡海運送交易」政策や「四大急務」政策の導入を推奨する方針が堅持され、『自然治道之弁』において提起された国内開発論の適用を富国の根源とする見解が本質的に維持されている点を踏まえれば、現実的対応である国内開発論の適用を基軸としながら、その展開の先にある将来的な人口増加傾向の可能性を考慮し、いずれは、日本国の国際化へと連動する対外交易論の適用が必要になると予見したうえでの段階的な政策導入プロセスの提示としての理解が適切である。

このように体系化しうる利明の発想には幾つかの特徴的要素があり、それは利明の経済政策思想の特質に相当する。その一つは、「治道」に含まれる「渡海運送交易」政策などの諸政策の実践を為政者に全面的に委任しているといった点である。それは、産業開発の振興や輸送ルートの整備、さらには物流や貨幣の管理といった営為への関与を為政者に求めながら「豊饒」化を図るとした方針に顕著である。ここには、民間の自由な活動が「豊饒」化の進展に資するという考えはない。したがって、為政者の統制下に置かれる政策を至上のものとしながら日本国「豊饒」化を求めている点が思想的特質の一つである。

二つ目は、利明が提起した諸政策の内容は、総じて大枠としての提示の段階に留まっているという点である。たとえば、利明の政策案には役職および組織の提示や具体的な労務内容が示されておらず、また、「豊饒」化の過程において、民間の営為をどのように調整し、誘導してゆくのかについても詳述されていない。この点を踏まえれば、経済政策としては抽象論的な傾向が強く、為政者を含む全ての人々の有機的な役割に関する深慮が欠如しているといえる。このように評価すべき特徴も思想的特質の一つである。

三つ目は、経済政策を進展させるための知識に関する特徴である。利明の政策案においては、整備開発事業の推進のために火薬の活用が推奨され、円滑な海上輸送体制の確立のために合理的な知識の応用による新規の航海術の導入が要望されている。これらの起案に鑑みれば、科学技術の応用化による改革を適宜とみなしていた点も思想的特質として認めることができる。

四つ目は、利明の時代相に対する認識に関するものである。利明は天明飢饉時の死者数を二〇〇万人と推算するだけでなく、江戸の人口を二二五〇万人と記し、また、当時としては枯渇化傾向にあった国内鉱産資源の増産化案や北方の諸島における生産力の増大化案といった非現実的な起案を主張しており、数値的理解や実態把握の面において不正確な認識が散見される。これらは当時の統計的水準の掌握状況を念頭に置けば無理もないところではあるが、実態と乖離した認知に基づきながら自身の提言を醸成している傾向があるという点も思想的特質として指摘しうる。

以上のように纏められる総括が、国内開発論の意義を踏まえながらの経済政策思想の体系的理解の提示ならびに思想的特質の指摘であり、本書第Ⅰ部において設定した課題に対する解答である。

補論1　対外交易論の展開に関する付言

『自然治道之弁』において展開された根幹的「治道」としての「渡海運送交易」政策は、あくまでも、寛政七年（一七九五）段階に提起されたものである。この場合、同政策は国内の産業開発による生産力の増大化や、国内の輸送ルート開発による国内流通の円滑化に主眼が置かれ、対外交易論の適用を要望したものではないという特徴がある。その一方で、『自然治道之弁』成立以後の経済政策論説である『西域物語』〈寛政一〇年（一七九八）八月成立〉や『経世秘策』〈同年一〇月成立〉の文中においては対外交易論についての見解が寄せられているという事実がある。補論1においては、この対外交易論が「渡海運送交易」政策とどのような関わりをみせているのか、さらに同論の内容がどのような構想へと展開されていくのか点についての概略的な理解を提示し、ひいては、第Ⅱ部において本格的に検討されることとなる対外交易論の理解への一助としたい。[1]

まず、『西域物語』に記された対外交易論は、『自然治道之弁』で主張された「渡海運送交易」政策との関連下において示されている。それは、

「峠道に手戻り多く、或は橋なくて眼前にむだ道巡り日々を費し、或は海遠く塩の乏き抔にて困苦する故、便利手段を知れども力の及難きを助け、或は其所に盈る産物を価高く買取、又欠ある産物を運送し、価安く交易するを撫育と云て、国君の天職に係て、是非共にせでは叶ぬ国務也。（中略）然者撫育の道、渡海運送交易にありて、外に良法なき事明か也。小に取ば我国内、大に取ば外国迄に係る、是国に益を生る密策なり。名づけて自然の治法と言」[2]

という記載に顕著である。ここでは、「渡海運送交易」政策が『自然治道之弁』でいうところの「自然治道の制度」と

同義な「自然の治法」として記されており、政策理念「自然治道」が具体策へと反映されているといった既述の指摘があらためて証される。この引用から抽出しうる特徴は、「峠道」や「橋」、そして「海」の利用状況の描写に基づけば、物流の停滞という問題を解決するために「渡海」、「運送、「交易」といった営為への積極的関与を「国君の天職」もしくは「国務」として強調しながら、為政者に求めている点であり、それは『自然治道之弁』において展開された内容と同義である。

ただし、この引用に示された「渡海運送交易」政策にはこれまでの位置づけとは異なる特性が補足されている。それは、「小に取ば我国内、大に取ば外国迄に係る」という記載に顕著であり、同政策は「国内」のみを適用範囲とするものではなく、「外国」を相手とした対外交易においても応用しうるという見解が主張されている。この国内市場と国際市場の双方において「渡海運送交易」政策を適用しうるとみなした判断から、同政策自体は広汎性を有しているといった点を指摘しうる。

このように「渡海運送交易」政策の応用である対外交易論について、利明は段階的な論理を提示しながら具体的な処方を紹介している。それは、まず、

「只其国より産る所の物を用て、其国を養んとすれば常に足らず[3]」

という記載から始まる。これは「其国より産る所の物」に相当する国内から産出される物資の総量では万民の需要を永続的に充足化させることは不可能であり、「常に足らず」といったケースへの対応を考慮しなければならないとした指摘である。その場合に、

「他の力を入れずしては、大業の成就する事は決てなし[4]」

という主張がつづけられ、「他の力」に相当する国外の領域から産出される諸物資を国内需要の充足化のために補塡す

べしとした見解へと連綿する。

こうした論理を提示しながら、利明は具体的な考えを次のように述べている。それは、

「万国の力を抜取には、交易を用て抜取の外なし。交易は海洋渉渡するにあり。海洋渉渡は天文地理にあり、天文地理は算数にあり。是則国家を興すの大端也[5]」

というものである。この意見は、自国内の生産力が「常に足らず」という状況の発生時に「他の力」と同義の「万国の力」に依存し、それを「抜取」るための段取りを提示したものである。具体的には、国内需要が国内の生産力のみでは充足化されない場合に、日本国外の生産力である「万国の力」を国内へと移入させなければならず、その際、他国からの物資は、国際市場における対外交易を意味する「交易」を通じて確保されることとなり、諸外国への船舶の派遣が不可欠となる。さらに、この船舶の安全な航行を担保するためには、基礎的素養としての「算数」の知識に基づいた「天文」や「地理」という専門的知識を船員が保持する必要がある、といった内容である。

この考えは対外交易論の適用が必要とされる理由や、同論を導入する場合に不可欠な条件を整理しながら展開したものであるが、かならずしも個性的な見解とはいえず、「渡海」と同義な「海洋渉渡」や「交易」といった営為に着目している点を踏まえれば、『自然治道之弁』において展開された「渡海運送交易」政策を応用した発想として理解することができ、先に示すところの同政策が広汎性を有しているといった指摘があらためて証される。

以上は、『西域物語』に展開された対外交易論についての概略的理解であるが、同様の認識は、『経世秘策』においても示されており、利明は、

「日本は海国なれば、渡海運送交易は、固より国君の天職最第一の国務なれば、万国へ船舶を遣りて、国用の要用たる産物、及び金銀銅を抜き取て日本へ入れ、国力を厚くすべきは海国具足の仕方なり[6]」

と記している。これは遠洋航海に基づいた対外交易を意味する「万国へ船舶を遣りて」という方法を導入すれば、日本国内に外国産の「産物」や「金銀銅」が補填されることとなり、ひいては国内需要の充足化へと繋がるとみなした見解であるが、このように展開しうる「渡海運送交易」政策の応用を「国君の天職」というように為政者主導の国家的プロジェクトに位置させていることを考慮すれば、「渡海運送交易」政策が『西域物語』の記載と同様に広汎性を有しているといった点を指摘しうるのみならず、同政策が根幹的「治道」として認識されていたという特徴についても同じく証される。

このように、「渡海運送交易」政策の応用として理解しうる対外交易論に関する考えを提示しながら、利明は、同論の導入以後の理想的展開についても言及している。それは、

「末世柔弱を、豊饒剛強に立戻し、古へ武国の高名たる大日本国を再興し、追々開業、大成就して、東蝦夷の内に都府を建、中央に江戸の都、南都は今の大坂の城と定め、三ヶ所に巡周あつて、御政務あるに於ては、世界最第一の大豊饒大剛強の邦国とならんことは慥なり(7)」

というものである。この『経世秘策』に記された壮大な描写は、対外交易論を適用し、国内需要が充足化された後の新たな日本国の提示として捉えることができ、日本の北方に内包される「東蝦夷」に創設された新都と江戸ならびに大坂を含めた三ヶ所を要地として指定したうえで、それぞれに持ち回りにより政務を担当させるといったアイデアに基づきながら形成される国家像は、当時の日本における伝統的な国家的枠組みから大転換した壮大な理想としてみなすことができる。なお、ここでいうところの「東蝦夷の内」とは、『西域物語』における「日本国の国号をカムサスカの土地に移し、古日本と国号を改革し(8)」という記載を考慮すれば、カムチャッカ半島に該当すると推定され、同地に「古日本」という新たな呼称を定める方針が要望されていることがわかる。

場所がかならずしも一致しないものの、この「東蝦夷の内」もしくは「カムサスカの土地」に該当する「古日本」のさらなる展開については、

「東方は東洋にて夥敷島々也。幸太夫が漂着せしアミシイツカ（筆者注――アリューシャン列島）も此中也。東はノールトアメリカ（筆者注――北アメリカ）に至る。西方は内海を一万町斗り隔て、ヲホツカ（筆者注――オホーツク）より段々と南方へ地続、満洲・山丹（筆者注――沿海州）・唐太（筆者注――樺太島）・サカリイン島あり。南方は正面の前に向て、東蝦夷の内二十二島（筆者注――千島列島）、松前島（筆者注――北海道）、日本国、琉球国、其外周廻の小島共、皆是古日本カムサスカに属し従ふべき自然具足の島々共也」[9]

と詳述しているように、アリューシャン列島、北アメリカ、オホーツク、満州、沿海州、樺太島、千島列島、北海道、日本国、琉球王国、その他島々といった広域に及ぶ範囲を管轄することになると主張されている。この見解は、『自然治道之弁』において触れられた、千島列島などのグレーゾーンに該当する領域も含めたうえでの、日本国の支配領域の拡張化とそれに伴う経済圏の広域化を理想とした考えであり、この国際社会における新たな日本国のあり方を内包する構想を実現化するための一助としての役割を対外交易論の適用は担っているといえる[10]。

註

（1）対外交易論についての本格的な検討については、第Ⅱ部において展開する。

（2）『西域物語』『大系』、一〇三～一〇四頁。『西域物語』の引用については『大系』翻刻版の掲載頁を記した。以下、〈『西域物語』『大系』、～頁〉と略記する。なお、東北大学附属図書館蔵狩野文庫蔵の写本『西域物語』〈原本請求記号：1-25098-3／マイクロフィルムリール№：AED-004〉を適宜参照した。

（3）『西域物語』『大系』、一五九頁。

（4）『西域物語』『大系』、一六〇頁。
（5）『西域物語』『大系』、一六〇頁。塚谷晃弘氏が提起した「自然治道の経世論を、その主著によってみる時、その論理はつねに、次のような過程をとる。万民増殖のためには、国産の増殖が必要、だが、国産には際限があり、国民には際限がない。そこで、この国用不足を補うためには、他国より力を抜きとること、金銀を取り込むことが必要、そのためには交易が必要、交易は海国日本にあってはなによりも海洋渉渡が必須条件、この海洋渉渡には、針路方位を明白にする天文・地理学が必要、天文地理には算数が必要。この論理は、その主著の諸所にくり返し出現する循環主題でもある」〈塚谷晃弘「解説　本多利明」『大系』、四五六頁〉という利明の経済政策思想の体系化に関連する見解は、本引用に依拠しながら纏めたものと推測される。
（6）『経世秘策』「巻下」『大系』、三二頁。『経世秘策』からの引用については塚谷晃弘氏の校注による『大系』所収の翻刻版の掲載頁を記載した。以下、〈『経世秘策』「巻上・巻下・補遺・後編」『大系』、～頁〉と略記する。なお、東北大学附属図書館蔵狩野文庫蔵の版本『経世秘策』「巻上」・「巻下」（原本請求記号：6‐18714‐2／マイクロフィルムリール№：FCA‐002）および、「補遺」を含む国立国会図書館蔵の写本『豊饒策』（請求記号：211‐232／マイクロフィルムリール請求記号：YD‐古‐2342）、ならびに『経世秘策』「後編」に相当する国立公文書館蔵の写本『国家豊饒策』（請求番号：182‐0446）を適宜参照した。
（7）『経世秘策』「巻下」『大系』、四二頁。
（8）『西域物語』『大系』、一六〇頁。
（9）『西域物語』『大系』、一六二頁。なお、「サカリイン島」は実在しない島であり、利明を含め同時代人は唐太島（樺太島・サハリン島）とは別個にそのような島が存在するという認識下にあった。なお、利明の記すところの「古日本カムサスカ」の具体像については、さらなる探究がもとめられる。
（10）利明は『西域物語』ならびに『経世秘策』を成立させた後、『交易論』〈享和一年（一八〇一）七月成立〉および『経済放言』〈享和一年（一八〇一）八月以降成立〉を著している。両書は『自然治道之弁』において主張された国内開発論および、『西域物語』ならびに『経世秘策』において展開された対外交易論について触れた経済政策論説である。

補論2　利明の船舶技術論に関する付言

『自然治道之弁』において展開された本多利明の船舶技術論は科学技術に基づいた航海術ならびに船舶が携帯すべき諸道具に依拠しながらの船舶活用の有効性を強調したものであるが、後年に成立した『長器論』[1]〈享和元年（一八〇一）八月成立〉において、その内容はさらに発展的に詳述されている。補論2においては、利明の航海技術論の展開に着目しながら、「渡海運送交易」政策との関連についての私見を補足として提示する。

『長器論』は蝦夷地渡航の帰路に記された著述であり、奥州宮古において成立している。利明を船頭とした幕府官船凌風丸によるこの渡航は、享和元年（一八〇一）年五月八日に安房国柏崎を出帆した後、蝦夷地の根室および忠類を訪問し、同年一〇月九日に江戸品川へ帰帆という行程であり[2]、その内容は『渡海日記』（同年一〇月成立）に記されている（具体的な内容は第八章第一節において詳述する）。このような成立事情を考慮すれば、『長器論』は利明自身の航海に関する実体験が反映されたものとして認められる。

このように航海技術書としての側面を持つ同書であるが、「渡海運送交易」政策について触れた見解も記されている。それは、

「都会の土地に大港ありて、船舶自在に出入して、諸色の運送交易を以て大都会の大人数といふとも、貴賤万民へ行亘り諸色に闕る物なく、永久相続もなるなり、然る道理あるを以、国家の長器は船舶にあるなり[3]」

という記載に顕著である。ここで強調されているのは、「都会」に相当する繁栄の地には「大港」が設置されており、そこに「船舶」が往来し、積載物資である「諸色」を対象とした「運送交易」が行われることにより、「都会」に在住

する「貴賤万民」の物資需要が充たされ、ひいては「永久相続」というように、繁栄の状況が永続化するといった考えである。その際、「国家の長器は船舶にあるなり」と断言されているように、海上輸送に不可欠な「船舶」は宝を意味する「長器」に該当すると指摘されている。このように、海上輸送における船舶の重要性を強調し、なおかつ、積載物資の「運送交易」が都会の繁栄を齎すと示している点を考慮すれば、根幹的「治道」である「渡海運送交易」政策を念頭に置きながら発された主張であると理解することができる。

　ここで注目されるのは、船舶が「長器」とみなされている点であるが、その際、この構造物は海上輸送の利便性を向上させたうえでの船舶でなければならない。そのために必要な航海技術[4]や助力的役割を持つ諸道具について利明は詳述している。それは、従来の航海術に対する批判を通じながら提示されており、

「船舶の海洋を渉渡するに沖乗りといふ事あり、地廻りといふ事あり、当時は沖乗りする者なく、地廻する者のみなり、地廻といふは我見馴たる山々をのみ眼当となし、土地の周廻に附纏ひ渡海するを主とせり、俗にこれを地廻船と云、土地の周廻に附纏ふ事を主とするゆへに、毎次颶に逢て難船破船すること十に五六に及べり[5]」

という記載から展開される。ここでいう「地廻」とは「地廻り」航海術を指し、山や島や岬の角を目視して船の位置を定め、そのうえで方角を把握しながら陸地の見える範囲内を航行する方法である。一方、「沖乗」とは陸地を見ずに航海する「沖乗り」航海術を意味し、推測航法、天文航法の順に発達したものである。なお、推測航法とは、船の針路、走る距離を意味する航程、緯度差、経度差、の以上四つの内二つを知り、他の二つを求める計算法が主となるもので、天文航法とは天体を観測して緯度と経度を求める方法である[6]。なぜ、ここで「地廻り」航海法が批判視されたのかというと、「土地の周廻に附纏ふ事」というように、常に陸地の近辺を航行するために、「毎次颶に逢て」というように暴風雨である「颶」が発生すれば、船舶の陸地への衝突や、方位を失った挙げ句の漂流といった海難事故へと繋がる可能性

が高いからである。

さらに、利明の「地廻り」航海法に関する見解はつづき、

「途方を失ひ心魂迷倒し、狂気の如くなりて彼の是のと悩み煩ふといへども、方位を得べき様もなし、日和を得る事ありといへども、方位しれ難ければ只漂流するのみなり、外にせん方なさの余より、髪を切て仏神に祈誓し、兼て貯置たる十二支の方位を書記せし紙を取出し、是をまるめて十二の丸となし、一升枡に入て蓋を設、其蓋に小なる一穴を穿ち、(中略)内なる十二支の丸蓋の小穴より躍り揚るを、随嬉の泪にくれながら押戴き、仏神より御授の方位なりとて、是に針路を求れば大に相違し[7]」

という事例を提示している。これは、「途方を失ひ」というように漂流下に自船の所在地を見失った場合、船員が頼りとしたのが「髪を切て仏神に祈誓」というように神や仏への祈願を行い、さらに、十二の方向を意味する「十二支の方位を書記せし紙」を「一升枡」の中に入れて、そこから「小穴より躍り揚る」といった手法により取り出した一つの紙から進路を導き出すといった風習を紹介したものである。ここには、神仏の導きに頼り、籤引きから示唆される方位を盲信する船員たちの非合理な対応が示されている。当時は海上危難に遭遇すると、乗組員一同が髪を切って神仏に救助を祈るのが一般的慣習であり、祈誓を込めたうえでの神仏からの御告を頼りとするという考えが常識的であった[8]。この事例において紹介された船員の航海に対する迷信的な態度について利明は「只々神力仏力の加護にあらざれば、無事渡海はなりがたしと云て凝り塊り、種々の余味事挙て算ひがたし[9]」という見解を補足している。これは、神仏の加護や導きを意味する「神力仏力の加護」がなければ、安全な航海としての「無事渡海」を行いえないといった思い込みが「種々の余味事挙て算ひがたし」と船員たちに多く見受けられる点を慨嘆したものである。このような「地乗り」航海術に関する旧来からの行動様式に対して利明は

「渡海に矩則あつて自在に渡海のなる事を、斯暗渡するといふは、口惜といふも猶余あり(10)」

と記し、知識や法則によりながら距離を測る「矩則」に基づいた「沖乗り」航海術を対照化しながら、「暗渡」に相当する「地乗り」航海術や旧来からの船員達の態度を糾弾している。

以上のように批判的見解を示したうえで提起されるのが「沖乗り」航海術であり、利明はそれについて、

「土地を離れ遠沖を渡海するに於は、年中颶に遇事もなく、無難渡海するなり、此故に沖乗すれば怪我するといふ事なし(11)」

と記している。利明の理解によれば、颶は陸地近辺に発生するものであり、それを回避するために「遠沖を渡海」というように、遠洋を航路としながら航海を行えば、颶に遭うこともなく、「沖乗すれば怪我するといふ事なし」と船舶損失の予防に繋がるとみなされている。それを実現するために要望されたのが、

「其土地を発船するより直に遠沖へ艫出し、大洋の颶風なき境に到り、爰に於て方位を案じ、欲るの土地へ渡海するの針路を求め、至て慥にして渡海するなり(12)」

として詳述された「沖乗り」航海術の導入であり、遠洋である「遠沖」を船舶の航路としたうえで、そこにおいて「方位」によりながら船舶の位置を確認し、なおかつ、目的地への「針路」を測りながらの航行が「慥に」と強調するように、安全かつ確実な海上輸送を具現化しうるものとして考えられている。このように、利便性の高い航海術としてみなされた「沖乗り」航海術と対比させる意味合いのもとで、従来から活用されてきた「地乗り」航海術と船員の非合理的な考えが糾弾対象化されており、推測航法や天文航法に基づきながら遠洋に海上輸送経路を求める「沖乗り」航海術の優位性を強調しようとする利明の意図が窺われる。このように紹介された「沖乗り」航海術は「四大急務」政策の船舶活用政策案において推奨された方法と同一であり、『自然治道之弁』において既述された「沖乗り」航海術に関する見

解は『長器論』の成立時においても不変であったといえる。
利明の航海技術に関する見解は「沖乗り」航海術についてのみならず、船舶が携帯すべき諸道具についても及んでいる。それは

「一　針盤　三十二方位の磁石なり　凡六面　[昼三面夜三面取替え々々是を用る、不休は不利故なり
一　象限儀　蛮名オグダント　凡二挺　[日景及大星の光線を測るに是を用る、両人にて是を測る故なり
一　秒測土圭　凡二掛　[時刻の経歴を測るに是を用るなり
右三器は渡海最第一の長器なり[13]」

あるいは、

「一　天球　一基　衆星を画たる物なり
一　地球　一基　万国の所在を画たる物なり
一　大測表　五冊　蛮書を翻訳せし書なり[14]」

さらに、「七向表[15]」および「垂球、垂綱、ゼエガルタ、望遠鏡、螺貝、銃、町見道具、半鐘[16]」というように記されており、「セイカルタシカットカアメルヲクタント里程綱沙漏時計の類[17]」と記した『自然治道之弁』成立時よりも道具の数が増加しているといった特徴をまずは指摘しうる。

前記の諸道具の中でも、水平角を観測するために三十二の方位を記した「針盤」と、緯度を算出するために星の高度を測る器具であり、オグダントと呼称される「象限儀」、さらに、時刻を知るための「秒測土圭」の三点について、利明は「渡海最第一の長器なり」と強調しており、「沖乗り」航海術の活用による遠洋航行時の必需品としての理解が認められる。また、これらの道具に加えて、地球から見た天体を表記した球面である「天球」や、地球儀を意味する「地

球」、そして洋書を翻訳した航海術の書である「大測表[18]」、さらに、緯差や経差を度ならびに分の単位で一覧化した表である「七向表[19]」や、海底探索用の鉛の玉である「垂球」、帆を張るための「垂綱」、海上にある港や岬の経緯度を記した絵図である[20]「ゼエガルタ」、その他に、望遠鏡、町見道具、螺貝、半鐘、銃なども携帯すべき道具としてみなされている。

利明が船舶の航行に際して、これら諸道具の携帯を求めたのは、「沖乗り」航海術の実行において、科学的根拠に基づきながらの方位や針路の測定が、安全かつ確実な航行を可能とすると判断していたからである。この考えは、科学技術を「渡海」という営為に応用している点からすると、源了圓氏が指摘した「実証性と合理性に裏付けられた実際生活に役立つ有用な学問としての意味合いを持つ」実学[21]的な発想に該当するといえる。

以上のように、船舶、航海術、諸道具をそれぞれ「長器」としてみなしながら、利明はそれを扱う人間についても、「器物は器量の人物あつて用をなし、器量の人物なければ何の用にも立ず、然る所以を観ば、国家の長宝は人物にあつて他にある事なし[22]」

といった見解を示している。ここで着目されるのは、科学技術の反映である道具としての「器物」は、それを使いこなす人間である「器量の人物」により使用されなければ、「何の用にも立ず」とされるように無価値なものであるとした指摘である。この考えを踏まえれば、科学技術を有効に活用化しうる「人物」も「長宝」、換言すれば「長器」としての評価が与えられるとみなしていた、という理解へと到達する。

最後に、『長器論』に展開された利明の航海技術論について纏めれば、「地乗り」航海術から「沖乗り」航海術への転換と、「針盤」、「象限儀」、「秒測土圭」に代表される科学技術に基づく諸道具の船舶への携帯を促すのみならず、航海に関わる人々が科学技術への理解を深め、非合理的な迷信や風習から脱却した思考による船舶活動を要望したものとして位置づけられる。また、科学的知識に裏づけられた航海技術に基づきながら根幹的「治道」としての「渡海運送交易」政策の展開を要望していた点を踏まえれば、『自然治道之弁』において展開された内容からの大きな転換は認められず、「四大急務」政策の中の船舶活用政策案の内容を敷衍しながら詳述したものといった理解が適切である。

註

(1)『長器論』の引用については『集』所収の翻刻版の掲載頁を記した。以下引用に際し、〈『長器論』『集』、〜頁〉と略記する。なお、刈谷市中央図書館村上文庫蔵の自筆本『長器論』〈原本請求記号：W5342／マイクロフィルム請求記号：A433〉ならびに、東北大学附属図書館蔵狩野文庫蔵の写本『長器論』〈原本請求記号：6-19367-1／マイクロフィルムリール№：FDL-001〉を適宜参照した。

(2) 利明の『渡海日記』による。『渡海日記』の引用については『集』所収の翻刻版の掲載頁を記す。以下引用に際し、〈『渡海日記』『集』、〜頁〉と略記する。なお、東北大学附属図書館狩野文庫蔵の自筆本『渡海日記』〈原本請求記号№：3-27619-1／マイクロフィルムリール№：CGP-011〉を適宜参照した。

(3)『長器論』『集』、二一〇頁。

(4) 利明の航海技術論に関する先行研究として、飯田嘉郎「『渡海新法』における航海学」『海事史研究』第二八号（一九七七年）、石井謙治「本多利明の東蝦夷航海」『ものと人間の文化史　和船Ⅰ』（法政大学出版局、一九九五年）、矢嶋道文「本多利明の富国思想――「堀割・沖乗」技術論〜カムサスカ開発論へ――」『近世日本の「重商主義」思想研究――貿易思想と農政――』（御茶の水書房、二〇〇三年）が挙げられる。

(5)『長器論』『集』、二一一頁。

(6) 飯田嘉郎「『渡海新法』における航海学」『海事史研究』第二八号（一九七七年）、一一九〜一二一頁。

(7)『長器論』『集』、二一一〜二一二頁。

(8) 金指正三『日本海事慣習史』（吉川弘文館、一九六七年）、三二五〜三三〇頁。なお、同氏は、「髪を切ることは仏門に入る予定あるいは計画ということであり、世を捨てる、俗念を去るというところから、誠意・専心をあらわす証とされ、廻船乗組員が危難に際し、神仏に加護を求めるのに髪を切ったのは、この誠意・専心を示す意味であろう」（同書、三三〇頁）、という見解を示している。

(9)『長器論』『集』、二一三頁。
(10)『長器論』『集』、二一三頁。
(11)『長器論』『集』、二一一頁。
(12)『長器論』『集』、二一四頁。資料上の「颿」は〝帆〟の意である。
(13)『長器論』『集』、二一五頁。
(14)『長器論』『集』、二一五頁。
(15)『長器論』『集』、二一四頁。
(16)『長器論』『集』、二一六頁。
(17)『自然治道之弁』一二丁表～同裏〈『集』、未翻刻〉。なお、「セイカルタ」、「シカットカアメル」、「ヲクタント」、「里程綱」、「沙漏時計」については、第三章第一節の「船舶活用政策案」の項において既述してある。
(18)利明は「蛮書を翻訳せし書」と「大測表」について記しているが、この点について、大矢真一氏は「オランダの航海書から三角函数表、対数表などを訳出して『大測表』と名づけている」〈大矢真一「会田安明の阿蘭陀算法」『蘭学資料研究会研究報告』第九〇号（一九六一年）、七頁〉と指摘している。なお、『大測表』という表題名については「漢訳西洋暦算書の影響結果であろう」〈小林龍彦「本多利明の三角法と漢訳西洋暦算書との関係について」『科学史研究』第Ⅱ期第三一巻第一八四号（一九九二年）、二〇七頁〉という指摘がある。利明は『長器論』の文中において参考とした書名を挙げていないが、これとの関連として、小林氏による「本多利明が残した研究物を吟味するとき、その内容は彼の独創性に基づくのではなく、ひたすら漢訳西洋暦算書とくに『暦象考成』を頼りにしていることは注目しなければならない」（同論文、二〇七頁）という見解は示唆に富むものであり、『暦象考成』の『上下編』ならびに『後編』それぞれとの関係性を問う必要がある。
(19)飯田嘉郎氏は「利明の門弟坂部広胖の『海路安心録』（一八一六年成立）における「七向表」のような配列かもしれない」〈飯田嘉郎「『渡海新法』における航海学」『海事史研究』二八号（一九七七年）、一九頁〉と推測している。さらに、同氏は「七向表」に着目しながら利明の航海技術知識の誤謬や未消化性も指摘している。なお、坂部広胖の「七向表」は七方向に分けた「方向表」であり、これを含む『海路安心録』は住田正一編『復刻版　海事史料叢書　六巻』（成山堂書店、一九六九年）および三枝博音編『復刻　日本科学古典全書　七巻』（朝日新聞社、一九七八年）に所収されている。

(20)塚谷晃弘「頭注」『大系』、一一四頁。
(21)源了圓『実学思想の系譜』(講談社、一九八六年)四一～四二頁。
(22)『長器論』『集』、二一六頁。

第Ⅱ部　近世日本の国際化構想としての本多利明の対外交易論

——『西域物語』・『経世秘策』・『交易論』・『経済放言』の分析を中心として——

はじめに

1　第Ⅱ部の課題

筆者は「第Ⅰ部の総括」として、

「利明の考えるところの日本国「豊饒」化は国内開発論の適用によるインフラ整備に基づいた国内流通の円滑化ならびに国内生産力の増大化を基調としていると位置づけられる。ただし、このプランが適用外となるケースについても利明は考慮している。それは将来的に過度の人口増加現象が発生した場合に対する処方の提示に明らかであり、『西域物語』〈寛政一〇年（一七九八）八月成立〉ならびに『経世秘策』〈同年一〇月成立〉において展開された対外交易論の適用が解決策として有効であると考えられている。この主張に鑑みれば、利明にとっての対外交易論とは、国内開発論の適用では対処不全をきたすケースの将来的な予測に基づく提言として理解しうる。なお、この発想は『交易論』〈享和元年（一八〇一）七月成立〉や『経済放言』〈享和元年（一八〇一）八月以降成立〉の主張へと発展的に継承されてゆく」

という見解を提起した。この位置づけは、利明の経済政策論の嚆矢に該当する主著『自然治道之弁』〈寛政七年（一七九五）一月成立〉の全文章中において、遠洋航海を手段としながらの諸外国との交易を念頭に置いた対外交易論は一切言及されておらず、そうした特徴は経済政策論説『河道』〈寛政一二年（一八〇〇）一一月成立〉および『西薇事情』〈寛政七年（一七九五）六月成立〉においても同様であるという事実と、『西域物語』〈寛政一〇年（一七九八）八月成立〉、『経世秘策』〈同年一〇月成立〉、『交易論』〈享和元年（一八〇一）七月成立〉、『経済放言』〈享和元年（一八〇一）

八月以降成立〉においては、日本の国際化へと連動する対外交易論が展開されている、という対照的な事実の発見から到達したものである。

ただし、第Ⅰ部の成果を顧みた場合に、若干の課題が残されていることを認めなければならない。それは利明の経済政策思想における対外交易論の意義に関する問題である。筆者は第Ⅰ部において、可能性として人口増加現象が発生し、将来的に国内開発では対処不全となるケースを予見したうえでの提言に対外交易論が位置している、といった見解を見通しとして示したが、それは、やや簡略的な整理[1]であった点を自覚している。その場合、利明の特質的見解として着目されつづけてきた対外交易論についてのさらなる精微な検討を通じたうえでの、同論そのものの意義を体系的に位置づける、という命題との対峙があらためて必要とされる。

したがって、第Ⅱ部においては、以上の残された重要課題に対する解答を提示する。その場合に、筆者が意図するところは、国内開発論と対外交易論の相関関係のさらなる明瞭化のみならず、経済政策思想の体系的理解の水準を正確性の面において格段に高めることにある。

こうした目的に達するためには次なる特徴に着目しなければならない。それは、対外交易論が展開された『西域物語』・『経世秘策』・『交易論』・『経済放言』といった経済政策論説は、〈1〉『西域物語』ならびに『経世秘策』のように一七九八年段階に成立した著述と、〈2〉『交易論』ならびに『経済放言』といった一八〇一年段階に著されたものとに弁別しうる点である。このような成立年代の相違から、筆者は〈1〉ならびに〈2〉に一貫化された見解や、〈1〉から〈2〉の時期における論調の変化を、それぞれ指摘しうるのではないかという仮説を立てた。

そうした初発の推定を考慮すれば、前記の四書に展開された対外交易論の意義を個別的に明らかにしたうえで、〈1〉および〈2〉における論調の変化を時系列的に整理し、さらに、成立年代の比較を念頭に置いたうえで、対外交易論そのものの体系化を図る、といった研究方針が適切である。その場合に、日本の国際化へと連動する対外交易論を適用すべき〝時期〟についてどのように考えていたのか、あるいは、どのような政策との連動を考慮していたのか、という問題についても検討を加えなければならない。

以上の一連の分析を踏まえながら、段階的な政策導入プロセスにおける対外交易論の役割の明瞭化を第Ⅱ部の主要課題として設定する。この設問に対する解答は、国内開発論と日本の国際化へと連動する対外交易論の相関関係を時系列的な視点から位置づけることへと繋がるものである。さらに先取的な言い方をすれば、本書の最後に配置される「結論 本多利明の経済政策思想の総合的位置づけ」において提示される、完成形としての本多利明の経済政策思想の体系化に資する役割を第Ⅰ部の成果と同様に担うこととなる。(2)

2 分析の手順

第Ⅱ部では、先述した課題への呼応を図るために、以下の手順により検証作業を進めてゆく。

第六章では、一七九八年段階の論説である『西域物語』〈寛政一〇年(一七九八)八月成立〉に展開された対外交易論についての分析を行う。その場合、利明が現実問題として捉えた事象とその対応策、予測に基づきながら提示された将来的問題とその対応策を順次に明らかにし、それぞれの時節と対外交易論の関連性を指摘したうえで、同書における同論の意義を位置づける。

第七章では、一七九八年段階の論説に該当する『経世秘策』〈寛政一〇年(一七九八)一〇月成立〉における対外交易論について検討を加え、前章同様の分析手法を踏襲し、同書における同論の意義を指摘する。

以上の第六・第七章は、「1 第Ⅱ部の課題」において既述したように、〈1〉一七九八年段階の著述に展開された対外交易論についての考察となり、以降の第八・第九章において分析対象となる〈2〉一八〇一年段階の著述との相違点を後に明瞭化させる役割を担うこととなる。

第八章では、一八〇一年段階の論説である『交易論』〈享和元年（一八〇一）七月成立〉を分析対象とする。その場合、対外交易論が現実問題への対応策である点を指摘したうえで、同書に展開された同論の意義を位置づける。

第九章では、『交易論』と同時期に著されたとみなしうる『経済放言』〈享和元年（一八〇一）八月以降成立〉についての考察を行う。その際、前章と同様の分析視角に基づきながら、現実政策へと転化した対外交易論の意義を指摘する。

以上の第六～第九章における検討は、〈1〉『西域物語』ならびに『経世秘策』、〈2〉『交易論』ならびに『経済放言』の個別的分析であるのとともに、〈1〉と〈2〉の成立段階に基づきながらの比較的考察を準備する役割を担い、各時期における対外交易論の特質の明瞭化に資することとなる。

最後に〝おわりに　第Ⅱ部の総括〟として、第Ⅱ部の各章による検討結果を纏め、国内開発論と日本の国際化へと連動する対外交易論の相関関係を時系列的に整理したうえで、段階的な政策導入プロセスにおける同論の意義を明示し、経済政策思想の体系的理解の深化を図る。

註

（1）対外交易論に関する簡略化された整理は第Ⅰ部「第三章第四節」において提示してある。

（2）なお、第Ⅱ部において、第Ⅰ部と重複する引用文および参考文献が散見されることとなるが、論旨の展開を考慮した場合に必要であると判断したものについては意図的に再出させた。したがって、文章の簡潔化を最優先とし、重複を極力避けるといった研究方針は採択しない。

第六章　『西域物語』における対外交易論

『西域物語』〈寛政一〇年（一七九八年）八月成立[1]〉は、日本国内の社会経済問題を指摘しながら、それに対する解決策の提示を主旨とした書物であり、諸政策案との関連として西洋の事例が紹介されているという特色がある。具体的には、日本の国内人口と国内生産力の相関関係に注視したうえで、どのような政策により物資需給調整を行うべきかという見解が提示されており、その論旨の展開において対外交易論についても触れられている。その場合、利明にとっての〝今〟に該当する現実的な局面に対する政策案の提起に終始しているわけではなく、将来の予測に基づきながらの〝未来〟を見越した見解も提示されている。この点を考慮すれば、本章における具体的な分析手順は次の通りとなる。まず、利明の現実認識とそれへの対応策の関係、さらに、予測された将来的問題とそれへの対応策の関係について順次に検討を加え、それらを踏まえながら〝今〟および〝未来〟それぞれにおける社会観と対外交易論との関係性を明らかにし、最終的には一七九八年段階の主著の一つに該当する『西域物語』に展開された対外交易論の意義を指摘する。

第一節　『西域物語』における対外交易論の意味

『西域物語』に展開された対外交易論についての分析を進めてゆくのに際して、同論がどのような意味合いをもちながら記されているのかについてを紹介しておきたい。

既出の塚谷研究において現代語訳された箇所とも重複するが、利明の対外交易論を知るうえで、幾度となく紹介されてきた引用は次の箇所である。

「自国の力を以、自国の養育をせんとすれば常不足、強てせんとすれば国民疲れて、廃業の国民出来して大業を破るに至る。爰を以、他国の力を容れずしては、何一ツ成就する事なし。多国の力を容んは、海洋を渉渡せざれば、他国へ至る事難し。海洋を渉渡するには、天文地理渉渡の法に暗くては、海洋を渉渡する事ならず。故に西洋の風俗人情の事を具々も述たる也(2)」

これは、人口増加という現象を考慮した場合に、「自国の力」に該当する国内の生産力では物資需要に呼応しえない点に着目したものであり、日本国内のみを経済圏とした自給自足体制の限界性を指摘しながら、諸外国の生産力を意味する「他国の力」に依拠した物資補塡が有効であると主張されている。その場合に、国外からの物資を確保するためには「海洋を渉渡」というように船舶活用による海運が重要視され、「他国へ至る」ことを目的とした積極的な対外交易活動の有益性が示されている。さらに、海上航行における利便性や安全性の確保に資する技能として、天文学や地理学、そして航海術を意味する「天文地理渉渡の法」の習得が必須の知識として紹介されている。

この論理は対外交易論の実践化に際して不可欠な要素を順序立てながら示したものであるが、それとの関連として、利明は重要な経済的な営為である「交易」について詳述しており、それは、

「其所に盈る産物を価高く買取、又欠ある産物を運送し、価安く交易するを撫育と云て、国君の天職に係て、是非共にせでは叶ぬ国務也。(中略)然者撫育の道、渡海運送交易にありて、外に良法なき事明か也。小に取ば我国内、大に取ば外国迄に係る、是国に益を生る密策なり(3)」

という記載に顕著である。ここでは、為政者側が生産地から余剰分の物資を調達したうえで、物資不足の地域へと「運送」し「価安く交易する」というように、安値で物資を提供するという方法が適宜であると主張されている。そのため

に必要な方針が「渡海」による「運送」を最適な手段とした「交易」活動の推奨であり、さかのぼること『自然治道之弁』において既に起案化されている「渡海運送交易」政策、すなわち、国内流通の円滑化や国内生産力の増大化に基づきながらの日本国「豊饒」化を実現するうえで基軸に定置された発想を援用したものである。ただし、先に触れたように、『自然治道之弁』の成立段階においては、この「渡海運送交易」政策は、あくまでも日本国内のみを経済圏とみなした範囲内での適用を要望したものであり、「渡海」、「運送」、「交易」といった経済的営為すべてが関与すべき対象に諸外国は含まれていない。その一方で、『西域物語』においては、「小に取ば我国内、大に取ば外国迄に係る、是国に益を生る密策」と記載され、「渡海運送交易」政策は「外国」との貿易においても適用化しうる性格を持つものとして紹介されている。これは、本来的に国内を対象とする「渡海運送交易」政策の適応範囲が日本国外にまで拡大された場合に、対外交易論としての意味合いが付与されてくるといった特徴を示唆している[4]。

以上から、対外交易論の意味を簡潔に纏めるならば、基本的には、寛政七年（一七九五）段階に成立した『自然治道之弁』において主張された「渡海運送交易」政策を援用しながらも、国内のみへの適応に特化したものではなく、日本を含む国際社会全体の経済圏においても応用化しうるとした、いわば、広汎性を持つ政策であり、人口増加が齎す物資需要の増大化傾向への呼応を図りうるとみなされた手段として把握しうる。ただし、この位置づけは、物資の供給源を国内と国外の双方に求めながら「渡海運送交易」政策と「四大急務」政策を展開すれば、国内需要の充足化という目的は達せられるという単純な理解に陥りやすい。このような回りくどい指摘を付した理由は、従来からの研究成果が看過してきた、対外交易論を政策として適用すべき〝時期〟について利明はどのように考えていたのか、という問題が残されているからである。

第二節　現実認識とその対応策

1　現実認識に基づく人口減少傾向の把握

前節における指摘のとおり、対外交易論の適用が政策として有効であるとみなされているならば、同論を実際に政策として適用すべき〝時期〟について明らかにしなければならない。

本節では、まず、利明にとっての〝今〟に相当する社会現象に対する認識について分析を進めてゆく。それを知るための引用として、

「二百万人の餓死人有ば、是を以大端をなし、後来の飢饉を救助の慈策たらんと心得させ、是より開業に企べき時節なり[5]」

という記載がある。ここでは、天明飢饉時における二〇〇万人の餓死者数の描写に顕著なように、人口減少の影響下にある社会を現実として捉え、「後来の飢饉」が発生した場合への対処策として、産業開発を意味する「開業」が有効であると主張されている。この見解から、利明にとっての現実は人口減少傾向の世の中として認識[6]されていたという理解となる。しかし、実際は、「全国の人口数は寛政四年段階では二四、八九一、四四一人であり、寛政一〇年では二五、四七一、〇三三人[7]」という数値的データに明らかなように、当時の社会は既に人口増加傾向へと転化しており、統計に基づくかぎり、利明の認識は実態と乖離している。この点については、数値的データに関する入手経路の脆弱性から、利明自身が正確性を欠いた情報に依拠せざるをえなかったという時代的な制約を考慮すべきである。

このように、実際との距離はあるものの、利明にとっての現実は人口減少傾向の社会として判断されている。この認識下に、利明は

「租税を強く取て、其国の国務に達んとすれば、国民疲て立難く、是を厭ずに非道すれば、次第に国民損亡して、田畑山川海の産物次第に隆減する物也。是則只今の時勢也[8]」

と記している。ここでは、人口減少に伴う生産力低下現象が発生しているにもかかわらず、領主財政の健全化に主眼を置いた租税徴収が「強く」行われ、その影響として、「国民損亡」と強調するように、さらなる餓死や離農による労働力の低下へと連鎖し、「田畑山川海の産物」などの生産力の低下へと波及している様相が「只今の時勢」、すなわち、利明にとっての現実としてみなされている。

以上を踏まえれば、利明にとっての〝今〟に該当する現実とは、人口減少傾向の世の中であり、それが齎す影響として、餓死や離農による荒廃地の拡大化や労働力人口の減少化による生産力の低下が問題視されている社会、として理解することができる。

2　人口減少傾向への対応策——国内流通の円滑化案——

前項で採りあげた社会状況の認識に基づきながら、利明は生産力の低下現象が齎す物資不足問題への対応を模索し、幾つかの政策案を提起している。それは、国内流通の円滑化に着目したものと、国内における新規生産地の開発を念頭に置いた発案とに大別される。

まず、国内流通の円滑化に着目した発想については、

「彼渡海運送交易を以て、豊作の国の米穀を、此凶作の国へ兼て前広に多く入置けば、自然と融通し、何不足ともしらずして豊作の年を迎るなり[9]」

という記載に顕著である。これは、国内の輸送ルートの整備に基づいた「渡海運送交易」政策を手段として、供給過多

の地域における余剰分の物資を、凶作の状況下において物資不足となった地域へと移入させる方法の提起である。この場合、「兼て前広に」とあるように、過不足の地域に対する物資の充足化といった即時的な効果が期待されているだけでなく、将来的な「豊作の年」の到来までの貯蔵も考慮されており、物資需要に対する備蓄の有効性が主張されている。この物資移動に着目した見解は、供給過多および需要過多それぞれの地域に対する視座により成り立っており、日本国内において生産力の偏在性が散見される状況が把握されていたことを示している。

この国内生産力の偏在的側面との関連として、利明は次のようにも記している。

「海洋を渉渡するの業に暗く、渡海運送交易ならざる故国産の融通悪敷、或は国により所に依ては余り有て自ら腐物あり。或は国に因り所に依てなき物あつて事を欠もあり。故に国中の物価、不同高下あつて、庶民の産業に勝劣出来、恨悔、憤怒遺念を積の憂有[10]」

ここでは、「渡海運送交易」政策が未導入なために、「国産の融通悪敷[11]」と国内流通が閉塞化し、その影響下に、供給過多の地域のケースとして余剰分に相当する物資が廃棄されているといった問題点が指摘されている。それだけでなく、国内生産力の偏在性は物資需給調整に困難をきたし、「国中の物価、不同高下」とされるように物価の乱高下による市場の混乱要因へと連鎖し、さらに、「産業に勝劣出来」とされるように、隆盛産業および斜陽産業の経済的な格差を拡大させ、ひいては、個人レベルの生活格差の発生を誘引するものとして憂慮されている。

こうした悪循環の連鎖を認識しながら、利明は従来からの国内流通のあり方に疑問を呈し、対案に相当する「渡海運送交易」政策の活用による流通の円滑化に活路を見出している。それは、

「海国に具足すべき天文、地理、海洋渉渡の道を開き、国君の船舶を用て、天下の国産を、渡海運送交易を以有無を通じたらば、国中の産物に盈闕もなく成、物価平均して、庶民の産業に勝劣もなく成[12]」

という記載により証される。ここでは、国内流通網の整備を前提としながら「渡海運送交易」政策が導入された場合、生産力の偏在性に十分対応しうる円滑な物資移動が担保され、その影響下に、物資需給調整に関する適切な操作が可能となり、さらには、物価の安定化や産業間の経済的格差の是正に繋がるという見解が示されている。この流通に着目した政策案の特徴は、日本国内に発生した問題に対して、日本国内部の輸送網と国内生産力の偏在性に着目したうえで解決策が提起されている点にある。それを考慮すれば、利明の政策案は国内開発に基軸を置いたものであるといえる。この指摘は、既出の引用において、利明がいうところの「豊作の国」や「凶作の国」が日本国内の各領国を意識した表記であり、「天下」に該当する日本国の生産力を意味する「国産」に着目しながら、国内における物資移動の円滑化を要望している点からも証される。したがって、国内流通の円滑化に基づく政策案は、日本国内のみを経済圏としてみなしながら主張された発想であり、それに対外交易論の即時の適用は要望されていないのである。

3　人口減少傾向への対応策──国内における新規生産地の開発案──

前項において検討を加えた起案以外にも、利明は他の政策案も用意している。それは、国内における新規生産地の開発案であり、利明がいうところの「開業」がそれに該当する。この「開業」は、既に触れたところの飢饉による餓死者が二〇〇万人に上り、人口減少に伴う国内生産力の低下現象を慨嘆していた「時節」における処方に該当し、産業開発に適するとみなした地域の名を挙げながら、新規生産力の確保についての見解が述べられている。それは、

「松前は赤道以北四十度にして、支那の都、順天府と気候相等し。故に百穀百菓の出産も相等し。周廻凡一千里弱、開業成就の上は当時の日本の国産程は出来すべし。夫が日本へ入来るに於ては、只今の時勢を倍増すべし。国家に豊饒を副る大成助にて、捨置べきに非ず[13]」

というものである。ここでは、北海道に該当する「松前」が対象地として紹介され、同地の産業開発を意味する「開業」を行うことにより、新規の生産力が確保されると展望されている。その場合に期待される成果の規模は、「夫が日本へ入来るに於ては、只今の時勢を倍増」と予測されているように、倍増するものとして見積もられている。

この引用では「松前」のみが紹介されているが、既に『自然治道之弁』や蝦夷地関連の論説のなかで同地全体の開発が常々提唱されていたという経緯を考慮すれば、必ずしも「松前」のみを開発対象地に限定化しているわけではなく、「松前」以外にもエトロフ島やクナシリ島を含む蝦夷地全体を物資供給源にみすえた起案として理解しうる。その場合、これらの地域に対するアプローチは「捨置べきに非ず」と記されているように、従来から放置されたままと判断された地域を対象とした新興の開発が適宜とされている。その結果として、新規生産力の確保と「渡海運送交易」政策ならびに「四大急務」政策の展開により、日本本土への物資充足化が図られるといったシナリオが描かれているのである。ここで、着目すべきは、新規生産力の創出を日本国に内包される蝦夷地に求めている点であり、国内流通の円滑化に基づく政策案と同様に、対外交易論の適用に基づきながら外国産の物資の確保を推奨する姿勢は強調されていないといった特徴を指摘しうる。

以上のように、本節において検討を加えてきた二つの政策案において、対外交易論の適用が主張されていないという特徴が、これらの分析を通じて明らかとなった。その事実を補強すべく文言を次に提示したい。それは、

「万一も日本国中の凶作ならば、日本附周廻の島々より、夫食に成べき物を、何也共多く入置ば、国中融通し、何不自由ともしらずして翌年の豊作にも遇也(14)」

というものである。この引用は、「日本国中の凶作」という全国一律的な生産力低下現象が発生した場合の対処策を示した箇所であるが、とくに注目すべきは、「万一」という前置きが付されている点である。本来的に、利明は国内流通

の円滑化と蝦夷地からの新規生産力により、人口減少傾向である〝今〟の「時節」あるいは「時勢」の物資需給問題は解決されると判断している。この考えを前提としながら、「万一」という現況を凌駕する状況の発生時においても、蝦夷地を含む「日本附周廻の島々」に該当する領域の「開業」、すなわち、日本国内の新規生産力の確保により対処しうるとみなしているのである。このように、「万一」という状況の発生とその対応をシミュレートした場合に、ここでも対外交易論の適用を推奨する記載がない点は興味深い。この事実は、たとえ、国内の物資需給問題が突発的に発生したとしても、国内開発論の適用化により解決化を図るという方針が利明の基本的スタンスであったという特徴を証している。

第三節　将来の予測とその対応策

1　将来の予測に基づく人口増加傾向の指摘

利明にとっての〝今〟に該当する人口減少傾向の〝時期〟への対応は、あくまでも、日本国内を物資供給源とする方針に基づいており、対外交易論の適用は要望されていないといった特質が前節において明らかとなった。利明の主張が適切な処置として国内経済の再生に資するのだとすれば、その効果として、国内の物資需給調整の成功裏に、餓死者の増加による人口減少の趨勢は抑止され、ひいては労働力不足が解消されることにより生産力が上昇化することとなる。ただし、利明は、その段階を理想的な上限として完結させているわけではなく、その先にある展開をみすえたうえでの見解も示している。そこでは、人口増加傾向へと転化する社会の到来と、それから誘引される物資不足問題の発生が将来の予測を通じて確信されており、それに対する処方箋を提示しながら、きたるべき〝未来〟との対峙が図られている。

本節では、利明の予測するところの、日本の〝未来〟像とその対応策についての分析を進め、それと対外交易論との関係性について触れてゆきたい。

前節で採りあげた現実への対応に該当する二つの政策により人口減少傾向が抑止されたのち、利明の予測によれば、日本国は人口増加傾向の社会へと転化するものと考えられている。その根拠は、人口増加に関する利明独特の推算によるものであり、「隔年に子を産て、経歴三十三年の間[15]」というように、二組の夫婦がそれぞれ子供を隔年に産み、それが三三年経過すると、一族を構成する人数は「拾九人七分五厘を得る[16]」とされるように一九・七五倍に膨張すると示されている。この推定としての数値は、

「夫、年十五歳、婦、年十三歳、初て一子を産む。是より隔年に子を産て、経歴三十三年の間に、婦の血気既に衰へて子を産まず。其子、男女拾七人あるを、男子は婦を他より招入て一家となし、女は夫を他より招入て一家となし、家数、十七戸となる。内、物領家の夫婦も、又夫、年十五歳、婦、年十三歳より隔年に孫を産で男女九人と成。第二家も其如く、孫男女八人、第三家も其如く、孫男女七人、第四家も其如く、孫男女六人、第五家も其如く、孫男女五人、第六家も其如く、孫男女四人、第七家も其如く、孫男女三人、第八家（も其如く、孫男女二人、第九家）は今年、夫、十五歳、婦、年十三歳にして初て一孫を産む。父、年四拾八歳、母、年四拾六歳、子、男女拾七人を産む。其子、他より連合の男女拾七人を招入て、孫、男女四拾伍人を産む。自他の父母四人にて産殖す。

一　父母二家にて四人、父、年四拾八歳、母、年四拾六歳、元入人なり。

一　子、男女三拾四人、内、長子年三拾三歳、末子年一歳なり。

一　孫男女四拾伍人、内、長孫年拾八歳、末孫年一歳なり。

一　彦、男女七、八人あらんなれど、是を算せず。

子孫惣計、七拾九人、二夫婦四人にて産殖す所也。是を父母の四人に除て、拾九人七分五厘を得る。三拾三年の間

に一人にて産殖す。定則は上天子下庶人に至る迄、各是を含で、人涯を保つ物成ば政事善、各産業に行支なき様に介抱し養育するに於ては、三拾三年の内に日本を拾九倍七分五厘押広めざれば、産業不足するの道理也[17]」

という計算を通じて提示されたものである。この長い引用を読みとけば、利明の推算は、二組の夫婦による婚姻から導き出されており、一組の夫婦が三三年間に一七人の子を産殖し、二組で合計三四人となる。さらに、二組の家の構成員が互いに婚姻を結べば一七組の夫婦が誕生する。かりに、最初に婚姻を結んだ夫婦が夫一五歳および妻一三歳から隔年で子を産殖した場合、九人の子が三三年間の間に生まれ、同様に二番目の子による夫婦からは八人の子が、三番目の子による夫婦からは七人の子が、以下、九番目の子による夫婦から生まれる一人の子までを合計すると、四人（二組）からスタートして、三三年後には子孫七九人（17×2＋9＋8＋7＋6＋5＋4＋3＋2＋1＝79）となる（ただし、一〇番目以下の子はまだ産殖能力がないとしている）とされる。したがって、この三三年後の七九人を元の四人（二組の夫婦）で除すれば、三三年後に人口が一九・七五倍（79÷4＝19.75）に増加するという見解へと繋がるのである。

信憑性の高低はともかくとして、このように三三年後に一九・七五倍の人数に人口が増加すれば、その増加分の物資需要を充足化する必要に迫られることとなり、「産業不足」と記すように、極度の物資不足状況が社会問題化すると考えられている。その場合に、一つの処方箋として、国外の生産力を意味する「他国の力」を日本国内へと補填させる効果を持つ対外交易論が紹介されるのである。しかし、将来の様相を予見しながらも、利明は対外交易論の即時の適用については、まだ推奨していない。それは、対外交易論の有効性を示した文脈の次に記された、

「万国へ渡海運送交易は日本に馴ざる事故に、最初よりは発起する事容易なるまじ[18]」

という見解に顕著である。ここでは、「万国へ渡海運送交易」といった諸外国との遠洋航海に基づく対外交易は「日本に馴ざる事」と記すように、日本国にとって未体験の経済活動であり、それを理由として即時の実践化には「最初より

は発起する事容易なるまじ」と強調されているように、時期尚早とみなされている。この点を踏まえれば、対外交易論の適用化は少なくとも対応策としての第一選択ではないという理解となる。

2　人口増加傾向への対応策――国内における新規生産地の開発案――

前項で紹介したとおり、利明は人口増加傾向に対する対外交易論の適用を時期尚早とみなしている。しかし、その判断を示すに留まるわけではなく、「容易なるまじ」と記した直後には次のような方法を起案している。それは

「蝦夷の諸島は日本国の属島なれば、此島は、八丈島沖の無名島、五島沖の鼓島、佐渡沖のマウソウ島、常陸沖の無名二島へ渡海し、日本の諸産物を以て、撫育交易するに於ては、日を追月を逐て、善事のみ到来し、我も人も望好で渡海する様にならば、前々人涯三拾三ヶ年の内に、子孫拾九人七分五厘ヅ、の増殖の自然に叶ひ、庶民の産業に行支なき様に成ば[19]」

というものであり、日本国の本州近海に点在する島々を物資供給源に定めながら、各地の産業開発と「渡海運送交易」政策を活用することにより、一九・七五倍の人口増加への対応を図るべきとした主張である。この発想は、蝦夷地など国内に内包される地域の生産力の増大化を要望している点において、本章第二節において触れた、人口減少の時期や、「万一」のケースにおいての採択が要望された政策と同様のものとして理解できる。この蝦夷地や日本近海に点在する諸島を新規生産力とみなした発想には、他の効果も期待されており、「我も人も望好で渡海する様」と記すように、諸島への移住志向が活発化すれば、本土在住民の失業問題と諸島の労働力不足問題が同時に改善され、ひいては諸島の産業開発が進展し、生産力の増大化へと連動すると想定されている。その結果として「拾九人七分五厘ヅ、の増殖の自然に叶ひ」というように人口増加問題が解決されると判断されているのである。

利明がこの政策案を提起するうえで列挙した幾つかの島々はいわゆる「日本附周廻の島々」に該当するが、その中でも、とくに蝦夷地に内包される範囲については、たとえば、「街道を開くに於ては、唐太島の繁昌は年を待ずに隆になり、固より大国なれば、日本よりも良国とならん」[20]と記すように、樺太島の開発を実践すれば「日本よりも良国」となりうる可能性が指摘され、あるいは、「カムサスカと此土地（筆者注――樺太島）とに大都会出来すれば、其勢ひに乗じ、カムサスカより南洋の諸島も独開して、各繁昌の国々と成るに随ひ、東都の御威光も隆に成に因て、アメリカ属の島々迄も独属し従ひ、勢ひ具足の日本島也」[21]という文言も示しているように、日本の北方開発の進展が「カムサスカより南洋の諸島」に該当する千島列島の物資供給源化へと連動し、さらなる延長線上には、本来的にアメリカ大陸に含まれる地域の日本国への帰属化へも繋がると展望されている。この発想は北方開発に基づきながらの国内経済圏の拡張も念頭に置いたものとして理解できる。

このように目された蝦夷地開発がなぜ成功するのかについて、利明は、

「日本に属したる島々成事は、先祖代々言伝へも有て、神殿とて尊敬するの風俗は今に絶る事なく、此風俗を失はざる内に、日本の船舶年中絶へず渡海交易運送して撫育するに於ては、欠有所は自然と補はれ、盈有所は取揚て交易し、有無を通ずるに於ては、なつき随ふ事最易からん」[22]

という理由を記している。ここでは、各島々の在住民が内地人を「神殿」と呼称しながら尊敬し続けている風俗[23]を紹介しながら、本土に対して恭順的態度を抱く蝦夷地在住民を同胞としてみなしている。この認識を根拠としながら、利明は蝦夷地を日本国内に内包される地域として捉え、同地に「渡海運送交易」政策を適用させながら経済的な交流を展開すれば、物資供給源としての開発が容易に進展すると判断している。この場合、諸島の在住民と諸物資の「有無を通ずる」といった営為により「なつき随ふ」という関係性の成立が理想化されている点を考慮すれば、生産力の収奪化は意

図されておらず、むしろ、従順な帰属化による良好な経済的交流に基づきながらの物資確保が要望されているといえる。このような具体的方法を導入しながら、蝦夷地を含む国内に点在する島々を物資の供給地へと転化させる発案といったが、将来に発生すると予測された人口増加問題の解決に資すると考えられているのである。

第四節　対外交易論の紹介と日本への適用時期について

1　西洋の対外交易とオランダの事例紹介

前節までの考察を通じて、利明にとっての〝今〟および〝未来〟における対外交易論の段階的意義が明らかとなった。本節では筆者の指摘の妥当性を補完すべく、西洋「豊饒」化の過程を紹介しながら展開された対外交易論に関する記載と、同論の日本国への適用に関する主張について分析を進める。まず、本節では〝対外交易論の意味〟とも関わりをもつ西洋の事例に対して検討を加える。

本章第一節において指摘したように、対外交易論の本来的な意味は、諸外国の生産力に着目しながらの「渡海運送交易」政策の援用である。ただし、この発想は利明が独自に考え出したものではなく、

「西域にては治道第一の国務は、渡海運送交易を以、帝王の天職なれば、至て大切に、官職有司も殊に厳重に守護する也。故に天下万国の金銀財宝珍器良産は皆欧羅巴に群集せり(24)」

と記すように、既知していた西洋情報に基づきながらの発想である。ここでは、西洋の諸国が「渡海運送交易」政策の応用として、諸外国を交渉相手としながら対外交易論を適用化した結果、「万国の金銀財宝珍器良産」に該当する諸物資の集積化に成功したという様相が示されており、対外交易論の有効性を示す根拠が強調されている。

ただし、この対外交易論は西洋において簡易に発想されたわけではなく、「西域は、開国以来六千余年経歴すれば、

其内に迂遠成事を、手戻する事に、艱難辛苦を身に積で、懲々して、叶はぬ事を吟味し[25]」と記すように、「開国以来六千余年」という西洋諸国の長い歴史の展開過程において、紆余曲折との対峙を経ながら成立したものとして理解されている。その結果として、西洋諸国が独自に導きだした結論とは、

「而後万国の力を我国に容ざれば、自国の養育成難き意味深長ある事を窮極して、万国の渡海運送交易を以て、国家を保持するの天職としたる制度なれば[26]」

というものである。ここでは、本質的に自国内の生産力では「自国の養育」を保証することができず、国家財政の健全化や、全国民の生活水準の維持を「保持」するためには、「万国の力」に該当する他国の生産力が不可欠となり、実際的な手段として「渡海運送交易」政策の適用による「万国」との交易を国政上の「天職」に位置させた、という西洋諸国が到達した論理が紹介されている。このように、西洋諸国の「豊饒」化には、それを具現化させた対外交易論の適用という政策的手段があり、この先例の紹介に基づきながら、同論の有効性を強調しようとする利明の意図が理解される。

ここまでは論理に着目した概括的な記載であるが、利明は具体的事例についても触れている。それは、オランダを経済的な隆盛へと誘導したケースの紹介であり、

「開業を興し、困苦の土地を救んと一身決定し、而後仮館を竊に忍び出、夫より前にいへるエケレスの都ロントンと、又フランスの都パリスへ入随ひ、庶人に化して大舶工に従ひ、大舶の製作を習熟し、ビロートに従ひアレツメチカの学〈天文推歩の学〉、〔アソトロギヤの学〈海洋渉渡の学〉〕を習ひ、亦善きヒロートをも容れ天文地理海洋渉渡の道を明白にして本国に立戻り、急に大舶を製作し、我国に産る所の物を積で、開祖の自身カヒタンとなり、外国交易に出て大利を得て国家を養育し[27]」

というものである。ここでは、貧窮の状況下にあったオランダを富裕国へと誘導するために、産業開発事業である「開

業」の国内展開による生産力の増大化の推進だけでなく、さらに、諸外国との対外交易に依拠しながら物資の確保が行われたという経緯が記されており、「開祖」と称される一個人の営為による「豊饒」化の過程が紹介されている。具体的には、「開祖」が隆盛国であるイギリスやフランスの都ロンドンならびにパリを訪問し、同地において遠洋航海に資する造船技術を習得するのと同時に、水先案内人を意味する「ビロート」から天文学や航海術の知識を会得し、帰国後に国産の大型船舶を製造したうえで、「開業」により確保された国内の生産物資を積載し、遠洋航海を伴う万国との対外交易に臨んだ成果として、「大利を得」と記されるように利益の獲得へと至ったという一連の流れである。その結果として、経済的な成長を遂げたオランダの都アムステルダムは、「今に至ては既に西洋の三都となり[28]」と記されるように、西洋の三大都市としてロンドンならびにパリと同列的な評価を受けることとなったという認識が提示されている。

ここで、このような利明の理解の正誤を検証するために、オランダによる対外交易の実態について紹介しておきたい。佐藤弘幸氏の論説に大きく依拠しながら、オランダ建国以降の経緯、換言すればオランダ連邦共和国の成立とその後の展開について纏めれば次の通りとなる。

一五七九年一月から翌年にかけて、オランダ北部七州（ホラント、ゼーラント、ユトレヒト、フリースラント、ヘルデルラント、オーフェルエイセル、フローニンゲン）によるユトレヒト同盟がオランイェ公ウィレムI世（一五三三〜一五八四）を指導者としながら結成され、オランダ連邦共和国の原型となる。ウィレムI世暗殺（一五八四年七月）の後にはイギリスならびにフランスとのグリニッジ条約（一五九六年一〇月）締結により一部の国家より独立国家として認知され、さらに、スペインとのミュンスター条約およびウェストファリア条約（一六四八年一月）締結をもってオランダ連邦共和国の成立が国際的に認められることとなる。この国家はフランスによる属国化（一七九五年以降）を通じた併合（一八一〇年七月）まで存続する[29]。

この変遷を踏まえながら、玉木俊明氏の詳細な見解や、前述の佐藤氏の指摘に拠りながらオランダの貿易立国化の過程をみてゆくと次の通りとなる。オランダ台頭の鍵は、一五五〇年代から、バルト海地方、とりわけダンツィヒから輸出される穀物がヨーロッパの人々の基本的食糧として不可欠のものになり、その穀物の多くが、アムステルダムを通じてヨーロッパ各地に輸送されたことにある。そしてバルト海貿易に基盤をおき、オランダ経済を中心とする北方ヨーロッパ経済が誕生する。(30)その後、中継貿易や原材料の輸入および毛織物など加工品の輸出、穀物貿易などを主要としながら、一六世紀にはバルト海地方、イギリス、地中海、ドイツ内陸部、一七世紀に入るとアジア、アフリカ、北米、中南米との貿易が展開され、アムステルダムは西ヨーロッパ最大の貿易都市へと成長を遂げることとなる。(31)その結果、同国は一七世紀前半には黄金時代を迎えるが、一八世紀にはオランダのバルト海貿易におけるシェアの低下、およびバルト海地方の穀物貿易の役割の低下、さらには各国が重商主義政策を採り、オランダの海運業に挑戦したため、オランダの経済力は相対的に低下(32)することとなる。

以上の一連の事実を念頭に置けば、オランダの対外交易に関する利明の認識は細部に及んでいたとは言い難いものの、同国の対外交易に関する政策方針や、ヨーロッパの三都に内包されるアムステルダムについての見解を示している点を考慮すれば、大概を捉えているといえる。

このような想見に基づきながら、利明は

「万国の力を抜取て我国へ入れざれば、此大業が決て成就せずと見究め、扨万国の力を抜取には、交易を用て抜取の外なし。交易は海洋渉渡するにあり。海洋渉渡は天文地理にあり、天文地理は算数にあり(33)」

という「開祖」自身の考えを紹介している。それは「万国の力」が不可欠な「我国」に該当するオランダの場合、「抜取」営為に該当する対外交易による物資充足化が最適であり、そのために必要な「渡海運送交易」政策の実践化には航海術や天文学ならびに地理学、そして、それらの専門分野に共通的な基礎的素養としての数学が必須の知識である、というものである。こうした「開祖」の考えは、西洋諸国が導き出した「豊饒」化の論理と重なるものであり、西洋における既存の発想の妥当性を「開祖」自身が認めたうえで、オランダの経済政策へと応用させたという理解が適切である。

このように、利明がオランダの話を具体例として紹介しながら、西洋諸国「豊饒」化のプロセスを記したのには、何らかの意図が込められていると考えられる。まず、西洋「豊饒」化の論理を提示したのは、対外交易論の展開過程を主張するためであり、つづいて、具現化した実例としてのオランダの事例を紹介したのは、対外交易論の具体性を強調するためである。それに際して利明が、一六〇二年三月に成立したオランダ連合東インド会社の貿易活動によるオランダのアジアにおける展開、佐藤弘幸氏が指摘するところの、①ある地域を武力でもって支配し、そことの貿易を独占する方法　②武力を背景とするものの領土の支配はせずに、その地方の支配者を会社の庇護のもとにおき取引を進める方法③武力を使わず平和的に支配者と条約や協定を結んで貿易を進める方法、など様々な手法が採択され、その結果、西は紅海入口のモカからペルシア、インド、セイロン、ベンガルをへて、ビルマ、シャム、マレー、インドネシア各地、台湾、日本にいたる広大な海域に約二〇ヵ所の要塞と数多くの商館が設置された[34]、という事実を既知していたか否かは不明であるが[35]、かりに、日本が対外交易論の適用化を判断せざるをえないケースが発生した場合に、対処策として確実的な効果が期待できるという根拠を提示しなければ、実際的な発案としての強調材料は希薄となる。したがって、対外交易論の有効性や具体性を強調する目的のもとで展開された西洋「豊饒」化の論理やオランダの事例は、正確な情報把握に基づいているわけではないものの、同論の日本における適用の可能性を模索した場合に、確実な効果を約束する根拠としての役割を担っているといえる。

2　対外交易論の日本への適用時期

前項で明らかとなったように、論理的な性質を有する発想としての西洋の対外交易論やオランダの事例を記しながら、利明は対外交易論の適用化による効果を認めている。しかし、その文脈において、日本国への適用期については触れておらず、オランダの事例を紹介したうえで、その直後に続く記載は、

「日本国の国号をカムサスカの土地に移し、古日本と国号を改革し、仮館をすへ、貴賤の内より大器英才ありて、徳と能と兼備の人物を選挙し郡県に任じ、彼地に住居を構へ、開業に丹誠をなさしむるにおゐては、年を経て良国と成、追々繁栄を添、終に世界第一の大良国とならん次第の事。只今の時勢人情にては容易に領解しがたからんなれども、日本の為に成べき土地は蝦夷諸島の外なし[36]」

という意外なものである。ここでは、日本の北方を要衝として産業開発を意味する「開業」を行えば、「徳と能と兼備の人物」に該当する有能な人材の政策的誘導により「良国」化が進展し、ひいては日本国が「世界第一の大良国」化すると想定されている。そのために最も重要な地域が日本国内に含有される「蝦夷諸島」であるという見解が示されている。

よくよく顧みれば、利明は西洋「豊饒」化の論理とオランダの事例を紹介しながら対外交易論の政策的な価値を強調してきたはずである。しかし、そうした内容を展開しながらも、その直後にくるのは、利明の持論として常に主張されてきた「日本附周廻の島々」に内包される蝦夷地開発案の推奨であり、日本国が西洋諸国と同様に対外交易論の適用を実践すべしという論調には至っていないのである。このような論旨展開が意味するのは、「渡海運送交易」政策や「四大急務」政策により〝今〟の状況としての人口減少傾向の社会や、〝未来〟に発生が予測される人口増加傾向の社会それぞれへの対応を図ってゆくという考えが利明の基調方針であり、とくに蝦夷地を中心とする「日本附周廻の島々」の開

発は常時、「時節」や「時勢」に対して効果的な政策として認識されていることがわかる。

このような段階的な政策導入プロセスや、人口数と生産力の相関関係を考慮した利明の認識を踏まえながら、一体、どの「時期」に対外交易論の適用という政策的誘導を行うのが最適と考えていたのか、という重要な命題に対する解答を次に明示したい。これは、日本国が対外交易論を適用化するに際しての必要条件とは何か、という問いに換言できる。

まず、一つ目の条件は、人口増加に対しての物資充足化が国内開発のみに依拠した対応では限界を迎える時期が将来的に到来した場合である。第三節において指摘したように、利明は三三年間で十九・七五倍になると推算した人口増加に対して蝦夷地を中心とする産業開発による対処が可能であるという見通しを示しているが、それと同時に「自国の力を以、自国の養育をせん」場合には「常不足」という状況についても考慮しなければならず、その時点において初めて、諸外国の生産力を意味する「他国の力」が必要となってくるという考えを提示している。かりに国内開発に依拠した物資充足化により三三年間で十九・七五倍の人口増加傾向への対応を図ったとしても、その先に延命化された人々をベースとしたさらなる人口増加が予測され、人口数が鼠算式に膨張してゆくのは自明の理である。そのような現象の発生時に、国内開発のみに依拠した政策では物資充足率の低下は不可避であるという問題と直面せざるをえなくなる。その場合に、「他国の力」を念頭に置いた対外交易論の適用が不可欠となってくるのである。

つづいて、二つ目は、対外交易論の適用を実践化する場合に必要とされる技術に関する条件である。利明は対外交易論の有効性を認めながらも、「万国へ渡海運送交易は日本に馴ざる事」というように日本国における船舶技術の未成熟さを指摘し、安全な航行を実践する能力が醸成されていない点を概嘆している。ただし、「西域は旧国なれば、世務国務能整たるなれば、西域の美成善成事を取て、我国の助とすることこそ本意なれ(37)」というように、西洋諸国の事例を模範としながら、「我国の助」とすることが可能であるという見解を示している点を考慮すれば、西洋流の天文学、地理学、航海術、数学などの知識に基づく実践的な技術を習得したうえでの安全な航海を保証しうる状況が整備された時期に対外交易論の適用を図るべきと考えている、とみなすことができる。

以上の二点の必要条件がそろった段階が、日本において対外交易論の適用を実践化すべき〝時期〟である。利明は〝今〟および三三年間にわたる〝未来〟の段階では、国内開発論の適用のみによる対応を推奨し、そこから先の、いずれ到来が予測される過度の人口増加傾向の段階へと達した場合に「渡海運送交易」政策を援用した対外交易論の適用化を図るべきであり、そうした状況への即応を念頭に置きながら、西洋「豊饒」化の論理やオランダの事例、さらには、必要な知識を紹介しているといえる。この考えは、「国務の欠ある所より、次第に国家と倶に貧乏し、末々に至終に災害並び至る事は古今の定則也。因て其用心するを遠き慮と云て、為で叶はぬ道也[38]」という記載における、先々をみすえながらの「用心」や「遠き慮」といった方針に基づきながら、安全網としての政策を用意周到に準備しておくべきであるという主張に集約化されている。

第五節　『西域物語』に展開された対外交易論の意義

最後に、これまでの検討結果を纏めながら、『西域物語』において展開された対外交易論の意義を位置づけたい。まず、利明にとっての対外交易論とは一義として、人口数と国内生産力の相関関係をいかに調整するかという課題への対応として提起されている。これは、人口増加が齎す物資需要の増大化に対する呼応を考慮した場合に、日本国内のみを経済圏とした自給自足体制では限界があり、物資需給調整がいずれ破綻するという想定に基づいている。それへの対応として、「大に取ば外国迄に係る」という性質をもつ「渡海運送交易」政策を援用しながら、物資供給に資する経路を諸外国との交易に拡大した政策が有効であるとみなされており、こうした考えが対外交易論に該当する。

この対外交易論の適用時期については、『西域物語』成立段階である一七九八年の時点において即時的な導入は促されておらず、将来の予測を通じながら最適な時期における適用が要望されることとなるが、この考えとの関わりとして、現実から将来に至る時代の推移において生成される社会現象の変化を考慮しながらの利明の問題意識とその対応策の関係は次のように纏められる。

利明が現実として捉えた〝今〟に該当する人口減少傾向の時期においては、国内流通の円滑化による安定的な物資需給調整や国内における産業開発による新規の生産力の増大化といった二つの政策案により、物資充足化を図る方針が適宜であると判断されている。なお、これら二つの提言は、ともに、『自然治道之弁』において提言化された「渡海運送交易」政策と「四大急務」政策の援用である。

こうした現実認識との関連として、「万一」全国一律的な生産力の低下現象が発生した場合についても利明は対策を講じており、ここでも蝦夷地を含む「日本附周廻の島々」の産業開発により物資充足化が可能であると判断している。以上の考えに基づけば、人口減少傾向の社会への対応は、あくまでも、国内開発論の適用化に主眼が置かれていると位置づけられる。

前記の政策の導入により、国内の物資需給調整が成功したとしても、その後に人口増加へと転化する社会の到来と、そこから誘引される物資不足問題の発生といった新たな問題と対峙せざるをえないこととなる。この状況は、将来の予測による〝未来〟の「時勢」に該当する。その場合の対応策は、蝦夷地を中心とした「日本附周廻の島々」の産業開発であり、現実認識への対処と同様に、国内開発に主眼を置いた政策が有効なものとして継続的に推奨されている[39]。この段階においても、「万国へ渡海運送交易は日本に馴ざる事」として対外交易論の適用を積極的に主張する態度は示されていない。

ただし、利明の予測によれば、三三年間で一九・七五倍になると推算した人口数に対して、国内開発のみに依拠した政策により一時的に物資需給調整が成功したとしても、延命化された人口数が鼠算式に膨張してゆくのは自明の理であり、いずれ、物資不足問題が再発すると予見されている。その場合に、対外交易論の適用が実際的な対応策としての役割を担うこととなるのである。

以上を踏まえれば、対外交易論の適用化を図るべき〝時期〟とは、一つとして国内開発のみによる生産力では対処不全をきたす過度の人口増加現象の発生時であり、いま一つとしては、西洋流の技術や知識を習得し、西洋諸国同様の円滑な航海を実現しうる状況が整備された時期、という位置づけとなる。この二つの条件を備えた段階に達した時点において「大に取ば外国迄に係る」という性質をもつ「渡海運送交易」政策を援用した対外交易論の適用が実際的に有効であると主張されているである。

このように、『西域物語』において紹介された対外交易論は、即時的な導入が要望された政策案ではなく、人口減少傾向の社会や三三年間で一九・七五倍の人口増加傾向の社会を経たのちに、人口がさらに膨張し続け、人口数に対する物資充足率の低下問題が深刻化した段階において適用すべきとされた政策案[40]として位置づけることができ、日本国の「豊饒」化を構想した場合の段階的な政策導入プロセスのなかに含まれていると理解することができる。

註

（1）『西域物語』の資料引用については『大系』所収の翻刻版を使用する。以下、再出につき〈『西域物語』『大系』、〜頁〉と略記する。なお、東北大学附属図書館蔵狩野文庫蔵の写本『西域物語』〈原本請求記号：１-２５０９８-３／マイクロフィルムリール№：ＡＥＤ-００４〉を適宜参照した。

（2）『西域物語』『大系』、一四七頁。

（3）『西域物語』『大系』、一〇三～一〇四頁。

（4）徳川時代の外交方針である「鎖国」について、荒野泰典氏は「近世日本の「鎖国」体制は（イ）対外関係を長崎での中国・オランダ、薩摩での琉球、対馬での朝鮮、松前での蝦夷に限定し、そこでの諸関係を幕藩制国家権力＝公儀が総轄する、（ロ）日本人の、海外渡航禁止を含む、対外関係からの隔離（特権者のみ対外関係にたずさわる）、（ハ）厳重な沿岸警備態勢、の三点に要約できる。この体制の意図するところは、対外関係の国家的独占にあり、その実現形態とともに、明・朝鮮の海禁政策と共通している。日本の海禁政策の特徴は、施行時期のずれを除けば、（i）公儀による対外関係の総轄が「役」の体系によっていること（明・朝鮮は官僚制）、（ii）海禁の目的がキリシタンの摘発・排除にあること（明・朝鮮は、直接には倭寇）の二点である」〈荒野泰典『近世日本と東アジア』（東京大学出版会、一九八八年）、一二六頁〉と総括している。また、岩下哲典氏は幕府による「海外情報」の管理と統制について、「「鎖国」を行うことは、「人」と「物」とがもたらす「海外情報」を管理・統制すること」〈岩下哲典『江戸情報論』（北樹出版、二〇〇〇年）、五一頁〉であり、「幕府が直接捕捉し得る「海外情報」は主として長崎経由」（同書、同頁）と指摘し、さらに、「長崎からの海外情報の中でも、長崎入港の清国船と阿蘭陀船のもたらす唐および阿蘭陀風説書は、江戸時代にあっては、定期的かつ量的に最大の「海外情報」であった。定期的な「海外情報」の唐・蘭風説書のほかにも、偶然に漂着した外国人や、帰国した漂流民を通じて得た「海外情報」がある」（同書、同頁）との見解を寄せている。

（5）『西域物語』『大系』、一二八頁。なお、同引用における「開業」とは次節において後述する新規生産地の開発に関連する表現である。なお、利明は天明五年（一七八五）の時点で東北方面へ赴き、天明飢饉に関する観察記録を記している。なお、この経験談は『西域物語』のみならず『自然治道之弁』・『経世秘策』・『交易論』・『経済放言』においても紹介されている。

（6）天明飢饉の影響による人口数の増減について、「天明六年より寛政四年にかけては、天明飢饉の影響から人口数はいまだ回復せず、大半の国々や地域では依然として人口は減少の傾向にあったことが知られる。しかし一部の国や地域では多少の増加が認められた。したがって、寛政四年は現在判明する全国人口数のなかで、もっとも低い数値を示している」〈南和男「寛政期の諸国人口動態について」林陸朗先生還暦記念会編『近世国家の支配構造』（雄山閣出版、一九八六年）、三三五～三三八頁〉という指摘を考慮すれば、寛政四年を境に人口減少は底をうち、増加傾向へ転じたといえる。

（7）南和男「寛政期の諸国人口動態について」林陸朗先生還暦記念会編『近世国家の支配構造』（雄山閣出版、一九八六年）、三三七頁。

（8）『西域物語』『大系』、一〇三頁。

（9）『西域物語』『大系』、一五一頁。

(10)『西域物語』『大系』、九八頁。
(11)この引用においては、利明は「国産」に該当する品名を明記していないものの、享保一一年（一七二六）段階のデータである「中後期の諸商品江戸入荷状況」表には、「繰綿・木綿・油・酒・醤油・米・炭・魚油・塩・薪・味噌」〈林玲子『近世の市場構造と流通』（吉川弘文館、二〇〇〇年）、七二頁〉が列挙されており、これらに相当するものを想定していた可能性がある。
(12)『西域物語』『大系』、九七頁。
(13)『西域物語』『大系』、一三二頁。
(14)『西域物語』『大系』、一五一頁。
(15)『西域物語』『大系』、一四六頁。
(16)『西域物語』『大系』、一四六～一四七頁。
(17)『西域物語』『大系』、一四六～一四七頁。
(18)『西域物語』『大系』、一四七頁。
(19)『西域物語』『大系』、一四八頁。利明が列挙している島名について詳述すれば、「蝦夷の諸島」が蝦夷地、「八丈島沖の無名島」が伊豆諸島、「五島沖の鼓島」が五島列島、「佐渡沖のマウソウ島」が礼文島という理解が適切である。なお「常陸沖の無名二島」については、文字通りに受けとめれば、鹿島灘に点在する二つの島、という理解となるが、これらは実在しておらず、利明の誤認として理解すべきである。
(20)『西域物語』『大系』、一三四頁。
(21)『西域物語』『大系』、一三四～一三五頁。蝦夷地に着目しながらの新規生産地の開発案の導入が行き着く先の見通しとして、「古来の如く日本の蝦夷諸島と成べし。此制度建立あらば、前に云如く東洋に大日本島、西洋にエケレス島と、天下の大世界に二箇の大富国、大剛国とならんことは慥也」（『西域物語』『大系』、一三八頁）というように世界の二大強国の並立化に繋がると展望されている。ただし、東洋の日本ならびに西洋のイギリスといった世界観については実現性の面において難があるといえる。
(22)『西域物語』『大系』、一三七頁。
(23)塚谷晃弘「頭注」『大系』、一三七頁。
(24)『西域物語』『大系』、一〇三頁。
(25)『西域物語』『大系』、一四七頁。

(26)『西域物語』『大系』、一四七頁。

(27)『西域物語』『大系』、一五九頁。塚谷晃弘氏は利明の記すところの「開祖何某」について「史実の上では、オランダ独立の契機をつくったオランイェ公ウィレム一世（Willem I. 1533–1584）をさすと思われるが、利明の記述は史実に沿わず、虚構的部分をふくむ」（塚谷晃弘「頭注」『大系』、一五五頁）との見解を示している。その指摘との関連として、利明の記した逸話がピョートルⅠ世の事跡と類似である点に基づけば、他の位置づけも可能であるといえよう。なお、オランダの建国に関する情報を掲載した先駆として新井白石の『西洋紀聞』〈正徳五年（一七一五）頃成立〉が挙げられる。参考として以下に全文を載せておく。「ヲ、ランデヤ〈ヲ、ランドともいふ。漢に喎蘭地と訳す。大明の書に「和蘭、又紅夷とも、紅毛鬼ともいふ」と美えしものあれども、「紅夷国は、安南西北にあり。其人衣を制らずして、綿布を身に纏ひ、紅絹を頭に纏ふ。其形回々に似たり。国に塩なければ、安南多く塩をもて、其珍宝に貿ふ」と三才図会にはしるせり。紅夷、此国の人をいふべしとも見えず。〉ゼルマアニヤの西北にあり。初ゼルマアニヤ人、海上の小嶋に至て、漁猟し、つゐに土地を闢きて、国を建る事七州、イスパニヤに属す。其後、イスパニヤの徭役、苛酷なるに堪ずして、其国と絶つ。其国つゐに兵を挙てうつ。隣国をの〲相授けて、戦ふ事八十余年、ヲ、ランドつゐにイスパニヤの十州を侵し奪ふ。諸国もまた兵に疲れて、両国を和す。ヲ、ランド其侵せし地を還して平ぐ。其人水戦を善して、これに敵するものなし。其陸戦のごときは、水戦に及ばず。しかれども、アフリカ・アジア数州の地を侵し取りて、国すでに富み、兵亦強く、今に至ては、エウロパ一方の強国也。其七州といふは、ヲ、ブルイッスル・フリイスラント・ヲルラント・セーラント・グルーニンゲ・ゲルトルラント・ウイトラキト、其侵取りし海外の地は、カアプートーボネースペイ・ゴドロール・マロカ・バタアビヤ・ノーワーヲ、ランデヤ・ゼイラン等これなりといふ〈西人の此国の事を説きし所、猶下に見ゆ。但しヲ、ランド人の説とは、異同あり。此国の事は、別にしるせしものあれば、こ、には略しぬ〉。按ずるに、此国始て此に通ぜしは、慶長五年の事也。エウロパ地方の国、むかしより、其貢聘の絶ざるものは、ひとり此国のみ也」〈新井白石著・松村明校注『西洋紀聞』松村明・尾藤正英・加藤周一校注『日本思想大系　三五　新井白石』（岩波書店、一九七五年）、三五～三六頁〉。

(28)『西域物語』『大系』、一五九頁。

(29)佐藤弘幸「オランダ」森田安一編『スイス・ベネルクス史』（山川出版社、一九九八年）、二四九、二五〇～二五二、二五四～二五五、二六七、三〇五頁。

(30)玉木俊明『近代ヨーロッパの誕生――オランダからイギリスへ』（講談社、二〇〇九年）、一九〇頁。なお、同氏は、アムステルダムの機能について「アムステルダムに、ヨーロッパの商業情報が集積していった。一八世紀のアムステルダムは、情報のゲートウェイとして重要であった」〈玉木俊明『北方ヨーロッパの商業と経済――一五五〇―一八一五年――』（知泉書館、二〇〇八年）、三五〇～三五一頁〉と指摘し、その理由について「移住していく人々が多かったからこそ、アムステルダムは北海・バルト海地方の重要なゲートウェイとなったのである。この都市を通して数多くの商業上の情報・ノウハウが流れたと考えられる。近世アムステルダム最大の機能の一つは、まさにこの点にあった」〈同書、三三三頁〉という見解を示している。

(31) 佐藤弘幸「オランダ」森田安一編『スイス・ベネルクス史』（山川出版社、一九九八年）、二七〇～二七二頁。なお、同様の見解として板沢武雄氏は一七世紀のオランダは「黄金時代（ハウト・タイト）と呼ばれ、商業において北オランダ諸州、特にホーランドとセーランドの人たちがヨーロッパ貿易にも、東洋貿易にも、めざましい活動をした。東欧貿易では、穀物、木材、毛織物、金属等を輸入し、鯡、塩、葡萄酒、南欧の果実、バタ、チーズ等を輸出した。アムステルダムは世界の商業都市として発展し、一世紀足らずの間に四度の拡張をした」〈板沢武雄『日本とオランダ』（至文堂、一九五五年）、七三、七五～七六頁〉と指摘している。

(32) 玉木俊明『北方ヨーロッパの商業と経済――一五五〇―一八一五年――』（知泉書館、二〇〇八年）、三一七頁。

(33)『西域物語』『大系』、一六〇頁。

(34) 佐藤弘幸「オランダ」森田安一編『スイス・ベネルクス史』（山川出版社、一九九八年）、二七九～二八四頁。

(35) 玉木俊明氏による「オランダの貿易発展は、単にオランダにしか影響を与えなかったわけではないことも事実である。なぜなら、多数のオランダ商人が外国商人と貿易し、場合によっては外国に住み着くことで、オランダ商業のノウハウがヨーロッパに伝播したと考えられるからである」〈玉木俊明『北方ヨーロッパの商業と経済――一五五〇―一八一五年――』（知泉書館、二〇〇八年）、三三二頁〉という指摘を考慮すれば、「オランダ商業のノウハウが」利明に伝播した経路を解明する必要がある。その際、沼田次郎氏による、「蘭学の研究はまず殖産興業に必要な学としての本草学、採薬のための本草学として出発し、また人の生命を守るための医学の研究として発足した。また農業のためにもまた治者のためのいわば政治上の必要からも暦を作り維持して行くための天文・編暦のために必要の学として発達した。つまり人生に必要な、また政治に必要な実用のための学、利用厚生の学としてまず発足したけであるが、前にも触れたように日本をとりまく国際情勢に変化の兆しが見え、それが日本の現実の政策であった鎖国政策を脅かすことが感得されるにつれて、これら諸外国の事情を知るための学としての世界地理の学、国家に必要な学としての世界地理の学が新たに蘭学の分野として加わって来る。（中略）そしてそれはこの時代、蘭学の諸分野の中で圧倒的に優勢であった自然科学的部門とはおのずから異なる性格を自然に備えていた。いう迄もなくそれは人文地理的・経済的地理学あるいは後の言葉で言えば地政学的性格を持っていた。従ってそれは研究が進むにつれて各国の歴史・政治・社会・経済等への言及が多くなる」〈沼田次郎『洋学』（吉川弘文館、一九八九年）、一四二～一四三頁〉という総括を念頭に置かねばならない。また、板沢武雄氏による、「蘭学の内容を一オランダ語学二医学・本草学系統の学問三天文学・地理学系統の学問四兵学系統の学問五人文科学系統の学問と分けてみることができる。また蘭学の発達を施設別にして、一官学系の蘭学二諸藩の蘭学三私塾の蘭学四外人指導の蘭学の諸系列に分けて、見ることができる」〈板沢武雄『日本とオランダ』（至文堂、一九五五年）、一三五～一三六頁〉という区分の提起も有益な指摘である。

(36)『西域物語』『大系』、一六〇頁。本引用において、利明が「郡県」によるカムサスカの統治を要望している点は興味深い。この考えから、利明の想定するカムサスカの機構的役割は、あくまでも、本土に対する物資供給地化であり、同地の独立採算的な方針に基づく統治をうながしたものではない可能性が高い。徳川時代の社会を組成する国家体制に関する利明の理想は、「郡県」制に置かれていたのか、それとも「封建」制に置かれていたのか、もしくは、双方を融合したものなのか、または全く新しい枠組みの創成を願望したのか、という課題については今後の課題としたい。その場合、利明は日本の歴史を回顧しながら郡県から封建へのシフトを「マイナス」と評価している〈前田勉「近世日本の封建・郡県論のふたつの論点──日本歴史と世界地理の認識──」張翔・園田英弘編『「封建」・「郡県」再考──東アジア社会体制論の深層──』（思文閣出版、二〇〇六年）、二六〇～二六一頁〉という指摘は示唆に富む。

(37)『西域物語』『大系』、一〇六頁。

(38)『西域物語』『大系』、九八頁。

(39) 第Ⅰ部において指摘したとおり、利明が『西薇事情』（一七九五年六月成立）において備後国福山領の畳表や綿を対象とした特産物生産について言及し『西域物語』においても蝦夷地の開発に基づく生産力の上昇を模索している点を考慮すれば、「利明の主張が、もっぱら流通過程──交易の一途のみを重視して、その基礎となりうる殖産興業など、国内生産力の開発をとかく捨象しがちなことの限界を指摘することは容易である」（塚谷晃弘「解説　本多利明」『大系』、四五八頁）とした塚谷氏の見解に対して疑問を呈さざるをえない。むしろ、利明の主張は「国内生産力の開発」を強く意識しているという理解が適切であるといえる。

(40)「最初の全国人口調査が行われた享保六年（一七二一）の二、六〇七万人に対し、最後の調査年（一八四六）には二、六九一万人でしかなく、一二五年間にわずか三％の微々たる増加でしかなかった」〈鬼頭宏「近代日本の社会変動──歴史人口学の視点から」溝口雄三・浜下武志・平石直昭・宮嶋博史編『アジアから考える［六］長期社会変動』（東京大学出版会、一九九四年）、二〇三頁〉という指摘を考慮すれば、利明の予測は見通しの面において限界があったということになる。

第七章　『経世秘策』における対外交易論

『経世秘策』〈寛政一〇年（一七九八）一〇月成立[1]〉は、利明にとっての〝今〟に相当する時期における国内の社会現象と、〝未来〟において発生すると予測した将来の問題を指摘したうえで、それぞれの局面に対する政策案の提示により成り立つ著述である。その内容は、日本の国内人口と国内生産力の相関関係に対する関心のもと、物資需給調整法の提起に主眼を置いたものであるが、それだけではなく、論旨の展開において対外交易論についても触れられている。こうした特徴を踏まえれば、同年に成立した『西域物語』と類似性を持つ著述として認めることができる。

したがって、本章においても、前章と同様の分析視角に基づきながら、利明にとっての現実認識とその対応策の関係、つづいて、将来の予測に基づきながら指摘された問題とその対応策の関係について、順次に検討を加え、〝今〟および〝未来〟それぞれの社会状況と対外交易論との関連性を明らかにする。この一連の分析過程から抽出した特徴を整理しながら、結論として『経世秘策』に展開された対外交易論の意義を指摘する。

第一節　現実認識とその対応策

1　現実認識に基づく人口減少傾向の社会

利明の現実認識は社会現象に対する直視的な描写から抽出することができる。それは、

「天明癸卯以来、餓死百姓の田畠亡処となりたること夥く、関東より奥羽迄、爰は昔の何村、かしこは昔の何郡の

内なりなど、是を無村無地高と云[2]」

という記載に顕著である。これは、日本の社会状況に対する天明飢饉の影響を示したものであり、「天明癸卯以来」と明記しているように、飢饉発生時を契機とした食料不足による農民の餓死問題と、労働力の低下による荒廃地の拡大問題が指摘されている。

この天明飢饉は利明にとって一過性の出来事として捉えられているわけではなく、

「癸卯以後三ケ年、凶歳饑饉にて、奥州一ケ国の餓死人数凡二百万人余、固より不足なる農民なるに、如此の大造なる餓死人ゆへ、夥しき亡処出来せり[3]」

と記すように、飢饉発生後の動向についても関心が寄せられている。利明の認識は、東北のある地域においては餓死者数が二〇〇万人規模に達して人口減少化が進展し、さらに、それを要因としながら荒廃地の拡大による生産力低下現象が現実化しているというものである[4]。この場合の餓死者の数量把握に関して、東北地方においては、弘前藩八万人、八戸藩三万人、盛岡藩六万人、仙台藩一四万人、相馬藩一万八、〇〇〇人、総計三〇万人を超える死者数が天明飢饉時の実態を示すものとして推定されており[5]、また、全国の人口数は寛政四年（一七九二）段階では二四、八九一、四四一人、寛政一〇年（一七九八）では二五、四七一、〇三三人[6]というデータを考慮すると、『経世秘策』成立段階においては既に人口増加傾向へと転化しており、飢饉による餓死者数を二〇〇万人と推算し、当時を人口減少傾向の社会として捉えた利明の認識は実態と乖離しているといえる。ただし、速水融氏が「人口は、他の石高や耕地面積に比較して信頼度や調査回数（後半に限られるが）の点ではるかにすぐれたものとみなすことができる[7]」との評価を寄せながらも「徳川時代の人口史研究は、どうしても地域的にならざるをえない[8]」という全国一律的な数量把握の困難さを指摘している点を考慮すれば、正確なデータ収集が困難であった時代環境にその身が置かれていた利明の記載は、正誤はともかくとして、独自の認識に基づくものとして理解すべきである。

このように把握された現実としての人口減少傾向の社会と生産力低下現象について、利明は、「国本たる農民餓死多き故に、不釣合と成て種々様々の災害湧出[9]」と興味深い見解を示している。これは、農民という労働力人口の減少が「不釣合」というアンバランスな経済事象を発生させる要因となり、結果として「災害」を誘発させるといった論理を指摘したものである。この場合、どのような過程を経ながら「災害」へと至るのかという点については、「当時は殊に農民減少して、国産出高追年不足となる[10]」という記載に明らかである。これは、利明にとっての〝今〟に該当する「当時」の時勢において、人口減少による労働力の低下が国内生産力を意味する「国産」の「不足」という物資充足率の低下へと連鎖している様相を示したものであり、既出の引用を踏まえれば、農民の大量餓死が労働力の減少へと繋がり、それは生産力の低下現象を発生させ、さらに、「不釣合」という表現に集約化される物資需給調整システムの破綻化へと連動し、ひいては「災害」として示される様相下に社会が置かれている、といった悪循環の連鎖を紹介した見解である。

こうした因果関係を示しながら、利明はさらに、「今に間引子の悪俗止まざれば農民減少し、終に断絶の勢ひあり[11]」という認識も記している。これは、物資需要を自発的に低下させるための対応策に該当する農民の「間引」問題について触れた記載である。この見解はやや抽象的なきらいがあるが、「懐妊書上帳や過去帳などの様々な史料から乳児死亡の水準を推計することができたとしても、とりわけ堕胎・間引きといった出生制限をめぐる事柄は、数量的把握が困難な事柄に属する[12]」という沢山美果子氏の指摘を考慮すれば、間引きの横行を概括的に捉えていたという理解が適切である。

ここで、現在の研究水準に相当する沢山美果子氏の指摘に基づきながら、当時の実態としての為政者サイドによる堕胎・間引き禁止政策について紹介すれば、（1）堕胎・間引きの禁止と処罰、（2）罰則をともなわない間引き禁令や間引き教諭書による教諭、（3）懐妊調べや出産への共同体の立会い、死産の場合の村役人による見聞吟味などの懐胎、出産取締り、（4）赤子養育料を支給するなどの出産、育児の保護奨励、[13]などが挙げられる。利明がこれら諸政策を網羅的に既知していたとは言い難いが、

「極貧民の婦女懐妊せば、間者を入、探索して、出産月より出生子の十歳まで、毎年米二俵づゝも其母へ給はるに於ては、忽に止むべし[14]」

というように養育物資の支給に主眼を置いた対応を推奨している点を考慮すれば、すくなくとも、（4）の政策と親和性のある発想を有していたといえる。

このような具体策を起案しながらも、間引きの横行の紹介を通じながらの利明の真意は、単に子を間引くといった行為を「悪俗」として糾弾するだけでなく、間引きを行えば一時的な物資需要の低下現象に繋がるかもしれないが、それは、同時に労働力の増大化を阻害する要因にもなり、結果として、生産力を創出すべき担い手の枯渇化を意味する「断絶」という状況が発生する、と警鐘を鳴らすことにある。

この主張と、先にふれた人口減少傾向に基づく「災害」発生の論理を踏まえれば、利明にとっての〝今〟に該当する社会とは天明飢饉の影響下に大量の農民餓死現象が発生し、人口減少傾向を継続化させている様相として把握されていたといえる。この場合において、人口減少は労働力人口の減少へと連動し、ひいては、生産力低下現象の発生に基づく物資充足率の低下を齎すものとして理解されているのである。[15]

以上の連鎖的な関係が社会状況として展開されている時期が利明にとっての〝今〟、すなわち現実に該当し、人口減少の傾向化とそれにともなう生産力低下現象の常態化に着目しながら、それに対する即応的な政策の導入が要望されることとなるのである。(16)

2　人口減少傾向への対応策――「渡海運送交易」政策の適用による国内流通の円滑化案――

天明飢饉は人口および農業生産の維持に対して甚大な打撃を与えたので、飢饉後に危機管理および人口管理の体制が整えられていく、(17)といった社会の動向と軌を一にしながら、利明は人口減少傾向の社会に対する解決策を提起している。その一つが「渡海運送交易」政策の適用による国内流通の円滑化案である。本項においては同案の政策内容とその効果について検討を加え、対外交易論との関係性についての指摘を行う。

「渡海運送交易」政策の適用による国内流通の円滑化案は、『経世秘策』のみに記されているわけではなく、『自然治道之弁』に展開された発案の援用である点が認められる。「渡海運送交易」政策と、その付帯的政策案に相当する「四大急務」政策に基づいた国家再生プランを基調方針とする考えは、『経世秘策』においても堅持されており、それは、

「諸国津々湊々に、追々交易館を建立して、遍く博く交易させ、官船を以、渡海運送して有無を通じ、万民を救ひ給ふ(18)」

という記載に明らかである。この主張は、「万民」の物資需要を充足化させるための手段として、「渡海運送交易」政策の導入を要望したものであり、その実践に際して、全国各地の港湾に点在させた「交易館」と称される物資売買の機関の設置や、物資輸送を担う「官船」の使用が必要視されている。

この政策の適用化については、

「日本国中の津々湊々の要地〳〵に交易館を建て、其国其処の年々の豊凶作に依て、自然と独り立の相場を以、其年十二月までの内、其国其処にて売出す所の米穀を、買揚ありて其館に貯へ置、日本国中の豊凶作を検査ありて、廻船便宜にて早速知れ、年々其国々の扶食入用ほどは心当をなし、其館に残し置、其余は官の船舶を以、凶作の国へ運送ありて饑饉を補ふなり[19]」

といった活動が想定されがら記されており、為政者側が「相場」における市場取引へと積極的に参入し、物資確保を経たうえで「交易館」への備蓄ならびに売買用の物資貯蔵を充足化させ、国内各地の物資需要に即応しうるシステムの構築化が有益である、という内容である[20]。それとの関連として、天明飢饉時において、「藩士や上層農民などは、飢饉は単なる天災ではなく（食糧危機に対する備えの欠如に起因する）人災であると認識していた。それは、危機管理の必要が明確に理解されるための契機となった。その具体的施策の一つは、寛政改革期に推進された備荒目的の貯穀だった[21]」、という山本起世子氏の指摘を考慮すれば、利明の発案は物資貯蔵の安定化のみを要望したものではなく、国内流通という大枠において流動性を活かしながらの物資の安定供給を目的としたものであったといえる。

その他に指摘すべき特質として、「豊凶作を検査」と記すように、国内生産力の偏在的側面を考慮しながら物資の需要量ならびに供給量それぞれを包括的に把握する必要性を求めている点や、「交易館」の設置を日本国内に求めながら、国内生産力の移動を国内市場内部に限定化している点、さらに、輸送手段として「官の船舶」の活用を重要視しているように、「官」すなわち、為政者サイドによる物流の統括管理を要望している点を特徴として列挙することができる。これらの考えを集約化させた発案は、全国の経済状況の全容把握と物資需給調整の役割を為政者サイドに一括して委ねた性格のものとして理解することができ、この方針に則りながら、国内海運の活用による物資供給の全国的平準化を求めた発想として理解しうる。

ただし、この起案は必ずしも斬新な性質のものではない。もともと、利明が着目した徳川時代の海運の特色は定期航路の形成にあり、[22]寛文一一年（一六七一）以降に、東廻り航路ならびに西廻り航路の開発や菱垣廻船および樽廻船等の出現に基づきながら日本全国の海運輸送網が確立されていた。[23]さらに、海上を経路とする輸送ルートの構築は商品流通経済の進展に伴い、元禄期には五〇〇石積級でこと足りていた菱垣廻船も、一八世紀中期には一、〇〇〇石積、十九世紀初期には一、五〇〇石積を必要とするほど商品流通量は増大してゆくといった趨勢があり、船舶活用による物資輸送の活性化が齎されることとなった。[24]したがって、利明の提起は既存の経路を含めた海運輸送網を為政者サイドの管理下に置き、そのうえで全国的な物資の安定供給を目指すものであり、水上が重貨である米穀の輸送に適し、陸上に比較して運賃も安く、しかも遠隔地輸送には海上輸送が最も適していた[25]とされる海運の利便性に着目した考えとして位置づけられる。

ここで、本章で設定した課題に関わる興味深い特徴を一つ指摘しておきたい。前記の利明の提起には国外における「交易館」の設置や、対外交易論の適用に依拠しながら国外の生産力を国内に流入させるといった発想が内包されていないという点である。この事実は、あくまでも国内を経済圏とした範囲内で、国内生産力の円滑な移動に基づきながら物資需給問題を解決してゆくといった方針を人口減少傾向と捉えた現実に対する基調としているといった特質を証しており、『自然治道之弁』において展開された「渡海運送交易」政策による国内流通の円滑化案を援用したものであることがあらためて確認される。

以上の特徴をもつ政策案を提起したうえで、結果として展望されたのは、

「二十ケ年を歴ずして良民増殖するのみに非ず。亡処となりたる田畑も漸々再び開発し、元の良田畠に立帰り[26]」

と記すように、「渡海運送交易」政策の導入により物資の安定供給体制が確立されれば、人々の延命化に基づきながら

人口は増加傾向へと転じ[27]、新規の労働力と生産力の増大化が進展する状況の出現である。したがって、全国的な物資配分状況の平準化という効果のみならず、将来の労働力ならびに生産力の増大も視野に容れている点を考慮すれば、利明の発案は時限的な性質のものではなく、ある程度、恒久的に機能する可能性を持つ経済政策として提起されたものであるといえる。

3　人口減少傾向への対応策――「属島開業」を中心とする国内生産力の増大化案――

人口減少傾向と捉えた現実に対する政策の二つ目は「属島開業」を中心とする国内生産力の増大化案である。この政策案は日本国内に内包される諸島の産業開発を主旨とするものであり、

「属島之開業といふは、日本附之島々を開きて良国となすべきをいふ。日本附之島々を開き、良国となさば、六十余州のごときの国々数多出来、日本の要害となるのみにあらず。諸金山も開け、諸穀菓も出来、其外諸産物も出来、潤沢に入り来て、大に日本の国力を増殖すべし[28]」

という記載に集約化されている。その具体的内容は、「開業」という産業開発を推進することにより、効果として、「金山」に該当する鉱山の開発から産出される鉱産資源や、「諸穀菓」を念頭においた農業振興による農作物、さらに、「其外諸産物」に該当する水産資源などが確保されることになると展望したものであり、『自然治道之弁』において主張された「四大急務」政策に含まれる属島開発政策案を援用したものであるといえる。この発案は明らかに国内開発による生産力の増大化を目的としたものであるが、その他の効果として、開発対象地の「日本の要害」化を意図しているように、諸外国に対する画定化されたものとしての支配領域の顕示も念頭におかれている。

この「属島開業」政策の展開に際して、利明がとくに着目した地域は、

「蝦夷之諸島開業なつて良国ならば、当時之日本之国産に数倍となるべき道理[29]」

と記すように、現在の北海道とそれ以北の「蝦夷之諸島」である。利明の推測によれば、同地域の「開業」による経済効果は「日本之国産」の「数倍」と見積もられており、少なくとも国内生産力の倍増化は必至とみなされている。この場合に、「蝦夷之諸島」の産業開発を重点化しているのは、

「此外東洋にも西洋にも日本に属すべき島々あれども先措、蝦夷之諸島は当時モスコヒヤへ奪るべき大切之時節なれば、急務之内之又急務なり[30]」

と記しているように、北方の領域へのロシアの侵食を早急に予防する必要があるという判断に基づいている。ただし、この起案には問題点も含まれている。それは、当時の北方情報の脆弱さとの関連として理解すべきであり、正確な地理情報や産業に関するデータ、さらには、諸外国との交流空間としての実態などについて綿密な把握がなされていたとはいいがたい。この点を踏まえながら利明の発案について言及すれば、蝦夷地の産業開発を通じた鉱産資源の確保や農作物などの生産力の増大化を必然とみなした考えには、実現性の面においては無理があるといえる。このように非現実的な側面を有する発案は、利明の正確な情報把握に関する力量不足を要素としている点から適正な提言とはいい難いものの、未開発の島々を対象とした国内開発の効果に着目したものであり、新興の開発政策案としての傾向が強いといえる[31]。

以上の内容をもつ起案について、本章の目的とも関わる、さらなる特徴を指摘しておきたい。それは、産業開発の対象地を「日本附之島々」や「蝦夷之諸島」に指定しているように、日本国内のみに限定化している点である。ここには、諸外国の支配領域を侵食するといった考えは皆無であり、既存の国内領域を開拓してゆく方針を適宜とした判断が示されている。その場合、各諸島から産出される生産力を日本本土へと移入させ、さらに既述した「渡海運送交易」政策に

よる円滑な物資輸送体制と連結させれば、あえて対外交易論の適用を促す必要はなくなるのである。したがって、国内で発生した問題に対して、対外交易論の適用に依拠することなく国内のみを経済圏とした発想により人口減少傾向と捉えた現実に対処してゆくといった方針が利明の基調であり、「属島開業」を中心とする国内生産力の増大化案はその考えに則りながら提起されたものであるといえる。

第二節　将来の予測と対応策としての対外交易論

前章における検討を通じて、人口減少傾向として捉えた現実への呼応を目的とした二つの政策案は対外交易論の適用化を内包していないという特質が明らかとなった。その一方で、利明は現実の段階のみに留まらず、その後の〝未来〟を予測し、それへの対処策を紹介している。本節においては、利明が予測した将来的問題とそれへの対応策の内容に検討を加えたうえで、前節と同様に、対外交易論との関係性についての位置づけを行う。

1　将来の予測に基づく人口増加傾向の指摘

日本の社会の展開に関する利明の予測を知るには、まず、

「後年若干の内は仮形に万民の産業も便宜く、渡世相続も安堵を得んなれども、末が末に到ば、終に以前に復んは必定なり[32]」

という記載に検討を加えるところから始めなければならない。この見解は人口減少傾向への対応策を提起した後に記されたものであり、その効果として、「万民の産業」や「渡世相続」といった人々の社会生活が安定化されると示されている。ここで着目しなければならないのは、この主張には「後年若干の内は」という前置きが付されていることである。

その点を考慮すれば、一定の時間が経過した時点において、前記の効果は減退し、「末が末に到ば」というように最終的には喪失する段階へと至り、ひいては物資需給調整の停滞により「以前」の社会状況へと回帰してしまうという見解が利明の予測ということとなる。

このように持論を表明したのは、人口数と生産力の相関関係を踏まえたうえでの論理を利明自身が自覚していたからである。その論理とは、次の一文に集約化されている。

「固より日本の国内の国産は出産に際限あり、万民の増殖は際限なし。此出産に際限ある国産を用て、増殖に際限なき国民を、末遂て余さず洩さず養育して、猶有余あらしめんとするは無理ならず哉[33]」

これは、普遍的な考えとして、もともと国内の生産力には限界があり、その一方で、国内人口は増加し続ける特徴がある、といった認識に基づきながら、将来の人口増加傾向に対して生産力の充足率が低下する状況が必ず発生するという考えを示した見解である。この指摘は一見、人口減少傾向と捉えた現実認識と矛盾するようにも見受けられるが、前節で既述したように、利明の考えは国内流通の円滑化と国内の産業開発により生産力を増大させ、物資需要への呼応を図りつつ人々の延命化を誘導し、人口減少傾向を人口増加傾向へと転換させながら労働力の増大化を誘導するというものである。その点を考慮すれば、「万民の増殖は際限なし」と記した真意は、利明の起案が効果を齎した後の、人口増加傾向へと転じた将来に発生するだろう問題を提示することにある。その問題とは、さきに触れたように、永続性を伴った人口増加傾向に対する適切な物資需給調整システムをどのように構築するかというものであり、それを安全網として事前に準備しておく必要性を確信しているからこその文言であるといえる。

ただし、この問題意識は必ずしも明確な根拠を提示したうえで表明されているわけではない。ここで、『経世秘策』と同年成立の『西域物語』「巻下」の文中において、三三年間で一九・七五倍に人口が膨張すると推算していた点を考慮すれば、『経世秘策』において展開された人口増加に関する見解は抽象的であるといえる。[34]

以上の人口数と生産力の相関関係に着目した論理に基づきながら、利明は、

「終に国民は国産よりも多く、国産は国民よりも少く迫り至る期到来せずんば非ず[35]」

と記し、〝未来〟において人口増加傾向となる社会の到来と物資充足率の低下問題の発生を「到来せずんば非ず」と確実視している。この未来像は人口減少傾向と捉えた現実認識とは異なる社会として描写されており、悲観的な現実を一旦好転化させた後に、新たな局面としての悲観的状況が到来するという予測に基づいている。したがって、将来の予測を通じて捉えた社会は、人口増加傾向に対する物資需給調整を課題としなければならない様相下に必ず置かれざるをえない社会として認識されていたと位置づけることができる。

2　人口増加傾向の社会に対する対外交易論の適用

前項で採りあげたように、利明にとっての〝未来〟の社会は必ずしも楽観視しうる様相として想定されているわけではない。この場合、その状況への対応策が求められることとなり、「万民追日追月、増殖の勢ひを為す[36]」と記すように将来の人口増加傾向の社会の到来を自明の理として捉え、さらに「国産も亦追日追月増殖せざれば、天下の国用不足する[37]」と記すように、人口増加に呼応すべき生産力の増大化が図られなければ物資充足率が低下するといった論理を提示しながら、人口増加に対する物資供給源をどのような手段により確保するかという命題が設定され、それへの呼応を意図した提言が主張されることとなる。

その際、利明の問題解決に関する姿勢は、

「元来際限ある国産を以、次第増殖に際限なき国民を養育せんことは、迚も仕難し。此仕難きことを知て前広に遠

慮し[38]」

という前置きとしての一文に含まれている。ここでは、「際限なき」とされる人口増加傾向が常態化した時点において、「際限ある」とされる従来からの国内生産力のみによる物資需給調整は限界を迎え、それに対して「仕難きことを知て」というように、まずは、政策が齎す効果の有無を事前に把握するところから、適宜な有効手段を模索してゆくべきであるといった主張が示されている。この場合、「前広に遠慮し」という表現が連続している点も踏まえれば、利明にとっての「遠」くに位置する〝未来〟に適切な政策を「慮」る態度が必要視され、そうした発想法に則りながら将来の予測に対する発案を展開してゆくといった方針を看取しうる。

この立案姿勢に基づきながら提起された解決策は、

「日本周廻の属島の島産及周廻の海産を、自然と日本へ独り入来る様に仕掛するを遠慮といふて、せでは叶ぬ国務なり[39]」

というものである。その内容は、「遠慮」を意識しながら具体策として「日本周廻の属島」における「島産」に相当する農作物や鉱産資源、ならびに「海産」に該当する水産資源の確保を要望したものである。この場合、本章第二節で触れたように、「属島開業」による国内生産力の増大化案を効果的な手段として起案していた点を考慮すれば、ここでいうところの「仕掛」とは同案そのものの適用を意味し、人口増加傾向の社会においても〝一定〟の効果を齎すものとして判断されているといえる。

したがって、もともと人口減少傾向の社会への対策として提起された前記の発案は、人口増加傾向へと転化した社会においても継続化すべき政策であり、現実ならびに将来の双方に対して有効な政策として国内に内包される諸島の産業開発が推奨されているといえる。

ただし、この政策の効果のみにより人口増加傾向への対応が完結するわけではないことを利明は自覚している。それは、

「後々末々に到り、海産島産の副力ありても、猶国用不足の期到来せん道理ある(40)」

という表現に集約されている。利明の想定によれば、「後々末々」に相当する遠い将来において、「属島開業」を通じた物資充足化が不可能となる「国用不足の期」が必然として「到来」すると予測されている。筆者はさきに〝一定〟の効果という記し方をしたが、その理由はこの引用を念頭に置いていたからである。それを踏まえながら利明の予測を順序立てて示せば次の通りである。人口増加傾向に転じた場合に、増大する物資需要への呼応を日本本土と「属島開業」からの生産力に求めることができるが、その効果はある程度の時期まで有効である。同時に労働力の増大が常態化すれば生産力も増大するが、それ以上に人口は膨張し、結果として「属島開業」からの生産力に依拠した物資充足化プランが破綻する時期が到来する。このように理解しうる論理に基づけば、人口増加傾向への対策としての「属島開業」を主眼化した政策は「国用不足の期」以前の段階までは〝一定〟の効果があり、それ以後の、国内生産力に対して人口過剰の段階に至ると有効性が喪失することになるのである。

そのような想定を示しながら、利明は黙然としているわけでなく、「国用不足の期」以後の社会を念頭においた政策案を提起している。それは、

「是を遠慮して海国に自然と具足すべき海洋の渉渡を自在にするの良法セイハルトに熟練せしめて、官船を用て運送交易し、天下に有無を通じ、万民の飢寒を救助するの制度を建立せしめば、次第に積功に随へ、万国の国産を抜取ことに長じ、次第に多く入来る故に万民の増殖に行支なく、末遂て増殖すれば終に大国となり、大豊饒、大剛国となり(41)」

というものである。ここでも「遠慮」と記されるように、将来の見通しを踏まえながら具体的な政策が提示されており、

周廻を海域に囲まれる「海国」としての立地条件を前提としながら「セイハルト[42]」と呼称される航海術の書に精通することにより、航海を意味する「海洋の渉渡」の技術を向上させ、その応用として「官船」活用による国内海運を活性化し、ひいては対外交易を可能とする段階にまで航海技術を成熟させ、結果として、諸外国の生産力を意味する「万国の国産」の獲得へと連動させるプランの有益性が主張されている。

この政策は諸外国の生産力を「抜取」ことを目的としており、ここで初めて、日本の国際化へと連動する対外交易論の適用を推奨する見解が提示されるのである。その結果として将来の総人口に対する物資供給体制が完備され、日本国が「大国」・「大豊饒」・「大剛国」化すると展望されている。この見解との関連として、日本本土への移入が期待された諸物資について触れると、

「万国へ船舶を遣りて、国用の要用たる産物、及び金銀銅を抜き取て日本へ入れ、国力を厚くすべきは海国具足の仕方なり[43]」

と記すように、日常生活に不可欠な「国用」に相当する食糧や資材、ならびに流通の仲介役としての「金銀銅」が対外交易を通じながら確保すべき諸物資として紹介されている。

これらの引用にみられる具体策には、指摘すべき幾つかの特徴がある。その一つは、単に対外交易論の適用のみを主張しているだけではなく、「官船」の使用により「天下に有無を通じ」と記すように、本章第二節で採りあげた「渡海運送交易」政策の適用による国内流通の円滑化案との連動が求められている点である。これは、人口減少傾向の社会への呼応を期待した政策案が将来の人口増加傾向へと転化した後の社会においても重要視されている点を照射するものであり、国内流通の円滑化に着目した発想は〝未来〟においても政策の基調として維持され続けていると強調しうる。

いま一つは、対外交易に不可欠な航海術の知識の「熟練」や国内流通の円滑化に資する「制度」の「建立」が誘導を

示唆する「せしめば」という表現とともに記され、「次第に積功に随へ」と経年的な育成を基盤としながらの対外交易の実践化が適宜とされている点である。これは、過度の人口増加により対外交易論の適用を不可欠とする段階へ到達した時点において、円滑な政策展開を保証する状況を事前に準備しておく必要があるとみなした見解として理解しうる。これらの特徴を有した対外交易論は、人口増加傾向の社会に対する安全網としての役割を担っているといえる。

以上の〝未来〟に出現すると予測した人口増加傾向の社会に対する政策案について、特質を踏まえながら小括すれば、次のようになる。まず、第一段階の政策として「属島開業」による国内生産力の増大化案が求められる。この提起は、人口減少傾向の社会において主張された起案と同内容であり、国内生産力の増大化に基づきながら物資充足化を図る方針は不変である。この場合、物資需給調整において〝一定〟の効果が見込まれることとなるが、その後、人口はさらに膨張すると予測され、国内の生産力のみでは対処しえない状況が発生する。そこで、第二段階の政策として、船舶を活用した対外交易論の適用が推奨されることとなる。この発案は、人口増加傾向の永続化に対する有効策として考えられており、ここに、利明にとっての〝未来〟に確実に発生するだろう物資不足問題が解決されることとなるのである。

これら一連のプランの提示から、対外交易論の適用時期について規定するならば、人口増加傾向において、国内生産力のみでは物資充足化が限界を迎える時期といった条件と、対外交易に資する海上輸送体制が確立される時期といった条件、の双方を充たす時期こそが明確な導入時期であり、〝未来〟において確実に出現すると予測された第二段階の社会がそれに該当するのである。

3 西洋の事例に基づく対外交易論の有効性

将来の予見に対する安全網として発想されていた対外交易論の実践化を主張する場合、政策の妥当性を示す必要が求

められてくる。それについて、利明は、

「天下万国の国産宝貨、皆欧羅巴に群集せりと云り。如何なる所より天下万国の国産宝貨、群集するとなれば、万国へ船舶を出し、我国の珍産良器、種々機巧の物を持渡り、其国々の金銀銅、其外長器良産と交易して我国へ入る丶ゆへに、次第に豊饒をなせり」[44]

というように西洋の事例を記しながら、持論の正当性を強調している。その内容は、西洋諸国に「金銀銅」や「長器」といった様々な諸物資が集積化される論理を提示したものであり、具体的には、「我国の珍産良器、種々機巧の物」に相当する自国内の生産物と諸外国の物資の取引を「船舶」活用による海上輸送を手段としながら展開することにより、「豊饒をなせり」、すなわち、富国化へと達した、という紹介である。

この論理との関連において、利明は対外交易論が発案された経緯についても触れている。それは、

「其国経歴年数、凡五、六千年に及びし故に、諸道の善美を尽し、治道の根本を推し、自然と国家豊饒すべき道理を究て、制度を建立せし故なるべし」[45]

というものである。ここでは、「豊饒」という表現が再び記されているように、西洋諸国を富国化へと導いた対外交易論の適用が「五、六千年」という長時間の経過の後に起案化され、その後に実践化されたという経緯が示されている。

この記述において好意的に評価された西洋諸国とは対照的に、

「支那は人道立て今を去ること三千余年、エゲフテに比すれば遅きこと三千余年、去るに因て国務に洩闕たること夥く」[46]

という見解も利明は記している。これは、中国に該当する「支那」を比較対象化したものであり、人間社会が創成されてから「三千余年」程を経年した国として紹介したうえで、西洋諸国の一つに含有されるとみなしたエジプトの経歴年

数に比すれば新しい国であり、「国務に洩闕たること夥く」というように、諸政策が未熟な段階にある国家として紹介しながら、利明はさらに、

「然るに日本の風俗人情は、支那の教訓に染て立たる風俗人情なれば、外に善事美事を求ることをせず[47]」

という見解を示している。この一文には、西洋諸国と「支那」を対比させながら紹介した理由が集約されており、中国の文化や政治を意味する「支那の教訓」を重宝とする日本の「風俗人情」の在り方に疑問を呈しながら、「支那」の影響からの脱却と西洋諸国の模範化を日本人に促すといった真意が反映されている。したがって、「支那」を引き合いに出しながら、「外」を意味する西洋諸国の「善事美事」の到達点の一つである対外交易論を理想化し、それを強調する目的のもとで前記の引用は記されているといえる。その際、西洋諸国と「支那」の優劣を判断する基準が各国の経歴年数であり、その長短を比較しながら、「支那」の倍に相当する時間を経験値として蓄積した点を上位として判断し、そこから生成された対外交易論を熟成された発想として紹介しているといえる。

以上から、長期間に亘る模索を経たうえで発案されたという経緯に信頼を置き、さらに、富国化に資する発案として機能しているといった効果の提示に基づきながら対外交易論の正当性を強調している点を特徴として指摘しうる。

ここまでの対外交易論の正当性に関する見解を提示したうえで、利明はさらに西洋諸国が実践した方法について詳述している。それは、

「算数に精き故、天文暦法測量に精く、渡海の法則を詳にし、大世界の大洋を渡海すること掌を廻すが如くし[48]」

というものである。これは対外交易に必要な航海術についての記載であり、「算数」を基礎的な素養としながら「天文暦法測量」の知識に関する専門性を醸成することにより、航海術を意味する「渡海の法則」の習得へ到達したという経緯が示されている。

こうした事例を記した目的は、

「国務の本は船舶にあり、其船舶は海洋渉渡を自在にせざれば国用に達すること難し。海洋渉渡を自在にするには天文地理渡海の法に熟さするにありて、外に拠あるに非[49]」

という見解を提起することにある。その内容は、日本が対外交易を実践する場合、「海洋渉渡」を意味する船舶を活用した海上輸送が不可欠であり、安全な航行のためには科学的根拠に基づく航海術を習得する必要があり、さらに、この技術の基盤となる「天文地理渡海」などの専門知識の醸成が求められるというものである。この論理的な主張は日本独自の方法として海上輸送体制の構築化を模索するのではなく、西洋諸国が採択してきた手法を模範化しながら対外交易論の適用に資する技術の獲得に務める方針が適宜であると強調することを目的としている。

ただし、この提起は人口減少傾向の社会ととらえた現実に対する即時の処方として紹介されているわけではない。なぜなら、既述のように、対外交易論の適用が必要とされる局面は過度の人口増加傾向の社会が到来した時期と判断されているからである。したがって、国外からの生産力に依拠せざるをえない社会の出現までを猶予期間に充当させ、その間に対外交易論の適用に不可欠な知識を「熟さするにありて」というように醸成させてゆく方針が最適であると考えられているのである。

第三節　『経世秘策』に展開された対外交易論の意義

最後に、これまでの検討結果を顧みながら、寛政一〇年（一七九八）一〇月に成立した『経世秘策』における対外交易論の意義についての位置づけを行いたい。その際、同書で展開された社会認識とそれへの対応策が段階的に記されている点を考慮すれば、現実認識とその対応策、さらに、予測した将来像とその対応策といった順序で、利明が提起したシナリオを整理し、そのうえで対外交易論の意義を明瞭化する必要がある。

まず、利明の〝今〟に相当する現実とは天明飢饉を要因とする人口減少傾向の社会であり、この状況を放置しつづければ、国内生産力の低下により物資需給調整システムが完全に破綻化すると危惧されている。その場合の対策として、①「渡海運送交易」政策の適用による国内流通の円滑化案、②「属島開業」を中心とする国内生産力の増大化案がそれぞれ提起されている。

『自然治道之弁』[50]に展開された根幹的「治道」の援用でもある①は、既存の国内海運輸送網の活用と国内生産力の備蓄量や輸送量の操作に基づきながら、安定化された物資供給体制の確立を要望した政策案である。この場合の経済的営為は為政者サイドの管轄下に置かれることとなり、その効果として、物流の円滑化による物資配分の全国的平準化が図られることとなる。その際、対外交易論の適用に依拠しながらの、国外生産力を国内に流入させる方針は考慮されていないといった特徴がある。

いま一つの政策案である②は、こちらも『自然治道之弁』において主張された属島開発政策案を援用したものである。その内容は、日本国内に内包される諸島の産業開発を推奨したものであり、産出される生産力の増大化を目的としている。その際、「蝦夷之諸島」が最も重要な開発対象地に指定されている。その効果として、鉱産資源・農作物・水産資源の確保に基づく物資充足率の上昇化が期待されている。また、主に北方に点在する開発対象地が日本の領域として諸外国に顕示されるといった効果も期待されており、とくに、対ロ外交問題の解決化も視野に容れられている。この政策案は産業開発の対象地を既存の日本国内領域のみに限定しており、①同様に対外交易論の適用との関連性が考慮されていないといった特徴がある。

したがって、経済圏を日本国内のみに限定化し、国内流通の円滑化や国内の産業開発に主眼を置いた経済政策により人口減少傾向として捉えた現実を解決化してゆく方針が利明の政策的基調であり、対外交易論の適用との関連性を看取しえない①②の二つの政策案はその方針に則りながら提起されたものである。

つづいて、〝未来〟に相当する利明が予測した将来の社会とは、前述した二つの政策案の導入効果により成立するものであり、それは人口減少傾向から人口増加傾向へと転換した社会である。しかし、この趨勢は「国産は国民よりも少く迫り至る期」を境として物資充足率の低下現象を発生させることとなり、物資需給調整を課題としなければならない状況が再び到来するとみなされている。こうした予測に基づきながら段階的な対処による問題解決が模索されることとなり、次の通りの展開が提起される。

人口増加傾向の社会においては、まず、第一段階の政策として、もともと人口減少傾向の社会に対する政策として提起されていた②「属島開業」による国内生産力の増大化案の継続化が求められ、新興の産業開発による生産力と従来からの国内生産力を併用しながらの物資充足化が図られる。しかし、その効果はあくまでも一時的なものであり、人口数と生産力の均衡が保たれている時期までを有効期限とする。その後、人口が際限なく膨張し続けることにより、「後々末々」の「国用不足の期」が到来し、国内生産力に対して人口過剰の状況が出現する。この現象は日本周廻の島々を内包する国内領域からの生産力による物資充足化が限界を迎えることを意味している。そこで、第二段階の政策として、船舶を活用した対外交易論の適用が求められ、国外からの物資移入による物資充足化が図られる。その際、①「渡海運送交易」政策の適用による国内流通の円滑化案との連動が考慮され、国内海運輸送網の活用による物資配分の全国的平準化が期待されている。このプランにおいて、対外交易論の適用を実践化する場合には、海上輸送体制の構築や航海技術に関する知識の醸成が不可欠であり、それら叡智の獲得に資する模範として西洋諸国の成功事例が理想として紹介されているといった特徴がある。

以上のシナリオから、『経世秘策』における対外交易論の意義を指摘するならば、同論は国内開発論の適用のみでは対処不全をきたす過度の人口増加現象の予測に基づく提言であり、国内流通の円滑化や国内の産業開発を政策的基調とする方針に付帯された将来的な安全網としての役割を担っているという位置づけとなる。この理解は、前章で検討を加えた『西域物語』における指摘と同一であるといえよう。

註

（1）『経世秘策』は「巻上」・「巻下」・「補遺」・「後編」により構成されている。「巻上」ならびに「巻下」については版本の体裁により刊行された形跡がある。ただし「巻下」の末尾に「印造三十部頒同志」という付記が印字されているように公刊を目的としたものではない。本章における『経世秘策』からの引用については塚谷晃弘氏の校注による『大系』所収の翻刻版の掲載頁を記載した。以下、〈『経世秘策』「巻上・巻下・補遺・後編」『大系』、～頁〉と略記する。なお、東北大学附属図書館蔵狩野文庫蔵の版本『経世秘策』「巻上」・「巻下」〈狩野文庫請求№：6-18714-2／マイクロフィルムリール№：FCA-002〉および、「補遺」を含む国立国会図書館蔵の写本『豊饒策』〈請求記号：211-232／マイクロフィルムリール請求記号：YD-古-2342〉、ならびに『経世秘策』「後編」に相当する国立公文書館蔵の写本『国家豊饒策』〈請求番号：182-0446〉を適宜参照した。

（2）『経世秘策』「巻下」『大系』、二七頁。

（3）『経世秘策』「巻下」『大系』、二七頁。なお、利明は天明五年（一七八五）の時点で東北方面へ赴き、現地の凄惨さと直面しており、天明飢饉に関する観察記録を記している。なお、この経験談は『経世秘策』のみならず『自然治道之弁』・『西域物語』・『交易論』・『経済放言』においても紹介されている。

（4）陸奥国仙台領三ヶ村（仙台領北部・胆沢郡下若柳村、同領南部・柴田郡足立村、仙台領中部・磐井郡中村）の事例を通じて、天明飢饉が農村人口と世帯に与えた影響を仮説として提起したものとして、山本起世子氏の成果〈山本起世子「天明飢饉期・陸奥国農村の人口と世帯――仙台領三ヶ村の比較――」高木正朗編『一八・一九世紀の人口変動と地域・村・家族――歴史人口学の課題と方法――』（古今書院、二〇〇八年）、四九～六五頁〉がある。同氏の興味深い指摘①～⑥を以下に列挙する。①一七八四年は男性は女性より粗死亡率が高いことから「粗死亡率における性差は、女性の高い脂肪率や低い代謝率など、生理学的違いによるのかもしれない」（下若柳村）。②持高の多い領域のため「食糧不足による餓死者は少なかったと思われ」、死亡事例の多くは「栄養不良と疫病の流行で死亡したのかもしれない」（同村）。③飢饉時には「死亡および無行方の増加によって絶家が増加した」（同村）。④「高齢者の死亡が多かった」（足立村）。⑤絶家の急増について「伝染病による死亡あるいは逃散（無行方）が主な原因であろう」（同村）。⑥消失者に六〇歳以上が多いことから「高齢者層に飢饉の影響が最も大きく現れる」（中村）。これらの特徴について利明が緻密な認識を有していたとは言い難い。なお、以上の有益な山本氏の分析結果は「天明飢饉期・東北農村の人口変動と死亡構造――仙台領三箇村の事例――」『立命館大学人文科学研究所紀要』第八七号（二〇〇六年、一三三〜一六〇頁）にも詳述されている。

（5）菊池勇夫『飢饉から読む近世社会』（校倉書房、二〇〇三年）、五五頁。なお、速水融氏は「一八世紀の奥羽地方は、人口減少に直面して、領主も農民も苦しみ、領主側は、最終目的が年貢確保であれ、人口維持のための政策、育児手当の支給という、世界史的にも稀な政策を実施するところまで追い詰められた時代であった。現在の研究状況では、これらの政策の実際の成果について判定を下すことはできないが、「人口」が、これほど強く意識されたことは、奥羽諸藩に共通する特徴であろう」〈速水融「近世―明治期奥羽地方の人口趨勢――農村における「近世」と「近代」――」『歴史人口学研究――新しい近世日本像――』（藤原書店、二〇〇九年）、三七九頁〉と指摘している。

（6）南和男「寛政期の諸国人口動態について」林陸朗先生還暦記念会編『近世国家の支配構造』（雄山閣出版、一九八六年）、三三七頁。なお、同氏は、天明飢饉の影響による人口数の増減について、「天明六年より寛政四年にかけては、天明飢饉の影響から人口数はいまだ回復せず、大半の国々や地域では依然として人口は減少の傾向にあったことが知られる。しかし一部の国や地域では多少の増加が認められた。したがって、寛政四年は現在判明する全国人口数のなかで、もっとも低い数値を示している」〈同書、三三五〜三三八頁〉とも指摘している。その他に、速水融氏は天明飢饉をはさむ時期（一七五六〜一七八六年）の全国人口の変化を踏まえながら「災害年に激しい減少を示した東北ですら平常年はプラス」〈速水融「近世後期人口変動の地域的特性」『歴史人口学研究――新しい近世日本像――』（藤原書店、二〇〇九年）、二八頁〉という見解を提起している。

（7）速水融「近世後期人口変動の地域的特性」『歴史人口学研究――新しい近世日本像――』（藤原書店、二〇〇九年）、三八頁。

（8）速水融「近世後期人口変動の地域的特性」『歴史人口学研究――新しい近世日本像――』（藤原書店、二〇〇九年）、三九頁。同氏は「徳川時代の経済諸量について、全国数値の得られるものはごくわずかしかない」（同書、三八頁）とも指摘している。なお、研究意義が確立された分野に相当する歴史人口学の立場から徳川時代の人口に焦点をあてた分析は多岐にわたるが、有益な成果を簡潔に纏めたものとして浜野潔氏の『歴史人口学で読む江戸日本』（吉川弘文館、二〇一一年）がある。

(9)『経世秘策』「巻上」『大系』、一三頁。
(10)『経世秘策』「巻上」『大系』、一三頁。
(11)『経世秘策』「巻下」『大系』、二七頁。
(12)沢山美果子「妊娠・出産・子育て――歴史人口学と社会史の対話――」木下太志・浜野潔編著『人類史のなかの人口と家族』(晃洋書房、二〇〇三年)、六四頁。
(13)沢山美果子「妊娠・出産・子育て――歴史人口学と社会史の対話――」木下太志・浜野潔編著『人類史のなかの人口と家族』(晃洋書房、二〇〇三年)、七三頁。同氏は「これらの方法のうち、どれを選び取り、どこに重点を置いたかは、地域によっても、時期によっても異なる」〈同書、同頁〉という特徴も指摘している。
(14)『経世秘策』「巻下」『大系』、二八頁。
(15)徳川時代後期の飢饉と人口数の因果関係についての分析結果として、斎藤修氏は、「飢饉の人口減少効果の少なからぬ部分は出生率引下げを通じたものであった」〈斎藤修「飢饉と人口増加速度――一八～一九世紀の日本――」『経済研究』第五一巻第一号(二〇〇〇年)、三六頁〉と指摘している。
(16)文化四年(一八〇七)段階において利明と同時代人である小宮山楓軒(一七六四～一八四〇)は、『楓軒偶記』に「利明又曰」として「享保以後江戸は増殖すれども、諸国多は人口減ず」〈以上、小宮山楓軒『楓軒偶記』早川純三郎編『百家随筆 第二』(国書刊行会、一九一七年)、一二〇頁〉と記している。この記述と、楓軒が利明の『国家豊饒策』(筆者注:『経世秘策』の別称)を経眼していた〈秋山高志『水戸の書物』(常陸書房、一九九四年)、二六頁〉点を考慮すれば、楓軒は『経世秘策』成立時である寛政一〇年(一七九八)段階および文化四年段階における利明の人口についての認識をそれぞれ知っていたことになる。
(17)山本起世子「天明飢饉期・陸奥国農村の人口と世帯――仙台領三ヶ村の比較――」高木正朗編『一八・一九世紀の人口変動と地域・村・家族――歴史人口学の課題と方法――』(古今書院、二〇〇八年)、六四頁。
(18)『経世秘策』「巻下」『大系』、三六頁。
(19)『経世秘策』「巻下」『大系』、三五頁。
(20)「交易館」への物資貯蔵を推奨する考えは寛政改革期に展開された備荒貯蓄政策と酷似しているといえる。ただし、「備荒貯蓄政策の特徴は、地域住民(村・町)側に運営組織を作らせて自主的に管理させ、領主側が監督する地方行政的なシステムの構築であったという点である。幕府が公儀として御救いに全面的に責務を担うというのでもなく、また年貢の一部のように徴収して領主側が管理するのでもない、新たな危機管理の模索であり、社会思想的には社会論の展開がその裏付けとなった」〈菊池勇夫「享保・天明の飢饉と政治改革――中央と地方、権力と市場経済」藤田覚編『幕藩制改革の展開』（山川出版社、二〇〇一年）、七九頁〉という指摘を考慮すれば、利明の提起は地域住民の営為を軽視し、為政者側の統括管理を適宜としている点において、実態と真逆の主張であるといえる。なお、利明と同時代人である中井竹山（一七三〇～一八〇四）の社倉論に着目したものとして西岡幹雄氏の成果〈西岡幹雄「江戸期における「常平倉」「社倉」論――太宰春台と中井竹山の「厚生」的「経済」思想」八木紀一郎編著『非西欧圏の経済学――土着・伝統的経済思想とその変容――経済思想　第一一巻』（日本経済評論社、二〇〇七年）、七四～一一三頁〉がある。

(21) 山本起世子「天明飢饉期・陸奥国農村の人口と世帯――仙台領三ヶ村の比較――」高木正朗編『一八・一九世紀の人口変動と地域・村・家族――歴史人口学の課題と方法――』（古今書院、二〇〇八年）、六四頁。

(22) 渡辺英夫『東廻海運史の研究』（山川出版社、二〇〇二年）、八頁。

(23) 上村雅洋『近世日本海運史の研究』（吉川弘文館、一九九四年）、八～九頁。

(24) 石井謙治『江戸海運と弁才船』（日本海事広報協会、一九八八年）、一六頁。

(25) 柚木学『近世海運史の研究』（法政大学出版局、一九七九年）、二六頁。

(26) 『経世秘策』「巻下」『大系』、三五頁。

(27) 事例の紹介となるが、陸奥国二本松藩の天明飢饉後の人口増加政策は「移入者数から移出者数を減じた「社会増加」と出生者数から死亡者数を減じた「自然増加」との両面で施策を立てた（中略）「社会増加」面については「越百姓（他領からの引越百姓）の奨励」を行い、領地以外からの人口移入を図った。そして自然増加面では「赤子養育仕法」を採用した」〈高橋美由紀「近世中期の人口減少と少子化対策」『日本労働研究雑誌』第五六二号（二〇〇七年）、六～七頁〉というものである。

(28) 『経世秘策』「補遺」『大系』、四四頁。

(29) 『経世秘策』「補遺」『大系』、五〇頁。

(30) 『経世秘策』「補遺」『大系』、五〇頁。

(31) 国内生産力の増大化を要望した場合に、利明が着目した地域は蝦夷地であるが、「小急務の条々は、何れも日本の国内より出産する所の国産を用て、国内の万民を養育する仕方なり。其仕方をいへばいまだ可に当らざるは矯直し、可に当らしめ、或はいまだ発業せざるは改革して発業させしめ、国産の出産を次第に潤沢にし、国産の融通も次第に便宜にし、万民も次第に増殖し、国家を守護する仕方の大概なり」〈『経世秘策』「後編」『大系』、八四頁〉と記すように、日本本土内の既成・未着手双方の領域の開発策も併記しており、

「小急務」案に含まれる田畑の開発が推奨されている。なお、「小急務」案は鉱産資源の活用、河川改修、田畑の開発それぞれを方策として列挙したものであり、『経世秘策』「後編」に纏められている。

(32)『経世秘策』「後編」『大系』、八四頁。

(33)『経世秘策』「後編」『大系』、八四〜八五頁。

(34)『西域物語』において展開された、三三年の期間が経過すれば人口が一九・七五倍に膨張するという数値は『経世秘策』において一切記されていない。

(35)『経世秘策』「後編」『大系』、八五頁。

(36)『経世秘策』「巻上」『大系』、一二頁。

(37)『経世秘策』「巻上」『大系』、一二頁。

(38)『経世秘策』「後編」『大系』、八五頁。

(39)『経世秘策』「後編」『大系』、八五頁。

(40)『経世秘策』「後編」『大系』、八五頁。

(41)『経世秘策』「後編」『大系』、八五頁。

(42)「セイハルト」とは利明が航海技術の学を会得した基礎資料『シカットカアメル』(フリース著)第一巻の『大測表』に相当するものである〈塚谷晃弘「頭注」『大系』二〇四〜二〇五頁、二〇七頁〉。

(43)『経世秘策』「巻下」『大系』、三二頁。

(44)『経世秘策』「巻下」『大系』、三〇頁。

(45)『経世秘策』「巻下」『大系』、三一頁。

(46)『経世秘策』「巻下」『大系』、二九頁。

(47)『経世秘策』「巻下」『大系』、三一頁。

(48)『経世秘策』「巻下」『大系』、三一頁。

(49)『経世秘策』「後編」『大系』、八五頁。

(50)『自然治道之弁』においては人口増加傾向の社会や対外交易論の適用については一切記されていないといった特徴がある。

第八章　『交易論』における対外交易論

本章においては、『交易論』〈享和元年（一八〇一）七月成立[1]〉を分析対象とし、同書に展開された対外交易論の意義について位置づけを行う。それに際して、同書の成立事情についても若干触れておく必要がある。『交易論』は享和元年（一八〇一）段階の利明の蝦夷地渡航中に著されたものであり、その他の経済政策論説とは異質の環境において成立したという特徴がある。経済政策思想の明確化という本書の趣旨とは若干乖離するかもしれないが、蝦夷地への関わりのもとで同書が成立している点を考慮すれば、本章において、利明と同地の関係性を一旦整理しておくことは無意味ではあるまい。したがって、利明と蝦夷地の関係史についての編年的な概括や、『交易論』が著された蝦夷地渡航の行程をまずは導入として紹介する。そのうえで、同書の内容に対する検討を加え、利明が問題視していた社会問題とその対応策の関係性を明瞭化し、対外交易論が現実政策の一環に位置することとなったという事実を証しながら、同書における同論の意義を指摘する。

第一節　利明と蝦夷地の関係性

1　徳川時代後期の北方情勢と利明の北方関連著述について

利明と蝦夷地の関係性を段階的に理解するためには、その準備として徳川時代後期の北方事情ならびに対外情勢についての概括的な把握が前提として求められる。以下、それらの展開を時系列として纏めておく。その場合、本書において既出となる先行研究や資料の引用が多々散見されることとなるが、本章全体の重要な要素に相当するといった点を考慮すれば、むしろ適宜な重複である。

蝦夷地は徳川時代初期以来、実質的には松前藩の統治下にあり、場所請負制に基づきながら同地在住民との交流が展開されていたが、利明生存時に該当する徳川時代後期にはその様相が変化し、幕府当局サイドからのアプローチが図られつづけられることとなった。その場合、蝦夷地の統治方法に着目した内政的観点と、同地へのロシアの接触を問題視した外交的観点の双方が複合化されながら様々な対処が考案されている。為政者サイドが念頭に置き続けたこれらの課題に着目しながら、国政上における蝦夷地との関係を編年的に整理すると、次のような過程を示すことができる。

徳川幕藩体制下において、アイヌ交易への主体的関与は場所請負商人を通じて松前藩が独占するところであり、蝦夷地不介入の方針が幕府の基調方針であった。その結果、ロシアとの外圧問題が生ずる一八世紀中後期ごろまでには、松前藩の場所請負制はほぼ北海道島を覆い尽すまでにいたり、そのかぎりでは本来アイヌ民族の領土であった蝦夷地の実質的な松前藩領域化[2]という状況が出現することとなった。

こうした蝦夷地に対する関心は、明和八年（一七七一）にロシアの捕虜であったベニョフスキー〈Benyovszky, Miric（一七四六～一七八六）（ハンガリー）〉が流刑地カムチャッカから脱出したのち、長崎のオランダ商館などに日本の北方へのロシアの侵食を警告した書簡を送り、それが幕府サイドへと通達された出来事により高まりをみせることとなる。補足すれば、この事件は、のちに林子平（一七三八～一七九三）による『海国兵談』〈天明六年（一七八六）成立[3]〉などの取り上げるところとなり、日本の一部に一大センセーションを巻き起こす[4]こととなる。

このベニョフスキーの警告以降である安永元年（一七七二）一月一五日に田沼意次（一七一九～一七八八）が老中に就任する[5]。田沼政権下の安永七・八年（一七七八・一七七九）に、ヤクーツクの商人レベジョフ・ラスートチンが派遣したシャバーリン一行が、ウルップ島を中継地として二度にわたり北海道のネモロ、アッケシに到来し、松前藩に交易関係の樹立を申し出て拒絶される事件が発生しており[6]、その影響下に対ロシア政策を趣旨とした仙台藩医工藤平助（一七三四〜一八〇〇）による『赤蝦夷風説考』が成立する[7]。天明四年（一七八四）に同書を内覧した老中田沼意次は、勘定奉行松本秀持（一七三〇〜一七九七）に蝦夷地取調べを命じ、また天明五・六年（一七八五・六）には普請役を蝦夷地に派遣し、実地見分を行わせることとなった[8]。

蝦夷地の調査において、幕吏は東蝦夷地方面ではウルップ島まで、西蝦夷地方面ではカラフト西海岸ナヨロまで達し、師利明の代行として参加した最上徳内（一七五五〜一八三六）がエトロフ島でロシア人イジュヨらと出会っており、また、天明六年（一七八六）には飛彈屋久兵衛（一七六六〜一八二七）の請負であった東蝦夷地アッケシ・キイタップ・クナシリの三場所を一年間休ませ、廻船御用達苫屋久兵衛に幕府による「御試交易」が実施されている[9]。それ以外にも、蝦夷地開発のプランが松本のところで立案され、蝦夷地における新規の交易に関する取り組みは、長崎貿易に支障をきたし金銀銅の流出に繋がるとして見送られたものの、アイヌの農耕民化ないし諸国からの長吏・非人の蝦夷地移住によって、一一六万六、四〇〇町歩にも及ぶ新田畑の開発を進めるとし、これを田沼も了承していた[10]。

天明六年（一七八六）八月二七日における田沼意次の老中退任、同年九月の将軍徳川家治の逝去、同年閏一〇月の松本秀持の罷免を経たのち、同七年（一七八七）六月一九日に老中に就任した松平定信[11]（一七五八〜一八二九）の意向により、この計画は途絶する。定信は蝦夷地非開発の立場をとっており、むしろ蝦夷地を不毛の地にしておくことの方が対ロ関係上安泰であるという[12]考えをもっていた。

この方針は寛政元年（一七八九）五月に飛彈屋久兵衛請負のクナシリ場所およびキイタップ場所メナシ地方のアイヌたちが、運上屋・番屋の飛彈屋雇人を襲い、支配人・通詞・番人・船頭・水夫合わせて七〇人、および松前藩上乗役足軽一人を殺害した[13]いわゆる寛政の「蝦夷騒動」の発生[14]により、あらためて討議されることとなる。松前委任ならびに蝦夷地非開発といった松平定信の方針に対して、老中格の本多忠籌（一七三九～一八一二）が示したのは、松前藩転封および幕府役人の蝦夷地派遣による開発という構想であり、双方の議論を経ながら、定信の方針が採択されることとなった。ただし、忠籌の見解が完全に否定されたわけではなく、幕府は寛政三・四年（一七九一～九二）に普請役最上徳内らを蝦夷地に派遣し[15]、ウルップ島などを見分するのとともに、「御救交易」[16]をアツケシ・ソウヤなどで行っており、幕府サイドの踏査による蝦夷地調査は継続化される。

同時期に該当する寛政四年（一七九二）九月三日には、ロシア使節アダム・ラクスマン〈Laksman, Adam Kirilovich（一七六六～？）〉がネモロに来航し、国交を要求する出来事が発生し、「蝦夷騒動」ならびにラクスマン来航といった内政上・外交上の事件が定信政権の解決課題に位置することとなった。その対応策として起草されたのが、同年一二月一四日に建議として起草された『蝦夷御取締建議』である。その内容は、蝦夷地の松前委任を原則に、三年ないし五年に一度の「御救交易」の実施、クナシリ・ラッコ島（ウルップ島）辺の不時見分といった対策も含んでいるが、北国郡代（ないし奉行）の設置を最大の目標としていた[17]。この北国郡代構想は、盛岡・弘前両藩から三、〇〇〇石ないし四、〇〇〇石ずつを収公し、青森もしくは三馬屋に郡代を置き、この郡代に松前へ乗り来る船の改め、および長崎向け俵物の集荷・回漕を担当させるというもの[18]であった。この計画は寛政五年（一七九三）七月二三日の松平定信の老中退任により途絶し、外交上の問題への現実的対応は老中松平信明（一七六〇～一八一七）や老中格本多忠籌により構成される、いわゆる「寛政の遺老」政権[19]により模索されることとなる。

その後、寛政八年（一七九六）のブロートン〈Broughton, William（一七六二～一八二一）〉指揮によるイギリス船のアブタおよびエトモ来航を経て、松前御用掛の設置や見分役人の派遣が行われる。さらに、同一〇年には、一八〇名余に上る調査隊の派遣により蝦夷地経営の基礎調査が実施される。近藤重蔵（一七七一～一八二九）・最上徳内らがエトロフ島に渡り、北西岸のタンネモイに「大日本恵土呂府」の標柱を建てたのはこのときである[20]。

これらの経緯に基づきながら、寛政一一年（一七九九）に東蝦夷地の仮上知、享和二年（一八〇二）に東蝦夷地の永上知、文化四年（一八〇七）に蝦夷地一円上知、文政四年（一八二一）に全蝦夷地の松前藩還付[21]という一連の流れが展開される。その過程は、寛政改革期には松前委任・非開発策がとられて直轄・開発策とその亜種は圧伏されたが、政策としては役人に継承され、ふたたび寛政一一年（一七九九）から具体的な政策として実行に移された[22]、という理解が適宜である[23]。

以上のように、徳川時代後期は、各人・各国の意向に基づきながら蝦夷地に対するアプローチが展開された時期である。この時代において、利明は蝦夷地に関連した見解をいくつかの著述、あるいは他者が記した校訂作業や序文の作成を通じて遺している。一九七〇年代の研究である塚谷晃弘氏の整理[24]を参考としながら、それらを編年的に並べると、次の通り（①～⑩）である。

①『大日本の属島北蝦夷之風土草稿』〈天明六年（一七八六）一月成立〉
②『赤蝦夷風説考』〈天明六年（一七八六）成立〉最上徳内著・利明校訂
③『天明六丙午蝦夷地見聞記』〈天明八年（一七八八）成立〉
④『蝦夷拾遺[25]』〈寛政元年（一七八九）一一月以降成立〉
⑤『蝦夷国風俗人情之沙汰』の「序文」〈寛政三年（一七九一）一月成立〉最上徳内著・利明序文
⑥『蝦夷土地開発愚存之大概[26]』〈寛政三年（一七九一）一月成立〉

⑦『蝦夷開発に関する上書』[27]〈寛政三年（一七九一）一〇月成立〉※同四年（一七九二）七月版も有り
⑧『外郎異談』〈寛政六年（一七九四）閏一一月成立〉人見璣邑問・利明答・朝比奈厚生校訂
⑨『北辺禁秘録』〈寛政七年（一七九五）一月成立〉最上徳内述・利明校訂
⑩『蝦夷道知辺』〈寛政十三年（一八〇一）一月成立〉

これらは、蝦夷地の風俗や地誌の記録に力点を置いたものや、ロシア情報を意識したうえでの対処策を提起したもの、他者の紀行文に自説を補足したものなど、内容表現において多様な形態が採られている。これらに共通しているのは、いずれも田沼意次・松平定信・寛政の遺老と連続する各政権期において成立している点であり、蝦夷地に対して国政上の関心が向けられつづけたという時代環境の影響下に利明独特の観点が醸成されていったことを証している。

その他に、国内における経済政策論を展開した著述にも断片的に蝦夷地関連の情報や、諸政策との連動を意図した蝦夷地開発論などが記されており、『自然治道之弁』〈寛政七年（一七九五）一月成立〉・『西域物語』〈寛政一〇年（一七九八）八月成立〉・『経世秘策』〈同年一〇月成立〉・『交易論』〈享和元年（一八〇一）七月成立〉・『長器論』〈同年八月成立〉・『経済放言』〈同年八月以降成立〉がそれに該当する。これらの場合、蝦夷地を中心とする北方情勢への関心が時論的な提言と関連させられているといった共通項がある。

これらの業績において、蝦夷地に対する関心が継続化されている点を踏まえれば、同地の情勢をどのように把握すべきなのか、あるいは、同地に対してどのような対処が適宜なのか、という利明の問題関心は、時代環境の変化に並行しながら堅持されつづけていたといえる。そうした傾向は田沼意次や松平定信などの為政者サイドや、工藤平助や林子平などの有識者といった同時代人にも見受けられるものであり、国政における蝦夷地問題という大局的な課題に対する諸説諸論の中に利明の発想も位置しているといえる。

２　天明・寛政期における利明の蝦夷地渡航説について

これまでの理解を前提としながら、着目すべきは利明がどのような経路により蝦夷地に関する情報を入手していたのかという問題である。先行研究において指摘されてきたように、利明は第三者からの、たとえば、門弟である最上徳内などの伝聞に大きく依拠しながら蝦夷地と接している可能性が高く、蝦夷地に対する実体験が認められるのは享和元年（一八〇一）の蝦夷地渡航のみである。それとは対照的に田沼意次・松平定信政権期に該当する天明・寛政期の渡航については疑問視されている。

天明・寛政期における利明の蝦夷地渡航説は、〈1〉『蝦夷開発に関する上書』〈寛政三年（一七九一）一〇月もしくは同四年（一七九二）七月成立〉や門弟宇野保定の述した〈2〉『本多利明先生行状記』〈文化一二年（一八一五）〜文政九年（一八二六）の間に成立〉、などに記された文言から伝わるものである。それぞれの資料における記載を次に紹介してゆくと、まず、〈1〉には、

「私儀北越出生之者故、壮年之節は水主に紛れ度々渡海仕候、蝦夷土地風俗人情之儀能く奉存(28)」

と記されており、寛政四年（一七九二）七月以前の段階において既に蝦夷地を訪問したという情報が示されている。ただし、その詳細については明示されていない。つづいて、門弟から発された〈2〉には、

「先生蘭書に因て渡海の法を考へ、大船製作の法を弁し、乗渡正しき理を詳にして国家の用に備へ、異国来襲の時は戦艦となし、常は国用を達す、誠に国家の重器なり、此の一條をハ松平越中侯［御老中白川侯也］聞召、奉達上聞、本多翁を御呼立、渡海の法を乗試可申よし被仰付、御船奉行向井将監殿に被仰渡、蝦夷地を乗廻し「カムサスカ」辺まで

も渡海すへきよしにて、金子千五百両御渡しあり、これによりて千二百石積の船を造作して天明四年四月出帆す。[29]」と記載されている。これは、老中松平定信と接触[30]し、その経緯により幕府サイドからの要請として天明四年（一七八四）四月に蝦夷地調査に赴いた、という事跡に触れたものである。ただし、この〈2〉について指摘すれば、天明四年四月の時点では、松平定信は老中に就任しておらず、門弟宇野保定の誤解に基づく情報として理解すべきである。したがって、〈2〉に記載された内容は歴史的事実としては成立しないことなる。これら〈1〉・〈2〉を総合的に理解すれば、天明四年四月の蝦夷地渡航は認められないものの、寛政四年七月以前に蝦夷地渡航を経験している可能性がないとはいえない、といった曖昧な位置づけとなる。

このような理解を前提としながら、蝦夷地渡航に関連する興味深い資料を以下に幾つか紹介しておきたい。それは〈3〉『蝦夷拾遺（『本多（田）氏策論　蝦夷拾遺』）』〈寛政元年（一七八九）一一月以降成立〉ならびに既出の〈4〉『蝦夷開発に関する上書』であり、〈3〉には、

「浚廟の御時天明五乙巳翌丙午両年（筆者注―一七八五・八六年）の内、本朝の属島蝦夷国界御見届御用被仰出たり。依之彼地江有司可被差遣に極れり、於是利明窺に懐ふに、幸甚成る哉此時に逢ふ事、何卒して彼地へ我党を仮令匹夫に成り共為し遣し度、因之謂を設け、其筋の有司に便り、是を請ふ。漸く成て余か末弟最上徳内といふ無禄人あり、此者を彼地へ先陣に契諾決整したり。小計策に当りて蝦夷土地に遣しけり（下略）寛政元巳酉年十一月

本田利明甫[31]」

という記載がみられるように、天明五年（一七八五）・天明六年（一七八六）の幕府の蝦夷地調査に利明の代理として門弟の最上徳内が派遣されたという経緯が示されている。この内容との関連として、利明本人が調査に不参加であった理由が〈4〉に記されており、それは、

「五十歳之今日迄も開発之仕方昼夜心底不相離工夫相凝罷有候。然る所八ケ年已然巳年春（筆者注――一七八五年春）、蝦夷土地見聞御用被仰出候之間、甚以能き時節と奉存罷在候所、幸と前以知人にて御普請役青嶋俊造と申仁、右御用被仰付候ニ付、私儀も如何様之御奉公筋にても彼地江罷越度旨相願候処、幸ニ足軽ニ召抱可呉段申聞候に付取極申候。然る処私義折節病気に付、丹州村山郡楯飛村出生之者にて、江戸奉公稼に罷在居町人之手元に罷在候私門人に相成候徳内儀、甚以前より私手前ニ差置、器量之程に見届候者に付、私代りに差遣度段、右俊造へ相願差遣申候、其節蝦夷土地へ被罷越候御普請役之内、天文地理等之心得有之候衆中も無之、右徳内儀少々相心得候者に付、東蝦夷地諸島道先相勤渡海仕候[32]」

というものである。ここでは、「巳年春」に該当する天明五年（一七八五）の渡航に加わる予定であったが、利明自身が「病気」のため参加を断念し、代理として門弟最上徳内を派遣させることとなったという事情が示されている。この内容は〈3〉とほぼ同内容であるだけでなく、天明五年（一七八五）の蝦夷地調査が、田沼政権下の勘定奉行松本伊豆守秀持管轄のもとで、山口鉄五郎・庵原弥六・佐藤玄六郎・皆川沖右衛門・青島俊蔵を普請役として行われ[33]、それに最上徳内も参加しているという確実な史実を考慮すれば、〈3〉・〈4〉における記述の信憑性は高いといえる。また、この蝦夷地調査の行程などが徳内から逐一、利明に伝えられた[34]という後日談にも着目すれば、天明期における利明の蝦夷地認識は最上徳内の体験を通じて齎されたという理解が適切である。

さらに、最上徳内著『赤蝦夷風説考』〈天明六年（一七八六）成立と推定〉に利明の校訂が施され、また、徳内著『蝦夷国風俗人情之沙汰』に利明の「序文」〈寛政三年（一七九一）一月の記載〉が寄せられ、さらに、徳内述『北辺禁秘録』〈寛政七年（一七九五）一月成立〉に利明の校訂が施されている点も併せて考慮すれば、蝦夷地を度々訪問した門弟最上徳内と蝦夷地に関する情報を共有化[35]しながら、利明自身にとっての蝦夷地像が醸成されていった可能性が高いと

表-1 『渡海日記』による蝦夷地渡航行程表(38)

No.	月日	『渡海日記』の記載	動向
1	5/8	酉五月八日房州柏崎出帆	安房国柏崎出帆
2	5/9	翌九日上総国興津へ船を入、日数七日、日和待仕	上総国興津へ船を入れる
3	5/17	同月十七日好風を得候間同所出帆	興津を出帆
4		同国松部へ船を入、日数四日、日和待仕	上総国松部へ船を入れる
5	5/22	同月二十二日好風を得候間同所出帆	松部を出帆
6		下総国銚子地崎犬吠ケ鼻の沖にて子丑へ針路を相改	針路変更
7	5/26	同月廿六日地方へ船を寄試候所、南部宮古にて則船を入	南部宮古へ着船
8	5/27	翌廿七日より楫修覆仕	宮古滞留
9		日和無之、日数八日滞船仕	宮古滞留
10	6/5	六月五日好風を得候間同所出帆	南部宮古出帆
11	6/11	同月十一日大抵東蝦夷オツチシ近所にも可有之哉	落石付近へ到着
12		オツチシとキイタツプの間に候得とも彼是是と手間取候内、キイタツプも風上に相成船入かたく	落石と霧多布の間を漂流
13		颿戻り悪消へ船を入早刻御会所え相訴候	厚岸（悪消）へ着船
14	6/17	同月十七日好風を得候間同所出帆	厚岸出帆
15	6/17	即日イロリ島迄罷越	ユルリ島（緩島）迄到着
16		イロリ島の儀は東蝦夷海道一の難所ゴヨマイ瀬戸通り七里の入口にて此所に日数五日日和待仕候	珸瑤瑁海峡の入り口にて滞留
17	6/23	同月廿三日好風を得候間、同所出帆	ユルリ島（緩島）出帆
18		即日根諸迄凡十四五里罷越、即刻御会所へ相訴候	根室近辺に接近
19		当場所へ可揚荷物並に可積入荷物荷役相済次第忠類へ相廻り、同所へ荷物不残陸揚可仕旨	当地役人大島栄次郎よりの申付
20		七月十一日迄日数十九日之内荷物不残揚積ともに相仕舞	荷物の揚げ・荷降ろし
A		「享和元辛酉七月上旬於根諸之潤誌　本多利明」（『交易論』より）	『交易論』執筆
21	7/12	翌十二日同所出帆	根室出帆
22	7/13	翌十三日同所出帆	根室出帆
23		志別沖に汐繋仕御会所へ相訴候	志別沖に滞留
24		当所より直に江戸廻しの荷物積入早速罷登候様可仕旨被申渡候	当地役人大島栄次郎よりの申渡
25	7/16	同月十六日迄日数四日之内荷役相済、都合千拾三石目積請同日同所出帆江戸表へ赴き	志別沖から出帆
26	7/23	南部宮古迄罷越、同月廿三日船を入水主ともへも休足為仕候	南部宮古到着
B	8/1	「享和元辛酉年八月朔旦　東蝦夷根諸帰帆　凌風丸御船奥州宮古港碇宿之内　北夷齋　本多三郎右衛門利明謹誌」（『長器論』より）	『長器論』執筆
27		其後日和無之日数十七日滞船仕	宮古滞留
28	8/9	八月九日好風を得候間同所出帆	宮古出帆
29	8/15	同月十五日酉刻より午大風吹出し、上総国九十九里浜の沖にて同夜中マギリ颿に仕相凌候	九十九里浜の沖漂流
30	8/16	翌十六日卯刻より跡へ引返し、下総国銚子地崎迄二十里計	銚子近辺漂流
31	8/19	為致入札其直段附及御用状並に此日記帳迄相揃江戸蝦夷御会所へ伺之、中村金右衛門殿永倉勘右門殿へ相宛飛脚御雇水主逸三郎と申者を以同月十九日午刻出立申付差遣候	江戸蝦夷御会所へ逸三郎派遣
32		日数九日にて罷帰候間披見仕候所、塩漬鱒の内五六十石目房丁船にて江戸廻し可仕旨被仰付候	漬鱒江戸廻しの沙汰有

33	8/30	不残江戸表へ積登可申心得にて其段猶又宿次を以翌晦日江戸表へ相伺候	再度江戸表へ使者
34	9/9	九月九日御用状到来仕拝見仕候所、塩漬鱒不残銚子町にて相払候様可仕旨御下知有之候に付、町人共召呼猶又入札改入候様申談候へば、先達拝見の節とは損傷多く相成候に付望人一向無之旨申之に付、無拠其侭江戸表へ積登可申心得	御用状到来
35	9/29	翌廿九日興津へ船を入、日数二日滞船	興津滞留
36	10/2	十月二日同所出帆	興津出帆
37	10/3	翌三日房州柏崎へ船を入	柏崎到着
38	10/4	翌四日同所出帆	柏崎出帆
39	10/5	翌五日戌刻頃相州浦賀へ船を入	浦賀到着
40	10/6	翌六日辰刻頃船中改を相請（中略）即刻御番所へ罷出候所、積荷物書上ケ可仕旨被申聞候に付則相記、船頭一印を以相済	御番所へ出頭
41	10/6	同日午刻過同所出帆	浦賀出帆
42	10/9	今九日午刻頃品川沖へ着船仕候	品川沖へ着船
43		五月八日より十月九日迄日数百五十日房州柏崎より東蝦夷忠類迄里数四百三十四五里計も可有之候	旅程の総日数
44		享和元辛酉十月　凌風丸　船頭　本多三郎右衛門	末尾（日付）

いえる。

以上に基づきながら、天明・寛政期における利明の蝦夷地渡航説についての位置づけを行えば、従来からの見解と同様に、蝦夷地情報を伝聞として知りうる立場にはいたものの、実際に蝦夷地渡航を行った形跡を認めることはできないという理解となる。

3　享和期における利明の蝦夷地渡航説と『交易論』の関係性

天明・寛政期における蝦夷地渡航説の立証が困難をきたすのとは対照的に、享和元年（一八〇一）段階の渡航については、旅程や活動内容が『渡海日記』という利明自身の著述に纏められている。同書は享和元年（一八〇一）五月八日に安房国柏崎を出帆してから蝦夷地へ赴き、同年一〇月九日に品川へ帰帆するまでの行程を記したものであり、末尾に「享和元辛酉年十月　凌風丸　船頭　本多三郎右衛門」[36]と記されている。その内容を時系列として整理したものが**表−1**である。[37]以下、**表−1**の「No.」に則りながら、その過程を追跡してゆきたい。

まずは、利明が船頭として乗船したとされる凌風丸についてであるが、同時代の記録である羽太正養著『休明光記』[39]〈文化四年

（一八〇七）成立〉によれば、

「凌風丸千石積なり、同年（筆者注――寛政一一年）御買上、文化元子年修理し、千四百石積となる[40]」

と記されるように寛政一一年（一七九九）に幕府が御用船として購入し、その後の文化元年（一八〇四）に修理を施された船舶である。利明がどのような経緯により凌風丸に乗船することとなったのかは不明であるが、利明が残した情報にあたる『渡海日記』および幕吏羽太正養という第三者の記録である『休明光記』の双方において「凌風丸」が記されているところから、享和元年（一八〇一）における蝦夷地渡航は確実であるといえる。

こうした理解を前提として、具体的な行程についても触れてゆきたい。まず、**表－1**の No. 1～18 までを見てゆくと、利明を船頭とする幕府官船凌風丸は享和元年（一八〇一）五月八日に安房国柏崎を出帆し、上総国興津・松部を経由して五月二六日に南部宮古へ到着する。幾日かの滞留後、六月一一日以降に蝦夷地落石付近や厚岸に到着し、六月一七日に厚岸を出帆した後、緩島・琣瑤瑁海峡付近に滞留したうえで六月二三日以降に根室に到着という行程が適宜な理解となる。これらは柏崎出帆から根室到着までの往路に該当する。

到達目標地である根室においての活動は、No. 19・20 に断片的に整理したが、詳細を紹介しておくと、

「根諸迄凡十四五里罷越、即刻御会所へ相訴候処、大島栄次郎殿志別場所へ御越し留守之由、茂木吉十郎殿対談被申聞候は、凌風丸御船之儀栄次郎兼て申付置、当場所へ可揚荷物並に可積入荷物荷役相済次第忠類へ相廻り、同所へ荷物不残陸揚可仕旨、同人被申聞候に付、七月十一日迄日数十九日之内荷物不残揚積ともに相仕舞、翌十二日同所出帆[41]」

という内容である。ここから、根室会所[42]において不在であった幕吏大島栄次郎[43]に代わり、その配下である茂木吉十郎の指図により根室・忠類での荷下ろしが命じられていることがわかる。その後、大島栄次郎の指図のもと、根室・忠類に

おいて江戸へと搬送する荷物を積載したうえで、同地を出帆し、志別沖を航行する行程を示したのが、No. 21～25である。これら一連の活動から、官船凌風丸の蝦夷地渡航の到着目的地が蝦夷地会所であったことが再度確認しうる。

続いて、No. 26～30に基づきながら、その後の行程をみてみると、七月二三日に南部宮古へ到着し、日和待ちをした後、八月九日に同地を出帆し、八月一九日に江戸の蝦夷会所との接触が図られることとなる。その遣り取りを示したのがNo. 31～34である。内容は江戸の蝦夷会所へ水主逸三郎が遣わされ、おそらくそこで、蝦夷地で積載したであろう鱒の江戸への搬入が指図され、その過程において、銚子の町人により鱒の入札が行われるものの、鱒の損傷が激しいために購入希望者が一人もおらず、そのまま江戸へと搬送される事となったという経緯が示されている。

こうした折衝を経ながらの帰帆の行程がNo. 35～42に示されており、上総国興津・安房国柏崎を経由して浦賀へと到着し、同地の御番所[44]へ出頭したのち、一〇月九日の品川沖着船により、官船凌風丸の航行は終了する。

これまで、紹介してきた蝦夷地渡航の行程を簡略化すると、荷物を積載した幕府官船凌風丸が柏崎を出帆し、太平洋を航路としながら蝦夷地の根室・忠類へと向かい、蝦夷地会所の幕吏大島栄次郎の管轄下に荷下ろしを行い、新たに鱒等を積載したうえで品川へと帰帆、という理解となる。この行程はNo. 43において五月八日から一〇月九日までの一五〇日間に及ぶ期間に亘る遠征として総括され、No. 44にみられるように、凌風丸の船頭としての目線から行程を記録した、という利明の責任表示の記載により『渡海日記』は完結する。

以上の内容は、資料的に確実な蝦夷地渡航は一八〇一年であるとした塚谷氏の見解[45]の妥当性をあらためて証することとなり、天明・寛政期の渡航が不確定事項であった点を考慮すれば、利明の確実な蝦夷地体験は享和元年（一八〇一）を上限とみなすことが現時点では望ましい。

この『渡海日記』に記された蝦夷地渡航の行程には、他の著述との関連において着目すべき点がある。それを指摘するために、**表-1**において No. A ・ No. B という項目をあえて組み込んだわけであるが、前者である No. A は『交易論』の末尾に記された部分であり、

「享和元辛酉七月上旬於根諸之澗誌　本多利明[46]」

という文言から、同書が享和元年（一八〇一）七月上旬に根室において成立したという事実を示唆している。この時期に利明がどこに滞在していたのかを No. 17~21 により再確認すると、根室であることがわかる。以上の、『渡海日記』と『交易論』の記載を照合すると、『交易論』は利明の根室滞在中である享和元年（一八〇一）七月上旬に成立した著述であると確定化しうる。

また、後者である No. B は『長器論』の末尾の記載であり、

「享和元辛酉年八月朔旦　東蝦夷根諸帰帆　凌風丸御船　奥州宮古港碇宿之内
北夷齋　本多三郎右衛門利明謹誌[47]」

という責任表示から、同書が享和元年（一八〇一）八月一日に宮古において成立していることがわかる。この時期の利明の滞在先をあらためて『渡海日記』から抽出すると、宮古滞留期間に相当する七月二三日から八月九日に含まれている点が浮き彫りとなる。したがって、日和待ちの時間を活用しながら享和元年（一八〇一）八月一日に『長器論』を脱稿させたという理解が適宜なものとなる。

このように、他書の成立時を確定化する照合資料としての役割を担う『渡海日記』の記載内容[48]を顧みながら、『交易論』の特徴の一端を指摘するならば、利明が蝦夷地を実際に観察した直後の著述である、という成立事情は強調すべき点であろう。天明・寛政期の蝦夷地渡航の信憑性が低い点を再び踏まえれば、利明にとって初めての蝦夷地体験に相当する享和元年（一八〇一）の航行は対外交易論の適用について触れた『交易論』の内容に影響を及ぼしている可能性が

あるといえる。

第二節　『交易論』の成立要因

天明・寛政期および享和期における利明の蝦夷地渡航説の信憑性についての検討を経たうえで、確実な蝦夷地渡航ののちに『交易論』が成立したという事実が確認された。本節では同書に展開された経済政策論の内容について分析を進めてゆく。その場合、同書の成立要因について触れながら対外交易論の適用を含めた諸政策に対する考察が行われることとなる。

なお、『西域物語』ならびに『経世秘策』とは異なり、『交易論』には利明の主観による現実認識が詳述されておらず、断片的な記載に着目しながら同書の成立要因を探るより他はない。その場合、

「此書は、交易を用て、他国の金銀銅を絞取、我国へ取込て国力を厚くし、国家を永久に末広く、富と貴とを並び遂させん仕方の筋道を、明白に説述たる書なり。其交易の至り極る所は、海洋渉渡を自在にするにあり[49]」

という冒頭の主張はある程度の示唆を与えてくれる。ここでは、「富と貴」という表記に顕著なように、日本「国家」の「豊饒」化を誘導する方法を紹介するという意図が記され、諸外国からの「金銀銅」の確保に主眼を置いた「交易」が政策手段として有効であると強調されている。ここでいうところの、利明が想定する「交易」とは、「海洋渉渡を自在」という文言が添えられている点を考慮すれば、船舶活用による対外交易を意味していると考えられる。

利明がなぜ、このような意図を提示したのかというと、

「日本の金銀銅の限は、悉皆欧羅巴へ脱行ん事は眼前なれば、是を歎て欧羅巴の事を述るなり[50]」

という記載から窺えるように、日本国内から産出される鉱産資源に該当する金銀銅が国外へ流出過多となり、既に枯渇

化傾向にある状況を危機的に捉えていたからである。利明の見通しによると、この状況をそのまま放置し続ければ、「悉皆」というように、いずれは日本国内から鉱産資源が滅失することは自明の理であるというものであり、そうした境遇下に置かれる前に、ヨーロッパの事例に基づきながら適切な対処策を提示するという利明の意図が示されている。

なお、ここで、『交易論』成立時における実態としての日本国内の鉱産資源[51]について触れておけば、国外への大量輸出や産出量の低下などの影響により日本全国の金銀鉱山は枯渇化傾向にあり、また、銅山についても、金銀鉱山の衰退とは対照的な国内銅山の隆盛による産出銅の飛躍的な伸張を経ながら一七世紀をピークに、その後は衰退へと向かっているといった事実がある[52]。したがって、国内における採掘が停滞化の傾向にあった点に鑑みれば、利明の記述は的を得たものであるといえる。

さきの引用によれば、交易を通じて獲得が期待される移入物は金銀銅のみに限定化されているように見受けられるが、果たしてそうだろうか。その解答は以下の描写から明らかとなる。

「天明癸卯以後二、三ヶ年の如き、関東奥羽大飢饉到来、殊に奥羽二ヶ国は甚しく、売買の食物絶果、手飼の牛馬犬鶏の類を喰尽し、人々相喰といへども救助の天命到来せず、国民凡二百万人余餓死せし事は、人々倶にしる所なり[53]」

これは、天明飢饉の惨状を採りあげたものであり、結果として約二〇〇万人の人々が「餓死」することとなったという出来事が記されている。この文面を単純に受けとめれば、、過去の事件の紹介ということとなるが、利明はこれに基づきながら、

「斯の如く大造なる天民を見殺しにせしは、国の守りの大罪なれども、其沙汰なきは、大きなる仕合にて、実に天救ともいふべし。斯の如き道理あるを以、交易は国家守護の基本とするなり。[54]」

という見解を示している。これは、「天民」に該当する国民を救済しえなかった為政者サイドの「大罪」を糾弾しながら、結果として「大罪」への懲罰を意味する「沙汰」という天罰を免じられた為政者は「交易」という政策手段を実践すべきである、という主張である。このやや難解な文面を単純化すれば、飢饉時の死者救済の効果を有していたはずの交易という手段を為政者サイドは国家的プロジェクトとして展開すべきであるという主張として理解できる。その場合、「食物」の供給が想定されているところから、利明が交易の対象とした物資は、鉱産資源[55]のみならず、食糧についても考慮されていることがわかる。

以上の断片的な記載の整理によれば、『交易論』の成立要因は、鉱産資源の枯渇化と食糧不足といった問題への対応策を導入しなければならない状況の発生に求められる。その場合、諸外国を交渉相手に定置させながらの遠洋航海による対外交易が有効な政策手段に相当し、その具体的内容について、ヨーロッパの事例を紹介しながら詳述してゆく、といった姿勢の表明へと結実するのである。この主張は『交易論』成立時の現実社会に対する処方の実践化を求めた主張であるといえる。

第三節　国内開発に着目した対応策の提起

前節において指摘した『交易論』の成立要因に基づきながら、利明は対外交易論の日本への適用を強く促している。ただし、その政策手段の活用のみに一辺倒な提起をおこなっているわけではなく、『自然治道之弁』や『西域物語』、あるいは『経世秘策』などの経済政策論説と同様に国内開発論の適用に関連させた提言も起案している。経済活動範囲の広域化を想定した対外交易論についての詳細な分析結果については後節以降に譲るとして、まず、本節においては国内の経済圏への適用が要望された政策手段について検討を加えてゆく。

『交易論』において展開された国内開発政策案は二通りに大別される。その一方は国内流通の円滑化に着目したものであり、利明にとっての根幹的「治道」に該当する「渡海運送交易」政策を念頭に置きながら提起されたものである。それは、次の引用に顕著である。

「官の交易あらば、豊作の国々より穀菓及一切の食物になるべき物を何なりとも買取、船舶を用て渡海運送して、奥羽二ケ国の要地々々に備置、遍く広く交易すれば、庶民末々まで行亘り、一人にしても餓死する者もあるまじ。(56)」

これは、天明飢饉時およびその後の惨状を紹介した後に記された文言であり、「官」に該当する為政者サイドによる「渡海運送」といった船舶を活用した円滑な物資輸送体制が機能していれば、二〇〇万人と推算した餓死者の発生を抑止していたであろうというものであり、備蓄用の物資を貯蔵する機関の設営や物流の中継地の確保が必要条件として考えられている。この提起は、東北や関東における物資供給の停滞化を齎した天明飢饉という事件を念頭に置いているところから、日本国内部の生産力の偏在的側面に留意しながら、官船主導の「渡海運送交易」政策による安定的な物資充足化を要望したものである。

この発案との関連として、『交易論』成立以前に提起された利明の国内政策の特徴に鑑みれば、『自然治道之弁』において展開された「四大急務」政策の船舶活用政策案と同義な主張が展開されているとみなしうる。また、それだけでなく、『西域物語』ならびに『経世秘策』に展開されていた国内流通の円滑化案を援用したもの、といった点も指摘しうる。したがって、『交易論』において主張された前記の提言は、国内流通の円滑化に関する従来からの見解の有効性を自覚しながら再び記されたものとして理解できる。

続いてもう一方の政策についても触れてゆきたい。それは、国内生産力の増大化を要望したものであり、「日本にては、蝦夷の土地だに寒気強き土地にて、五穀も出来間敷、因て日本人の住居抔は決てなるまじと覚えたるは浅墓なる事どもなり[57]」

という記載からその内容を知ることができる。ここでは、日本の北方に位置する蝦夷地に関する従来からの認識を批判対象とし、寒冷地であるために「五穀」に該当する農作物の生産や、さらに人々の「住居」という居住空間の形成には不適であり、日本人がそのような理解の下で「蝦夷の土地」を把握している点を「浅墓なる事」と糾弾している。

この引用を文面通りに受けとめれば、状況認識に対する単純な批判ということになるだろうが、ここで顧みなければならないのは、本章第三節で触れたように、この見解が記された『交易論』は利明の蝦夷地渡航の最中に、さらにいえば、根室や厚岸の自然環境と実際に遭遇したのちに成立した著述である点である。この特徴を踏まえれば、蝦夷地の実態を念頭におきながら同地の生産力の増大化や居住空間の創成を図りうると判断されていたと理解できる。したがって、従来からの「浅墓なる」考えは誤解であり、対照的に農作物の生産や居住空間の創成を確実に実践化しうるという主張が利明の真意である。ただし、この提言自体は、『自然治道之弁』および『西域物語』や『経世秘策』の文中においても散見されたように、必ずしも斬新な発案ではない。むしろ、『自然治道之弁』において展開された「四大急務」政策に含まれる属島開発政策案の適用を推奨する立場を『交易論』成立時の段階においても堅持している点から、日本国内としての認識下にあった蝦夷地の開発を進展させながら国内生産力の増大化を図るという考えは、国内開発論の適用を政策基調とする発想に則ったものであるといえる。

以上の、国内流通の円滑化ならびに国内生産力の増大化をそれぞれ要望した二通りの政策案は、ともに日本国内を対象としながら展開されたものであり、双方に共通の特徴として、国内開発に着目している点と、『自然治道之弁』や『西域物語』、『経世秘策』において主張された経済政策を踏襲している点を、それぞれ列挙することができる。この指摘は、国内開発論の適用に基づきながらの日本国「豊饒」化を政策の基調とした利明の考えが『交易論』においても考慮されているという特徴を示唆しており、後節で触れる対外交易論の適用のみによる富国化を目的としているわけではないことを証している。

第四節　現実政策としての対外交易論の推奨

『交易論』においても、国内開発が現実問題へ対する適正な処方箋に位置している点が明らかとなったが、それは、『西域物語』や『経世秘策』の見解を踏襲したものである。その一方で、両書と若干異なる見解が『交易論』において提起されている。それは現実問題と対外交易論との関連下に語られている。本節においては、このような特色へと反映される同書における対外交易論の意義について分析を進めてゆく。

1　対外交易論の適用を促した見解について

国内開発論の適用を不可欠な対処策として示しながらも、『交易論』における利明の論調は、対外交易論の適用に極めて積極的であり、それは、

「戦争を歴るといふとも、国の益を謀るは、君道の深秘なり。国家守護の本業なり。此道理爰にある故に、外国交易を以、国家守護の本業とすれば、交易の道は則合戦の道に協、外国を攻取て、所領とするに当るなり」(58)

という主張に顕著である。ここでは、「外国交易」と明確に表現される対外交易を「国家守護の本業」という国家的プロジェクトとして展開することにより、結果的に「国の益」が齎されるという考えが強調されている。その場合、「国家守護の本業」を遂行すべき役割を担うのは、「君道」という表現に明らかなように、広義の「君」を意味する為政者であり、彼らの対外交易への率先的な関わりが国家に繁栄を齎すという論理が国家「豊饒」化の秘訣や密策を意味する

「深秘」であると断言されているのである。

この見解は、前節で採りあげた国内開発論の適用を基調とする政策方針との混成により、国家「豊饒」化を実現しようと判断したものであるが、その場合、注意しなければならないのは、「合戦の道」や「外国を攻取て、所領とする」などの表現についてである。これは一見、対外交易の展開過程において、日本サイドが武力行為を手段としながら、諸外国に帰属する領域を侵食し、その成果として国土の広域化を図るべきという論調として理解することも可能であろう。しかし、利明は、『交易論』の中で、「用交易換於合戦之国」[59]という項目を立てながらヨーロッパ諸国を紹介しているという事実がある。これは、「交易」を「用」いることが、実は、「合戦」の遂行と同義であり、対外交易論の適用を手段とする物資充足化は戦闘行為を手段とした生産力の新規確保と何ら変わりがない点を念頭におきながら、対外交易という政策手段の推進を戦争に比しながら上位とみなし、その方向に則る方針により国家「豊饒」化を誘導すべきという考えに比重が置かれていると理解できる。

したがって、「戦争を歴る」・「合戦の道」・「外国を攻取て」という表現は、これらの戦闘行為と同等か、もしくは、それ以上の経済効果を齎すだろう対外交易を意味する「外国交易」に焦点を当てさせるための対比的な表現として理解すべきである。ただし、以上の見解から、国富の増大化を目的とするうえで、武力の行使を批判した〝平和主義者〟として利明を規定するのは、いささか早計でもある。なぜならば、武力の行使、あるいは、経済政策の導入といったアプローチの違いはあれども、利明の目的は明らかに日本国家のみの「豊饒」化に置かれているからである。そこには、他国との共存共栄を金科玉条のように絶対視した意識はなく、ロシアなどの経済的アプローチに対する危機感を表明した『自然治道之弁』や『西域物語』・『経世秘策』の論調を顧みながら再考すれば、利明を〝徹底した平和主義者〟と位置づけるには無理がある。

以上のような特色をもつ対外交易論の適用について、利明は実践化の段取りについて次のように示している。

「支那と日本とは、国家を末増に豊饒になし、永久其末を遂て、遂々国力を厚くするの真法を、民に教へ、万国へ渡海交易させ、他国の国力を抜取て、我国へ入の密策未だ開けざるは、残念此事に止りたり。[60]」

ここでは、「支那」と日本の双方が対外交易論の適用を意味する「万国へ渡海交易させ」という営為を実践せず、その他諸外国の生産力を意味する「他国の力」を「抜取て、我国へ入」、すなわち、自国へと移入させる方針を未採択としており、それこそが「残念」と批判されている。この部分においては、対外交易論の適用が「国家を末増に豊饒になし」、あるいは、「国力を厚く」といった日本国家全体の「豊饒」化という効果を創出しうるものとして確信され、さらに、それは、「永久」という表現に強調されるように、対外交易論の永続的な適用化を促す主張へと連動していることがわかる。その場合、「未だ開けざるは、残念」という慨嘆は利明から発せられた現実への要望として理解すべきであり、「開けざる」状況を「開」く方向へと誘導すべき時節、すなわち対外交易論の適用を実践化すべき時節が『交易論』執筆時の段階であった、と位置づけることができる。

この重要な位置づけが抽出された記載を眼前に置きながら、ここで一つ考慮しなければならないのは、「支那」と日本を並列化させた文脈の中で対外交易論の実践時期が強調されている点である。本章第一節において既述したように、利明はヨーロッパの事例に基づきながら対外交易論を紹介する姿勢を示していたことを顧みれば、「支那」ならびに日本の政策方針に対する慨嘆を通じながら、両国を批判対象化することにより、既に対外交易論の適用を実践化しているヨーロッパ諸国の政策方針の優位性を強調しようとする意図が込められていたと考えられる。

このことから、日本国の「豊饒」化を実現するためには、「支那」流の発想を援用することに効果はなく、あくまでもヨーロッパ諸国が採択してきた対外交易という政策を選択することが重要であり、それを導入する段階に現実の日本国家が置かれている、という考えが絶対視されているといった特徴を指摘することができる。

これまでの位置づけを簡潔化すれば、日本国家は現実の段階において、国内開発政策との併用下に対外交易論の適用を為政者主導の国家的プロジェクトとして実践すべきであり、その場合、ヨーロッパ諸国による対外交易を事例とすることができる、という主張として纏めることができる。こうした利明の考えは「君道の深秘」という表現に集約化されているといえる。

2　ヨーロッパ諸国による対外交易の紹介

日本国の「豊饒」化に不可欠な政策手段としての意味合いのもとで、現実社会への適用が期待された対外交易論は利明のオリジナルな発想ではない。その源泉は、あくまでもヨーロッパ諸国の事例に求められ、利明もそれを自認している。本項においては、そのヨーロッパ諸国の対外交易に関する利明の認識について検討を加えてゆく。

まず、ヨーロッパ諸国が対外交易をどのような政策としてみなしているのか、という点から分析を進めてゆくが、それは、

「総て欧羅巴は、万国交易を国務最第一とせし制度なり(61)」

という引用からみてゆくのが適宜であろう。ここで注目すべきは、ヨーロッパ諸国にとって対外交易を意味する「万国交易」が国政上の最も重要な施策に位置しているといった認識が示されている点である。ここから、利明にとってのヨーロッパ諸国は貿易立国化により発展を遂げた国家群として理解されていたことがわかる。そのような状況は、

「船舶を用て万国へ渡海交易し、自然到来の大利を得る道を建立し、民に教へ国家を豊饒になしたるは、欧羅巴大洲を以天下第一とし(62)」

という展開過程を経たうえで創出されたとみなされており、幾つかの具体的手段と、それを実践した場合の成果、さらには、その評価について触れられている。それは、ヨーロッパ諸国が採択した手段は船舶活用による「渡海」と対外交渉に基づく「交易」の実践化であり、それらは海域を経路とした経済圏の広域化や、国際社会において多岐にわたる「交易」活動の活性化に連動したという理解として示されている。そして、この対外交易という経済的営為こそが、莫大な利益を意味する「大利」獲得への最適な処方であり、そのような政策を恒常的なシステムを意味する「道」として構築しただけでなく、政策手段としての有効性が普遍的な価値をもつものとして国民に受容される段階にまで到達した点が称賛されている。そのような評価は「豊饒」化を成し遂げたヨーロッパ諸国を経済的側面から「天下第一」として記した表現に集約化されている。

これまでの理解を振りかえれば、利明はヨーロッパ諸国を「欧羅巴」あるいは「欧羅巴大洲」と表記しているところから、一見、同領域に対して抽象的な理解の段階に留まっているように見受けられるが、けっして、そのようなことはない。むしろ、対外交易論の適用化した国家について、

「エンゲランド、フランカレイキ、スパンエ、オランダ、ポルトガル、メキシコ、イタリヤ、シベリイ等なり。其外多しといへども左迄の事なし。此国々は悉皆外国交易を以、他国の国力を抜取て、自国へ取込故に、大富大剛の国々なり(63)」

と記しているように、「欧羅巴」諸国に内包される諸国の名を具体的に列記しており、順にイギリス(「エンゲランド」)・フランス(「フランカレイキ」)・スペイン(「スパンエ」)・オランダ・ポルトガル・メキシコ・イタリヤ・ロシア(「シベリイ」)の名が紹介されている。その場合、中南米に位置するメキシコが含まれているのは明らかに誤認であるが、それ以外の国々は現代のヨーロッパ諸国のイメージと不変であることがうかがわれる。

以上の富国化を成し遂げた国々は、いずれも対外交易を主幹的な政策として採用した国家とみなされているが、それとの関連として、利明は

「是れ欧羅巴諸国の取用る所なり。吁亦窮理学に縁て立たる国風より得る所なり」[64]

という興味深い見解を指摘している。ここで記された「是」とは対外交易を直接的に意味する表現であるが、それに続く「窮理学に縁て立たる国風」という記載にとくに注目する必要がある。利明によれば、対外交易という政策手段は訓戒や天啓による触発を経て発想されたわけでなく、自然科学を意味する「窮理学」の追究を通じて導き出された叡智が結実化されたものとして把握されている。ここには、万物に対する科学的な認識を正当なものとしてみなす合理的思考を好意的に受けとめる考えが反映されている。

これまでの検討を顧みながら、ヨーロッパ諸国の対外交易に関する幾つか利明の認識を整理しておくと、次のようになるだろう。まず、対外交易という政策手段はヨーロッパにおいて主幹政策として展開されており、富国化という成果に連綿している、という効果性についての着目が一点目である。また、経済活動領域の拡張に資する船舶という道具の利用価値に対する着目が二点目である。さらに、ヨーロッパ諸国すべてを理想化しているのではなく、対外交易の実践化を基準としながら、模範とみなすべき国を限定化している点が三点目としてあげられる。最後に、対外交易を実践化する場合には自然科学の応用が必要条件であるとみなしているところから、知的基盤の醸成に対して関心が寄せられている点を四点目として指摘しうる。

以上の整理から、対外交易論の妥当性を強調する場合に、利明の思考において参考もしくは踏襲すべき模範例の選別化がなされていることに気がつく。そうした思考を踏まえながら、ヨーロッパの対外交易に着目した利明の見解を簡略化すれば、富国化を必然的に成就しうる対外交易は自然科学の応用ならびに船舶の活用を条件としており、それを採択

した国家としてイギリスやフランスなどの国家があり、日本が対外交易論の適用を実現するに際して、模範化しうる具体的な国名を既知している、という主張として纏められる。

3　模範事例としてのイギリスの対外交易

ヨーロッパ諸国による対外交易の展開を紹介したうえで、利明はイギリスをとくに注目すべき国家としてみなしている。この指摘は『交易論』の文章内容において紙数の多くを割きながら同国による対外交易の展開過程やその成果について紹介しているといった事実に基づくものであり、同書の成立段階において利明が最も憧憬視していたヨーロッパの国家はイギリスであったという位置づけへと連綿する。本項においては、この見解をさらに証するべく、イギリスの対外交易に関する利明の見解について考察を行う。なお、この作業を進展させるうえで、徳川時代の日英関係の変遷史に関する概括的な把握が前提として必要とされるが、それは次のように纏められる。

ウィリアム・アダムズの豊後漂着（一六〇〇年）、英国東インド会社の設立（同年）、平戸における英国商館の設置（一六一三年）、平戸商館の閉鎖（一六二三年）という一連の流れを経たのち、日本・イギリス両国の関係は日英協約の締結（一八五四年）まで希薄化する。この空白期においては、「英国東インド会社は一九世紀にいたるまでインド経営に力を入れ、また一七五七年には広州が中国の公式の貿易港となり、中国茶の輸入が可能になったために、英国にとって対日貿易再開の必要性はうすれてしまった[65]」、あるいは、「一七世紀初頭から一九世紀に至る期間、日本とイギリスの間には一種の「知的交流」ともいうべき流れが伏流していた。それは主としてイギリス側からの日本に対する知的関心として伏流し、それはやがて水量を増して、一九世紀に入ると、サー・スタムフォード・ラフルズによる長崎出島オランダ商館の併合計画に始まる日英関係の奔流のような展開に連なっていく[66]」というイギリス側の意向がそれぞれあった。

こうした史実を踏まえれば、イギリス側の日本に対する関心は、度合の大小はあるにせよ、すくなくとも継続化はされていたと理解しうる。

また、日本側のイギリスに関する情報の受容については、「一七二〇年キリスト教関係のものを除く洋書の輸入禁止がとかれ、蘭学ないし洋学が普及しはじめた。その先覚者のひとり、本多利明（一七四三〜一八二〇《ママ》）は、その議論に地理学上の誤解があったけれども、日本が張り合うべき国として英国を描いた最初の人だったようである[67]」、ならびに、「一八世紀末にもなると、海外情勢に関する情報量が徐々に増すにつれて、英国が商業大国として繁栄を築いている、という情報がもたらされた。なかには、日本の経済問題を解決するための有効なモデルとして、ヨーロッパ流の商業政策を提案する著述もあらわれた。例えば、本多利明は、日本の国制を再編成したあかつきには、ロンドンと緯度を同じくするカムチャッカに首府を構えるべきである、と提案した[68]」という見解が先行研究により示されている。これらの指摘に基づけば、イギリスの政治・経済・文化的状況に対する関心を喚起させる時代環境が既存のものとしてあり、それは利明の発想に対する知的刺激としての役割を担っていたといえる。

こうした点を裏付けるべく、利明から発信されたイギリス観についての検討を進めれば、

「万国へ大船を仕出し、王侯と交易するを主とする国なり[69]」

という記載がまずは特徴的である。ここでは船舶活用による渡海を手段としながら、到達地において様々な「王侯」との「交易」活動を実践化している国家としてイギリスが紹介され、「主」と表記されているように、対外交易が同国の主幹政策として展開されているとの理解が認められる。

このように簡略化された記載だけでなく、利明は同国の具体的な活動やそれを通じたうえでの成果についても、

「九十九ヶ処の諸都、諸県、諸駅より、或は十艘、二十艘、或千艘、二千艘と天下万国へ渉渡し、王侯と交易して、

金銀銅及珍産珍器及百穀百菓を積取て、我国へ放込故に、大豪富夥く出来、土地繁昌するなり[70]」と記している。ここでは、イギリスは「九十九ヶ処の諸都、諸県、諸駅」に該当する港を要衝として少なくとも九九ヶ所確保しており、それらを拠点として出航する船舶数は二、〇〇〇艘にのぼり、「天下万国」というように全世界を活動領域としながら交易を展開しているという認識が示されている。また、その成果については、「金銀銅及珍産珍器及百穀百菓」というように、鉱産資源や食糧物資、あるいは、珍品を確保したうえで、それらを自国内へと移入し、帰結として富がイギリスへと蓄積され、「土地繁昌」という表記に象徴されるように、同国の「豊饒」化が現実化されているとの理解が示されている。

ここで、イギリスの植民地獲得の展開に関する事実を補足すれば、「イングランド人がインドと西インド諸島で支配を確立し、さらに重要なことに、北米大陸の東海岸で有力な植民地勢力となったのは、一七世紀のこと[71]」であり「一八世紀初めから一七七〇頃までの時期を通じてイギリスの貿易は、輸出入がそれぞれ倍あるいはそれ以上の伸びを示すという顕著な拡大がみられた。また貿易相手にも変化があり、西ヨーロッパとの貿易の比重が低下する一方で、アメリカやアジアをはじめとする非ヨーロッパ世界との取引が重要度を増していった[72]」という動向が指摘されている。このような概括的な理解に加えて、「綿工業製品や金属製品などを含む「雑工業製品」の輸出は、一六四〇年のロンドン港で二・七万ポンドにすぎなかったのに、一七〇〇年前後には四二万ポンドに上昇し、同時期、全国では、五三・八万ポンドであったが、さらに一七七〇年代前半には、四三〇・一万ポンドにまでふえ、毛織物輸出とほぼ同額となった。しかも、この輸出先は、圧倒的にアメリカ・西インド諸島にあったことも明らかになっている[73]」という数値的データに基づいた指摘を踏まえれば、イギリスの植民地の拡大化を富国化の要因とみなした利明の理解は必ずしも不正確というわけではないといった評価へと至る。

このようにイギリスの「豊饒」化の展開を把握しながら、利明はイギリスの船舶ならびに航海術について、さらに詳述している。前者について、利明はまず、

「大舶の製作は至て丈夫なり」(74)

とイギリス船舶の頑丈さを強調したうえで、

「人数凡一百五、六十人より三百人に及べり。総司をカビタン、次をヘトル、次をヒロウドといふ。ビロウドは、天文、地理、海洋渉渡の法に達識なり」(75)

と記している。これは、船舶一艘に約一五〇～三〇〇人の船員が乗船し、船長を意味する「カビタン」、次長を意味する「ヘトル」、水先案内人を意味する「ヒロウド」という職階に基づきながら航海活動を行い、その場合に「ヒロウド」は「天文、地理、海洋渉渡の法」という天文学、地理学、航海術についての専門家であるという点を紹介したものである。

この見解は船舶そのものの道具としての利用価値を念頭に置きながら、航海活動に資する知識について着目したものである。ここで考慮しなければならないのは、『西域物語』ならびに『経世秘策』において主張されていたように、もともと利明には、船舶とそれに乗船する人々の専門知識を重要視する姿勢があったという点である。それは、さらにさかのぼると、『自然治道之弁』において「渡海運送交易」政策や船舶活用政策案の有効性を強調していたという事実とも関連する。したがって、こうした特徴に基づけば、従来からの船舶やそれに不可欠な知識に対する関心は『交易論』成立時においても堅持され続けていることがわかる。この指摘は『自然治道之弁』、『西域物語』、『経世秘策』、そして『交易論』といった諸著述の普遍的な側面を明らかにすることとなり、国内あるいは国外と活動範囲の相違はあるにせよ、船舶活用の有効性を念頭に置きながら国家「豊饒」化を模索し続けた姿勢は利明の思想的特徴であるといえる。

以上につづいて、後者の部分、対外交易の実践化に資するとみなされた知識醸成について触れてゆきたい。利明はまず、

「ロンドンに大学校を建置、一能一芸ある者を扶持するゆへに、言語不通の遠国よりも、其覚えある能者来て、学校に入る[76]」

という情報を記している。これは、ロンドンにおける「大学校」という教育機関の創設が有能な人材育成に連動しているという点を強調したものであり、その他の諸国からの人材を受容する開放的な指針のもとで運営がなされているといった側面についても紹介されている。その結果として、

「切磋の功を積て、名をなし、身を立ん事を謀り、各昼夜に心力の限を竭す故に、終に名誉の人となり、此故に良智を開く人有て、大智大能全備の人々出来、奇器名産も出来するなり[77]」

という状況が発生することとなったと把握されている。これは、「大学校」に入学した人々が同機関を拠点としながら修学において自発的な取り組みを行い、「良智を開く」あるいは「大智大能全備」という専門性の高い知識人へと化し、彼らが創意工夫を有形化することにより、「奇器名産」が創出されることとなった、という一連の流れを示したものである。この場合、「奇器名産」とは具体的に何か、という問いを設定することができるが、「此国の奇産に、根付時計あり。人々倶にしる所なり。僅に此一品を以其余を推てしるべし[78]」という例示を踏まえれば、「根付時計[79]」のように、科学知識の応用による発明品としての理解が適切である。

ただし、単に発明を行う人材の輩出のみが「大学校」の唯一無二の役割であると捉えられているわけではない。それは、

「天文学、地理学、渡海の学に達識の人、多く此国より出産するなり。[80]」

という一文に顕著である。これは、「良智」や「大智大能」を備えた天文学、地理学、航海術の専門家がイギリスにおいて養成されている様相を指摘したものである。これらの知識が何に活用されるのかといえば、既述の「ビロウドは、天文、地理、海洋渉渡の法に達識なり[81]」という記載を顧みれば、対外交易に不可欠な船舶活動に直結していることは明白であり、この点から、「大学校」の役割は創意による発明の喚起のみならず航海活動に従事すべく人材の育成にも貢献しているとみなされているのである。

以上が、対外交易論の適用化を推進するうえでのイギリスの政策的誘導に関する利明の理解である。それを簡潔化すれば、イギリスは「大学校」において様々な創意発明を試みる人材や、天文学、地理学、航海術の専門家を養成し、これらの人的資源を重用したうえで、二、〇〇〇艘の船舶による国際的な「交易」活動を国家的プロジェクトに位置させ、その結果、「繁昌」という国家の「豊饒」化が達成されることとなった、という理解となる。

この認識との関連として、重要な文言を次に記しておきたい。それは、

「嗚呼高貴広大なる哉。君道深秘の至極ともいふべし[82]」

という一文である。これは対外交易を展開したイギリスについての総括的な評価であり、同国を「高貴広大」と称賛するのみならず、「君道深秘の至極」と最高級の賛辞を与えている。ここで、日本の為政者サイドが国家の「豊饒」化を実現する為には対外交易論の適用化が必要であり、その考えに基づきながら「国の益を謀るは君道の深秘なり」と強調していたという、第三節の検討内容を顧みると、「君道（の）深秘」という同一の表現が使用されていることに気づく。その点を踏まえれば、イギリスが既に対外交易を手段として国家「豊饒」化の達成という「君道（の）深秘」を実現したという事例を模範としながら、日本は「君道（の）深秘」を実現すべきであるという見解の提示が、利明の意図するところであったと位置づけられる。

第五節　『交易論』に展開された対外交易論の意義

最後に、『交易論』において展開された諸政策に関する利明のシナリオを再確認しながら、同書に強調された対外交易論の意義についての位置づけを行い、本章の検討課題に対する解答を提示したい。

『交易論』成立時において、利明が念頭に置いた社会経済問題とは、鉱産資源の枯渇化や食糧物資の不足化といった物資需給調整に関する問題であり、①国内開発論の適用化ならびに②対外交易論の適用化が現実的な対処策として提言されている。

『自然治道之弁』・『西域物語』・『経世秘策』に展開された提言を踏襲した①国内開発論の適用は、官船主導による「渡海運送交易」政策の全国展開に基づいた国内流通の円滑化案、ならびに蝦夷地の開発による国内生産力の増大化案から成り立つ政策案であり、双方ともに国内生産力の偏在性に対する調整を目的としたものである。その結果として、国内全域における物資充足率が上昇すると展望されている。

ただし、国内開発論の適用化のみにより諸問題が解決すると楽観視されているわけではなく、②対外交易論の適用も不可欠な現実政策の一つとしてみなされている。その場合、イギリスの事例に準拠しながらの政策展開が理想化されており、具体的には天文学・地理学・航海術の専門家や創意発明に資する人材の育成を国内の教育機関において行い、卓越した専門性を持つ人材を乗組員とする船舶が国際的な対外交易に臨むこととなり、結果として鉱産資源や食糧物資の国内への移入を経て、日本国の「豊饒」化が達成される、という一連の流れが展望されている。

このように①・②を同時に併用しながら国内の物資需給調整を図るというプランが日本国「豊饒」化を実現するための処方であるというのが利明の主張である。

以上に基づきながら、『交易論』に展開された対外交易論の意義を幾つか提示するならば、ヨーロッパ諸国の中でもイギリスを最良のモデルに位置させせながらの発案であるという点を特徴の一つとして挙げることができる。それは、イギリスによる対外交易論の適用を「君道深秘の至極」と評価するのと同時に、日本の政策方針についても「国の益を謀るは君道の深秘なり」と記していた点から明らかである。また、『交易論』における対外交易論は将来ではなく現実政策としてみなされており、国内開発論の適用のみでは対処不全をきたすケースの将来的な予測に基づく提言として展開された『西域物語』・『経世秘策』からの発展的な継承としての特徴を有しているという指摘が二点目である。

ただし、これらの見解を踏まえながらも見落としてならないのは、現実政策に対して、国内開発論の適用を推奨する論調は『交易論』においても堅持されているという点である。したがって、『自然治道之弁』・『西域物語』・『経世秘策』において力説された現実課題への対処に該当する国内開発論の適用化を基軸としながらも、同時に、日本の国際化へと連動する対外交易論の適用化も現実政策の一つとして判断された時期が『交易論』成立時に該当する享和元年（一八〇一）七月段階であったと位置づけられる。

註

（1）本章における『交易論』の引用については塚谷晃弘氏の校注による『大系』所収の翻刻版の掲載頁を記載した。以下、〈『交易論』『大系』、～頁〉と略記する。なお、刈谷市中央図書館村上文庫蔵版の自筆本『交易論』〈原本請求記号：W5341／マイクロフィルム請求記号：A433〉を適宜引用した。

（2）菊池勇夫『幕藩体制と蝦夷地』（雄山閣出版、一九八四年）、九六頁。

（3）林子平は『海国兵談』の刊行により後に処罰されるが、その事件について、沼田次郎氏は「蘭学の知識に基づいて批判的思考が生れ、とくにそれが現実の政治にふれる所に問題が起こる。即ち蘭学は一面において有用の技術の学であるとともに他面現実の社会なり政治にとって警戒すべき思想を含む「両刃の剣」となりかねない要素を胎んでいた」〈沼田次郎『洋学』（吉川弘文館、一九八九年）、二四〇頁〉という見解を提起している。この見解は、処罰対処となった林子平とは対照的に、蘭学からの知識を活用していた利明がなぜ罰せられることがなかったのか、という問題を明らかにするうえで示唆に富む。その際、岩下哲典氏の「寛政期（一七八九～一八〇〇）には、ベニョフスキー情報などの「海外情報・知識」を入手・分析して現在の政治状況の変革までを提言する『海国兵談』が著された。しかし、幕府は著者林子平に対して、版木の没収と禁固という断固たる措置をとったのである。このことによって、海外知識とそれに裏づけられた定見を公表することは、幕府の忌むところであることがはっきりし、「情報」を入手し、分析することができる識者も自ら規制をせざるを得なくなった」〈岩下哲典『江戸情報論』（北樹出版、二〇〇〇年）、五九頁〉という指摘も考慮しなければならない。

(4) 水口志計夫「ベニョフスキーについて」水口志計夫・沼田次郎編訳『東洋文庫一六〇　ベニョフスキー航海記』（平凡社、一九七〇年）、三頁。

(5) 田沼意次の老中在任期間は安永元年（一七七二）一月一五日～天明六年（一七八六）八月二七日である。

(6) 秋月俊幸「千島列島の領有と経営」大江志乃夫・浅田喬二・三谷太一郎・後藤乾一・小林英夫・高崎宗司・若林正丈・川村湊編『岩波講座近代日本と植民地　1　植民地帝国日本』（岩波書店、一九九二年）、一一二頁。

(7) 工藤平助は『赤蝦夷風説考』において、ロシア人の南下と蝦夷地辺境における日本人との密貿易の噂を述べ、蝦夷地金山の開発とロシア貿易官営の利益を強調している〈秋月俊幸『日露関係とサハリン島――幕末明治初年の領土問題――』（筑摩書房、一九九四年）、三七頁〉。

(8) 菊池勇夫『幕藩体制と蝦夷地』（雄山閣出版、一九八四年）、一七頁。

(9) 菊池勇夫「海防と北方問題」朝尾直弘・網野善彦・石井進・鹿野政直・早川庄八・安丸良夫『岩波講座日本通史　第一四巻　近世四』（岩波書店、一九九五年）、二二六頁。天明六年（一七八六）にエトロフ島・ウルップ島へ渡航した山口鉄五郎と最上徳内は各島のかなり見事な地図（『蝦夷風俗人情乃沙汰図』）を作成〈秋月俊幸「千島列島の領有と経営」大江志乃夫・浅田喬二・三谷太一郎・後藤乾一・小林英夫・高崎宗司・若林正丈・川村湊編『岩波講座近代日本と植民地　1　植民地帝国日本』（岩波書店、一九九二年）、一一二頁〉している。なお、ロシアの南下を背景として実施された、田沼期における幕府普請役の蝦夷地調査や〝御試交易〟は、北方情報を幕府が直接に入手する新たなルートの設定を意味した。幕府自身によるルートは、その後クナシリ・メナシの戦い以降も北方情報の入手ルートとして機能し続けることになった〈浅倉有子『北方史と近世社会』（清文堂、一九九九年）、七一頁〉という指摘がある。

(10) 菊池勇夫「海防と北方問題」朝尾直弘・網野善彦・石井進・鹿野政直・早川庄八・安丸良夫『岩波講座日本通史　第一四巻　近世

四』（岩波書店、一九九五年）、二二六～二二七頁

(11) 松平定信の老中在任期間は天明七年（一七八七）六月一九日～寛政五年（一七九三）七月二三日である。

(12) 菊池勇夫『幕藩体制と蝦夷地』（雄山閣出版、一九八四年）、一八頁。なお、松平定信は、蝦夷地の開拓がロシアを招きよせる結果になると警告した儒者中井履軒の説に影響されて、この地を日露間の荒蕪地として残すことを望んだ〈秋月俊幸「千島列島の領有と経営」大江志乃夫・浅田喬二・三谷太一郎・後藤乾一・小林英夫・高崎宗司・若林正丈・川村湊編『岩波講座近代日本と植民地　10　植民地帝国日本』（岩波書店、一九九二年）、一二三～一二四頁〉と指摘されている。

(13) 菊池勇夫「海防と北方問題」朝尾直弘・網野善彦・石井進・鹿野政直・早川庄八・安丸良夫『岩波講座日本通史　第一四巻　近世四』（岩波書店、一九九五年）、二二八頁。「蝦夷騒動」は、場所請負商人飛驒屋久兵衛による不等価交換・酷使労働の強制に原因していた〈同『幕藩体制と蝦夷地』（雄山閣出版、一九八四年）、一一八頁〉と指摘されている。

(14) 寛政の「蝦夷騒動」と最上徳内ならびに本多利明の関係について、浅倉有子氏は「徳内は、アイヌとロシア人（赤人）が一、二年中に必す「蜂起」すると予測して、それに備えるために野辺地に居住していたという。それは師の本多利明と相談の上のことであった」〈浅倉有子『北方史と近世社会』（清文堂、一九九九年）、四三頁〉と興味深い見解を寄せており、その根拠として「蝦夷乱ニも相成候ハ、御注進申上度、兼而江戸ニ罷在候節、本田三郎右衛門（＝本多利明）方江も申合、当地ニ滞留罷在候処、愚考ニ不違蝦夷蜂起仕候、追々様子御訴可申上候、　寛政元酉六月十三日　最上徳内事　常矩　印」〈同書、四二頁〉という内容の資料〈『久奈志理擾乱始末』（北海道大学附属図書館北方資料室）〉を紹介している。これは「最上徳内→青島俊蔵ルート」（同書、四一頁）を幕府のアイヌ蜂起の情報入手ルートとみなした指摘である。

(15) 「俊蔵（筆者注――青島俊蔵）に連座して入牢した徳内が、出牢後まもなく普請役に任命され、蝦夷地の調査と〝御救交易〟の担当者となったのは、徳内の情報収集能力に期待した忠篤の強い後押しがあった所為と考えられよう」〈浅倉有子『北方史と近世社会』（清文堂、一九九九年）、六四頁〉という指摘がある。

(16) 「御救交易」とは、田沼期の「御試交易」に類似した方策であるが、「利欲」は考えず、従来のアイヌ交易のしきたりを適用し、手当支給などの弱者救済を旨とする〈菊池勇夫「海防と北方問題」朝尾直弘・網野善彦・石井進・鹿野政直・早川庄八・安丸良夫『岩波講座日本通史　第一四巻　近世四』（岩波書店、一九九五年）、二三〇～二三一頁〉手法である。

(17) 菊池勇夫「海防と北方問題」朝尾直弘・網野善彦・石井進・鹿野政直・早川庄八・安丸良夫『岩波講座日本通史　第一四巻　近世四』（岩波書店、一九九五年）、二三二頁。

（18）菊池勇夫「海防と北方問題」朝尾直弘・網野善彦・石井進・鹿野政直・早川庄八・安丸良夫『岩波講座日本通史　第一四巻　近世四』（岩波書店、一九九五年）、二三二頁。

（19）「寛政の遺老」とは松平信明・本多忠籌（老中格）・戸田氏教・太田資愛などの老中や老中格を指すが、忠籌は寛政一〇年（一七九八）に職を辞しており、享和元年（一八〇一）段階で老中職にあったのは松平信明・戸田氏教・太田資愛である。定信辞職時の将軍徳川家斉はまだ若年であり、幕政の実質の担い手として松平定信の政治方針を継続する形で後継政権が確立された。なお、「寛政の遺老」の政治運営に関して考察を加えたものとして、高澤憲治氏の見解〈高澤憲治「寛政九年老中松平信明の勝手掛専管――いわゆる〝寛政の遺老〟と将軍家斉――」大石慎三郎編『近世日本の文化と社会』（雄山閣出版、一九九五年）、一七八～二一一頁〉がある。

（20）秋月俊幸「千島列島の領有と経営」大江志乃夫・浅田喬二・三谷太一郎・後藤乾一・小林英夫・高崎宗司・若林正丈・川村湊編『岩波講座近代日本と植民地　1　植民地帝国日本』（岩波書店、一九九二年）、二二四頁。

（21）藤田覚「蝦夷地第一次上知の政治過程」田中健夫編『日本前近代の国家と対外関係』（吉川弘文館、一九八七年）、六〇七頁。なお、仮上知の期間は、当初七年間として命じられた。

（22）藤田覚「寛政改革と蝦夷地政策」藤田覚編『幕藩制改革の展開』（山川出版社、二〇〇一年）、一三五頁。

（23）徳川時代後期における蝦夷地問題を主題とした代表的な重要論説を、再出の引用文献も含めながら、あらためて以下に列挙しておく。参考とされたい。秋月俊幸「千島列島の領有と経営」大江志乃夫・浅田喬二・三谷太一郎・後藤乾一・小林英夫・高崎宗司・若林正丈・川村湊編『岩波講座近代日本と植民地　1　植民地帝国日本』（岩波書店、一九九二年）、秋月俊幸『日露関係とサハリン島――幕末明治初年の領土問題――』（筑摩書房、一九九四年）、秋月俊幸『日本北辺の探検と地図の歴史』（北海道大学出版会、一九九七年）、浅倉有子『北方史と近世社会』（清文堂、一九九九年）、岩崎奈緒子『日本近世のアイヌ社会』（校倉書房、一九九八年）、川上淳『近世後期の奥蝦夷地史と日露関係』（北海道出版企画センター、二〇一一年）、菊池勇夫『幕藩体制と蝦夷地』（雄山閣出版、一九八四年）、菊池勇夫『北方史のなかの近世日本』（校倉書房、一九九一年）、菊池勇夫「海防と北方問題」朝尾直弘・網野善彦・石井進・鹿野政直・早川庄八・安丸良夫『岩波講座日本通史　第一四巻　近世四』（岩波書店、一九九五年）、木崎良平『漂流民とロシア』（中央公論社、一九九一年）、木村汎『日露国境交渉史』（中央公論社、一九九三年）、島谷良吉『最上徳内』（吉川弘文館、一九七七年）、高倉新一郎「北海道文献年表」谷川健一編『日本庶民生活史料集成　第四巻　探検・紀行・地誌（北辺篇）』（三一書房、一九六九年）、寺沢一・和田敏明・黒田秀俊編『蝦夷・千島古文書集成　第九巻　北方史・年表・条約・文献総覧』（教育出版センター、一九八五年）、照井壮助『天明蝦夷探検始末記』（八重岳書房、一九七四年）、藤田覚「蝦夷地第一次上知の政治過程」田中健夫編『日本前近代の国家と対外関係』〈吉川弘文館、一九八七年〉、藤田覚「寛政改革と蝦夷地政策」藤田覚編『幕藩制改革の展開』〈山川出版社、二〇〇一年〉、藤田覚『近世後期政治史と対外関係』〈東京大学出版会、二〇〇五年〉、真鍋重忠『日露関係史』〈吉川弘文館、一九七八年〉、E・ファインベルグ著・小川政邦訳『ロシアと日本――その交流の歴史――』〈新時代社、一九七三年〉、ノルベルト・R・アダミ著・市川伸二訳『遠い隣人――近世日露交渉史――』〈平凡社、一九九三年〉。とくに菊池・藤田・秋月・浅倉研究は徳川時代の蝦夷地研究に関する到達点の一端である。

(24) 塚谷晃弘「解説　本多利明」『体系』、四四九～四五〇頁。実質的に門弟の最上徳内を著者とし、利明は校訂のみに携わった成果などの扱いに注意しながら、塚谷氏の整理を再検討し、利明の北方情勢観を体系的にまとめる作業が今後求められる。なお、本書の巻末に掲載した〝付録（3）本多利明関連年表〟における記載は、筆者による現在進行形の分析を反映させたものであり、したがって塚谷氏の整理と異なる点が散見されることを明記しておきたい。

(25)『蝦夷拾遺』は『本田氏策論　蝦夷拾遺』〈国立公文書館蔵〉を指す。

(26)『蝦夷土地開発愚存之大概』は『赤夷動静』もしくは『赤人日本国へ漂着に擬え近年繁々渡来するに謂ある事』とも称される。

(27)『利明上書』は『蝦夷開発に関する上書』というタイトルにより『集』に翻刻資料として抄録されており、「寛政四壬子年七月」〈一七九二年七月〉の記載が末尾にある。同資料は一九五五年段階における阿部真琴氏の整理によれば、①東京大学図書館所蔵版（『集』に抄録）と②地学協会所蔵版の二点があり、①は一七九二年七月付、②は一七九一年一〇月付けでの成立〈阿部真琴「本田利明の伝記的研究（二）」『ヒストリア』第一二号、一九五五年〉と紹介されている。なお、阿部研究によれば①は滅失したと指摘されている。二〇〇一年段階における筆者の調査によれば、②の現存状況を地学協会に調査依頼したところ、同協会所蔵の目録に書名が見えず、関東大震災〈大正一二年（一九二三）〉により滅失した可能性が高いという指摘を担当者からうけた。これに基づけば、①ならびに②は既に現存せず、①を底本とする『集』所収の抄録版のみが『蝦夷開発に関する上書』の内容を知り得る唯一の情報源に相当するという理解となる。ただし、二〇〇一年に藤田覚氏が東京大学総合図書館所蔵南葵文庫に収蔵されている寛政三年（一七九一）一〇月成立の『利明上書』の部分的内容を採り上げながら論説を発表〈藤田覚「寛政改革と蝦夷地政策」藤田覚編『幕藩制改革の展開』〈山川出版社、二〇〇一年〉一一九～一二〇、一三七頁〉し、『集』所収版は「南葵文庫本と文言に異同がある。両者がどのような関係にあるのか不詳である」と指摘している点も考慮しなければならない。成立年の相違がありつつも、『蝦夷開発に関する上書』の内容と類似性をもつ唯一の現存資料に『利明上書』が該当する可能性もある。

(28)『蝦夷開発に関する上書』『集』、三二一頁。

(29)『本多利明先生行状記』『集』、四〇二頁。『本多利明先生行状記』の末尾には「文政九年写　淡水河野通義」（同書、四〇四頁）と記されている。同書の成立時期について正確な年月日の確定はできないものの、本文中に「文化三年六十三加藩より合力米を給」（同書、三九九頁）といった利明についての記載や「射和久三郎　文化十二歳八十七江戸深川に住、天文算術を指南」（同書、四〇三頁）という利明の門弟である射和久三郎についての記事が記され、その文中において「文化十二」年（一八一五）が明記されている点を踏まえれば、利明在世中の文化一二年（一八一五）〜文政九年（一八二六）の間に成立した可能性が高いといえよう。なお同書については、東北大学附属図書館狩野文庫蔵の写本『本多利明先生行状記』（原本請求記号：3-6875-1・マイクロフィルムリール№：CEF-011）を適宜参照した。

(30)松平定信老中在職期間の記録に相当する水野爲長著・駒井乗邨編『よしの冊子』には寛政五年（一七九三）一月二七日〜二月一九日の間の記事として、「米倉丹州にて急ニ廿人扶持ニて儒者を抱候由。是ハ間違のよし。素人了見ニて日本人の外ハ皆唐人と心得居り候ニ付、万一オロシヤ人領知へ来候節、筆談の為に抱候由。儒者でハいくまい、夫より音羽町の本多三郎右衛門が弟子でも抱たがよかろふ。と笑てさと仕候よし」（水野爲長著『よしの冊子』森銑三・野間光辰・中村幸彦・朝倉治彦編『随筆百花苑　第九巻』（中央公論社、一九八一年）、四六七頁）と記されている。側近であった水野のこの観察によれば、松平定信は少なくとも「音羽町の本多三郎右衛門」として利明を認知していたことがわかる。なお、同書については国立国会図書館蔵『よしの冊子』（原本請求記号：YD-古-526、YD-古-697）を適宜参照した。

(31)『本多氏策論　蝦夷拾遺』『集』、二九六〜二九七頁。同書については国立公文書館蔵『本田氏策論　蝦夷拾遺』（原本請求記号：178-0339）を適宜参照した。なお、『集』所収版の「本〝多〟氏策論」という箇所は同館においては「本〝田〟氏策論」となっている。

(32)『蝦夷開発に関する上書』『集』、三二一〜三二二頁。なお、ここで記された「丹州」と註(30)の「丹州」の意味を比較検討すべきである。

(33)照井壮助『天明蝦夷探検始末記』（八重岳書房、一九七四年）、八三〜八五頁。なお、最上徳内は蝦夷地を度々訪問している。第一回目の渡航は天明五年（一七八五）の調査であり、最後の文化四年（一八〇七年）は第九回目の渡航（島谷良吉『最上徳内』（吉川弘文館、一九七七年）、二八七頁）である。

(34)阿部真琴「本田利明の伝記的研究（三）」『ヒストリア』第一三号、（一九五五年）。

(35)『よしの冊子』には寛政二年（一七九〇）八月二八日〜九月一〇日間の記事として、「徳内当時音羽町辺山師方ニ同居仕居候よし」

〈水野爲長『よしの冊子』森銑三・野間光辰・中村幸彦・朝倉治彦編『随筆百花苑　第九巻』（中央公論社、一九八一年）、一九三頁〉と記されている。徳内が音羽町の利明の私塾に滞在しており、密接な関係にあったことを窺わせる記載である。

(36)『渡海日記』『集』、二九一頁。

(37) 享和元年における利明の蝦夷地渡航に関する行程を地図上に示した成果として、矢嶋道文氏の成果がある（矢嶋道文『近世日本の「重商主義」思想研究――貿易思想と農政』御茶の水書房、二〇〇三年、一六六頁）。

(38)『渡海日記』『集』、二八七～二九一頁より作成した。以下、再出につき〈『渡海日記』『集』、～頁〉と略記する。なお、№Ａおよび№Ｂの箇所は、それぞれ、№Ａ：〈『交易論』『大系』、一八三頁〉、№Ｂ：〈『長器論』『集』、二二一頁〉、から引用した。『渡海日記』については東北大学附属図書館狩野文庫蔵の自筆本『渡海日記』〈原本請求記号：３-２７６１９-１／マイクロフィルムリール№：ＣＧＰ-０１１〉を、『交易論』については刈谷市中央図書館村上文庫蔵の自筆本『交易論』〈原本請求記号：Ｗ５３４１／マイクロフィルム請求記号：Ａ４３３〉を、『長器論』については同館同文庫蔵の自筆本『長器論』〈原本請求記号：Ｗ５３４２／マイクロフィルム請求記号：Ａ４３３〉を適宜参照した。

(39)『休明光記』は「羽太正養〈宝暦二年（一七五二）～文化一一年（一八一四）〉が寛政一一年（一七九九）に蝦夷地取締掛を命ぜられてから、箱館奉行、松前奉行として蝦夷地経営の最高官僚であった時代の記録を要領よくまとめたもので、幕府の蝦夷地直轄の状況を知るのに見逃せない資料」〈和田敏明「解説　エリート官僚が書いた休明光記」寺沢一・和田俊明・黒田秀俊編『蝦夷・千島古文書集成　四巻　休明光記』（教育出版センター、一九八五年）、七頁〉と位置づけられている。また、幕吏羽太正養の視点を分析対象としながら蝦夷地政策に関する考察をおこなった高橋周氏の成果〈高橋周「蝦夷地直轄政策にみる幕吏の「日本経済」観――箱館奉行羽太正養の『辺策私弁』を中心に――」『日本経済思想史研究』第二号（二〇〇二年）、五～一九頁〉は当時の実態をとらえるうえで示唆に富む。

(40) 羽太正養著『休明光記』寺沢一・和田俊明・黒田秀俊編『蝦夷・千島古文書集成　四巻　休明光記』（教育出版センター、一九八五年）、五一頁。以下再出につき〈『休明光記』、～頁〉と略記する。

(41)『渡海日記』『集』、二八八頁。

(42) 根室会所とは、蝦夷地会所管轄下に設置された機関であると推定される。これについて『東京市史稿』には『渡海日記』を紹介した上で「蓋蝦夷地会所ノ貨物ヲ運搬シタル者ニ係ル。蝦夷地会所ハ寛政十一年六月ヲ以テ設クル所」〈東京市役所編『東京市史稿　港湾編第二』（東京市役所、一九二六年）、三四〇頁〉と記されている。

(43) 大島栄次郎は『休明光記』に蝦夷地へ遣わされた者の一人としてその名が記されており、寛政一一年（一七九九）二月一〇日に「場所請取兼交易掛り」としての役割を命じられている（『休明光記』、四一頁）。なお、大島は後年の享和三年（一八〇三）閏正月一八日段階で函館奉行支配の勘定として『休明光記』の中にその名が記されている（『休明光記』、一三九頁）ところから、現地における統括責任者の一人であったことが窺える。

(44) 浦賀の番所とは幕府により設置され、陸上の取締りと同様、海上の取締りを厳しくし、享保六年（一七二一）に伊豆下田から移されたものであり、一層検査を厳しくし、浦賀水道を航行する船に限らず、外洋航行の船舶も浦賀に立寄って検査をうける定めを目的とし、安房国の船舶はその対象となり非常な負担となったとされるものである〈館山市史編さん委員会「交通」『館山市史』（館山市、一九七一年）、二八〇頁〉。なお、「浦賀において検査をうけると、長時間を要して生魚は腐敗し、莫大な損失をまねくことになった。そこで安房の魚商は、免除方を幕府に歎願し、魚荷の船に限り、上り航海は沖を直航し、帰途浦賀に寄港して検査をうける特権を得たのである。その条件として、生魚を積んだ上り航行の船には旅人を同乗させることを禁じられた」〈同書、同頁〉という実態があった。

(45) 塚谷晃弘「解説　本多利明」『大系』、四四八頁。

(46) 『交易論』『大系』、一八三頁。

(47) 『長器論』『集』、二二二頁。

(48) 矢嶋道文氏は利明の「沖乗」技術論が具体的技術論へと展開される過程の中で享和元年（一八〇一）の蝦夷地渡航の意義を位置づけている〈矢嶋道文『近世日本の「重商主義」思想研究――貿易思想と農政――』（御茶の水書房、二〇〇三年）、一六四～一七〇頁〉。

(49) 『交易論』『大系』、一六六頁。

(50) 『交易論』『大系』、一六八頁。

(51) 徳川時代の鉱産資源に関する具体的な数値などは第I部「第三章第一節」において紹介した通りである。既述のように、金については小菅徹也氏〈「佐渡西三川砂金山の総合研究」小菅徹也編『金銀山史の研究』（高志書店、二〇〇〇年）、三～四、四五頁〉ならびに岩橋勝氏〈「徳川時代の貨幣数量――佐藤忠三郎作成貨幣有高表の検討――」梅村又次・新保博・西川俊作・速水融編『数量経済史論集１：日本経済の発展』（日本経済新聞社、一九七六年）、二四六～二四八頁〉の、銀については田代和生氏〈「徳川時代における銀輸出と貨幣在高――一六八〇年代以降朝鮮・琉球への銀輸出を中心に――」梅村又次・新保博・西川俊作・速水融編『数量経済史論集１：日本経済の発展』（日本経済新聞社、一九七六年）、二二三～二三八頁〉の、銅については、鈴木康子氏〈『近世日蘭貿易史の研究』（思文閣出版、二〇〇四年）、二〇九～二一〇頁〉の研究成果にそれぞれ詳しい。なお、寛政七年（一七九五）成立の『自然治道之弁』においては国内の鉱山開発が推奨され、寛政一〇年（一七九八）の『西域物語』ならびに『経世秘策』においても同様である点を補足しておきたい。

(52) 鈴木康子『近世日蘭貿易史の研究』（思文閣出版、二〇〇四年）、二〇九、四一二頁。

(53)『交易論』『大系』、一六六頁。なお、利明は天明五年（一七八五）の時点で東北方面へ赴き、天明飢饉に関する観察を記録している。なお、その記事は『交易論』のみならず『自然治道之弁』・『西域物語』・『経世秘策』・『経済放言』においても紹介されている。

(54)『交易論』『大系』、一六六～一六七頁。

(55) 金銀銅など鉱産資源の利用価値についての利明の考えは「城郭及庶民の家作に至るまで、銅鉄石を用て修造せり。此故に火災、盗賊のある事をしらず。万民大安堵の住居なり」（『交易論』『大系』、一六八頁）、あるいは「船内の結構美麗、筆舌の及べきにあらず。諸道具、諸器財は鉄銅金銀を用る。金銀を用る事は、倹約を用るゆへなり」（『交易論』『大系』、一七六頁）という記載から窺い知ることができる。いずれもヨーロッパ諸国の活用法について触れたものであるが、材質に着目したうえで建築や諸道具といった様々な用途へと使用され、強度や装飾の面から利便性が高く、結果として富の象徴や安全な生活空間の保障に資するものとしての認識である。

(56)『交易論』『大系』、一六六頁。

(57)『交易論』『大系』、一七八～一七九頁。

(58)『交易論』『大系』、一八二頁。

(59)『交易論』『大系』、一六七頁。

(60)『交易論』『大系』、一六七頁。

(61)『交易論』『大系』、一七五頁。

(62)『交易論』『大系』、一六七頁。

(63)『交易論』『大系』、一六八頁。

(64)『交易論』『大系』、一八二～一八三頁。

(65) 杉山伸也／ジャネット・ハンター「日英経済関係史――一六〇〇―二〇〇〇年」杉山伸也・ジャネット・ハンター編『日英交流史　一六〇〇―二〇〇〇　四　経済』（東京大学出版会、二〇〇一年）、四頁。

(66) 加藤栄一「初期日英関係の一側面」木畑洋一・イアン・ニッシュ・細谷千博・田中孝彦編『日英交流史　一六〇〇―二〇〇〇　一　政治・外交Ｉ』（東京大学出版会、二〇〇〇年）、六一頁。なお、イギリス側からの日本市場へのアプローチが模索された事例として、「イギリス政府は、清国よりも安価な茶や生糸が入手でき、かつ国産の毛織物市場になりうる可能性をもつ日本に改めて注目し、一七九二年九月（寛政四・八）遣清特命全権大使ジョージ・マカートニーに日本を訪問させ、通商交渉をさせるつもりであった。しかし、英仏の開戦が近いことを広東の東インド会社の密使が報じたため、マカートニーは使命を達成できなかった」〈宮永孝『日本とイギリス――日英交流の四〇〇年』（山川出版社、二〇〇〇年）、四二頁〉という史実もある。

(67) 都築忠七「日本人知識層の英国観とその変遷」都築忠七・ゴードン・ダニエルズ・草光俊雄編『日英交流史　一六〇〇―二〇〇〇　五　社会・文化』（東京大学出版会、二〇〇一年）、二〇頁。

(68) アンドリュー・コビング著・伊藤航多訳「ヴィクトリア朝英国への日本人渡航者たち」都築忠七・ゴードン・ダニエルズ・草光俊雄編『日英交流史　一六〇〇―二〇〇〇　五　社会・文化』（東京大学出版会、二〇〇一年）、五〇～五一頁。

(69)『交易論』『大系』、一七五頁。

(70)『交易論』『大系』、一七六～一七七頁。

(71) ジェレミー・ブラック著・金原由紀子訳『図説　地図で見るイギリスの歴史　大航海時代から産業革命まで』（原書房、二〇〇三年）、一六五頁。なお、「ステュアート時代の末（筆者注――ステュアート朝は一七一四年頃に断絶）には、イングランドは世界における最大の工業・貿易国であり、ロンドンは世界最大の商業中心地としてアムステルダムを凌駕した。オリエント、地中海、アメリカ植民地との貿易が栄えたが、その基礎は、新時代の大きな大洋航行船で世界の反対側にまで運ぶことのできるイングランドの織物製品を売ることにあった」〈G・M・トレヴェリアン著・大野真弓監訳『イギリス史　二』（みすず書房、一九七四年）、一七三頁〉という指摘は、利明の誕生以前におけるイギリスの対外交易の様相を知るうえで一助となる。

(72) 坂下史「名誉革命体制と帝国の再編」木畑洋一・秋田茂編著『近代イギリスの歴史――一六世紀から現代まで――』（ミネルヴァ書房、二〇一一年）、五八頁。

(73) 川北稔「生活文化の「イギリス化」と「大英帝国」の成立――一八世紀におけるイギリス帝国の変容」木畑洋一編著『大英帝国と帝国意識――支配の深層を探る――』（ミネルヴァ書房、一九九八年）、七九頁。

(74)『交易論』『大系』、一七五頁。

(75)『交易論』『大系』、一七六頁。

(76)『交易論』『大系』、一七七頁。

(77)『交易論』『大系』、一七七頁。

(78)『交易論』『大系』、一七七頁。

(79)塚谷晃弘氏は「根付時計」について、「腰にぶらさげる時。懐中時計以前の小型携帯用時計」〈塚谷晃弘「頭注」『大系』、一七六頁〉と解釈しているが、山口隆二氏の「日本では服装の関係等もあって、懐中時計の使用が困難であったため、即ち和服には懐中時計を入れる場所がなかったために、懐中時計の代りに印籠時計が考案されたのである。印籠時計は印籠、即ち薬函のなかに時計機械を装置し、根付と緒締とによって帯につけて用いたのである。これが日本では懐中時計と同じ役目をしたのである」〈山口隆二『日本の時計――徳川時代の和時計の研究――』（日本評論社、一九四二年）、二四三頁〉、ならびに「印籠時計の外箱、即ち印籠は黒漆塗、金蒔絵等のものが多いが、紫檀、黒檀、或は銀、赤銅などの金属外装のものもある。根付は象牙、珊瑚、翡翠等の材料に彫刻した立派なものが多いようである」（同著、二四四頁）という見解を考慮すれば、利明の記載するところの「根付時計」とは印籠時計を指しているのかもしれない。なお、鎖国下の日本においては「欧州の最新時計技術が最も必要だったその時期に技術的サポートの道を絶たれてしまったのである。（中略）日本の時計産業は先進情報に接する手段を絶たれてしまったわけで、時計師たちは一五〇〇年末から一六〇〇年初頭の技術だけで製造された数少ないサンプルだけを垣間見ながら、見よう見まねで和時計を製作せざるを得なかった。（中略）このような状況下にもかかわらず、彼らは多くの工夫を重ね、掛時計、台時計、櫓時計、卓上時計、懐中時計などのほか、身長計のように縦長で文字板の目盛りを針が指して時刻を示す「尺時計」、枕元に置いて使用する「枕時計」、印籠の中に機械体を収めた「印籠時計」など、日本独自の時計を発展させた。（中略）和時計は、一六〇〇年頃から江戸時代を通して活躍した。しかし明治五年（一八七二年）の改暦によって、時刻制度に現在の定時法（昼夜を問わず時間の長さが同じ）が導入され、西洋から定時法に対応した精度の高い時計が大量に輸入されると、和時計はまったく見向きもされなくなってしまった」〈織田一朗『時計と人間――そのウォンツと技術――』（裳華房、一九九九年）、三五～三九頁〉という織田一朗氏の見解は、徳川時代における和時計の変遷史を把握するうえで有用である。

(80)『交易論』『大系』、一七七頁。

(81)『交易論』『大系』、一七六頁。

(82)『交易論』『大系』、一七七頁。

第九章　『経済放言』における対外交易論

前章において『交易論』に展開された対外交易論の意義が明らかとなった。本章では同書とほぼ同時期に成立したと推定される『経済放言』〈享和元年（一八〇一）八月以降成立[1]〉について検討を加える。

『経済放言』は享和元年（一八〇一）八月以降に成立したとされる著述である。[2] 同書に成立年代は明記されていないが、文中に「此国（筆者注――イギリス）の事は中々筆舌の及ぶべきにあらず、因て措、猶長器論に詳なり[3]」と記されているように享和元年（一八〇一）八月に成立した『長器論』の書名が記されており、同書成立以降の著述[4]であることがわかる。この事実と、後述される同年七月成立の『交易論』に展開された内容との類似性を考慮すれば、すくなくとも同年八月以降に、なおかつ、『交易論』ならびに『長器論』の成立から間を置かずに脱稿化された経済政策論説という理解が現時点では適切である。

『経済放言』の内容は「贅説」部と「経済総論」部の二部により構成され、『西域物語』・『経世秘策』・『交易論』同様にヨーロッパの政策手法を念頭に置いた経済政策論が展開されている。同書の独自性を示すならば、「経済総論」部において熊沢蕃山（一六一九～一六九一）ならびに荻生徂徠（一六六六～一七二八）による経済政策論を評しながらの政策提言が展開され、理財および食貨を意とする「経済」についての見解が記されている点を強調しうる。また、同書にはこの「経済」という用語が散見され、これまで検討対象としてきた『自然治道之弁』などの諸書と比較すれば、「経済」という表現を明記した唯一の資料であるといった点も特徴[5]の一つとして指摘すべきである。

以上の特徴を有する『経済放言』についての分析は、同書の成立要因と直接関連する現実認識の指摘、それに対する様々な具体策の整理、その一端に位置する対外交易論の意義の明瞭化、という手順により進められる。これら一連の作業を経たうえで『経済放言』における対外交易論の意義を位置づける。

第一節　現実認識に基づく社会経済問題観

1　直接的見地に基づく三つの社会経済問題

『経済放言』を成立させた要因は、同書成立時における社会事象についての描写から抽出しうる。それは、利明の現実認識に基づく社会経済問題観として換言できる。本節においては、利明がどのような現象を問題視していたのかといった点について考察を進めてゆく。その場合、直接的に当時の世情について触れた箇所と、過去の経済政策論、すなわち熊沢蕃山ならびに荻生徂徠の主張に対する批判を展開しながら言及した箇所のそれぞれ二つの文脈により利明の現実問題に対する関心が明示されているといった特徴を考慮すれば、それぞれを分別しながらの検討が適切であり、本項においては前者について検討を加える。

直接的な視角に基づきながらの利明が指摘した社会経済問題の一つは国内生産力の低下現象である。それは、

「唯今ある亡処手余地抔もいつの間に歟再開発する様に国民も増殖すべし」[6]

という記載から看取しうる。この引用は、蝦夷地開発を推奨した文脈において展開されているものであり、その結果として荒廃地に該当する「亡処手余地」が「再開発」され、「国民」のさらなる「増殖」が期待される、とした主張である。ここで注目しなければならないのは、荒廃地自体が「唯今ある」と認識されている点である。この認識に基づけば、荒廃地の拡大による国内生産力の低下という社会経済問題が常態化している社会が利明にとっての現実の一つである。

前記の引用は主に農作物生産に着目した見解であるが、二つ目の現実認識に該当するものとして、鉱産資源の国外流出問題が挙げられる。利明の記述によれば、日本国は本来的に

「我日本は亜細亜の東端に所在して、一つの島なり、然るに金銀銅の宝貨を国産とする故に万国に独輝せり」(7)

と記されるように、「金銀銅」等の鉱産資源の産出国として国際的な知名度を有する国家でありながら、『経済放言』成立時の様相はこうした評判とは乖離した状況にあった。その理由は、

「今迄の如く、十四五万両宛毎年毎年失ひなば、十年にして百四五十万両を失ひ、百年にして千四五百万両を失ふべしといへり、神孫数世の御後には、我国にて用ひ給ふべき金銀銅乏くなりて、支那の如くなるべしといへり」(8)

という記載から求められる。ここでは、毎年一四〜一五万両相当の鉱産資源が国外に流出した場合、単純計算として一〇年間で一四〇〜一五〇万両、一〇〇年間では一、四〇〇〜一、五〇〇万両が国内から滅失し、「神孫数世の御後」といった将来においては確実に枯渇化するものとして指摘されている。ここで注目すべきは、こうした数量の累積化を考慮した見通しにおいて「今迄の如く」と記されている点である。この利明の見解が示唆しているは、すくなくとも毎年一四〜一五万両の鉱産資源の国外流出が既に趨勢として常態化しているという点であり、それを念頭に置きながら、このような状況を憂慮しているのである。したがって、慢性的な国内鉱産資源の国外流出による枯渇化の趨勢が現実的な社会経済問題の一つであったといえる。

続いて、三つ目の問題は日本の領土に関する観点から示されたものである。それは、蝦夷地開発に関する文脈における、

「東蝦夷の島々凡二十二島、及カムサスカよりタデイス迄の大地を一統し、猶東方へ打越し北亜墨利加の大洲に迄及たるは、女帝の大功なり」(9)

という記載から抽出しうる。ここでは、「女帝」に該当するロシアのエカチェリーナⅡ世の事績が紹介され、日本の北方に位置する「東蝦夷」の諸島や「カムサスカ」、さらに北アメリカにまでロシアの支配が及んでいるという認識が示されている。この指摘は、一見、エカチェリーナⅡ世の功績を称賛しているかのように見受けられるが、利明の真意は、日本の支配領域に属すべきとみなしていた東蝦夷の諸島に対するロシアの動向に警鐘を鳴らすことにあり、日本の経済圏に対する異国の侵食を問題視したものとして理解すべきである。したがって、北方に所在する日本の既得権益への脅威が三つ目の現実問題に該当する。

2 熊沢蕃山ならびに荻生徂徠批判を通じた社会経済問題観

前述した三つの問題認識とは別に、利明は過去の人物が提言した経済政策論に対する批判を通じながら、日本国の社会経済問題を指摘している。それは、現実における諸現象についての直視的な分析結果ではなく、先学から発せられた経済政策論が現状に即しているか否かという関心のもとで展開されたものであり、そこから現実認識の一端を抽出することができる。

この場合の先学とは、熊沢蕃山（一六一九～一六九一）および荻生徂徠（一六六六～一七二八）を指し、利明は、

「治平以後二百年計りの内に色々の人物出て、種々の能技に志を立て、才力の限りを竭し、様々の達識も多く出たる中に、経済に長じたりとて世の賞を得たるは、熊澤荻生の二子の外なし」(10)

と両者について記している。ここでは、蕃山と徂徠の「経済」問題に関する見識が「長じたりとて世の賞を得たる」ものとして紹介されている。ただし、この評価はあくまでも社会一般の認識の紹介であり、利明はこの点についてむしろ懐疑的である。それは、

「二子が説所は、此方の費を省き彼方を扶け、又彼方の費を省き此方を扶れば、万端に便利を得る故に終に国家に豊饒を副るといへり、同じ土地より出産する産物を用て遣取し、利益ある事をのみ色々様々と情張て、世話する仕方の善悪を討論するまでなり、なる程其如くせば随分宜く、悪くはあるまじく、然れども元来際限ある土地より出産する産物を用て、際限なく増殖する万民の衣食住の用に達し、猶有余あらしめんとするの計策の外なし、是無理なり、際限ある土地より出産する産物は、出産に際限あり、年々に出生する国民は、年々に増殖して際限なし、終に国民は国産より多く、国産は国民より少くなるべし、末遂てなしがたき仕業なるべし[11]」

という記載に顕著である。利明の認識によれば、蕃山と徂徠の経済政策論[12]は「此方の費を省き彼方を扶け、又彼方の費を省き此方を扶れば、万端に便利を得る」というように、物資の需給関係における均衡という要素に関心を寄せたものであり、日本全国から産出される諸生産力の移動を重点化した物資需給調整法の提示として受けとめられている。

この政策方針について、利明は「悪くはあるまじく」と少なからずとも好意的な理解を示すものの、その直後から「然れども」と態度を一変させ、「是無理なり」というように全否定の立場を選択する。その理由は「際限ある土地より出産する産物」および「際限なく増殖する万民」といった二つの要素を考慮しながら展開された主張から求められる。そもそも、利明の理解による蕃山・徂徠の経済政策論とは、「際限ある土地より出産する産物」に相当する従来からの国内生産力のみにより「際限なく増殖する万民」の物資需要に対して呼応を図るというものであり、それは、「猶有余あらしめん」というように、国内生産力からの供給量が需要量を上回る状況が常態化していなければ成立しえない発想である。

この認識を念頭に置きながらの利明の見解は、従来からの国内生産力には「出産に際限あり」というように一定の上限があり、その一方で、物資需要量を決定する日本国の人口数は「年々に増殖して際限なし」というように、経年により増加しつづける傾向があり、それに基づけば、「終に国民は国産より多く」および「国産は国民より少くなる」というように、物資需要量が国内生産力からの供給量を上回る状況が発生するのは自明の理である、というものである。こうした利明自身の「経済」観を基準とすれば、蕃山・徂徠の提起した経済政策論は必然的に無効果な手段となるのであり、それを考慮しながら、彼らの見解について「是無理なり」という評価を与えているのである。

以上を提示しながら、利明は現実認識と関連する重要な一文を、

「今更日本の土地限りの遣り繰り経済は、迚も埒明くべきにあらず[13]」

と記している。これは、国内生産力のみに依拠しながらの物資需給調整を意味する「遣り繰り経済」を推奨した蕃山・徂徠の経済政策論に対する批判的評価であるのと同時に、「今更」という表現に象徴されるように、現実に即した対処法とは何かを示唆している文言である。この記述に集約化されている利明の真意とは、蕃山・徂徠の「遣り繰り経済」が「今更」という現実に対して呼応しうる効力がないという判断を下しながら、「今」に適宜な対処策を提言する知見を利明自身が有していると強調するところにある。その場合、「日本の土地限り」という限定的な枠組みを払拭した起案、すなわち、「日本の土地」以外の領域からの物資補塡を考慮した対外交易論の紹介が意図されているのであり、そうした手段を即時的に導入せざるを得ない状況に当時の日本が置かれているという認識こそが利明の捉えた現実であったと理解しうる。

前記の見解は蕃山ならびに徂徠の主張に対する批判的立場から発されたものであるが、同様の対比的手法に基づきながら、利明は次のような興味深い考えも記している。

「二子が英才古今罕なれども、惜き事には算数に暗昧なる故に、其至り極る所に到れば、天文学地理学に縁て海洋渉渡の明法を組挙、国民へ垂訓すれば、海国に具足すべき制度なる故に、追々末増に豊饒の末を遂る道理あるも、穿鑿なく妄に勘破せしは、二子が智見の疵謬なり[14]」

この記述は、蕃山・徂徠の知的素養について採り上げたものであり、両者を「英才」と概括的に評したうえで、「惜き事」として「算数」の知識が欠如しているとの認識を示している。利明にとって「算数」とは、「海洋渉渡の明法」に該当する航海術に不可欠な「天文学地理学」の知識を修得するうえでの知的基盤に位置する素養として認識されていた。したがって、「算数」の素養を習得しえなかった人物達として評された蕃山・徂徠から国家を「豊饒」化させうる処方である対外交易論が発信されることはもともと期待できず、一方で利明自身は同論を提言化しうる資質を備えていると主張するために、両者の知性が対比的に紹介されていると理解しうる。この見解には、対外交易論の適用を不可欠とする現実の社会が要望するのは蕃山・徂徠の「遣り繰り経済」ではなく、「算数」に造詣の深い利明の素養を反映させた対外交易論であり、それを国家は採択すべきであるという要望が内包されているのである。

以上の過去の経済政策論との対峙から抽出しうる利明の現実認識、換言すれば、現実の社会経済問題とは次のように纏められる。利明が捉えた現実とは、対外交易論の適用を即時に導入せざるをえない社会であり、人々の物資需要が国内生産力からの供給を上回る状況が問題視されている。その場合、国内生産力のみにより物資の充足化を図りうるとした蕃山・徂徠の「遣り繰り経済」という考えは否定されることとなり、それに換わり利明の専門領域である「算数」を基底的素養とした「海洋渉渡の明法」の活用による対外交易論の有効性が示されることとなるのである。

このような問題と前項で検討を加えた直接的見地に基づく三つの社会経済問題が展開されている社会が利明にとっての現実であり、それらを解決課題に位置させながら、対外交易論を含めた様々な処方が提言化されることとなるのである。

第二節　属島開発に基づく国内開発政策案の提起

現実の社会経済問題を意識しながら、利明はいくつかの対処策を提言している。本節においては、その一端に位置する属島開発に基づく国内開発政策案について検討を加えてゆく。『経済放言』成立時において利明が日本国内として想定していた領域は、日本本土以外に、蝦夷地およびそれ以北の諸島や樺太島、さらに北アメリカまでを含めた範囲と、日本の東洋に点在する諸島により構成されている。この認識に則りながら示された国内開発政策案は、一つとして蝦夷地開発プラン、いま一つとして東洋諸島開発プランであり、さらに北アメリカ開発プランが三点目として紹介されている。この順序に沿いながら各々のプランについて詳述してゆきたい。

まず、一つ目の蝦夷地開発プランについて利明は、

「自今以後は我国より蝦夷の島々よりカムサスカの大地までも撫育交易して、土人を介抱せんに、後々は悉皆我国の属島属国となるべし、タトへ戦争を経るとも、土地人民を得べきは国家守護の本業なれば、国中の豪富なる者は、士農工商の差別なく、勝手次第に渡海し、島々を見開きたる者へ、則其島を給はるべき旨の命令下りたらば、国忠に深志あらむ者いくらも涌出て、思ひの外なる事となり、我勝に島さがしと出かけ、日本周廻の島々の限りは、悉皆大日本の属島とならむは必定にて、左もあらば国家の利益も末増に増殖し[15]」

と記している。これは北海道やその北方の島々を開発対象地とみなしながら、「撫育交易」による現地在住民の日本本土への帰属化政策を推進し、それだけでなく、「勝手次第に渡海」ならびに「島々を見開き」というように、本土からの移民政策を併用しながらの同領域の「属島」化を図るという内容である。

ここでいうところの「撫育交易」とは、武力行使などの強圧的なアプローチに基づいた接触ではなく、相手を懐き従わせるための交易と考えられ、互助的な交易の展開と本土から移入される諸物資の一般化による同地の生活水準の向上が考慮されているといえる。この政策方針は現地在住民に対する懐柔的な接触を発端としながら交流を進展させることにより、同地における新規の労働力の確保に繋がると展望されている。

ただし、彼らのみを開発に資する人的資源として限定化しているわけではなく、本土からの人材の移住も起案されており、それが移民政策ということとなる。[16] この方策には興味深い点が含まれており、それは「国中の豪富なる者」という付帯条件が副えられるものの、「士農工商の差別なく」というように身分制という枠組みによる規制が蝦夷地開発の参加者に対して一切適用されていないという点である。この方針は固定的な職制の堅持という徳川幕藩制下の社会通念から相反する考えであるが、それを否定してまでも、開発から得られる利益確保を優先した主張として理解しうる。

これらの「撫育交易」ならびに移民政策の併用は蝦夷地の内部と外部双方の人材を日本本土への物資供給に携わる労働力へと転化させ、その結果として、「国家の利益も末増に増殖」というように蝦夷地の「属島属国」化を通じながらの日本国の「豊饒」化を具現化するための方策として位置づけられる。

この発想に、

「蝦夷の土地は疾より良国となり、産物も末増に出産して、金銀銅山抔も開発し、悉皆我国へ取込故に、末増に富国となり[17]」

という記載をさらに補えば、「撫育交易」政策と移民政策の展開により期待される成果は、具体的には、農作物や水産資源を意味する「産物」や鉱産資源である「金銀銅」の国内への安定供給体制の確立であると想定されていたといえる。

つづいて、二つ目の東洋諸島開発プランについても触れてゆきたい。利明の東洋諸島に対する認知は、

「我日本の東洋にも島々ありて、殊に北極高三十度より五十度の間に所在すれば、寒暖程善、五穀百菓も豊熟して、各良国となり居べき土地なるに、いまだ人の道も得ざる土人のみにして、悉皆夷狄なれば、他国へ出すべき産物とてもなし[18]」

というものである。ここでは具体的な島名は列挙されていないものの、「日本の東洋」に位置し、なおかつ「北極高三

十度より五十度の間」に点在するという諸条件を踏まえれば、利明が開発を企図していた東洋諸島とは、大島・三宅島・八丈島などで構成される伊豆諸島であると推定される。このように理解しうる同地については、「他国へ出すべき産物とてもなし」という評価が示されているように、もともと生産力のない領域でありながらも、気候条件を考慮すれば、開発次第によっては充分に「五穀百菓」といった「産物」の生産地としての役割を果たし得るとみなされている。この特徴を踏まえながらの利明の主張は、

「其勢ひ益隆に行つれ、東洋に所在する近島より段々と見開き、数多ある島々へも押渡り、土人撫育交易より信服を得て、属島ともなり[19]」

というものである。この見解は蝦夷地開発プランを提起した文脈に記されたものであるが、蝦夷地開発の進展が「勢ひ益隆」ということとなれば、それをモデル化しながらの東洋諸島の開発も成功し、ひいては蝦夷地同様に日本本土の「属島」と化すと結論づけられている。この考えは東洋諸島の在住民に対して「撫育交易」を有効な手段と主張している点から、蝦夷地開発プランをそのまま適用させた考えであると理解しうる。したがって、東洋諸島に対する利明の要望とは、蝦夷地同様の開発に基づいた新規生産力の確保であったといえる。

最後の北アメリカ開発プランは次なる認識に基づいた提言である。

「江戸より寅卯に当り、渡海千四百七十五里にしてクウクセンセといふ岬あり、則北亜墨利加の土地なり、北極高六十六度三十分、江戸の子午線より東方赤道経度四十九度十分に所在せり、土人毛髪黒く瞳黒く、中背にして我国の人物と異る事なしといへり、然れどもいまだ人の道を得ざる土人にして、則蝦夷の土人と等し[20]」

ここでいうところの北アメリカの土地として記される「クウクセンセ」岬とは、緯度経度の表記を頼りとすれば、おそらくはプリンスオブウェールズ岬（Cape Prince of Wales）を指していると推測される。ここで注目されるのは同地の

在住民が「我国の人物と異る事なし」と記されているように日本人と同種として捉えられている点、ならびに彼らの生活水準が「蝦夷の土人と等し」とみなされている点である。この理解に基づけば、北アメリカを蝦夷地同様の新規生産地へと化すことは可能であるという論調に達するのは自明の理である。そうした見通しは、

「往古より蝦夷の土人漸々伝移増殖せし歟もしれず、何れ我国の人物と同種類なれば、我国より撫育介抱して、属国となすべき土地なり[21]」

という記載により補強されており、「撫育交易」を意味する「撫育」を政策手段とした蝦夷地開発プランと同様のアプローチを、同種とみなした現地在住民に対して展開することにより「属国」化が図られると確信されているのである。

以上に亘り、三つの開発プランについて順次触れてきたが、それぞれは独立したプランというわけではなく、基本的には蝦夷地開発プランで提起された政策案を様々な開発対象地に適用させてゆくといった方針を主張したものとして位置づけられる。その結果として、利明が展望したのは

「蝦夷の産物及東洋島々カムサスカ、タデイス、クウクゼンセの大地迄の産物をも、追々取込事際限なし、故に国家も末増に豊饒となり、国民も末増に増殖する故に、終に大富国となり[22]」

という壮大な様相の出現であり、蝦夷地とそれ以北の諸島および東洋諸島、さらにさらに北アメリカまでを含めた範囲から生産される「産物」を本土に供給する体制を確立することにより、日本国の「豊饒」化が図られ、ひいてはその後の労働力に相当する人口の増加へも資することとなるという想定が描かれている[23]。この一連の流れを念頭に置きながら、考慮しなければならないのは、利明が現実としてとらえていた社会経済問題との関係性である。前節において触れた諸問題との関連について述べれば、「産物」に該当する新規生産力の確保は荒廃地の拡大に基づく国内生産力の低下問題の解決へと繋がり、また、蝦夷地からの「金銀銅」の採掘は国内鉱産資源の枯渇化への対応となる。さらに、蝦夷地か

ら北アメリカまでの開発は日本既得の経済圏に対するロシアの侵食に対する予防となる。以上から、蝦夷地など広範囲に及ぶ諸島の開発を推奨したプランは利明が憂慮していた現実課題のすべてに対する処方であると位置づけられる。

ただし、この開発政策案のみを手段とすることにより諸問題の解決化が完全に図られるという判断にはまだ到達していない。なぜなら、「属島属国」領域の開発から確保が見込める新規生産力のみにより日本全国の物資需要が充足化されるのだとすれば、蕃山ならびに徂徠の「遣り繰り経済」批判を通じて示唆された対外交易論の適用化は不必要となるからである。この点に鑑みれば、日本国内に内包される新規開発対象地からの生産力の確保は物資需給調整において不可欠な処方であるが、それだけでは国家を「豊饒」の状態へと誘導することはできず、対外交易論の適用との同時進行による併用が考慮されている、といった理解が適宜ということとなる。

第三節　現実政策としての対外交易論の推奨

属島開発に基づく国内開発政策案についての位置づけは前節のとおりである。ただし、利明はそれのみの実践による国家「豊饒」化を希求していたわけではなく、現実政策に組み込むべき手段として対外交易論に着目している。本節においては、同論の効果や、同論を適用化する場合に参考とすべきとした模範事例について検討を加えてゆく。

1　ヨーロッパ諸国による対外交易とイギリスの事例紹介

日本国における対外交易論の適用を考慮した場合に、利明が先例として念頭に置いていたのはヨーロッパ諸国の対外交易であり、彼らによる具体的な政策展開とそれを通じた効果を紹介している。まず、ヨーロッパ諸国の社会状況に関する利明の認知は次の通りである。

「国家治道の根立て、自然と万国より金銀銅及百穀百菓及び珍産奇物迄も入来て、大豊饒となりたるなり、此故に都鄙の城郭及万民の家宅に至るまで、悉皆銅鉄石を用て修造し、或三階五階結構美麗を極め竭せりといへり、火災盗賊の憂ある事をしらず[24]」

ここでは、「大豊饒」の国家群であるヨーロッパ諸国における「美麗」を尽くした家屋が建ち並ぶ様相や、「火災盗賊の憂」とは無縁な治安状況が紹介されている。さらに、このように高度な生活水準が実現化された理由としては「金銀銅及百穀百菓及び珍産奇物」などの獲得が指摘され、それらの諸物資が「万国より」「入来」るという経緯により移入されたことによる、との認識が示されている。ここから、利明がヨーロッパ諸国の「大豊饒」化の要因としてみなしたのは、対外交易論の適用であることがわかる。

このような認識を示しながら、利明は対外交易という政策手段について、

「国家に利益を得るは、万国交易の外に道なき故に、渡海の明法を建立し、天下の海洋を自在に渉渡し、其国其島に距り、隆国は王侯と交易し大利を得、又人道未開の国々島々は、人道に係る諸色百物を持渡り土人に輿ゆ、撫育交易し大利を得、此故に世界の金銀銅及産物の種々、皆欧羅巴へ群集するなり、是大豊饒にあるべき道理なり、然ば豊饒の根本は渡海の明法にあり、渡海の明法は天文学地理学算数学にあり[25]」

と詳述している。ここでは、ヨーロッパ諸国の「豊饒」化は、「金銀銅」や様々な「産物」の自国内への移入により成立し、その為には国家間相互の経済交流である「王侯」との「交易」、「土人」との「撫育交易」、総称すれば、「万国交易」の展開が必要とされ、それを実践するためには航海術を意味する「渡海の明法」が不可欠であり、さらに、この技術を養成するためには「天文学地理学算数学」といった知的素養の醸成が不可欠なものとして紹介されている。これは、国家「豊饒」化の成立要因としての対外交易論の展開が段階的な過程に基づいているといった点を強調したものである

といえる。
その場合に、利明の表現で記すところの「大利」獲得の具体的方法である「万国交易」との関連として、興味深い見解が記されている。それは、国外への移出品の価値に視点を置いた部分である。その内容について触れてゆくと、利明はまず、

「自国を豊饒の富国となさんは、外国より金銀銅を取込の外に道なしといふ[26]」

と記し、対外交易を通じて国内に移入させるべき物資を「金銀銅」といった鉱産資源に特化しながら、これらが国家「豊饒」化に資すると断定している。そのような見地から、

「金銀銅を取込には、自国の産物を用て外国の金銀銅と交易し、利潤の金銀銅を得るの外に道あるまじ[27]」

という主張が展開され、国内から産出される諸物資を国外の鉱産資源と交換する営為が「利潤」獲得に連動することになる、といった指摘へと連綿する。ただし、この考えには、

「総て産物は其国より自然と出産する産物のみを用て、外国と交易すれば、自国と他国の勝劣なし、勝劣なければ互格にして、利潤も亦勝劣なし、其勝劣あるは自然産物と、人巧産物の多少に縁て勝劣出来、貧富と分れ、其両端遥に隔るなり[28]」

という見解が付言されており、原料のままの形態をとる「自然と出産する産物」の国外移出のみでは、「豊饒」化の実現には困難であり、すくなくとも、「自然産物」を加工した「人巧産物」へと変化させ、付加価値を帯びた製品として国外へ移出する方針が貿易収支の黒字化を誘導することとなり、その結果として、国家「豊饒」化が実現化されると考えられている。
この考えはヨーロッパ諸国の先例を念頭に置きながらの論調であり、

「人巧の産物につきいふことあり、天下万国広大なりといへども、欧羅巴諸国の如く人巧悼しく、奇器名産多く出産するはなし、如何なる所より然る哉といふに勧業の制度ある故なり、其勧業の制度といふは、彼国処々に大学校を建置、才智芸能ある者を選挙し扶持する故に、言語不通の遠国よりも、其覚えある者来て学校に入、猶切磋の功を積、名をなし身を立んと、精神是が為に竭す故に、終に名誉奇妙の能者出来、古今未発の創業を建立し、奇器名産を出産するなり(29)」

という記載からそれは証される。これはヨーロッパ諸国が構築した加工品生産システムについて評したものであり、「勧業の制度」として紹介される国策が、その根本に位置するとみなされている。この制度は加工品の発明に関わる人材を育成する機関に該当する「大学校(30)」の設立を端緒としながら、そこにおいて非凡な才能を持つ人材を育成し、彼ら「名誉奇妙の能者」の創意工夫を有形化した「奇器名産」開発を振興する役割を担うものであるが、この見解に先述した交易上の「大利」獲得についての考えを加味すれば、国家「豊饒」化に資する政策手段としての対外交易論の適用化は、必ず貿易収支の黒字化という成果に連動していなければならず、そのためには「勧業の制度」を通じて生産される加工品、すなわち「人巧産物」の移出が不可欠である、という見解として纏めることができる。

以上の内容を展開しながら、利明は日本国が模範とすべき国家を紹介している。それは、

「エンゲランドといふ国あり、都をロンドンといふ、北極高五十一度三十一分にして、日本の東蝦夷カムサスカと同じ寒国〔日本の気候よりは寒国なれども、彼国抔は寒暑程能良国とせり〕なり欧羅巴洲の西北の地端に所在し、彼州諸国に雄長たり、土地の幅員我国の如く島国也、地勢三ケ所に分れ、四国九州の切々あるに似たり、然るに欧羅巴第一の大富国、且つ水軍陸軍の火術奇器を備て、威勢欧羅巴に独輝せり、渠が所領の国々、及王侯大人と交易する国々及人道未開の撫育交易する国々を合計すれば、凡九十九ケ国あり、其近きあり、遠きあり、上国あり、下国あり(31)」

という記載に纏められているようにイギリスの事例である。同国についての利明の認識の一つは、「日本の東蝦夷カムサスカと同じ寒国」というように日本国と気候条件がほぼ同一であるだけでなく、「土地の幅員我国の如く島国也」と記すように国土の形状や広さも同様であるというものであり、これは日本国とイギリス両国の共通項について着目した見解である。二つ目はイギリスの国力に関するものであり、「欧羅巴第一の大富国」と記すように、ヨーロッパ諸国の中では卓越した経済力を持ち、さらに突出した軍事力を保有する国家としてみなしている。その場合、国力が維持されつづけているのは、対外交易を手段とする国際的な経済圏の確立を要因としており、「渠が所領の国々」であるイギリス本国と「王侯大人と交易する国々」ならびに「人道未開の撫育交易する国々」に相当する諸外国の数を合計した約九九ヶ国により広大な経済圏が構成されているものとして紹介されている。

これら二つの認識に基づけば、イギリスと立地条件が同一の日本国がイギリスと同様の政策方針、すなわち、対外交易論の適用を試みれば、必然的に同国と同様の成果を得られるといった考えへと到達することとなる。この見地は日本における対外交易論の適用の妥当性を強調する役割を担っており、『経済放言』成立時において利明が模範例として最も憧憬視していた国家はイギリスであるという位置づけへと至るのである。

この指摘との関連として補足しておかねばならないのは、『経済放言』に先立つ享和元年（一八〇一）七月に成立した『交易論』においても、イギリスを最良の模範として例示しながら対外交易論の有効性が強調されているといった事実である。こうした特徴は、『交易論』において記された見解が『経済放言』においても継承、ややもすれば同一であるといった点を証しており、少なくとも、同年同月以降において利明が憧憬視していたヨーロッパの国家はイギリスであるという位置づけとなる

これまでを振り返りながら、利明にとってのヨーロッパの対外交易論の意義を纏めれば、次の通りとなる。まず、ヨ

ーロッパ諸国が「豊饒」化した要因は対外交易論の適用による貿易収支の黒字化に求められ、それは「大利」の獲得と同義である。その場合、移出対象品である「人巧産物」生産を喚起した「勧業の制度」や、「万国交易」の安定的な展開を保証する天文学・地理学・算数を知的基盤とした航海術の研鑽が必要不可欠な要素である。それら全てを具現化したヨーロッパ諸国の中でもイギリスが「欧羅巴第一の大富国」であり、同国を模範とする方針が現実の日本国に必要である。以上の考えの妥当性を強調するためにヨーロッパの対外交易論が紹介されていると位置づけられるのである。

2 日本における対外交易論の適用

ヨーロッパによる対外交易論の展開を例示しながら、利明は同論の日本国への適用化を強く推奨している。本項においては、その導入方法について検討を加えてゆく。

対外交易論の日本への適用化は、

「人の道開け六千余年経歴する間に道理の至る所を推究むれば、金銀銅を外国より取込の外に道なく、是を取込には交易の外に道なく、交易は外国と交易するの外に道なく、外国と交易するは、海洋を自在に渉渡するの外に道なく、海洋を自在に渉渡するには、針路方位を明白にするの外に道なく、針路方位を明白にするには、天文学地理学の外に道なく、是を明白にして海洋渉渡の明法を組立、国民へ教示すれば、天下の海洋を自在に渉渡して、其国其島へ相隔り、王侯大人と交易し、金銀銅の大利を求得て西洋諸国へ取込故なり、此故に海洋渉渡の明法は、西洋諸国の制度最一の国務とする国風なり[32]」

というように、ヨーロッパ諸国の手法を紹介としながら展開されている。これは、前項で採りあげたヨーロッパ諸国の「豊饒」化の法則を再び記したものであり、「勧業の制度」や「算数」についての言及は抜け落ちているものの、対外交

易論の適用化による「豊饒」化という構図は不変であるとみなされている。この文面につづくのは、

「是自国を末増に富国にする道理を竭し究たる制度なり、東洋の諸国に於てはいまだ其沙汰なし、残念なる次第なり[33]」

という見解であり、「東洋の諸国」の一つである日本国が対外交易論の適用化を不採択としている方針が「残念なる次第」と批判されている。これは利明の要望と真逆な状況からの脱却を促すことを意図した記載であり、この引用に込められた利明の真意は、日本国は対外交易論を適用すべきであるという考えを主張することにある。

このような記載のみならず、利明はより具体的な政策展開についても触れており、それは、

「出産の奇器名産悉皆官所へ買取官所の船舶に積載、万国へ交易出し、金銀銅の大利を得て、自国を豊饒の富国とするなり、然る道理を推究れば、自国を豊饒の富国となすの根本は、人巧の奇器名産の多く出産する制度を建立するにある事明白なり[34]」

という記述から明らかとなる。これは、「人巧産物」に該当する「奇器名産」を移出品とした対外交易が諸外国からの「金銀銅」の確保へと連動し、日本国の「豊饒」化に資することになるとみなした見解であり、前項において引用した「万国より金銀銅及百穀百菓及び珍産・奇物迄も入来て、大豊饒となりたるなり[35]」というヨーロッパの先例についての記述を加味すれば、「金銀銅」以外の諸物資の国内移入も視野に容れた見解であるといえる。そのような状況を創成するためには、「大利」の獲得に直結する移出品に該当する加工品の生産を喚起する方針、利明の表現でいうところの「人巧の奇器名産の多く出産する制度」の導入が不可欠な手段として認識されているのである。

ここで注目すべきは、加工品を「官所」に集積させたのちに「官所の船舶」に積載し、そのうえで対外交易を展開すべし、とした論調である。ヨーロッパの先例を紹介した文面において、航海術を「国民」へと教示し、それに基づきな

がらの海外進出を利明が憧憬視していた点を顧みれば、日本国においても同様の方針を採択すべしという主張が予測されるところであるが、反対に対外交易への主体的関与を「官」に限定している点は興味深い。しかし、もともと利明は交易と関連の深い商人の営為を批判視し、「官」に該当する為政者層の経済主体化を強く推奨していたことを考慮すれば、公正な経済的営為を行使しうる存在としてみなした為政者層による対外交易の展開こそが日本国においては「豊饒」化に資することとなると考えていたといえる。

したがって、利明が日本国にとって適宜であるとみなした対外交易の展開とは、国家の管理統制を前提としながら、商人をなるべく排除したうえで、為政者層の主体的関与により遂行されるべきものであり、「勧業の制度」を重用したヨーロッパの事例、特にイギリスの模範例に準拠したうえでの武家主導型の官営交易として位置づけられる。

第四節　『経済放言』に展開された対外交易論の意義

最後に、これまでの検討結果を纏めながら、享和元年（一八〇一）八月以降に成立した『経済放言』における対外交易論の意義についての位置づけを行いたい。それは、利明が現実の課題に定置させた諸問題とそれへの対応策という相関関係における同論の適用時期の確定化や、先駆する他書との比較を通じながらの『経済放言』の特質の明瞭化へ資することとなる。

まず、利明が憂慮していた現実課題とは、荒廃地の拡大による国内生産力の低下現象、慢性的な国外流出による国内鉱産資源の枯渇化の問題、北方の経済圏に対するロシアの侵食、により組成されている。これらは現実に対する直視的な認識による社会経済問題の指摘である。また、いま一つとして、国内生産力のみにより物資充足化を図りうるとした熊沢蕃山・荻生徂徠の「遣り繰り経済」論が現況には無効である点を踏まえながら、物資需要が国内生産力からの供給量を上回り、対外交易論の適用を不可欠とせざるをえない状況も現実として把握されている。以上の問題は解決課題に相当するのみならず、様々な対応策を展開した『経済放言』の成立要因に位置する重要事項である。

なお、享和元年（一八〇一）八月以降に成立した『経済放言』においては同年七月成立の『交易論』と同様に人口増加もしくは人口減少に関する明確な記述は看取しえないものの、対外交易論の適用を即時の政策として考えている、といった特色がある。それを踏まえれば、享和元年（一八〇一）七月以降の段階における利明の現実認識は人口増加傾向に転化した社会として把握されていた、という理解が適宜である。

このように纏められる現実認識との対峙を経たうえで提言化された政策案は①属島開発に基づく国内開発政策案と②対外交易論の適用である。これらの諸案を併用しながら、なおかつ、即時に導入すべきものとして考えている点を踏まえれば、対外交易論の適用を将来的な安全網に位置させた『西域物語』ならびに『経世秘策』における論調との相違が認められる。

さらに、①・②それぞれの内容について触れれば、①属島開発に基づく国内開発政策案は、開発対象地を（1）蝦夷地、（2）東洋諸島、（3）北アメリカに弁別しながら、『自然治道之弁』に記された「四大急務」政策の中の一つである属島開発政策案を援用したものである。具体的には、「撫育交易」政策と身分制を越えた移民政策の展開により開発対象地の労働力を確保ならびに育成し、そのうえで新規生産力の創出を図り、結果として、農作物や水産資源や鉱産資源の安定供給へと繋がる、という内容である。ただし、同案の導入のみによる日本国「豊饒」化は不可能であると判断されており、万全な物資需給調整を行うために同時に併用すべき方策として対外交易論の適用が重要視されている。この②対外交易論の適用は、武家主導型の官営交易の実践と同義であり、「豊饒」化を果たしたヨーロッパの事例、特にイギリスの模範例に準拠する方針が適宜とされている。具体的には、移出品に該当する「人巧産物」の生産を喚起した

「勧業の制度」や、「万国交易」の安定的な展開を保証する天文学・地理学・算数を知的基盤とした航海技術の醸成に基づきながら諸外国との交易を行い、金銀銅ならびに諸産物の国内移入による貿易収支の黒字化を要望したものとして位置づけられる。

以上の指摘に基づきながら、『経済放言』における対外交易論の意義を規定するならば、国内開発論の適用では対処不全をきたすケースの将来的な予測に基づく提言として展開された『西域物語』・『経世秘策』からの発展的な継承として、現実政策の一環に組み込まれている点や、日本国に最良の模範例をイギリスに求めている点から、『交易論』と同一の論調であるといった位置づけが妥当である。

この指摘を前提としたうえで、『自然治道之弁』・『西域物語』・『経世秘策』・『交易論』との関連性に着目しながら『経済放言』全体について付言すれば、寛政七年（一七九五）一月成立の『自然治道之弁』以降に展開された国内開発論の適用を基調とする方針を堅持しながら、日本国の国際化へと連動する対外交易論の適用を即時の現実政策に位置させた論調により構成されている経済政策論、さらにいえば、享和元年（一八〇一）七月成立の『交易論』の内容との同一性が認められる論説、という位置づけとなる。

註

（1）本章における『経済放言』からの引用については『集』の掲載頁を記載した。以下、再出につき〈『経済放言』『集』、〜頁〉と略記する。なお、国立公文書館蔵（自筆本？）『万国経済放言　贅説』（請求番号：１８２-０４３３）を適宜参照した。また、同館所蔵の同書は、字体から自筆本であると推定され、寛政十二年一月に成立した『蝦夷乃道知辺』（同館蔵）の部分を援用しながら成立している点を強調しておく。

（2）『経済放言』『集』、九六頁。

（3）『経済放言』『集』、九六頁。
（4）享和元年（一八〇一）の蝦夷地渡航中に執筆された『交易論』についての記載は『経済放言』の文中には見当たらない。なお、『長器論』の内容については、本書第Ⅰ部「補論二」を参照されたい。
（5）『経済放言』においては、朽木昌綱（一七五〇～一八〇二）著『泰西輿地図説』に関する記載があり、利明は「スパンエンといふ国は、フランカレイキといふ国の西南に隣て、欧羅巴の西端に所在せり、朽木侯著述の大西洋輿地図説に詳なり」（『経済放言』『集』、九八頁）と記している。これは利明の情報源を知るうえでの特徴的要素である。
（6）『経済放言』『集』、一〇〇頁。
（7）『経済放言』『集』、八九頁。
（8）『経済放言』『集』、九四頁。
（9）『経済放言』『集』、一〇四頁。タデイスという地名について利明は「カムサスカより東方の地続にタデイスといふ処あり、亜細亜東端の地崎なり」（『経済放言』『集』、九九頁）ならびに「タデイス北極高六十二度十分、東偏経三十五度二十五分」（同書、同頁）、さらに「タデイス岬」（同書、同頁）と記している。所在地の特定化は難しいが、以上の記載に鑑みれば、ダイオミード諸島（Diomede islands）を指している可能性を一つとして指摘しうる。一方で、寛政一三（一八〇一）年一月に成立した『蝦夷乃道知辺』（国立公文書館蔵：請求番号178-0310）の文中に「カムサスカト云大地及タライスト云大地ヲヨビ」という記載（筆者注――この引用部分は『集』所収の同書においては未翻刻である）、とくに〝ライス〟の部分に着目すれば、もしかすると、リュスランド、すなわちRUSSIAそのものをさしているのかもしれないし、あるいは、ALASKAを意味しているのかもしれない。この問題についての正答については、当時としての世界地理がどのように把握されていたのかを言語表記の観点から再検討すべきであり、今後の課題とする。
（10）『経済放言』『集』、一一三頁。
（11）『経済放言』『集』、一一四頁。
（12）島崎隆夫氏によれば、熊沢蕃山は『大学或問』において「すたる米をすたらせぬ様にすることの処置として、川堤の普請のこと、旱天の備として池、水を治めること、木棉をやめ米を作ること、米にて酒をつくらぬこと、たばこ作、南蛮菓子の禁止、栗納、栗づかいの励行、米船の破損の防止等」（島崎隆夫「近世前期「経世済民」論の一考察――蕃山の所論を中心として――」『社会経済史学』第三二巻第三号（社会経済史学会、一九六六年）、一九頁）を論じている。したがって、これらを蕃山の経済政策論として理解することができる。また、荻生徂徠の経済政策論に目を向ければ、『政談』の検討から抽出された「年貢米納という原則を一応維持しつつも、米穀以外の財貨をも公租化して、実物による財政収入の増加を図り、「御買上げ」という貨幣支出を減少させようとしているのである。しかも、この幕府財政再建策は、そのまま諸藩の財政問題にも適用されるのである」〈川口浩『江戸時代の経済思想――「経済主体」の生成――』（勁草書房、一九九二年）、一九四頁〉という指摘が挙げられる。これらの国内を経済圏とみなしながらの策論を通じて、利明は彼らの提言を「遣り繰り」経済論とみなしていたと推測される。

(13)『経済放言』『集』、一一四頁。
(14)『経済放言』『集』、一一四頁。
(15)『経済放言』『集』、一〇〇頁。
(16) 蝦夷地への移民政策に関する見解は、寛政三年（一七九一）成立の『蝦夷土地開発愚存之大概』（別称『赤夷動静』）に於いても展開されている。
(17)『経済放言』『集』、一一七頁。
(18)『経済放言』『集』、一一〇頁。
(19)『経済放言』『集』、一一七頁。
(20)『経済放言』『集』、一〇四頁。
(21)『経済放言』『集』、一〇四～一〇五頁。
(22)『経済放言』『集』、一一八頁。利明は「悉皆我国の国力を扶くべき土地となり、只此海洋渉渡の明法を組立、国民へ教示するの外に異儀なし」（『経済放言』『集』、一一七頁）とも記している。これは開発対象地へ往来には航海が不可欠であることからの見解である。
(23)『経済放言』における利明の国内開発に関する立案は、『自然治道之弁』で展開された「四大急務」政策の第四属島開発政策案を援用したものであるといえる。
(24)『経済放言』『集』、九〇頁。
(25)『経済放言』『集』、九五～九六頁。
(26)『経済放言』『集』、一一一頁。
(27)『経済放言』『集』、一一二頁。
(28)『経済放言』『集』、一一二頁。
(29)『経済放言』『集』、一一二頁。

(30)利明の記すところの「大学校」とは、科学技術に関する知識の養成機関としての意味合いが強いが、「今日、科学者は高度な専門職業、すなわちプロフェッションと見なされており、大学の専門学部・専門の大学院課程において養成され、大学や官庁・企業の研究所に所属し、そこで資金・施設・機器などを供与されて研究活動を行なっている。だが、イギリスにおいてこのような科学者の社会的様態が生れてくるのは、早く見積もっても一九世紀後半からで、この産業革命期には科学者は、一部の例外をのぞいて、いまだプロフェッションなどではなく、それに第一、科学者(scientist)ということばさえなお存在していなかった。(中略)産業革命期のイングランドでは、大学(オックスフォードとケンブリッジ)は、科学者の養成とは何のかかわりももっていなかった。というのもこの時期のイングランドでは、地主の貴族・ジェントリーを中心とするジェントルマン階級の支配が確立されており、教育、科学、技術を含む社会の主要な文化のありようは、彼らの価値意識(イデオロギー)によって定められたからであった」〈村岡健次「産業革命の文化〜科学と技術について」松村昌家・長島伸一・川本静子・村岡健次編『英国文化の世紀　一　新帝国の開花』(研究社出版、一九九六年)、一五頁〉ならびに「スコットランドの大学は話は別で、ここにはイングランドと違った文化の伝統があり、古典学だけでなく、医学、自然科学、それに今日言う社会科学も有用の学と認められていた。また大学の教育も教授団の講義を中心に進められ、研究機能も期待されていたから、ここでは自然科学についてもそれなりに有効な教育が行なわれ、ときに後継者さえ育っていた。(中略)一八世紀から一九世紀にかけて、スコットランドの医学と自然科学(それにアダム・スミスに代表される経済学)がイングランドに齎した影響はきわめて大きい」〈同書、一六頁〉という実態に関する村岡健次氏の指摘は示唆に富む。同氏の見解を考慮すれば、利明が「大学校」とみなしていた機関はスコットランドの大学であった可能性がある。

(31)『経済放言』『集』、九四〜九五頁。

(32)『経済放言』『集』、一一一頁。

(33)『経済放言』『集』、一一一頁。

(34)『経済放言』『集』、一一三頁。

(35)『経済放言』『集』、九〇頁。

おわりに　第Ⅱ部の総括――近世日本の国際化構想としての本多利明の経済政策思想の位置づけ――

第Ⅱ部の各章を通じて、『西域物語』、『経世秘策』、『交易論』、『経済放言』に展開された対外交易論の意義を個別的に明らかにしてきた。それは、第Ⅱ部の「はじめに」に明記した課題への呼応を目的としており、その作業を通じて導き出された成果により、利明の経済政策思想の体系化という目的がより補完されることとなる。

「おわりに　第Ⅱ部の総括」においては、こうした研究方針を念頭に置きながら前記四点の経済政策論説それぞれに展開された対外交易論の意義を纏め、さらに、同論における論調の変化を時系列的に整理したうえで、最終的な見解として、対外交易論そのものの体系的な意義を位置づける。なお、ここに提起する見解は、第Ⅰ部における成果との融合化により、完成形としての本多利明の経済政策思想の体系的理解に資することとなる。それについては、本書の「終章　結論」において総合的な解答を明示する。

対外交易論の体系化を進めるに際して、まず、同論についての大枠としての利明の認識を示しておく。利明にとっての対外交易論とは、国内の総人口と国内生産力の相関関係に対する関心から提起された政策案であり、物資需給問題の解決化に資する調整弁としての役割を担っている。具体的には、国内のみを経済圏とする自給自足体制が限界を迎える時期に、「大に取ば外国迄に係る」という性質をもつ「渡海運送交易」政策の援用により、諸外国との間に物資獲得ルートを構築し、日本国外からの物資確保を保証するという政策であり、さらに、このプランは『自然治道之弁』において展開された国内開発論との連動化が考慮されている。

このような理解を踏まえたうえで、対外交易論の体系的な意義を知るためには、段階的な政策導入プロセスにおける同論の適用時期を確定化する必要がある。それは、利明の想定したシナリオから明らかとなるものであるが、その場合に、シナリオが提起された時期についても注意を払わなければならない。その点を考慮すれば、第Ⅱ部において分析対象とした四点の経済政策論説は、〈1〉『西域物語』〈寛政一〇年（一七九八）八月成立〉ならびに『経世秘策』〈寛政一〇年（一七九八）一〇月成立〉といった一七九八年段階の著述と、〈2〉『交易論』〈享和元年（一八〇一）七月成立〉ならびに『経済放言』〈享和元年（一八〇一）八月以降成立〉といった一八〇一年段階に成立したものとに大別することができる。それらに関して、時系列的な理解を試みた場合、〈1〉および〈2〉に一貫化された見解が抽出されるだけでなく、それぞれにおける論調の変化についても看取しうる。したがって、〈1〉および〈2〉の二つ時期における対外交易論の意義を整理したうえで、四点の著述を通じた対外交易論の全般的な意義を位置づける方法が適切である。

まず、一七九八年段階の見解である〈1〉『西域物語』ならびに『経世秘策』に展開されたシナリオは、現実問題の指摘から始まっており、人口減少傾向の社会を現実として捉えながら、労働力人口の減少に伴う国内生産力の低下現象が問題視されている。それを解決するために起案された政策案が①国内流通の円滑化による物資需給調整案、ならびに②国内における新規生産地の産業開発による生産力の増大化案、の以上二案である。

政策案①は、「渡海運送交易」政策の適用による国内流通の円滑化を方針としながら、既存の国内海運輸送網の活用と国内生産力の備蓄量や輸送量の操作による安定的な物資供給体制の構築を求めた政策である。また、政策案②は、日本国内に内包される諸島の産業開発による生産力の増大化を方針としながら、「蝦夷之諸島」を含む「日本附周廻の島々」の産業開発による鉱産資源・農作物・水産資源の確保を求めた政策である。なお、『西域物語』において主張されたように、現実において、全国一律的な生産力低下現象が「万一」突発的に発生したとしても、政策案②の適用による対処が可能であるとみなされている。

このように理解しうる政策案①②は、ともに、『自然治道之弁』において提言化された「渡海運送交易」政策ならびに「四大急務」政策を援用したものであり、その一方で、対外交易論の即時の適用化は考慮されていないといった特徴がある。したがって、現実認識に基づく人口減少傾向の社会への対応は、国内開発論の適用のみに求められているといえる。

ただし、このシナリオはここで結実するわけではない。利明は、将来の予測を通じたうえで発生するだろう問題を指摘し、それへの対応策についても提起している。利明の予測によれば、政策案①②の導入効果により将来的に人口減少傾向から人口増加傾向へと転化した社会が出現し、それは、新たな物資不足問題と物資供給体制の停滞化を発生させることとなる。その場合、第一段階の処方として、政策案②の再導入により暫時の対応が可能であると判断されている。ただし、その効果は人口数と生産力の均衡が双方の増大化傾向のもとで保たれている時期までである。その後、人口増加傾向が継続化されることにより、国内生産力に対して人口過剰の状況が自明の理として発生する。その時期にようやく第二段階の政策案である対外交易論の適用が必要となり、船舶の活用に基づく諸外国との交易を通じながら国内の物資充足化が果たされるとみなしている。

このシナリオに基づけば、一七九八年段階成立の〈1〉において提示された対外交易論は、将来の人口増加傾向の展開過程において、国内開発論の適用のみにより確保される生産力では対処不全をきたす過度の人口増加現象の発生時に適用すべき政策案であり、その段階の到来時に即応するための準備として、ヨーロッパ諸国同様の円滑な航海を担保しうる状況の整備が求められている。

このような認識に基づきながら、一七九八年の時点における段階的な政策導入プロセスを整理すれば、人口減少傾向の社会といった現実への対処を国内開発論に内包される政策案①②により図り、その一方で、人口増加傾向の社会の出現が予測される将来においては、第一段階として再び国内開発に着目した政策案②の活用を継続化し、さらに、国内開発論の適用のみでは対処不全となる過度の人口増加現象発生時においては、第二段階の処方として日本の国際化へと連動する対外交易論を適用させる、という順序となる。したがって、一七九八年段階成立の〈1〉『西域物語』ならびに『経世秘策』における利明の経済政策思想とは、現実問題ならびに将来的問題双方に対して国内開発論の適用を基調方針としながら解決化を図り、さらに、将来における安全網としての役割を対外交易論に求めている、といった位置づけとなる。

つづいて、一八〇一年段階に成立した〈2〉『交易論』ならびに『経済放言』に展開されたシナリオは次の通りである。まず、利明の現実認識は、人口増加傾向へとシフトした社会において総人口の物資需要が国内生産力の供給量を上回る状況が発生している、というものである。その場合の対処として、③国内流通網の整備に基づく国内流通の円滑化案、ならびに④蝦夷地を中心とする諸島の開発による国内生産力の増大化を意図した国内開発政策案が起案され、その効果として、国内全域における物資充足率の上昇化が要望されている。これら③④の政策案は即時の現実政策であるのと同時に、『西域物語』ならびに『経世秘策』において展開された国内開発論の適用を基軸とする政策案①②を踏襲したものであり、さらにいえば、一七九五年段階において提起された『自然治道之弁』における見解を援用したものである。

ただし、こうした一八〇一年段階の論説には、一七九八年段階とは異なる論調も看取しうる。それは、対外交易論の即時の適用化も現実課題への対処に資するものとして推奨されている点にある。この事実は、国内開発論の適用と、対外交易論の適用といった双方の併用が現実問題の解決化に資する調整弁としての役割を担うものとみなされていることを意味し、産業開発に基づく国内産の物資と対外交易から獲得される外国産の物資の総量により国内総人口の物資需要への呼応を図る方針が適宜と判断されていることを踏まえれば、利明の論調が変化している、という理解となる。

したがって、一八〇一年段階成立の〈2〉『交易論』ならびに『経済放言』における利明の経済政策思想とは、現実問題に対する処方を国内開発論の適用に求める方針を基調としながらも、さらに、現実に対する即時の政策としての役割を日本の国際化へと連動する対外交易論にも要望している、といった位置づけとなる。

以上において、〈1〉および〈2〉それぞれの段階における対外交易論の意義がそれぞれ明確化された。それを踏まえながら、利明の経済政策思想における対外交易論の総体的な意義についての位置づけを行いたい。

まず、一七九八年段階成立の〈1〉『西域物語』ならびに『経世秘策』において展開された対外交易論は将来的な予測としての人口増加傾向の社会における安全網としての役割を担っており、現実政策としての意味合いのもとで語られてはいないといった特徴を有している。一方で、一八〇一年段階成立の〈2〉『交易論』ならびに『経済放言』において展開された同論は人口増加傾向として捉えた社会に対する現実政策としての性格をもち、〈1〉『西域物語』・『経世秘策』からの発展的な継承としての特徴を有している。この特性に鑑みれば、対外交易論は時代環境の変化に対して可変的な性質をもつ政策として認識すべきである。この指摘は、もともと将来的な日本の国際化に連動する政策として語られていた対外交易論が、即時の日本の国際化へと繋がる現実政策として考慮されるようになった、という位置づけに則るものである。

前記の見解を念頭に置けば、日本の国際化へと連動する対外交易論は、国内開発論の適用を基調とする方針を継続化しながらの日本国の「豊饒」化を構想した場合の段階的な政策導入プロセスの中に含まれた政策であり、さらにいえば、もともとは将来的な安全網としてみなされながらも、時代環境の変化により、即時の現実政策としての役割を担うこととなった政策として位置づけられる。

終章　結論——近世日本の国内開発・国際化構想としての本多利明の経済政策思想の総合的位置づけ——

第一節　本多利明の経済政策思想の体系的理解

第Ⅰ部ならびに第Ⅱ部の各章において、筆者が検討を加えてきた利明の経済政策論説は以下の通りである。

第Ⅰ部

①『自然治道之弁』〈寛政七年（一七九五）一月成立〉

②『河道』〈寛政一二年（一八〇〇）一一月成立〉

③『西薇事情』〈寛政七年（一七九五）六月成立〉

第Ⅱ部

④『西域物語』〈寛政一〇年（一七九八）八月成立〉

⑤『経世秘策』〈寛政一〇年（一七九八）一〇月成立〉

⑥『交易論』〈享和元年（一八〇一）七月成立〉

⑦『経済放言』〈享和元年（一八〇一）八月以降成立〉

最後に本書の結論として、これらに対する検討を通じて導き出された成果を簡潔に纏め、段階的な政策導入プロセスにおける国内開発論ならびに対外交易論の意義を明瞭化しながら、本多利明の経済政策思想の適切な体系的理解を提示する。

その場合、利明の経済政策論説の嚆矢は①『自然治道之弁』であるという点を再度強調しておかなければならない。なぜなら、同書に展開された日本国「豊饒」化構想が、その後に著された諸論説に対して影響を与えつづけているからである。

このような意義を有する①『自然治道之弁』において利明が問題視した社会経済問題は、全国的傾向としての国内生産力低下と物資需給問題、国内社会秩序の混乱問題、ロシア南下情勢に基づく蝦夷地問題であり、これらは「衰微」の「時勢」を組成する要素として認識されている。それに対する処方が、「豊饒」の「時勢」への国家的転換を目的とした日本国「豊饒」化構想であり、国内開発論の適用を基軸とするところに特色がある。

この構想は「自然治道」[1]と呼称される政策理念に基づきながら発想された根幹的「治道」に相当する「渡海運送交易」[2]政策や同政策を支える「四大急務」政策[3]の導入により実現化が図られており、北方の諸島を内包する日本国の経済圏を適用範囲としたうえで、国内流通の円滑化と国内生産力の増大化の進展に則りながら諸問題の解決を図る考えである。

このような発想を経済政策思想の基軸に位置させながら、利明は後に①を援用した局地的な経済政策案を補完しており、関東「豊饒」化構想と備後国「豊饒」化構想がそれに該当する。②『河道』に展開された関東「豊饒」化構想[4]は、同地の物資充足化に力点を置きながら、物資配分の全国的平準化を図る構想であり、③『西薇事情』に纏められた備後国「豊饒」化構想は[5]、特産物の増産化と、流通システムの円滑化により、全国的な特産物需要への呼応を図る構想である。これらは根幹的「治道」である「渡海運送交易」政策の適用下に置かれることから、①との互恵的な経済効果の創出へと連動するものとして展望されている。なお、この「渡海運送交易」政策の実現化に資するとみなした船舶の活用法については、後年に著された『長器論』〈享和元年（一八〇一）八月成立〉の内容に顕著なように、遠洋航海を視野に入れたより具体的な航海術への関心、ならびに紹介へと連動してゆくこととなる。

以上の「渡海運送交易」政策と「四大急務」政策の導入に基づく国内流通の円滑化や国内生産力の増大化を基調方針とした①②③の構想は、④『西域物語』、⑤『経世秘策』、⑥『交易論』、⑦『経済放言』において展開された現実問題や将来的課題に対する処方に普遍性を保ちながら援用されており、その端緒は①『自然治道之弁』において展開された発想に求められる。[6]

このように継承的側面を有する考えを保持しつづけながらも、利明は時代環境の変化への呼応として新たな発想を付帯させている。それが④⑤成立時、⑥⑦成立時においてそれぞれ異なる役割を担う政策として記された対外交易論である。[7]

一七九八年段階成立の④『西域物語』・⑤『経世秘策』に展開された対外交易論は、将来的な人口増加傾向の展開過程において、国内開発のみによる生産力では対処不全となる現象の発生時に適用すべき安全網としての政策であり、一方で、一八〇一年段階成立の⑥『交易論』・⑦『経済放言』における同論は人口増加傾向とみなした現実社会に対する即時の政策として考えられており、それぞれが異なる論調のもとで語られているところに特色がある。このような見解の変化は、対外交易論の適用に基づいた日本の国際化に関する利明の考えが将来的展望から現実化路線へと方向転換したことを意味している。

以上の纏めに拠りながら、利明の経済政策思想を段階的な政策導入プロセスといった観点から位置づければ、①『自然治道之弁』において提起された「渡海運送交易」政策を根幹に位置させた国内開発論を政策基調とする方針が②〜⑦にまで普遍性を保ちながら踏襲され、その後の時代環境の推移への呼応として、日本の国際化へと連動する対外交易論の適用が付帯化されてゆくといった展開として捉えるべきであり、〈1〉一七九五年段階に提起された、国内開発論の適用のみによる日本国「豊饒」化構想、〈2〉一七九八年段階の主張である、国内開発論の適用を現実政策としながら、対外交易論についても将来的な安全網として紹介した日本国「豊饒」化構想、〈3〉一八〇一年段階の発意である、国内開発論と対外交易論の併用を現実政策とした日本国「豊饒」化構想、という三段階の変遷過程を持つものとした理解が適正であるといえる。

このような見解が①～⑦の検討を通じて到達した本書の結論である。

第二節　今後の課題と展望

前節で明記した最終的な位置づけは本書の設定課題に対する最終的な解答であり、利明研究史における新たな指摘に相当する成果である。その点を踏まえながらも、本多利明の経済政策思想に関する研究はここにおいて終結するわけではなく、当然ながら、今後の検討課題というものが幾つか残されている。それらを大枠として列挙し、本書の結びとしたい。

一つ目の課題としてまず挙げなければならないのは、本多利明の生涯をより鮮明化する作業[8]である。もともとその生涯を不明瞭とする人物である点はよく指摘されるところであるが、利明本人が残した記録以外の諸資料の分析[9]により、様々な行動や対人関係、知的素養の醸成過程などがさらに明らかとなる可能性がある。利明研究において最も困難ともいえるこの課題への取り組みは、伝記的研究の再検証のみならず、従来からの利明像をより明確に伝える役割を担い、ひいては、利明の考えを醸成させた文化的あるいは社会・政治的風土の照射にも連綿することとなる。

二つ目の課題は、利明自身の著述において敷衍された文言や書名を、さらに、詳らかにする作業である。利明が記した文章の中には、タイトルこそ記されているものの、書誌学的には内容を不明とするものが散見される[10]。これらを明らかにすることは、利明の経済政策思想を醸成させた知的素養のより正確な理解へと繋がり、利明の思想構造のさらなる明確化に資することとなる。そこから得られる成果を踏まえながら、なんらかの系統的な性質をもつものとして利明の思想を捉えることはできないだろうか。

三つ目の課題は、前記一、二の課題の解決化をはかりながら、日本の北方史の展開との関連下に利明の蝦夷地認識・ロシア観を体系的に位置づける作業である。本書において検討を加えた諸資料とは別に、利明は主に門弟の最上徳内を経由した北方情勢に関する情報を入手し、それを独自の理解でもって記録している。管見の限り、本書の主要課題であった国内開発・国際化構想を主旨とする主要論説としての位置づけは困難であるものの、少なくとも、この構想を準備する知的素養に位置している可能性があり、天明～寛政期に成立した北方関連著述の意義を体系的に整理する必要があるだろう。

四つ目の課題は、日本経済思想史、あるいは人類史における経済思想史という編年的基軸において利明の経済政策思想の意義を位置づけることである。この作業には他の経済政策思想との比較に基づいた考察が必要となり、多岐に亘る立場の人物から発信された思想への着目が求められる。その場合、体系的側面に注視しながら特定個人の経済政策思想との比較を行う方法[11]や、個別の経済政策そのものに視点を定める方法[12]を提案しうる。これらの作業を通じたうえで抽出されるだろう成果は、経済思想史における利明の経済政策思想の意義の規定へと連綿し、場合によっては、人類史において普遍的な価値を有するものとしての位置づけのもと、国際的な評価へと繋がるのかもしれない。

これらの課題がまだまだ残されている利明の経済政策思想を、時代認識や数量把握に関する正確性の欠如や誤認、または、飛躍的な予測に基づく見通しの甘さ、さらに、政策案を具現化した場合の非現実的側面などから「机上の空論」[13]と片付けてしまうことは容易である。しかし、具体性の乏しい情報資源により組成された知的空間において、国際社会の中の日本を意識するのみならず、体系性を伴った経済政策論を構想し、現実社会ならびに将来の仮想空間への関与をも模索した人物が一八世紀の日本に存在していたという歴史的事実を拠りどころとすれば、人類史的な観点から本多利明の存在意義は再評価されるべきであり、〝徳川日本の知〟として国際社会に発信されるべきである。

このように、本多利明研究において検討すべき問題は依然として残されており、場合によっては難題として研究者の前に立ち現われることとなる。しかし、利明研究の泰斗である塚谷晃弘氏による、

「利明を読む場合、既成の解説にとらわれず、自分なりの角度から、自分なりの問題をもってのぞむならば、おどろくほど多くの「発見」を期待することができるであろう。開かれた思想家、利明とは実はそのような人なのである(14)」

という正鵠を射た見解、ならびに、本多利明自身が『経世秘策』の文末に記した、

「問ふことを好み、誹謗の言迄を挙げ容れ、短なる所あれども是を扶け、長ずる所もあらば、扶るに小善をも大善の様に取なし、悉皆衆の意に協ふ様にし給へば、衆も又群て佐け奉れば、何事も意の如く成就せん(15)」

という本書の序章において紹介した二つの言葉を今一度の金言としながら分析を試みるならば、既述の課題は筆者の、あるいは、その他の識者の手によりさらなる発展的な成果へと結実するだろう。その際、本書が僅かなりとも道標としての貢献に資するのであれば幸いである。

註

(1) 政策理念「自然治道」とは、「衰微」の社会としての「時勢」を〝おのずから〟の現象=「自然」としてとらえ、それに為政者主導の「治道」=政策という刺激を与えることにより、「豊饒」の社会としての「時勢」という新たな〝おのずから〟の現象=「自然」を生成させるという概念である。

(2) 根幹的「治道」に該当する「渡海運送交易」政策とは、〈一〉国内海上輸送ルートの主要動脈化に基づいた船舶活動を意味する「渡海」や、〈二〉陸路と河川水路の整備開発に基づきながら結合化された国内の内陸および海上輸送ルートにおける物資輸送を意味する「運送」、さらに〈三〉物資移動の過程において発生する物資売買や物々交換を意味する「交易」、といった営為への積極的関与を為政者

側に求めた政策である。

（3）「四大急務」政策とは〈一〉焔硝活用政策案、〈二〉鉱産資源活用政策案、〈三〉船舶活用政策案、〈四〉属島開発政策案の以上四案により組成される政策案である。なお、〈三〉については、後年に④『長器論』が著され、船舶技術に関する知識の深化を看取しうる。

（4）関東「豊饒」化構想は、〈一〉整備開発された内陸および海上輸送ルートにおいて「渡海運送交易」政策を展開し、物流の円滑化に基づきながら関東への物資集積化を図る政策案、〈二〉関東の人々の飢渇を物資充足化により救済し、延命化された労働力からの生産力増大化を図る政策案、〈三〉兵庫ならびに大坂への物資廻漕量を軽減化するのと同時に、関東への物資流入量を増大化させ、全国的な物資需給調整を図る政策案、により組成される。

（5）備後国「豊饒」化構想は、〈一〉備後国における特産物の増産化を目的とした商品作物「産業」活性化案、〈二〉「渡海運送交易」政策を応用しながら特産物の全国的な流通展開を図る政策案、により組成されている。

（6）④⑤⑥⑦における利明の国内開発論は〈一〉国内流通の円滑化による物資需給調整や、〈二〉国内における新生産地の産業開発による生産力の増大化に主眼が置かれている。

（7）利明の発するところの対外交易論とは、国内の総人口と国内生産力の相関関係に対する関心から提起された政策案であり、物資需給問題の解決化に資する調整弁としての役割を担っている。具体的には、国内のみを経済圏とする自給自足体制が限界を迎える時期に、「大に取ば外国迄に係る」という性質をもつ「渡海運送交易」政策を援用することにより、諸外国との間に物資獲得ルートを構築し、日本国外からの物資確保を保障するという政策である。

（8）森銑三氏による「人物の研究は、それを伝記として書上げることに依って、初めて完成するといふべきかも知れない。いかに伝記を書くか、といふ問題を提出するならば、いかにして人物を研究するかの問題は、その内に含まれることになる」森銑三「人物研究に就いての私見」『森銑三著作集　続編　第一二巻』〈中央公論社、一九九四年〉、五三一頁〉という指摘は、利明の伝記的研究を進展させるうえで示唆に富む。

（9）分析に資すると思われる資料を以下に例示しておく。尾張藩士朝比奈厚生による『外郎異談』・『独座謹記』・『日本開国志』・『利明著述考』、水戸藩士小宮山楓軒による『楓軒偶記』・『楓軒紀談』・『懐寶日札』、本木良永『星術本原太陽窮理了解新制天地二球用法記』、渋川景佑編『星学手簡』、司馬江漢『おらんだ俗話』、会田安明『自在漫録』、津田政鄰『政鄰記』、藤堂梅花『老婆心話』、水野爲長『よしの冊子』。その他に徳川幕府の関与となる『蝦夷地一件』・『編修地誌備用典籍解題』も有用である。これらの資料の検討に際し、「とくに西欧の科学・技術を長崎から国内へ、とくに首都に伝達したオランダ人・阿蘭陀通詞に接触することは一般の庶民に許されたことではなかった。田沼時代に至ってそれがかなり開放的になったとはいえ、彼らを訪問し対話することは、為政者階層に属する人かあるいは何らかの意味で為政者とのつながりのある人に限られた」〈沼田次郎『洋学』(吉川弘文館、一九八九年)、一一二頁〉という沼田次郎氏の見解を考慮すれば、前記した人々と利明が接しえた、あるいは情報交換をなしえた「条件」についても指摘できるかもしれない。

(10) 例えば、『西域物語』において「ヒストリイ」(『西域物語』『大系』、九九頁)と呼称された書物などについて精微な調査が必要となるだろう。また、交流関係や書物、あるいは諸々の情報との繋がりを明確にしたうえで、竹村英二氏が指摘するところの「明治の人材が幕末の儒者、特に考証学者の薫陶により獲得したのは「唯記性」「暗誦復読」に基づく儒学知識のみであったと考えるのは短絡的に過ぎ、就学過程を通じて陶治されたのは練熟、念慮、熟せる能力といった「素養」であったことが注意されなければならない。そして、それの「刷り込み」はいかになされたか、その刷り込みを可能せしめた碩学の学問、あるいは学究過程に表出せる学問的態度の検証」〈竹村英二『幕末期武士／士族の思想と行為——武人性と儒学の相生的素養とその転回——』(御茶の水書房、二〇〇八年)、三〇三頁〉といった分析視角も参考とすれば、新たな側面を抽出することができるかもしれない。

(11) 同時代人である佐藤信淵や佐久間象山の国家論、さらには、明治維新政府や北一輝の国家形成論などとの比較考察が考えられるが、このテーマは現代社会へと延長させてもよいだろう。また、世界各国の国家形成史において提起された代表的な経済政策論、例えばケインズの同論と利明の発想との比較などといった設定が可能である。その際、利明が日本国の国家的機構のあり方をどのように考えていたのか、また、日本国の支配領域と北方諸島の相関関係をどのように整理していたのか、などの問題をさらに明瞭化する必要がある。この観点は、アルフレッド・マーシャル研究の泰斗としての知見に基づきながら、近世日本を分析対象とした論説を積極的に寄せている西岡幹雄氏との共同研究等を通じて意識させられたものである。その他に、川口浩氏が指摘するところの「資本主義経済に適応した形で生きるとは、具体的にどういうことであろうか。それは、一言で言えば、経済合理的に行動するということではないだろうか。そして、ある人間がこうした経済合理的な行動を取るためには、その人間によって、かかる行動を支えかつ促進するような、ある何らかの思想が把持されていることが不可欠であるように思われる。つまり、経済主体とは、そのような思想を身に付けた人格だということである」〈川口浩『江戸時代の経済思想——「経済主体」の生成——』(勁草書房、一九九二年)、五頁〉という位置づけを考慮すれば、「経済主体」の通史的展開の中において利明の価値を評価するといった方法も可能である。

(12) 例えば、貿易立国論に着目したうえで、佐久間象山、福澤諭吉、リカードウなどとの比較考察や、蝦夷地開発論の系譜における利明の意義、といった分析視角の設定が可能であろう。なお、前記の他にも諸政策や諸概念、さらに人物名を列挙しうるが、枚挙に暇がない。とはいえ、近年の研究成果の好例を挙げさせてもらうとするならば、やはり、〝重商主義〟という概念装置に基づきながら利明の意義を指摘した矢嶋道文研究〈矢嶋道文『近世日本の「重商主義」思想研究――貿易思想と農政――』〈御茶の水書房、二〇〇三年〉〉を強調すべきであろう。

(13) 経済政策思想が具現化されなかった理由の一つに、現実社会と思想との距離や、タイミング、などの問題があると思われるが、その点についても明らかにする必要があるだろう。その場合に、小室正紀氏の「頂点的思想家は、思想の論理的な完結性や整合性を追求する者達であり、そのため場合によっては、彼らの思想は日常生活とは遊離する可能性がある」〈小室正紀『草莽の経済思想――江戸時代における市場・「道」・権利――』〈御茶の水書房、一九九九年〉、八頁〉という見解は、「頂点的思想家」というカテゴリーにおいて利明を分析しうるといった視座を与えてくれる。

(14) 塚谷晃弘「解説　本多利明」『大系』、四七三頁。序章における既出の引用であるが、あえて再出させた。

(15) 『経世秘策』「後編」『大系』、八五～八六頁。序章における既出の引用であるが、あえて再出させた。

参考文献一覧

【邦文文献】

青野春水［一九九〇］「福山藩」木村礎・藤野保・村上直編『藩史大事典中国・四国編』（第六巻）雄山閣

秋月俊幸［一九九二］「千島列島の領有と経営」大江志乃夫・浅田喬二・三谷太一郎・後藤乾一・小林英夫・高崎宗司・若林正丈・川村湊編『岩波講座近代日本と植民地　1　植民地帝国日本』岩波書店

秋月俊幸［一九九四］『日露関係とサハリン島――幕末明治初年の領土問題――』筑摩書房

秋月俊幸［一九九七］『日本北辺の探検と地図の歴史』北海道大学出版会

秋月俊幸［二〇一四］『千島列島をめぐる日本とロシア』北海道大学出版会

秋山高志［一九九四］『水戸の書物』常陸書房

浅倉有子［一九九九］『北方史と近世社会』清文堂

旭村史編さん委員会［一九九八］『旭村の歴史　通史編』旭村教育委員会

阿部真琴［一九五五］「本田利明の伝記的研究（一）」『ヒストリア』第一一号（大阪歴史学会）

阿部真琴［一九五五］「本田利明の伝記的研究（二）」『ヒストリア』第一二号（大阪歴史学会）

阿部真琴［一九五五］「本田利明の伝記的研究（三）」『ヒストリア』第一三号（大阪歴史学会）

阿部真琴［一九五六］「本田利明の伝記的研究（四）」『ヒストリア』第一五号（大阪歴史学会）

阿部真琴［一九五六］「本田利明の伝記的研究（五）」『ヒストリア』第一六号（大阪歴史学会）

阿部真琴［一九五七］「本田利明の伝記的研究（六）」『ヒストリア』第一七号（大阪歴史学会）

鮎沢信太郎［一九八九］『山村才助』吉川弘文館

鮎沢信太郎［一九九四］「泰西地理学による司馬江漢の啓蒙活動」朝倉治彦・海野一隆・萱野陽・中山茂・成瀬不二雄編『司馬江

漢の研究』八坂書房
新井白石著［一七一五〜］、松村明校注［一九七五］『西洋紀聞』松村明・尾藤正英・加藤周一校注『日本思想大系　三五　新井白石』岩波書店
荒野泰典［一九八八］『近世日本と東アジア』東京大学出版会
安藤優一郎［二〇〇〇］『寛政改革の都市政策』校倉書房
飯田嘉郎［一九七七］「『渡海新法』における航海学」『海事史研究』第二八号（日本海事史学会）
飯田嘉郎［一九八〇］『日本航海術史――古代から幕末まで――』原書房
石井謙治［一九八八］『江戸海運と弁才船』日本海事広報協会
石井謙治［一九九五］『ものと人間の文化史　和船Ⅰ』法政大学出版局
板垣英治［二〇〇二］「加賀藩の火薬　1．塩硝及び硫黄の生産」『日本海域研究』第三三号（金沢大学日本海域研究所）
板垣英治［二〇〇六］「硝石の舎密学と技術史」『金沢大学文化財学研究』第八号（金沢大学埋蔵文財調査センター）
板沢武雄［一九五五］『日本とオランダ』至文堂
茨城県史編集委員会［一九八五］『茨城県史　近世編』茨城県
市古貞次述、聞き手：益田宗・笹山晴生、［一九九九年］「『国書総目録』の編纂」『日本歴史』第六一〇号（日本歴史学会）
岩﨑奈緒子［一九九八］『日本近世のアイヌ社会』校倉書房
岩﨑奈緒子［二〇〇六］「「赤蝦夷風説考」再考」『北海道・東北史研究』第三号
岩下哲典［二〇〇〇］『江戸情報論』北樹出版
岩橋勝［一九七六］「徳川時代の貨幣数量――佐藤忠三郎作成貨幣有高表の検討――」梅村又次・新保博・西川俊作・速水融編『数量経済史論集1　日本経済の発展』日本経済新聞社
植田知子［一九九六］「「国益」の諸相――その展開と変容――」安藤精一・藤田貞一郎編『市場と経営の歴史――近世から近代への歩み――』清文堂

上村雅洋［一九九四］『近世日本海運史の研究』吉川弘文館
宇野保定述・河野通義写［一八二六］、本庄栄治郎校訂［一九三五］『本多利明先生行状記』本庄栄治郎校訂『近世社会経済学説大系　本多利明集』誠文堂新光社
遠藤利貞［一八九六］『大日本数学史』（私家版）
遠藤利貞［一九六〇］『増修日本数学史』恒星社厚生閣
大矢真一［一九六一］「会田安明の阿蘭陀算法」『蘭学資料研究会研究報告』第九〇号（蘭学資料研究会）
大矢真一［一九七八］「解説」『江戸科学古典叢書一一　硝石製煉法　硝石製造弁　万宝叢書硝石篇』恒和出版
織田一朗［一九九九］『時計と人間――そのウォンツと技術――』裳華房
落合功［二〇〇七］『近世の地域経済と商品流通――江戸地廻り経済の展開――』岩田書院
小葉田淳［一九六八］『日本鉱山史の研究』岩波書店
賀川隆行［一九九六］『近世大名金融史の研究』吉川弘文館
賀川隆行［二〇〇二］『江戸幕府御用金の研究』法政大学出版局
笠谷和比古編［二〇一五］『徳川社会と日本の近代化』思文閣出版
鹿島町史刊行委員会［一九八五］「鹿島を中心とした交通と運輸（上）」『鹿島町史研究』第四号（鹿島町）
加藤栄一［二〇〇〇］「初期日英関係の一側面」木畑洋一・イアン・ニッシュ・細谷千博・田中孝彦編『日英交流史一六〇〇―二〇〇〇　一　政治・外交Ⅰ』東京大学出版会
金指正三［一九六七］『日本海事慣習史』吉川弘文館
金沢市史編さん委員会編［二〇〇三］「小木貞正旧蔵『絶家録』」『金沢市史資料編5　近世三　家中』金沢市
川上淳［二〇一一］『近世後期の奥蝦夷地史と日露関係』北海道出版企画センター
川北稔［一九九八］「生活文化の「イギリス化」と「大英帝国」の成立――一八世紀におけるイギリス帝国の変容」木畑洋一編著『大英帝国と帝国意識――支配の深層を探る――』ミネルヴァ書房

川口浩［一九九二］『江戸時代の経済思想――「経済主体」の生成――』勁草書房
川口浩［一九九四］「近世的経済主体の出現――山鹿素行・熊沢蕃山・伊藤仁斎」杉原四郎・逆井孝仁・藤原昭夫・藤井隆至編『日本の経済思想四百年』日本経済評論社
川村博忠［二〇〇三］『近世日本の世界像』ぺりかん社
菊池勇夫［一九八四］『幕藩体制と蝦夷地』雄山閣出版
菊池勇夫［一九九一］『北方史のなかの近世日本』校倉書房
菊池勇夫［一九九五］「海防と北方問題」朝尾直弘・網野善彦・石井進・鹿野政直・早川庄八・安丸良夫編『岩波講座日本通史　第一四巻　近世四』岩波書店
菊池勇夫［二〇〇〇］『飢饉』集英社
菊池勇夫［二〇〇一］「享保・天明の飢饉と政治改革――中央と地方、権力と市場経済」藤田覚編『幕藩制改革の展開』山川出版社
菊池勇夫［二〇〇三］『飢饉から読む近世社会』校倉書房
木崎良平［一九九一］『漂流民とロシア』中央公論社
北川錠次郎蔵［一九六二］『古今名人算者鑑』名古屋市教育委員会編『名古屋叢書　第一三巻　科学編』名古屋市教育委員会
鬼頭宏［一九九四］「近代日本の社会変動――歴史人口学の視点から」溝口雄三・浜下武志・平石直昭・宮嶋博史編『アジアから考える［六］長期社会変動』東京大学出版会
木村汎［一九九三］『日露国境交渉史』中央公論社
熊田淳美［二〇〇九］『三大編纂物　群書類従　古事類苑　国書総目録の出版文化史』勉誠出版
幸田成友［一九四七］「嘘か実か」『苦楽』第二巻第四号（苦楽社）
小菅徹也［二〇〇〇］「佐渡西三川砂金山の総合研究」小菅徹也編『金銀山史の研究』高志書店
児玉幸多・北島正元監修［一九七七］『藩史総覧』新人物往来社

国書研究室編［一九六六］『国書総目録　四巻』岩波書店
小林龍彦［一九九二］「本多利明の三角法と漢訳西洋暦算書との関係について」『科学史研究』第Ⅱ期第三一巻第一八四号（日本科学史学会）
小宮山楓軒［一九一七］『楓軒偶記』早川純三郎編『百家随筆　第二』国書刊行会
小室正紀［一九九九］『草莽の経済思想——江戸時代における市場・「道」・権利——』御茶の水書房
小室正紀編［二〇一六］『幕藩制転換期の経済思想』慶應義塾大学出版会
斎藤修［二〇〇〇］「飢饉と人口増加速度——一八〜一九世紀の日本——」『経済研究』第五一巻第一号（一橋大学経済研究所）
逆井孝仁［一九七八］「経済の発展と経済思想」大石慎三郎編『日本史（五）近世二』有斐閣
逆井孝仁［一九九〇］「「流通合理主義」の成立と展開——草間直方・山方蟠桃・三浦梅園」杉原四郎・逆井孝仁・藤原昭夫・藤井隆至編『日本の経済思想四百年』日本経済評論社
坂下史［二〇一一］「名誉革命体制と帝国の再編」木畑洋一・秋田茂編著『近代イギリスの歴史——一六世紀から現代まで——』ミネルヴァ書房
坂部広胖著［一八一六］『海路安心録』住田正一編、［一九六九］『復刻版海事史料叢書』（六巻）成山堂書店
坂部広胖著［一八一六］『海路安心録』三枝博音編、［一九七八］『復刻日本科学古典全書』（第七巻）朝日新聞社
相良亨［一九七九］「「自然」という言葉をめぐる考え方について——「自然」形而上学と倫理——」金子武蔵編『自然——倫理学的考察——』以文社
佐藤京子［二〇〇二］「北海道立文書館所蔵「旧記」の来歴について」『北海道立文書館研究紀要』第一六号（北海道立文書館）
佐藤昌介［一九八〇］『洋学史の研究』中央公論社
佐藤弘幸［一九九八］「オランダ」森田安一編『スイス・ベネルクス史』山川出版社
沢山美果子［二〇〇三］「妊娠・出産・子育て——歴史人口学と社会史の対話——」木下太志・浜野潔編著『人類史のなかの人口と家族』晃洋書房

沢山美果子［二〇〇六］「武士層における育子手当支給の諸相――一九世紀前半期の一関藩」『立命館大学人文科学研究所紀要』第八七号（立命館大学人文科学研究所）
島崎隆夫［一九五八］「本多利明の農政論――その前提――」『三田学会雑誌』第五一巻五号（慶應義塾経済学会）
島崎隆夫［一九五八］「本多利明の農政論（続）――その経済政策の性格――」『三田学会雑誌』第五一巻一〇号（慶應義塾経済学会）
島崎隆夫［一九六六］「近世前期「経世済民」論の一考察――蕃山の所論を中心として――」『社会経済史学』第三二巻第三号（社会経済史学会）
島谷良吉［一九七七］『最上徳内』吉川弘文館
新保博［一九七八］『近世の物価と経済発展――前工業化社会への数量的接近――』東洋経済新報社
新保博・長谷川彰［一九八八］「商品生産・流通のダイナミックス」『日本経済史 1 経済社会の成立』岩波書店
新保博・斎藤修［一九九四］「概説 一九世紀へ」『日本経済史 2 近代成長の胎動』岩波書店
杉本勲［一九六二］『近世実学史の研究』吉川弘文館
杉山伸也／ジャネット・ハンター［二〇〇一］「日英経済関係史――一六〇〇―二〇〇〇年」杉山伸也・ジャネット・ハンター編『日英交流史 一六〇〇―二〇〇〇 四 経済』東京大学出版会
鈴木康子［二〇〇四］『近世日蘭貿易史の研究』思文閣出版、二〇〇四年
高尾一彦［一九七六］「経済構造の変化と享保改革」『岩波講座日本歴史 一一 近世三』岩波書店
高倉新一郎［一九六九］「北海道文献年表」谷川健一編『日本庶民生活史料集成 第四巻 探検・紀行・地誌（北辺篇）』三一書房
高澤憲治［一九九五］「寛政九年老中松平信明の勝手掛専管――いわゆる〝寛政の遺老〟と将軍家斉――」大石慎三郎編『近世日本の文化と社会』雄山閣出版
高澤憲治［二〇〇八］『松平定信政権と寛政改革』清文堂
高澤憲治［二〇一二］『松平定信』吉川弘文館

高橋周［二〇〇二］「蝦夷地直轄政策にみる幕吏の「日本経済」観――箱館奉行羽太正養の『辺策私弁』を中心に――」『日本経済思想史研究』第二号（日本経済思想史研究会）

高橋周［二〇一六］「蝦夷地政策論に見る日本経済観――享和元年の三奉行による建議を中心に」小室正紀編『幕藩制転換期の経済思想』慶應義塾大学出版会

高橋美由紀［二〇〇七］「近世中期の人口減少と少子化対策」『日本労働研究雑誌』第五六二号（労働政策研究・研修機構）

竹内誠［一九七六］「寛政改革」『岩波講座日本歴史　一二　近世四』岩波書店

竹村英二［二〇〇八］『幕末期武士／士族の思想と行為――武人性と儒学の相生的素養とその転回――』御茶の水書房

竹村英二［二〇一六］『江戸後期儒者のフィロロギー――原典批判の諸相とその国際比較――』思文閣出版

太宰春台著［一七二九］『経済録』滝本誠一編［一九六七］『日本経済大典　第九巻』明治文献

田代和生［一九七六］「徳川時代における銀輸出と貨幣在高――一六八〇年代以降朝鮮・琉球への銀輸出を中心に――」梅村又次・新保博・西川俊作・速水融編『数量経済史論集1　日本経済の発展』日本経済新聞社

館山市史編さん委員会［一九七一］『館山市史』館山市

田中健夫［一九九六］『前近代の国際交流と外交文書』吉川弘文館

谷口澄夫・柴田一［一九六〇］「備後表」地方史研究協議会編『日本産業史大系　中国四国地方篇　第七巻』東京大学出版会

玉木俊明［二〇〇八］『北方ヨーロッパの商業と経済――一五五〇―一八一五年――』知泉書館

玉木俊明［二〇〇九］『近代ヨーロッパの誕生――オランダからイギリスへ』講談社

塚谷晃弘・蔵並省自校注［一九七〇］『日本思想大系　四四　本多利明　海保青陵』岩波書店

塚谷晃弘［一九七〇］「解説　本多利明」『日本思想大系　四四　本多利明　海保青陵』岩波書店

塚谷晃弘［一九七〇］「解説　江戸後期における経世家の二つの型――本多利明と海保青陵――」『日本思想大系　四四　本多利明　海保青陵』岩波書店

塚谷晃弘［一九七〇］「頭注」『日本思想大系　四四　本多利明　海保青陵』岩波書店

塚谷晃弘［一九七〇］「補注」『日本思想大系　四四　本多利明　海保青陵』岩波書店
都築忠七［二〇〇一］「日本人知識層の英国観とその変遷」都築忠七・ゴードン・ダニエルズ・草光俊雄編『日英交流史一六〇〇—二〇〇〇　五　社会・文化』東京大学出版会
寺沢一・和田敏明・黒田秀俊編［一九八五］『蝦夷・千島古文書集成第九巻　北方史・年表・条約・文献総覧』教育出版センター
照井壮助［一九七四］『天明蝦夷探検始末記』八重岳書房
東京市役所編［一九二六］『東京市史稿　港湾編第二』東京市役所
藤堂梅花著［一八三〇〜］『老婆心話』揖斐高・マーク・ボーラ・中島穂高・小林ふみ子・瀧口恵美・堀秀巳翻刻［一九九八］「老婆心話（翻刻）その一」『成蹊人文研究』第六号（成蹊大学大学院文学研究科）
土肥鑑高［二〇〇一］『米の日本史』雄山閣出版
土肥鑑高［一九八〇］『米と江戸時代』雄山閣出版
土肥鑑高［一九八七］『近世物価政策の展開』雄山閣出版
中部よし子［一九六七］『近世都市の成立と構造』新生社
中西崇［二〇〇六］「近世の塩硝・硫黄生産と火薬製造」『史観』第一五四号（早稲田大学）
西江錦史郎［一九七七］「近世の治水技術——水戸藩を中心に——」沼尻源一郎編『水戸の洋学』柏書房
西岡幹雄［二〇〇〇］「本多利明の「自然治道」論と開発経済モデル——政策思想における「西域」型経世学への転換——」『経済学論叢』第五一巻第三号（同志社大学経済学会）
西岡幹雄［二〇〇五］「制度フレームとインセンティブ設計——太宰春台の「常平倉」論における経済社会安定化論——」『経済学論叢』第五六巻第四号（同志社大学経済学会）
西岡幹雄［二〇〇七］「江戸期における「常平倉」「社倉」論——太宰春台と中井竹山の「厚生」的「経済」思想」八木紀一郎編著『非西欧圏の経済学——土着・伝統的経済思想とその変容——経済思想第一一巻』日本経済評論社
丹治健蔵［一九九六］『近世交通運輸史の研究』吉川弘文館

日本学士院日本科学史刊行会編［一九五四〜一九六〇］『明治前日本数学史』（第一〜五巻）岩波書店
日本火薬工業会資料編集部、［一九九七］『一般火薬学』日本火薬工業会
沼田次郎［一九八九］『洋学』吉川弘文館
林玲子［二〇〇〇］『近世の市場構造と流通』吉川弘文館
林玲子［二〇〇一］『江戸と上方――人・モノ・カネ・情報――』吉川弘文館
林子平［一七八六］『海国兵談』村岡典嗣校訂［一九三九］『海国兵談』岩波書店
羽太庄左衛門正養著［一七九九〜］『休明光記』寺沢一・和田俊明・黒田秀俊編［一九八五］『蝦夷・千島古文書集成　四巻　休明光記』教育出版センター
浜野潔［二〇一一］『歴史人口学で読む江戸日本』吉川弘文館
速水融・宮本又郎［一九八八］「概説　一七―一八世紀」『日本経済史　1　経済社会の成立』岩波書店、頁一〜八四
速水融［二〇〇九］『歴史人口学研究――新しい近世日本像――』藤原書店
深谷克己［二〇〇六］『江戸時代の身分願望――身上りと上下無し――』吉川弘文館
福山市史編纂会［一九八三］『福山市史　中』国書刊行会
福山市史編さん委員会［二〇一一］「一揆につき下宮家伝来書状」・「福山領騒動風聞留書」・「西備遠藤実記」・「安部野童子問」・「一揆取鎮め方につき阿部正倫書状」福山市史編さん委員会編『福山市史　近世資料編Ⅰ　政治・社会』福山市
藤田覚［一九八七］「蝦夷地第一次上知の政治過程」田中健夫編『日本前近代の国家と対外関係』吉川弘文館
藤田覚［二〇〇一］「寛政改革と蝦夷地政策」藤田覚編『幕藩制改革の展開』山川出版社
藤田覚［二〇〇五］『近世後期政治史と対外関係』東京大学出版会
藤田覚［二〇〇七］『田沼意次――御不審を蒙ること、身に覚えなし――』ミネルヴァ書房
藤田覚［二〇一二］『日本近世の歴史4　田沼時代』吉川弘文館
藤田貞一郎［一九六六］『近世経済思想の研究――「国益」思想と幕藩体制』吉川弘文館

藤田貞一郎［一九九八］『国益思想の系譜と展開――徳川期から明治期への歩み』清文堂
藤野保［一九七五］『新訂　幕藩体制史の研究――権力構造の確立と展開――』吉川弘文館
鉾田町史編さん委員会［二〇〇〇］『鉾田町史　通史編　上巻』鉾田町
北海道総務部文書課史料編集係編［一九六三］『北海道所蔵史料目録・第5集　旧記の部』北海道総務部文書課
本庄栄治郎［一九一五］「本多利明ノ著書ニ就テ」『経済論叢』第一巻第四号（京都帝国大学法科大学）
本庄栄治郎［一九一六］「本多利明ノ経済説（一）〜（三）」『経済論叢』第三巻第一号、第四号、第六号（京都帝国大学法科大学）
本庄栄治郎［一九二〇］「徳川時代の経済学者、本多利明の研究」『経済史研究』弘文堂
本庄栄治郎［一九三一］「本多利明著「河道」について」『経済史研究』第二二号（経済史研究会）
本庄栄治郎［一九三五］「本多利明集解題」『近世社会経済学説大系　本多利明集』誠文堂新光社
本庄栄治郎［一九六六］「本多利明の研究」『日本経済思想史研究』（下巻）日本評論社
前田育徳会編［一九三七］『加賀藩史料　第一一編』清文堂
前田勉［二〇〇六］「近世日本の封建・郡県論のふたつの論点――日本歴史と世界地理の認識――」張翔・園田英弘編『「封建」・「郡県」再考――東アジア社会体制論の深層――』思文閣出版
牧野隆信［一九八九］『北前船の研究』法政大学出版局
真鍋重忠［一九七八］『日露関係史』吉川弘文館
丸山知良［一九六九］「備前堀管見――伊奈備前守忠次の業績を中心に――」丸山知良校訂・堀江祐司編『備前堀』きたむさし文化会
水口志計夫［一九七〇］「ベニョフスキーについて」水口志計夫・沼田次郎編訳『東洋文庫一六〇　ベニョフスキー航海記』平凡社
水野為長著・駒井乗邨編［一七八七〜一七九三］『よしの冊子』森銑三・野間光辰・中村幸彦・朝倉治彦編［一九八一］「よしの冊子」『随筆百花苑　第九巻』中央公論社
南和男［一九八六］「寛政期の諸国人口動態について」林陸朗先生還暦記念会編『近世国家の支配構造』雄山閣出版

源了圓［一九八六］『実学思想の系譜』講談社
源了圓［一九七二］『徳川合理思想の系譜』中央公論社
源了圓［一九九〇］「江戸後期の比較文化論的考察」源了圓編『江戸後期の比較文化研究』ぺりかん社
宮崎道生［一九七七］「新井白石と洋学者――白石と本多利明・渡辺崋山――」『岡山大学法文学部学術紀要［史学篇］』第三八号（岡山大学法文学部）
宮崎安貞［一六九七］『農業全書』山田龍雄・井浦徳監修［一九七八］『日本農書全集　第一三巻』農山漁村文化協会
宮永孝［二〇〇〇］『日本とイギリス――日英交流の四〇〇年』山川出版社
宮田純［一九九九］「本多利明の経世理念「自然治道」に関する一考察」『中央史学』第二二号（中央大学中央史学会）
宮田純［二〇〇二］「本多利明の国家再生論に関する一考察――カムサスカ開発論を中心に――」『中央史学』第二五号（中央大学中央史学会）
宮田純［二〇〇二］「本多利明の国家論――徳川時代の経世論における〈エスニシティ〉の発見――」長野ひろ子／黒田弘子共編『エスニシティ・ジェンダーからみる日本の歴史』吉川弘文館
宮田純［二〇〇四］「本多利明の北方開発経済思想――寛政三年成立『赤夷動静』を中心として――」『日本経済思想史研究』第四号（日本経済思想史研究会）
宮田純［二〇〇四］「本多利明の経世済民思想――『経済放言』を中心として――」川口浩編『日本の経済思想世界――「十九世紀」の企業者・政策者・知識人――』日本経済評論社
宮田純［二〇〇四］「本多利明の経済思想――享和元年成立『交易論』を中心として――」『中央史学』第二七号（中央大学中央史学会）
宮田純［二〇〇五］「本多利明の藩「国益」思想――寛政七年成立『西薇事情』を中心として――」森安彦編『地域社会の展開と幕藩制支配』名著出版
宮田純［二〇〇五］「本多利明の水利政策論――寛政一二年成立『河道』を中心として――」『中央史学』第二八号（中央大学中

央史学会）
宮田純［二〇〇九］「本多利明の経済思想――享和元年成立『長器論』を中心として――」『日本経済思想史研究』第九号（日本経済思想史研究会）
宮田純［二〇一〇］「本多利明の経済思想――寛政七年成立『自然治道之弁』の総合的研究――」『Asia Japan Journal』第五号（国士舘大学アジア・日本研究センター）
宮田純［二〇一〇］「本多利明の歴史観に関する一考察――寛政一〇年成立『経世秘策』「巻下」を中心として――」『21世紀アジア学会紀要』第八号（国士舘大学21世紀アジア学会）
宮田純［二〇一一］博士学位論文（経済学）『本多利明の経済政策思想――『自然治道之弁』による日本国「豊饒」化構想とその後の展開――』同志社大学大学院経済学研究科、平成二二年度甲第四七三号（二〇一一年三月二一日）
宮田純［二〇一二］「本多利明の対外交易論――『西域物語』を中心として――」『経済学論纂』第五二巻第三号（中央大学経済学研究会）
宮田純［二〇一二］「本多利明の対外交易論――一七九八年成立『経世秘策』を中心として――」『Asia Japan Journal』第七号（国士舘大学アジア・日本研究センター）
宮田純［二〇一三］「徳川時代の北方開発政策論――本多利明著『大日本国の属嶋北蝦夷の風土艸稿』を中心として――」『中央大学経済研究所年報』（中央大学経済研究所）第四四号
宮田純［二〇一五］「本多利明の北方開発政策論――『蝦夷拾遺』を中心として」笠谷和比古編『徳川社会と日本の近代化』思文閣出版
宮田純［二〇一六］「本多利明の蝦夷地開発政策論――天明～寛政期を中心として――」小室正紀編『幕藩制転換期の経済思想』慶應義塾大学出版会
村岡健次［一九九六］「産業革命の文化――科学と技術について」松村昌家・長島伸一・川本静子・村岡健次編『英国文化の世紀一　新帝国の開花』研究社出版

村上直［一九六三］「初期関東幕領における在地支配（上）――伊奈郡代の開発地域を中心に――」『日本歴史』第一八四号（日本歴史学会）
最上徳内［一七八六］「本多利明宛最上徳内書簡」山下恒夫編『江戸漂流記総集　別巻　大黒屋光太夫史料集　第一巻』日本評論社
茂木悟［一九七七］『備前堀と北武蔵』きたむさし文化会
森岡邦泰［二〇一五］「本多利明の著作における海外情報」『大阪商業大学論集』第一七七号（大阪商業大学商経学会）
森岡邦泰［二〇一六］「本多利明と西洋観」『日本経済思想史研究』第一六号（日本経済思想史学会）
森銑三［一九三九］「本多利明の墓誌の発見」『科学ペン』第四巻第一号（科学ペンクラブ）
森銑三［一九九四］「人物研究に就いての私見」『森銑三著作集　続編　第一二巻』、中央公論社
森銑三［一九九四］「人物研究偶語」『森銑三著作集　続編　第一二巻』中央公論社
森杉夫［一九六五］「神尾若狭の増徴をめぐって」『歴史研究』第九号（大阪府立大学歴史研究会）
森泰博［一九七五］「鴻池善右衛門家の大名貸――掛合控の成立を中心として――」宮本又次編著『上方の研究　第三巻』清文堂
矢嶋道文［二〇〇三］『近世日本の「重商主義」思想研究――貿易思想と農政――』御茶の水書房
山口隆二［一九四二］『日本の時計――徳川時代の和時計の研究――』日本評論社
山崎隆三［一九八三］『近世物価史研究』塙書房
山本起世子［二〇〇六］「天明飢饉期・東北農村の人口変動と死亡構造――仙台領三箇村の事例――」『立命館大学人文科学研究所紀要』第八七号（立命館大学人文科学研究所）
山本起世子［二〇〇八］「天明飢饉期・陸奥国農村の人口と世帯――仙台領三ヶ村の比較――」高木正朗編『一八・一九世紀の人口変動と地域・村・家族――歴史人口学の課題と方法――』古今書院
柚木学［一九七九］『近世海運史の研究』法政大学出版局
柚木学［一九八六］「近世日本海海運の発展と北前船」柚木学編『日本水上交通史論集　日本海水上交通史』（第一巻）文献出版

柚木学［二〇〇一］『近世海運の経営と歴史』清文堂

吉永昭［一九六五］「藩専売制度の基盤と構造——松代藩産物会所仕法をめぐって——」古島敏雄編『日本経済史大系　近世下』（第四巻）東京大学出版会

吉永昭［一九九六］『近世の専売制度』吉川弘文館

和田敏明［一九八五］「解説　エリート官僚が書いた休明光記」寺沢一・和田俊明・黒田秀俊編『蝦夷・千島古文書集成　四巻　休明光記』教育出版センター

渡辺英夫［二〇〇二］『東廻海運史の研究』山川出版社

【邦訳文献】

アンドリュー・コビング著・伊藤航多訳［二〇〇一］「ヴィクトリア朝英国への日本人渡航者たち」都築忠七・ゴードン・ダニエルズ・草光俊雄編『日英交流史　一六〇〇—二〇〇〇　五　社会・文化』東京大学出版会

エスフィリ・ヤコヴレヴナ・ファインベルグ著・小川政邦訳［一九七三］『ロシアと日本——その交流の歴史——』新時代社

ジェレミー・ブラック著・金原由紀子訳［二〇〇三］『図説　地図で見るイギリスの歴史　大航海時代から産業革命まで』原書房

テッサ・モーリス－鈴木著、藤井隆至訳［一九九一］『日本の経済思想』岩波書店

ドナルド・キーン著、藤田豊・大沼雅彦訳［一九五七］『日本人の西洋発見』錦正社

ドナルド・キーン著、芳賀徹訳［一九六八］『日本人の西洋発見』中央公論社

ノルベルト・R・アダミ著・市川伸二訳［一九九三］『遠い隣人——近世日露交渉史——』平凡社

G・M・トレヴェリアン著・大野真弓監訳［一九七四］『イギリス史　二』みすず書房

【欧文文献】

Beasley, William. Gerald.,［1984］, 'The Edo Experience and Japanese Nationalism', *ModernAsian Studies*, Vol. 18, No.4, Cambridge

University Press.

De, Bary, William. Theodore., Keene, Donald., Tsunoda Ryusaku., [1958], *Sources of Japanese Tradition*, Columbia University Press.

De, Bary, William. Theodore., Gluck, Carol., Tiedemann, E. Arthur., [2006], *Sources of Japanese Tradition second edition* (vol. 2 : part1 : 1600 to 1868), Columbia University Press.

De, Bary, William. Theodore., [2008], *Sources of East Asian Tradition*, Vol. 2, Columbia University Press.

Keene, Donald., [1952], *The Japanese Discovery of Europe, Honda Toshiaki and Other Discoverers 1720–1798*, Rautledge and Kegan Paul.

Keene, Donald., [1969], *The Japanese Discovery of Europe, 1720–1830, Revised Edition*, Stanford University Press.

Najita, Tetsuo., [1991], 'History and Nature in Eighteenth–Century Tokugawa Thought', *The Cambridge History of Japan*, Vol. 4, Cambridge University Press.

Tessa, Morris-Suzuki., [1991], *A History of Japanese Economic Thought*, Routledge.

Totman, Conrad., [1993], *Early Modern Japan*, University of California Press.

Komuro, Masamichi., [1998], 'Trends in economic thought in the Tokugawa period', Edited by Shiro, Sugihara and Toshihiro, Tanaka, *Economic Thought and Modernization in Japan*, Cheltenham, Edward Elgar.

Nishioka, Mikio., [2010], 'Economic Thought and Public Welfare in Early Modern Japan : Dazai Shundai's Idea of Political Economy and Joheiso', 『経済学史研究』(経済学史学会) 第52巻第1号

Miyata, Jun., [2010], 'An Outline of the Political Economic Thought of Honda Toshiaki [1743–1820]', M.Nishioka, J. Miyata, S. Minamimori, A. Nishi, 'Political Economic Thought' and the Development of Political Economy as a Discipline in Japan: Civilization, Enlightenment, and Modernization", 『経済学論叢』(同志社大学経済学会) 第61巻第4号

【非刊行資料――本多利明関連――】

本多利明［一七八九―九〇］『蝦夷拾遺』（写本）国立公文書館蔵『本田氏策論　蝦夷拾遺』〈請求番号：１７８‐０３３９〉

本多利明［一七九一］『利明上書』（写本）東京大学総合図書館南葵文庫蔵『利明上書』〈請求記号：南葵文庫Ｊ３０：４５０〉

本多利明［一七九一］『蝦夷土地開発愚存之大概』（別称『赤夷動静』・『赤人日本国へ漂着に擬え近年繁々渡来するに謂ある事』）東京大学総合図書館南葵文庫蔵『北夷考証』〈請求記号：南葵文庫Ｊ３０：８５４〉の中に『赤人日本国へ漂着に擬え近年繁々渡来するに謂ある事』として所収

本多利明［一七九五］『自然治道之弁　全』（写本）北海道立文書館蔵〈登録記号：旧記１６１０／マイクロフィルム請求記号：旧記Ｆ２‐１０８１〉

本多利明［一七九五］『自然治道之弁　全』（写本）北海道立文書館蔵〈登録番号：旧記１６０９／マイクロフィルム請求記号：旧記Ｆ２‐４３０〉

本多利明［一七九五］『自然治道之弁　全』（写本）北海道立文書館蔵〈登録番号：旧記１６１１〉

本多利明［一七九五］『西薇事情』（写本）慶應義塾大学図書館貴重書室蔵〈請求記号：和漢古典籍２０１＠８４＠１〉

本多利明［一七九八］『西域物語』（写本）東北大学附属図書館蔵狩野文庫蔵〈請求記号１‐２５０９８‐３／マイクロフィルムリール№：№ＡＥＤ‐００４〉

本多利明［一七九八］『経世秘策』（版本）（『経世秘策』「巻上」「巻下」を所収）東北大学附属図書館蔵狩野文庫蔵〈請求記号６‐１８７１４‐２／マイクロフィルムリール№：№ＦＣＡ‐００２〉

本多利明［一七九八］『豊饒策』（写本）（『経世秘策』「補遺」を所収）国立国会図書館蔵〈請求記号：和古書・漢籍２１１‐２３２／マイクロフィルムリール請求記号：ＹＤ‐古‐２３４２〉

本多利明［一七九八］『国家豊饒策』（写本）（『経世秘策』「後編」を所収）国立公文書館蔵〈請求番号：１８２‐０４４６〉

本多利明［一八〇〇］『河道』（写本）国立国会図書館蔵〈請求記号：和古書・漢籍２１１‐２４１／マイクロフィルムリール請求記号：ＹＤ‐古‐６７６７〉

本多利明［一八〇〇］『東国遊覧不問物語』（自筆本？）国立公文書館蔵〈請求番号：183-0774〉

本多利明［一八〇二］『蝦夷乃道知辺』（自筆本？）国立公文書館蔵〈請求番号：178-0310〉

本多利明［一八〇二］『長器論』（自筆本）刈谷市中央図書館村上文庫蔵〈請求記号：W5342／マイクロフィルム請求記号：A433〉

本多利明［一八〇二］『長器論』（写本）東北大学附属図書館蔵狩野文庫蔵〈請求記号6-19367-1／マイクロフィルムリール№：№FDL-001〉

本多利明［一八〇二］『渡海日記』（自筆本）東北大学附属図書館狩野文庫蔵〈請求記号3-27619-1／マイクロフィルムリール№：№CGP-011〉

本多利明［一八〇二］『交易論』（自筆本）刈谷市中央図書館村上文庫蔵〈請求記号：W5341／マイクロフィルム請求記号：A433〉

本多利明［一八〇一～］『経済放言』（自筆本？）国立公文書館蔵『万国経済放言　贅説』〈請求番号：182-0433〉

宇野保定述・河野通義写［一八二六］『本多利明先生行状記』（写本）東北大学附属図書館狩野文庫蔵『本多利明先生行状記』〈請求記号：3-6875-1／マイクロフィルムリール№：CEF-011〉

【刊行資料――本多利明関連――】

本多利明［一七八九］『本多利明手簡（寛政元年立原翠軒宛書簡）』本庄栄治郎校訂、［一九三五］『近世社会経済学説大系　本多利明集』誠文堂新光社

本多利明［一七九〇］『本多氏策論　蝦夷拾遺』本庄栄治郎校訂［一九三五］『近世社会経済学説大系　本多利明集』誠文堂新光社

本多利明［一七九一］『蝦夷土地開発愚存之大概』（抄）（別称『赤夷動静』）本庄栄治郎校訂［一九三五］『近世社会経済学説大系　本多利明集』誠文堂新光社

本多利明［一七九一］『赤夷動静』（別称『蝦夷土地開発愚存の大概』）寺沢一・和田敏明・黒田秀俊編『蝦夷・千島古文書集成　北

方末公開古文書集成　第三巻』教育出版センター

本多利明［一七九二］『蝦夷開発に関する上書』（抄）『集』本庄栄治郎校訂［一九三五］『近世社会経済学説大系　本多利明集』誠文堂新光社

本多利明［一七九五］『自然治道之弁』（抄）本庄栄治郎校訂［一九三五］『近世社会経済学説大系　本多利明集』誠文堂新光社

本多利明［一七九五］『西薇事情』本庄栄治郎校訂［一九三五］『近世社会経済学説大系　本多利明集』誠文堂新光社

本多利明［一七九八］『西域物語』塚谷晃弘校訂［一九七〇］『日本思想大系　四四　本多利明　海保青陵』岩波書店

本多利明［一七九八］『経世秘策』塚谷晃弘校訂［一九七〇］『日本思想大系　四四　本多利明　海保青陵』岩波書店

本多利明［一八〇〇］『河道』本庄栄治郎校訂［一九三五］『近世社会経済学説大系　本多利明集』誠文堂新光社

本多利明［一八〇一］『長器論』本庄栄治郎校訂［一九三五］『近世社会経済学説大系　本多利明集』誠文堂新光社

本多利明［一八〇一］『渡海日記』本庄栄治郎校訂［一九三五］『近世社会経済学説大系　本多利明集』誠文堂新光社

本多利明［一八〇一］『交易論』塚谷晃弘校訂［一九七〇］『日本思想大系　四四　本多利明　海保青陵』（第四四巻）岩波書店

本多利明［一八〇一～］『経済放言』本庄栄治郎校訂［一九三五］『近世社会経済学説大系　本多利明集』誠文堂新光社

付録（1）　本多利明研究文献一覧——一八九三年～二〇一六年における研究成果——

付録（1）は本多利明に関する研究成果（一八九三年～二〇一六年）を網羅したものである。利明を論じた成果を原則として記載し、その他に重要な情報と判断したもの、例えば新聞による報道なども加えてある。これまで利明研究の指針としての役割を担っていた一九三五年段階の成果である本庄栄治郎氏の「本多利明研究文献」本庄栄治郎解題『近世社会経済学説大系　本多利明集』（誠文堂新光社）、ならびに、一九七〇年段階の成果である塚谷晃弘氏の「解説　本多利明（四　利明研究史をふりかえって）」塚谷晃弘・蔵並省自校注『日本思想大系四四　本多利明　海保青陵』（岩波書店）に欠落していた論説や、一九七〇年以降に提起された成果の補完を目的としている。この網羅的な文献一覧が今後の研究に寄与すれば幸いである。

本研究文献一覧は①発表年、②著者（訳者）、③論題（単著名・論説名）、④出版社（運営団体）、の順により整理した。既出の参考文献一覧とは異なり、①発表年を頭に位置させたのは、利明研究史の編年としての傾向を概括として把握する場合に有効であると判断したからである。したがって発表時の時代背景やそれに基づく研究環境の質的変化に着目しながらの〝読み方〟が可能となる。なお、既存の論説を所収した単著についても、なるべくすべての情報を網羅するという主旨のもと、論説・単著（場合によっては改訂版）の双方を発表・刊行年に基づきながら掲載してある。

［一八九三］吉田東伍（筆名：落後生）「西洋思想の経済談」〈徳川時代政教考（三二）〉『読売新聞』（一八九三年一一月一四日朝刊）読売新聞社

［一八九四］吉田東伍「洋海の新潮張らんとして復落つ」『徳川政教考』冨山房

［一八九四］吉田東伍「西洋思想の経済談」『徳川政教考』冨山房

［一八九六］遠藤利貞『増修日本数学史』（私家版）

［一九〇四］小川琢治「間宮林蔵先生の生涯と事蹟」『地学雑誌』第一六年第一八九巻（東京地学協会）
［一九〇五］足立栗園「経世秘策と北地危言」『海国史談』中外商業新報商況社
［一九〇六］戸水信義「北境探検功労者之略伝――本多三郎右衛門北夷蝦事蹟――」相川得壽編『史談速記録』第一五六輯（非売品）
［一九〇八］狩野亨吉「記憶すべき関流の数学家」『関孝和先生二百年忌記念　本朝数学通俗講演集』（東京数学物理学会）
［一九一〇］内田銀蔵「馬場正通の生涯及其の著書」『史学研究会講演集』第三冊（史学研究会）
［一九一一］海老名一雄「本多利明の通商交易説」『歴史地理』第一七巻第五号（日本歴史地理学会）
［一九一一］小川琢治「天明文化年間の北方探検」『地学雑誌』第二三年第二七六号（東京地学協会）
［一九一一］神保小虎「最上徳内、近藤重蔵両氏に就て」『地学雑誌』第二三年第二七六号（東京地学協会）
［一九一一］神保小虎「最上徳内近藤重蔵事蹟追記」『地学雑誌』第二三年第二七六号（東京地学協会）
［一九一二］高島正「本多利明の討査と卓見」『福井県人樺太経営史』（私立図書館高島文庫）
［一九一二］藤野鉦齋「変雍論の大意」『日本及日本人』第五七四号（政教社）
［一九一六］内田銀蔵「本多利明の船舶論」『海国公論』第五巻第一号（海国公論社）
［一九一五］友部新吉編『立原両先生』（私家版）
［一九一五］本庄栄治郎「本多利明ノ著書ニ就テ」『経済論叢』第一巻第四号（京都帝国大学法科大学）
［一九一六］本庄栄治郎「本多利明ノ経済説（一）」『経済論叢』第二巻第一号（京都帝国大学法科大学）
［一九一六］本庄栄治郎「本多利明ノ経済説（二）」『経済論叢』第二巻第四号（京都帝国大学法科大学）
［一九一六］本庄栄治郎「本多利明ノ経済説（三）」『経済論叢』第二巻第六号（京都帝国大学法科大学）
［一九一六］本庄栄治郎「再ヒ本多利明ノ著書ニ就テ」『経済論叢』第二巻第六号（京都帝国大学法科大学）
［一九一六］福田徳三「本多利明ノ経済説ニ関シ本庄学士ノ教ヲ乞フ」『経済論叢』第三巻第一号（京都帝国大学法科大学）
［一九一六］本庄栄治郎「本多利明ノ経済説ニ関シ福田博士ノ高教ニ答フ」『経済論叢』第三巻第二号（京都帝国大学法科大学）

［一九一七］清水北溟「本多利明の航海貿易論（一）」『海之世界』第一一巻第一〇号（日本海員掖済会）
［一九一七］清水北溟「本多利明の航海貿易論（二）」『海之世界』第一一巻第一一号（日本海員掖済会）
［一九一九］内田銀蔵「本多利明」『近世の日本』冨山房
［一九二〇］石川県河北郡編「本多利明碑」『石川県河北郡誌』石川県河北郡役所
［一九二〇］本庄栄治郎「徳川時代の経済学者、本多利明の研究」『経済史研究』弘文堂
［一九二一］内田銀蔵「馬場正通の生涯及其の著書」『日本経済史の研究　下巻』同文館
［一九二二］伊藤武雄「本多利明の墓について」『歴史地理』第四〇巻第三号（日本歴史地理学会）
［一九二七］著者不明「本多利明　贈正五位　大正一三、二」田尻佐編『贈位諸賢伝　二』国友社
［一九二八］狩野亨吉「紙魚の跡――懐しき其頃（一）狩野亨吉博士談」『読売新聞』（一九二八年八月一七日朝刊）読売新聞社
［一九三〇］本庄栄治郎「徳川時代の人口論」『人口及人口問題』日本評論社
［一九三〇］森銑三「最上徳内事蹟考（一）」『歴史地理』第五六巻第二号（日本歴史地理学会）
［一九三〇］森銑三「最上徳内事蹟考（二）」『歴史地理』第五六巻第三号（日本歴史地理学会）
［一九三〇］森銑三「最上徳内事蹟考（三）」『歴史地理』第五六巻第五号（日本歴史地理学会）
［一九三〇］森銑三「最上徳内事蹟考（四）」『歴史地理』第五六巻第六号（日本歴史地理学会）
［一九三一］森銑三「最上徳内事蹟考（五）」『歴史地理』第五七巻第二号（日本歴史地理学会）
［一九三一］森銑三「最上徳内事蹟考（六）」『歴史地理』第五七巻第三号（日本歴史地理学会）
［一九三一］本庄栄治郎「近世経済学者一覧」『経済史研究』第二〇号（経済史研究会）
［一九三一］本庄栄治郎「本多利明著「河道」について」『経済史研究』第二二号（経済史研究会）
［一九三一］本庄栄治郎「本多利明の研究」『近世の経済思想』日本評論社
［一九三二］横山健堂「本多利明」原田三夫・松山思水編『世界探検全集日本篇　第三巻』万里閣書房
［一九三四］野村兼太郎「幕府頽廃期」『徳川時代の社会経済思想概論』日本評論社

［一九三五］内田秀雄「探検家としての本多利明」『伝記』第二巻第八号（伝記学会）
［一九三五］内田秀雄「地理学者としての本多利明」『地理論叢』第七輯（京都帝国大学文学部地理学教室）
［一九三五］有賀春雄「経世論者としての荻生徂徠と本多利明」『史学』第一四巻第三号（三田史学会）
［一九三五］本庄栄治郎「本多利明の経済段階説」『経済史研究』第一三巻第三号（日本経済史研究所）
［一九三五］本庄栄治郎「西域物語に就いて」『経済史研究』第一三巻第六号（日本経済史研究所）
［一九三五］本庄栄治郎「本多利明集解題」本庄栄治郎解題『近世社会経済学説大系　本多利明集』誠文堂新光社
［一九三五］林鶴一「万尾時春――高橋至時、本多利明、坂部広胖、石黒信由――」『文化』第二巻第七号（東北帝国大学文科会）
［一九三五］田中鉄吉「本多利明」『郷土数学』（非売品）
［一九三五］皆川新作「最上徳内に関する新資料――その養子鐵五郎の書ける『家大人小伝』に就いて――」『伝記』第二巻第六号（伝記学会）
［一九三六］皆川新作「最上徳内と関係ある主なる人物」『伝記』第三巻第九号（伝記学会）
［一九三六］著者不明「本多利明」菊池寛監修『日本英雄伝　第九巻』非凡閣
［一九三六］狩野亨吉・長谷川如是閑・石原純・桑木厳翼・和辻哲郎・辰野隆・黒正厳・谷川徹三「座談会――狩野博士に物を訊く会――」『日本評論』第一一巻第九号（日本評論社）
［一九三七］田中鉄吉「本多利明」『改訂増補郷土数学』池善書店
［一九三七］寺島柾史「樺太半島説――林子平と本多利明――」『歴史公論』第六巻第一一号
［一九三七］小田信士「本多利明の重商主義思想（一）」『経済評論』第二六号（青山学院学友会経済編纂部）
［一九三七］犬丸秀雄「上田作之丞の経済思想（上）」『経済史研究』第一八巻第五号（日本経済史研究所）
［一九三七］犬丸秀雄「上田作之丞の経済思想（下）」『経済史研究』第一八巻第六号（日本経済史研究所）
［一九三八］蘆田伊人・箭内健次「シーボルト作成の地図」日独文化協会編『シーボルト研究』（岩波書店）
［一九三八］小田信士「本多利明の重商主義思想（二）」『経済評論』第二七号（青山学院学友会経済編纂部）

［一九三八］小田信士「本多利明の重商主義思想（三）」『経済評論』第二八号（青山学院学友会経済編纂部）
［一九三八］飛松正「本多利明の北方伸展論——近世的世界思潮を背景とせる——」『歴史教育』第一二巻第一二号（歴史教育研究会）
［一九三八］菊田貞雄「本多利明の人口論とその歴史的背景」『人口問題』第二巻第四号（人口問題研究会）
［一九三八］永田広志「本多利明」『日本哲学思想史』三笠書房
［一九三八］鮎沢信太郎「本多利明の外国地理学」『日本史学』第六輯（日本大学史学会）
［一九三八］本庄栄治郎「本多利明について」『近世の経済思想——続編——』日本評論社
［一九三九］野村兼太郎「本多利明の経済開発論」『三田学会雑誌』第三三巻第三号（慶応義塾経済学会）
［一九三九］野村兼太郎「本多利明」『徳川時代の経済思想』日本評論社
［一九三九］野村兼太郎「徳川後期」『概観日本経済思想史』慶応出版社
［一九三九］富成喜馬平「本多利明論」『商学』第二九号（横浜高等商業学校商学会）
［一九三九］森銑三「本多利明の墓誌の発見」『科学ペン』第四巻第一号（科学ペンクラブ）
［一九三九］黒田謙一「本多利明の経済思想」『同志社論叢』第六五号（同志社大学法学部内同志社法学会）
［一九三九］田中惣五郎「本多利明の巻」『大陸の先駆者』興亜文化協会
［一九三九］田中惣五郎「本多利明の大陸進出論」『大陸の先駆者』興亜文化協会
［一九四〇］鮎沢信太郎「本多利明の外国地理学」『東洋地理思想史研究』日本大学第三普通部
［一九四一］本間隆吉『本多利明に就いて』新潟県立村上中学校郷土室
［一九四一］丹善一郎「本多利明の『国易秘事』に就て」『水戸藩産業史研究会会報』第四輯（水戸藩産業史研究会）
［一九四一］大熊喜邦「本多利明の不燃都市住居と資源擁護」『文藝春秋』第一九巻第五号（文藝春秋社）
［一九四一］岩崎克己「『ベシケレイヒング・ハン・ルュスランド』の流伝と翻訳（一）」『書物展望』第十一巻第十一号
［一九四一］岩崎克己「『ベシケレイヒング・ハン・ルュスランド』の流伝と翻訳（二）」『書物展望』第十一巻第十二号

［一九四二］大熊喜邦「本多利明の不燃都市住居」『民家と住居』日本電健株式会社出版部
［一九四二］樺山銘四郎「北進論の先覚者本多利明の思想」『樺太』第一四巻第六号（樺太社）
［一九四二］黒田謙一「本多利明」『日本植民思想史』弘文堂
［一九四二］小田信士「本多利明の合理的世界観と基督教」『宗教経済文化史』新光閣
［一九四二］本庄栄治郎「江戸時代の経済思想」『日本経済思想史研究』日本評論社
［一九四二］中村孝也「開国論者としての本多利明（一）」『歴史と趣味』第一九巻第二号（国民文化研究会）
［一九四二］中村孝也「開国論者としての本多利明（二）」『歴史と趣味』第一九巻第三号（国民文化研究会）※筆者注――末尾に〝つづく〟との記載があるが、その後の連載の継続は確認できなかった。
［一九四三］皆川新作「カラフト半島説とサガリン半島説」『伝記』第一〇巻第三号（伝記学会）
［一九四三］大友喜作「解説」『北門叢書　第一冊』北光書房
［一九四三］杉靖三郎「先哲の興亜思想本多利明の経論」『興亜教育』第二巻第五号（東亜教育協会）
［一九四三］中井信彦「蝦夷研究と蝦夷地開拓――日本民族学の東雲――」『史学』第二一巻第三・四（合併）号（三田史学会）
［一九四三］伊藤誠哉「北方開発の恩人本多利明」『海之世界』第三七巻第六号（日本海員掖済会）
［一九四三］森銑三「最上徳内」『学藝史上の人々』二見書房
［一九四三］森銑三「本多利明」『学藝史上の人々』二見書房
［一九四四］大友喜作「解説」『北門叢書　第三冊』北光書房
［一九四四］著者不明「北門鉄の廻廊千島要塞けふ領有満七十年」『読売新聞』（一九四四年五月七日朝刊）読売新聞社
［一九四四］佐々木清治「日本地政学の先覚者」『地理学研究』第三巻第七号（中興館）
［一九四四］田辺元生「本多利明の研究――その経済政策論を中心として――（上）」『経済史研究』第三一巻第二号（日本経済史研究所）
［一九四四］田辺元生「本多利明の研究――その経済政策論を中心として――（下）」『経済史研究』第三一巻第四号（日本経済史

研究所）

［一九四五］大矢真一「幕末に於ける太陽暦」『科学史研究』第九号（日本科学史学会）

［一九四七］高倉新一郎「本多利明」『北の先覚』北日本社

［一九四八］能田忠亮「本多利明の論暦」『暦学史論』生活社

［一九四八］鮎沢信太郎「本多利明の外国地理学」『地理学史の研究』愛日書院

［一九四九］加田哲二「外国観の変化と対策」『日本社会思想史　下巻——近代転換期の社会思想——』岩崎書店

［一九四九］藤原松三郎「本多利明と常陸遊覧不問物語」『科学史研究』第一〇号（日本科学史学会）

［一九五一］小島憲「徳川時代の経済論」『政経論叢』（明治大学政治経済研究所）

［一九五二］丸山眞男「近世日本政治思想における「自然」と「作為」——制度観の対立としての——」『日本政治思想史研究』東京大学出版会

［一九五二］Keene, Donald *The Japanese Discovery of Europe, Honda Toshiaki and Other Discoverers 1720–1798*（Routledge and Keganpaul)

［一九五三］赤羽壮造「本多利明の「海国の根を固くするの策」」『典籍』第六冊（典籍同好会）

［一九五三］中井信彦「蝦夷地開拓説の系譜」『社会経済史学』第一八巻第三号（社会経済史学会）

［一九五四］鮎沢信太郎「近世日本における地球説・地動説の展開」『日本歴史』第七一号（日本歴史学会）

［一九五四］佐藤直助「本多利明の人口論の背景」『ソフィア』第三巻第一号（上智大学）

［一九五五］阿部真琴「本田利明の伝記的研究（一）」『ヒストリア』第一一号（大阪歴史学会）

［一九五五］阿部真琴「本田利明の伝記的研究（二）」『ヒストリア』第一二号（大阪歴史学会）

［一九五五］阿部真琴「本田利明の伝記的研究（三）」『ヒストリア』第一三号（大阪歴史学会）

［一九五五］有坂隆道「寛政期における麻田流天学家の活動をめぐって［上］「星学手簡」の紹介（一）」『ヒストリア』第一一号（大阪歴史学会）

［一九五五］有坂隆道「寛政期における麻田流天学家の活動をめぐって［中］「星学手簡」の紹介（二）」『ヒストリア』第一二号（大阪歴史学会）
［一九五五］有坂隆道「寛政期における麻田流天学家の活動をめぐって［下］「星学手簡」の紹介（三）」『ヒストリア』第一三号（大阪歴史学会）
［一九五六］阿部真琴「本田利明の伝記的研究（四）」『ヒストリア』第一五号（大阪歴史学会）
［一九五六］阿部真琴「本田利明の伝記的研究（五）」『ヒストリア』第一六号（大阪歴史学会）
［一九五六］三枝博音「『経世秘策』解題」三枝博音・清水幾太郎編『日本哲学思想全書　第四巻　啓蒙編』平凡社
［一九五六］藤原松三郎「総論」日本学士院日本科学史刊行会編『明治前日本数学史　第二巻』岩波書店
［一九五六］藤原松三郎「関孝和」日本学士院日本科学史刊行会編『明治前日本数学史　第二巻』岩波書店
［一九五七］藤原松三郎「関流の確立」日本学士院日本科学史刊行会編『明治前日本数学史　第三巻』岩波書店
［一九五七］阿部真琴「本田利明の伝記的研究（六）」『ヒストリア』第一七号（大阪歴史学会）
［一九五七］近藤武一「天明・寛政期の進歩的経済学者——本多利明のことども——」『金城学院大学論集』第九集（金城学院大学）
［一九五七］**Keene, Donald** 著　藤田豊・大沼雅彦訳『日本人の西洋発見』錦正社
［一九五七］池田喜義「本多利明の経済説について」『宮崎大学学芸学部研究時報』第一巻第三号（宮崎大学学芸部）
［一九五八］海老沢有道「蘭学者の天主教理解——前野良沢・本多利明を中心として——」『ソフィア』第七巻第二号（上智大学）
［一九五八］海老沢有道「前野良沢・本多利明」『南蛮学統の研究増補版——近代日本文化の系譜——』創文社
［一九五八］島崎隆夫「本多利明の農政論——その前提——」『三田学会雑誌』第五一巻第五号（慶応義塾経済学会）
［一九五八］島崎隆夫「本多利明の農政論（続）——その経済政策の性格——」『三田学会雑誌』第五一巻第一〇号（慶応義塾経済学会）
［一九五九］藤原松三郎「総論」日本学士院日本科学史刊行会編『明治前日本数学史　第四巻』岩波書店

［一九五九］藤原松三郎「本多利明」日本学士院日本科学史刊行会編『明治前日本数学史　第四巻』岩波書店
［一九六〇］遠藤利貞『増修日本数学史』恒星社厚生閣
［一九六一］今井溱「本多利明の航海術」『蘭学資料研究会研究報告』第九一号（蘭学資料研究会）
［一九六一］小野菊雄「近世日本地理学の性格と現代への意義――山片蟠桃・司馬江漢を中心にして――」『史林』第四四巻第三号（京都大学史学研究会）
［一九六一］大矢真一「会田安明の阿蘭陀算法」『蘭学資料研究会研究報告』第九〇号（蘭学資料研究会）
［一九六二］加田哲二「本多利明の植民論」『日本社会経済思想史』慶応通信
［一九六二］本庄栄治郎「本多利明」『江戸・明治時代の経済学者』至文堂
［一九六三］安丸良夫「重商主義」日本史研究会編『講座日本文化史　第六巻〈寛政―明治初期〉』三一書房
［一九六三］江川文展「立原翠軒と本多利明」前田香径編『立原翠軒』〈立原善重（私家版）〉
［一九六四］松浦玲「江戸後期の経済思想」『岩波講座日本歴史　13　近世五』岩波書店
［一九六四］堀内剛二「封建制下の洋学」『近代科学思想の系譜』至文堂
［一九六四］佐藤昌介「洋学の勃興とその特質」『洋学史研究序説――洋学と封建権力――』岩波書店
［一九六五］下平和夫「関孝和と建部賢弘」『和算の歴史　上巻』富士短期大学出版部
［一九六六］本庄栄治郎「本多利明の研究」『日本経済思想史研究　下巻』日本評論社
［一九六六］著者不明「世界を征服せよ――本多利明の開国論――」『読売新聞』（一九六六年三月四日朝刊）読売新聞社
［一九六七］永田広志「本多利明」『日本哲学思想史』法政大学出版局
［一九六八］吉岡修一郎「本多利明の等比級数」『数学ウラ話』学生社
［一九六八］小沢栄一「本田利明の西洋の知識について」『蘭学資料研究会研究報告』第二〇五号（蘭学資料研究会）
［一九六八］平田厚志「本多利明の経済思想小論――特に重商主義論を中心として――」『龍谷史壇』第五九号（龍谷大学史学会）
［一九六八］有坂隆道「享和期における麻田流天学家の活動をめぐって――『星学手簡』の紹介――」有坂隆道編『日本洋学史の

研究　第一集』創元社
［一九六八］Keene, Donald 著・芳賀徹訳「本多利明とヨーロッパ発見」『日本人の西洋発見』中央公論社
［一九六九］Keene, Donald., *The Japanese Discovery of Europe, 1720–1830*（Stanford University Press）
［一九六九］塚谷晃弘「幕末近代思想の系譜（二）――子平と利明を中心に――」『国学院経済学』第一八巻第二号（国学院大学経済学会）
［一九七〇］石原正令「本多利明人口思想の根拠」『函館大学論究』第五号（函館大学商学部）
［一九七〇］中沢護人・森数男「アジアの開物思想」『日本の開明思想』紀伊國屋書店
［一九七〇］塚谷晃弘「幕末の進歩的知識人――本多利明――」『日本及日本人』第一四九一号
［一九七〇］広瀬秀雄「本田利明と天文学」『蘭学資料研究会研究報告』第二三九号（蘭学資料研究会）
［一九七〇］塚谷晃弘「解説　江戸後期における経世家の二つの型――本多利明と海保青陵の場合――」塚谷晃弘・蔵並省自校注『日本思想大系　四四　本多利明　海保青陵』岩波書店
［一九七〇］塚谷晃弘「解説　本多利明」塚谷晃弘・蔵並省自校注『日本思想大系　四四　本多利明　海保青陵』岩波書店
［一九七〇］南條範夫「利明と青陵」塚谷晃弘・蔵並省自校注『日本思想大系　四四　本多利明　海保青陵』（月報第二号）岩波書店
［一九七〇］岡崎保「本多利明と新井白石――貨幣論を中心とする社会経済史的位置づけ――」塚谷晃弘・蔵並省自校注『日本思想大系　四四　本多利明　海保青陵』（月報第二号）岩波書店
［一九七〇］佐藤昌介「本多利明と蘭学」塚谷晃弘・蔵並省自校注『日本思想大系　四四　本多利明　海保青陵』（月報第二号）岩波書店
［一九七〇］著者不明「本多利明」『政策月報』第一七二号（自由民主党政務調査会自由民主党広報委員会出版局）
［一九七一］辻田右左男「北方地域への関心と海防の地理学」『日本近世の地理学』柳原書店
［一九七一］内田秀雄「地理学者としての本多利明」『日本の宗教的風土と国土観』大明堂

［一九七一］柳田富雄「書評「道元上」「本多利明・海保青陵」―日本思想大系一二・四四―」『社会経済史研究所研究紀要』第六号（社会経済史研究所）
［一九七一］神田孝夫「本多利明は「忘れられた思想家」か」『比較文学研究』第二〇号（東大比較文学会）
［一九七一］本間隆吉『出生地の推定を中心とした　近代経済思想の先駆者本多利明研究（増補版）』（非売品）
［一九七一］下平和夫「補遺」『和算の歴史　下巻』富士短期大学出版部
［一九七一］森銑三「海量法師」『森銑三著作集　第二巻』中央公論社
［一九七一］森銑三「本多利明」『森銑三著作集　第五巻』中央公論社
［一九七一］森銑三「最上徳内」『森銑三著作集　第五巻』中央公論社
［一九七一］森銑三「おらんだ正月」『森銑三著作集　第五巻』中央公論社
［一九七二］若林喜三郎「本多利明と上田作之丞」『加賀藩農政史の研究　下巻』吉川弘文館
［一九七二］西川幸治「本多利明の改造構想」『日本都市史研究』日本放送出版協会
［一九七二］川越重昌「本多利明の焔硝基源論」『蘭学資料研究会研究報告』第一五四号（蘭学資料研究会）
［一九七二］塚谷晃弘「司馬江漢小論」『国学院経済学』第二〇巻第三号（国学院大学経済学会）
［一九七二］Кин, Д（ドナルド・キーン）著, И. Львовой 訳., *Японцы Открывают Европу, 1720–1830*, Изд-воНаука　※筆者注――Keene 著 *Japanese Discovery of Europe 1720–1830* のロシア語訳版
［一九七三］筒井若水「本多利明の国際社会観――幕藩期における主権平等意識――」『社会科学紀要』第一三号（東京大学教養学部社会科学科）
［一九七三］大矢真一「本多利明」『自然』第三二四号（中央公論社）
［一九七四］青江舜二郎「本多利明」『狩野亨吉の生涯』明治書院
［一九七五］内田銀蔵「松平定信」宮崎道生校注『近世の日本・日本近世史』平凡社
［一九七六］船越昭生「わが国北方図の発達」『北方図の歴史』講談社

［一九七六］ 横山俊夫「「古日本カムサスカ」と魯鈍斎利明――18世紀末日本の時間観念についての覚書――」『人文学報』第四二号（京都大学人文科学研究所）
［一九七六］ 諸川芳雄「寛政前後における政治経済論の一考察」『研究紀要』第一巻（敬愛大学・千葉敬愛短期大学）
［一九七七］ 島谷良吉『最上徳内』吉川弘文館
［一九七七］ 矢嶋道文「本多利明の「重商主義思想」に関する一考察――トーマス・マンとの比較において――」『経済系』第一一二集（関東学院大学経済学会）
［一九七七］ 飯田嘉郎『『渡海新法』における航海学」『海事史研究』第二八号（日本海事史学会）
［一九七七］ 宮崎道生「新井白石と洋学者――白石と本多利明・渡辺崋山――」『岡山大学法文学部学術紀要（史学編）』第三八号（岡山大学法文学部）
［一九七七］ 菅野陽「司馬江漢著『おらんだ俗話』」有坂隆道編『日本洋学史の研究　第四集』創元社
［一九七七］ 中橋貞造「経世思想の発達と珠算の定着化」『珠算（日本珠算思想史序説）』白川書院
［一九七七］ 石原正令「人口思想家洪亮吉〔Hung Liang-chi〕――本多利明との比較――」『関東学園大学紀要（経済学部編）』第一集（関東学園大学図書刊行委員会）
［一九七八］ 逆井孝仁「経済の発展と経済思想」大石慎三郎編『日本史（5）近世二』有斐閣
［一九七九］ 石原正令「マルサス人口思想に照らしての本多利明・洪亮吉」『関東学園大学紀要（経済学部編）』第三集（関東学園大学図書刊行委員会）
［一九七九］ 有坂隆道「寛政期における麻田流天学家の活動をめぐって」有坂隆道編『日本洋学史の研究　第五集』創元社
［一九八〇］ 飯田嘉郎「和算家の航海学」『日本航海術史――古代から幕末まで――』原書房
［一九八〇］ 佐藤昌介「本多利明の学問観と経世論」『洋学史の研究』中央公論社
［一九八〇］ 塚谷晃弘「幕末の近代思想」『近代日本経済思想史研究』雄山閣出版
［一九八〇］ 長尾久「本多利明と大原左金吾」『相模女子大学紀要』第四四号（相模女子大学研究委員会）

［一九八〇］大矢真一「本多利明——経済政策として通商貿易の必要を説く——」『日本経済学史の旅——江戸時代の経済学者たち——』恒和出版

［一九八一］藤原暹「洋学の歴史思想」『季刊日本思想史』第一六号（日本思想史懇話会）

［一九八一］三鬼清一郎「江戸時代における朝鮮役の評価について」『歴史評論』第三七三号（歴史科学協議会）

［一九八一］芳賀登「近世知識人の民衆概念」『史境』第三号（歴史人類学会）

［一九八二］藤原暹「本多利明の「庶民」と司馬江漢の「人類」」『日本生活思想史序説』ぺりかん社

［一九八二］小田信士「本多利明の重商主義的開国思想とキリスト教」『幕末キリスト教経済思想史』教文館

［一九八三］笹間愛史「本多利明小論——福澤諭吉の初期経済論との対比——」『法政大学教養部紀要（社会科学編）』第四七号（法政大学教養部）

［一九八四］著者不明「本多利明」日蘭学会編・箭内健次監修『二〇世紀文献要覧大系一七 洋学関係研究文献要覧（一八六八～一九八二）』日外アソシエーツ

［一九八四］笹間愛史「本多利明小論——福澤諭吉の初期経済論との対比（続）——」『法政大学教養部紀要（社会科学編）』第五一号（法政大学教養部）

［一九八四］佐藤昌介「経世家崋山と科学者長英」佐藤昌介編『日本の名著 二五 渡辺崋山 高野長英』中央公論社

［一九八四］菊池勇夫「蝦夷地支配の諸段階」『幕藩体制と蝦夷地』雄山閣出版

［一九八四］石井謙治「海事史こぼれ話（一〇八）本多利明の東蝦夷航海」『七洋』第二六一号（外航労務協会）

［一九八四］Keene, Donald「近代日本を拓いた本多利明」『リーダーズダイジェスト』第三九巻第七号（日本リーダーズダイジェスト社）

［一九八四］Beasley, William. Gerald "The Edo Experience and Japanese Nationalism," *Modern Asian Studies*, Vol. 18, No.4（Cambridge University Press）

［一九八五］山森青硯「本多利明と経世秘策」『こだま 金沢大学附属図書館報』第八〇号（金沢大学附属図書館）

［一九八五］宮崎道生「新井白石と本多利明」『新井白石と思想家文人』吉川弘文館
［一九八五］和田敏明「解説　鎖国の夢を破った古典的三名著」寺沢一・和田敏明・黒田秀俊編『蝦夷・千島古文書集成北方未公開古文書集成　第三巻』教育出版センター
［一九八五］守本順一郎「本多利明の遊民論」『徳川時代の遊民論』未来社
［一九八六］船越昭生「前篇　鎖国日本にきた「康熙図」の地理学史的研究」『鎖国日本にきた「康熙図」の地理学史的研究』法政大学出版局
［一九八六］船越昭生「図版篇」『鎖国日本にきた「康熙図」の地理学史的研究』法政大学出版局
［一九八六］藤原暹「「庶民」生活改革論――本多利明――」『日本における庶民的自立論の形成と展開』ぺりかん社
［一九八七］藤田覚「蝦夷地第一次上知の政治過程」田中健夫編『日本前近代の国家と対外関係』吉川弘文館
［一九八七］長山直治「加賀藩における海保青陵と本多利明――加賀藩関係者との交遊とその影響について――」『石川県立金沢錦丘高等学校紀要』第一五号（石川県立金沢錦丘高等学校）
［一九八七］山森青硯「本多利明先生之碑に按う」『石川郷土史学会々誌』第二〇号（石川郷土史学会）
［一九八八］許晃会「本多利明と朴齊家――実学思想の対比的研究――」『日本思想史学』第二〇号（日本思想史学会）
［一九八八］加藤文三「世界観の拡大――蘭学者を中心に――」山田忠雄・松本四郎編『講座日本近世史5――宝暦・天明期の政治と社会――』有斐閣
［一九九〇］矢嶋道文「日本型重商主義思想の成立――本多利明・佐藤信淵――」杉原四郎・逆井孝仁・藤原昭夫・藤井隆至編『日本の経済思想四百年』日本経済評論社
［一九九〇］杉浦明平・別所興一「解説――江戸期の開明思想――」杉浦明平・別所興一編『江戸期の開明思想――世界へ開く・近代を耕す』社会評論社
［一九九〇］宮本裕「本田利明の技術論――中国、西洋との比較を中心に――」生活思想研究会編『続日本生活思想研究』（非売品）

［一九九〇］前田勉「松宮観山の思想とその影響」『東北大学附属図書館研究年報』第二三号（東北大学附属図書館）

［一九九一］井田清子「ケンペル『鎖国論』写本を読み継いだ人々」『思想』第八〇〇号（岩波書店）

［一九九一］Tetsuo, Najita History and nature in eighteenth-century Tokugawa thought, *The Cambridge History of Japan vol. 4 Early Modern Japan*（Cambridge University Press）

［一九九一］塚谷晃弘「本多利明」国史大辞典編集委員会編『国史大辞典　第一二巻』吉川弘文館

［一九九二］岡宏三「長崎出役前後における近藤重蔵——人的関係を中心に——」『青山学院大学文学部紀要』第三四号（青山学院大学文学部）

［一九九二］長久保光明「寛政亜細亜地図」『地図史通論——談義と論評——』暁印書館

［一九九二］小林龍彦「本多利明の三角法と漢訳西洋暦算書との関係について」『科学史研究（第Ⅱ期）』第一八四号（日本科学史学会）

［一九九三］折原裕「江戸期における重商主義論の成立——海保青陵と本多利明——」『敬愛大学研究論集』第四三号（敬愛大学経済学会）

［一九九三］沼田哲「本多利明の経世論の展開」辻達也編『日本の近世——近代への胎動——　第一〇巻』中央公論社

［一九九三］藤原暹「北方洋学思想史——南部盛岡と箱館——（一）」『Artes liberales』第53号（岩手大学）

［一九九三］森銑三「広瀬六左衛門とその掃墓記録」『森銑三著作集続編　第三巻』中央公論社

［一九九四］森銑三「読書日記」『森銑三著作集続編　第一四巻』中央公論社

［一九九四］著者不明「本多利明」武内博編『日本洋学人名事典』柏書房

［一九九四］井伊玄太郎「無宿概説」『近世細民の文明論』雄松堂

［一九九五］石井謙治「本多利明の東蝦夷航海」『ものと人間の文化史　和船Ⅰ』法政大学出版局

［一九九五］矢嶋道文「「富国思想」についての一考察——海保青陵と本多利明——」下平尾勲・藤本義昭・森脇龍編『社会科学と人文学の諸問題』新東洋出版

［一九九五］岸本覚「「鎖国」観の形成と海防論――ケンペル著・志筑忠雄訳『鎖国論』を題材として――」『日本思想史研究会会報』第一三号（日本思想史研究会）
［一九九五］森銑三「三古会」『森銑三著作集続編　第一五巻』中央公論社
［一九九五］森銑三「偉人暦」『森銑三著作集続編　別巻』中央公論社
［一九九六］前田勉「観山の経世策」『近世日本の儒学と兵学』ぺりかん社
［一九九七］相見昌吾「本多利明の洋学論」『本多利明の洋学論（付哲学小論文集）』驢馬出版
［一九九七］矢嶋道文「近世日本「重商主義」思想研究の動向――一九〇〇年から一九九〇年代まで――」『短大論叢』第九八集（関東学院女子短期大学）
［一九九七］矢部洋三「本多利明の「猪苗代湖」水利構想」『安積開墾政策史――明治一〇年代の殖産興業政策の一環として――』日本経済評論社
［一九九七］岡宏三「近藤重蔵の蝦夷地情報の入手について」岩下哲典・真栄平房昭編著『近世日本の海外情報』岩田書院
［一九九八］Szipple, Frederick, Richard（リチャード・ジップル）「他世界のイメージ――エンゲルベルト・ケンペルの日本観と本多利明のヨーロッパ観について――」『南山大学ヨーロッパ研究センター報』第四号（南山大学ヨーロッパ研究センター）
［一九九八］飛田壽「近世の水上交通」『旭村の歴史　通史編』旭村史編さん委員会
［一九九八］山内昶「本多利明『西域物語』」『青い目に映った日本人――戦国・江戸期の日仏文化情報史――』人文書院
［一九九八］岸野俊彦「一八世紀後期の世界知識と蘭学・洋学の交錯――尾張藩人見璣邑と本多利明・本居宣長」『幕藩制社会における国学』校倉書房
［一九九八］松田清「楽歳堂洋書と幕府天文台」『洋学の書誌的研究』臨川書店
［一九九八］Masamichi Komuro Trends in economic thought in the Tokugawa Period, *Economic Thought and Modernization in Japan*〈EdwardElgar（edited by Shiro Sugihara, Toshihiro Tanaka）〉
［一九九九］矢嶋道文「本多利明の「富国思想」［一］「堀割・沖乗」技術論～カムサスカ開発論へ――」『短大論叢』第一〇二集

（関東学院女子短期大学）
［一九九九］ 海野一隆「江戸時代における『二儀略説』の流布」『科学史研究』第二一〇号（日本科学史学会）
［一九九九］ 宮田純「本多利明の経世理念「自然治道」に関する一考察」『中央史学』第二二号（中央大学中央史学会）
［一九九九］ 浅倉有子「寛政改革期における北方情報と政策決定」『北方史と近世社会』清文堂
［二〇〇〇］ 矢嶋道文「本多利明の「富国思想」［二］「堀割・沖乗」技術論～カムサスカ開発論へ――」『短大論叢』第一〇三集（関東学院女子短期大学）
［二〇〇〇］ 銭国紅「徳川時代の知識人と「世界」」『日本研究』第二〇集（国際日本文化研究センター）
［二〇〇〇］ 西岡幹雄「本多利明の「自然治道」論と開発経済モデル――政策思想における「西域」型経世学への転換――」『経済学論叢』第五一巻第三号（同志社大学経済学会）
［二〇〇〇］ 西岡幹雄「一八世紀後半以降の後期水戸学派の政策思想と立原派の産業経済論」『経済学論叢』第五二巻第一号（同志社大学経済学会）
［二〇〇〇］ 川上淳「最上徳内のアイヌ観」『根室市博物館開設準備室紀要』第一四号（根室市博物館開設準備室）
［二〇〇〇］ 中村真一郎「本多利明『西域物語』」『木村蒹葭堂のサロン』新潮社
［二〇〇一］ 藤田覚「寛政改革と蝦夷地政策」藤田覚編『幕藩制改革の展開』山川出版社
［二〇〇一］ 岸野俊彦「蘭学・洋学の浸透」新修名古屋市史編集委員会『新修名古屋市史 第四巻』名古屋市
［二〇〇一］ 佐藤京子「北海道立文書館所蔵「旧記」の来歴について」『北海道立文書館研究紀要』第一六号（北海道立文書館）
［二〇〇二］ 金子務「本多利明――経世の数理派――」『ジパング江戸科学史散歩』河出書房新社
［二〇〇二］ 内田孝俊「『圓理弧背綴術』の著者について――兼庭撰と関連して――」『数理解析研究所講究録』第一二五七巻（京都大学数理解析研究所）
［二〇〇二］ 浦井祥子「江戸の時刻と時の鐘」『江戸の時刻と時の鐘』岩田書院
［二〇〇二］ 宮田純「本多利明の国家再生論に関する一考察――カムサスカ開発論を中心に――」『中央史学』第二五号（中央大

学中央史学会）
［二〇〇二］宮田純「本多利明の国家論――徳川時代の経世論における〈エスニシティ〉の発見――」黒田弘子・長野ひろ子編著『エスニシティ・ジェンダーからみる日本の歴史』吉川弘文館
［二〇〇三］矢嶋道文「本多利明の富国思想――「堀割・沖乗」技術論～カムサスカ開発論へ――」『近世日本の「重商主義」思想研究――貿易思想と農政――』御茶の水書房
［二〇〇四］鈴木武雄「謎の和算家――高橋吉種――」『和算の成立――その光と陰――』恒星社厚生閣
［二〇〇四］鈴木武雄「和算史の光と陰」『和算の成立――その光と陰――』恒星社厚生閣
［二〇〇四］前田勉「蘭学系知識人の「日本人」意識――司馬江漢と本多利明を中心に――」『愛知教育大学研究報告（人文・社会科学編）』第五三輯（愛知教育大学）
［二〇〇四］銭国紅『日本と中国における「西洋」の発見――十九世紀日中知識人の世界像の形成――』山川出版社
［二〇〇四］宮田純「本多利明の経済思想――享和元年成立『交易論』を中心として――」『中央史学』第二七号（中央大学中央史学会）
［二〇〇四］宮田純「本多利明の北方開発経済思想――寛政三年成立『赤夷動静』を中心として――」『日本経済思想史研究』第四号（日本経済思想史研究会）
［二〇〇四］宮田純「本多利明の経世済民思想――『経済放言』を中心として――」川口浩編著『日本の経済思想世界――「十九世紀」の企業者・政策者・知識人――』日本経済評論社
［二〇〇五］藤田覚「蝦夷地第一次上知の政治過程」『近世後期政治史と対外関係』東京大学出版会
［二〇〇五］藤田覚「蝦夷地政策をめぐる対立と寛政改革」『近世後期政治史と対外関係』東京大学出版会
［二〇〇五］長山直治「前田斉広と文化・文政期の藩政」『金沢市史通史編2　近世』金沢市史編さん委員会
［二〇〇五］竹松幸香「近世後期金沢の文化」『金沢市史通史編2　近世』金沢市史編さん委員会
［二〇〇五］横井美里「幕末期の変動と藩政」『金沢市史通史編2　近世』金沢市史編さん委員会

［二〇〇五］宮田純「本多利明の水利政策論——寛政一二年成立『河道』を中心として——」『中央史学』第二八号（中央大学中央史学会）

［二〇〇五］宮田純「本多利明の藩「国益」思想——寛政七年成立『西薇事情』を中心として——」森安彦編著『地域社会の展開と幕藩制支配』名著出版

［二〇〇七］森岡邦泰「もう一つの『人口論』——マルサスと本多利明——」『マルサス学会年報』第一六号（マルサス学会）

［二〇〇七］著者不明「『両半球図』を複製・販売　江戸期の測量家・石黒信由収集　原図はロシア製」『朝日新聞』（二〇〇七年一一月三〇日朝刊（富山版））朝日新聞社

［二〇〇八］小池喜明「開国の論理　幕末「重大事件」に即して」『武士と開国』ぺりかん社

［二〇〇八］鈴木武雄「狩野亨吉の眼力／本多利明の場合《中村正弘先生の想い出に捧ぐ》」『数学教育研究』第三八号（大阪教育大学数学教室）

［二〇〇八］Edited by Theodor ed eBary "Honda Toshiaki: Ambition for Japan" *Sources of East Asian Tradition vol. 2: The Modern Period*〈Columbia University Press〈edited by Theodore de Bary〉〉

［二〇〇九］岡田俊裕「近世以降日本の地理学者に関する参考文献——地理学人物事典の作成に向けて——」『高知大学教育学部研究報告』第六九号（高知大学教育学部）

［二〇〇九］大島明秀「志筑忠雄訳『鎖国論』の流布と写本構造の分析」『「鎖国」という言説——ケンペル著・志筑忠雄訳『鎖国論』の受容史——』ミネルヴァ書房

［二〇〇九］本康宏史「十九世紀加賀藩の技術文化」19世紀加賀藩「技術文化」研究会編『時代に挑んだ科学者たち——19世紀加賀藩の技術文化——』北國新聞社

［二〇〇九］渡辺誠「「精密科学」を加賀藩にもたらした人　遠藤高璟とそのグループ」19世紀加賀藩「技術文化」研究会編『時代に挑んだ科学者たち——19世紀加賀藩の技術文化——』北國新聞社

［二〇〇九］宮田純「本多利明の経済思想——享和元年成立『長器論』を中心として——」『日本経済思想史研究』第九号（日本

経済思想史研究会）

［二〇一〇］Miyata Jun, 'An Outline of the Political Economic Thought of Honda Toshiaki'『経済学論叢』第六一巻第四号（同志社大学経済学会）※筆者注――'Political Economic Thought' and the Development of Political Economy as a Discipline in Japan: Civilization, Enlightenment, and Modernization（西岡幹雄・南森茂太・西淳との共同執筆）に採録

［二〇一〇］宮田純「本多利明の歴史観に関する一考察――寛政一〇年成立『経世秘策』「巻下」を中心として――」『二一世紀アジア学会紀要』第八号（国士舘大学二一世紀アジア学会）

［二〇一〇］宮田純「本多利明の経済思想――寛政七年成立『自然治道之弁』の総合的研究――」『Asia Japan Journal』第五号（国士舘大学アジア・日本研究センター）

［二〇一〇］横塚啓之「日本の江戸時代における対数の歴史［縮約版］――1780年～1830年頃を中心として――」『数理解析研究所講究録』第一六七七号（京都大学数理解析研究所）

［二〇一一］川上淳「最上徳内のアイヌ観」『近世後期の奥蝦夷地史と日露関係』北海道出版企画センター

［二〇一一］岡田俊裕「本多利明」『日本地理学人物事典【近世編】』原書房

［二〇一一］宮田純『本多利明の経済政策思想――『自然治道之弁』による日本国「豊饒」化構想とその後の展開――』博士学位論文：同志社大学（経済学）二〇一一年三月二一日甲第四七三号

［二〇一二］宮田純「本多利明の対外交易論――『西域物語』を中心として――」『経済学論纂』第五二巻第三号（中央大学経済学研究会）

［二〇一二］宮田純「本多利明の対外交易論――一七九八年成立『経世秘策』を中心として――」『Asia Japan Journal』第七号（国士舘大学アジア・日本研究センター）

［二〇一四］宮田純「徳川時代の北方開発政策論――本多利明著『大日本国の属嶋北蝦夷の風土艸稿』を中心として――」『中央大学経済研究所年報』第四四号（中央大学経済研究所）

［二〇一五］宮田純「本多利明の北方開発政策論――『蝦夷拾遺』を中心として」笠谷和比古編『徳川社会と日本の近代化』思文

閣出版

［二〇一五］ 森岡邦泰「本多利明の著作における海外情報」『大阪商業大学論集』第一七七号（大阪商業大学商経学会）

［二〇一六］ 森岡邦泰「本多利明と西洋観」『日本経済思想史研究』第一六号（日本経済思想史学会）

［二〇一六］ 宮田純「本多利明の蝦夷地開発政策論——天明～寛政期を中心として——」小室正紀編『幕藩制転換期の経済思想』慶應義塾大学出版会

〈付記〉利明研究における諸論説についての情報を網羅的に収集したつもりではあるが、筆者の力量不足により欠落した成果があるかもしれない。それについては、増補・改稿版をなんらかの方法により公表したいと考えている。

付録（2） 本多利明の翻刻化資料一覧

付録（2）は本多利明の著述を翻刻化した資料を網羅的に纏めた。①刊行年、②編者・校訂者、③収録書名、④出版社、⑤翻刻資料の書名、の順に整理した。

［一八九一］内藤耻叟校訂『少年必読日本文庫』第三編（博文館）
『経世秘策』

［一八九二］内藤耻叟校訂『少年必読日本文庫』第八編（博文館）
『経世秘策補遺』
『経世秘策後編』

［一九一五］瀧本誠一編『日本経済叢書』第一二巻（日本経済叢書刊行会）
『経世秘策』
『経世秘策補遺』
『経世秘策後編』
『西域物語』
『船舶考』 ※筆者注――土生熊五郎著とされているが、内容は本多利明著『長器論』

［一九一六］瀧本誠一編『日本経済叢書』第二六巻（日本経済叢書刊行会）
『経済放言』

［一九二九］瀧本誠一編『日本経済大典』第二〇巻（啓明社）

付録（2）　本多利明の翻刻化資料一覧

〔一九二九〕住田正一編『海事史料叢書』第六巻（厳松堂）
『経世秘策　同補遺及後編』
『経済放言』
『西域物語』
『西薇事情』
『船舶考』※筆者注——土生熊五郎著とされているが、内容は本多利明著『長器論』
『渡海新法』

〔一九三一〕安藤次郎『尚徳堂叢書』第三集（非売品）
『外郎異談』朝比奈厚生校・人見璣邑問・本多利明答

〔一九三四〕上村勝彌編『大日本思想全集』第一一巻（吉田書店出版部大日本思想全集刊行会）
『経世秘策』
『経世秘策後編』
『経世秘策補遺』
『西域物語』

〔一九三四〕藤田徳太郎編『日本精神文化大系』第六巻（金星社）
『経世秘策』

〔一九三五〕本庄栄治郎解題『近世社会経済学説大系　本多利明集』（誠文堂新光社）
『経世秘策』
『経済放言』
『西域物語』
『長器論』

『河道』
『自然治道之弁』（抄）
『四大急務に関する上書』（抄）
『船長の教訓』
『渡海新法』（抄）
『渡海日記』
『本多氏策論　蝦夷拾遺』
『蝦夷土地開発愚存の大概』（抄）
『蝦夷開発に関する上書』（抄）
『蝦夷道知辺』（抄）
『西薇事情』
『本多利明手簡』
『本多利明先生行状記』

［一九四三］三枝博音編『日本科学古典全書』第七巻（朝日新聞社）
『長器論』

［一九五三］赤羽壮造「本田利明の「海国の根を固くするの策」」『典籍』第六冊（典籍同好会）
『海国の根を固くするの策』　※筆者注――赤羽壮造氏の論説に所収された同氏による翻刻

［一九五六］三枝博音・清水幾太郎編『日本哲学思想全書』第四巻（啓蒙編）（平凡社）
『経世秘策』

［一九六九］谷川健一編『日本庶民生活史料集成第四巻　探検・紀行・地誌（北辺篇）』（三一書房）
『蝦夷国風俗人情之沙汰』最上徳内著・本多利明の「序」

［一九七〇］塚谷晃弘・蔵並省自校注『日本思想大系　四四　本多利明　海保青陵』（岩波書店）
『経世秘策』
『西域物語』
『交易論』
『西薇事情』（抄）
『長器論』（抄）
［一九七六］山住正己・中江和恵編『東洋文庫二九七　子育ての書3』（平凡社）
『西域物語』（抄）
［一九八四］佐藤昌介編『日本の名著　第二五巻　渡辺崋山　高野長英』（中央公論社）
『西域物語』　※筆者注――現代語訳
［一九八五］寺沢一・和田敏明・黒田秀俊編『蝦夷・千島古文書集成　北方未公開古文書集成』第三巻（教育出版センター）
『赤夷動静』
［一九九〇］杉浦明平・別所興一編『思想の海へ――解放と変革――第3巻　江戸期の開明思想世界へ開く・近代を耕す』（社会評論社）
『西域物語』（抄）
［二〇〇三］山下恒夫編『江戸漂流記総集　別巻　大黒屋光太夫史料集　第一巻』（日本評論社）
『赤蝦夷風説考』最上徳内著・本多利明訂
『本多利明宛最上徳内書簡』

付録（3） 本多利明関連年表

和暦	西暦	本多利明関連事項	一般事項
寛保三	一七四三	本多利明誕生。	
明和三	一七六六	江戸音羽一丁目に開塾。	
明和八	一七七一		ベニョフスキーのロシア南下情報が伝えられる。
安永元	一七七二		1月 田沼意次が老中へ就任。
安永七	一七七八		ロシア人が根室半島ノツカマプに来航する。
天明二	一七八二		幕府が下総印旛沼干拓事業に着手。
天明三	一七八三	最上徳内が本多利明の音羽塾へ入塾。	1月 工藤平助著『赤蝦夷風説考』完成。 浅間山の噴火と降灰被害（天明飢饉）。
天明五	一七八五		2月 田沼政権による幕吏蝦夷地派遣（〜一七八六）実施。
天明六	一七八六		8月 田沼意次が老中を解任される。
天明七	一七八七		6月 松平定信が老中に就任。
天明八	一七八八	1月 利明著『大日本国の属嶋北蝦夷の風土艸稿』完成。 1月 徳内著・利明序文『別本赤蝦夷風説考』（別称『天明六丙午蝦夷地見聞記』）完成。 ※徳内・利明による記録ノート『赤蝦夷風説考』（工藤平助本の部分複製）は『別本』とのセットで考えるべきか？	

寛政元	一七八九		5月　寛政の蝦夷騒動（クナシリ・メナシのアイヌの戦い）。
寛政二	一七九〇	7月　利明著『蝦夷拾遺』（別称『本多（田）氏策論　蝦夷拾遺』）が完成。水戸の立原翠軒に贈られる。	2月　全国に物価引下令。人足寄場を江戸石川島に設置。 5月　湯島聖堂で朱子学以外の異学の講究を禁ずる。 11月　幕府が旧里帰農奨励令を発する。
寛政三	一七九一	1月　徳内著『蝦夷国風俗人情之沙汰』に利明の「序文」が寄せられる。 1月　利明著『蝦夷土地開発愚存之大概』（別称『赤夷動静』）成立。 10月　利明著『利明上書』成立（同四年七月版も有り）。	
寛政四	一七九二		5月　『海国兵談』を出版した林子平が処罰される。 9月　ロシア使節ラクスマンが根室に来航する。 12月　『蝦夷御取締建議』まとめられる。
寛政五	一七九三		7月　松平定信が老中を退任する。
寛政七	一七九五	1月　利明著『自然治道之弁』成立。 6月　利明著『西薇事情』成立。	
寛政八	一七九六		9月　幕府内に「松前御用掛り」を設置する。
寛政一〇	一七九八	8月　利明著『西域物語』成立。 10月　利明著『経世秘策』成立。	7月　近藤重蔵・最上徳内一行がエトロフに標柱「大日本恵登呂府」建立。
寛政一一	一七九九		1月　松前藩に対し東蝦夷地の七年間の上知を命じる。

寛政一二	一八〇〇	11月　利明著『河道』成立。	
寛政一三	一八〇一	1月　利明著『蝦夷乃道知辺』成立。	
享和元	一八〇一	5月　利明が安房国柏崎を出帆し蝦夷地渡航へ出発。 6月　利明がアツケシに到着。 7月　利明著『交易論』成立。 7月　利明が南部宮古へ到着。 8月　利明著『長器論』成立。 10月　利明が品川沖へ帰帆。 10月　利明著『渡海日記』成立。 利明著『経済放言』成立（『長器論』成立以降）。	
享和二	一八〇二		7月　東蝦夷地を永久上知とする。
文化元	一八〇四	8月　利明著『渡海新法』成立。	9月　ロシア使節レザノフ長崎へ来航する。
文化四	一八〇七		3月　松前・蝦夷地一円を幕府の直轄とする。
文化五	一八〇八		8月　イギリス軍艦フェートン号が長崎に侵入。
文化六	一八〇九	7月　利明が加賀前田家に仕官。半年後（1年半?）江戸帰府。	
文化八	一八一一		ロシア軍艦ディアナ号がクナシリ島に上陸。
文政三	一八二一	1月　利明没（一月二五日）。	

〈付記〉塚谷研究における従来の成果を基礎としながら、筆者のその後の調査結果を反映させたものであり、第八章第一節で紹介した先行研究の内容から改めた点が幾つかある。今後、さらなる内容更新を行う必要があるだろう。したがって、本年表は課題提起としての意味を内包するものである。

あとがき

「その人の精神に触れること、それが人物研究の最初の目的であり、同時に最後の目的であらねばならぬ」〈森銑三「人物研究に就いての私見」『森銑三著作集　続編　第一二巻』（中央公論社、一九九四年）、五三八頁〉という一九六〇年代に発せられた書誌学者森銑三氏の言葉がある。長きに亘る本書の作成作業を通じて、筆者は多少なりとも本多利明の精神に触れようとしてきたつもりである。その触れ方については、第三者の評価を待ちたいと思う。

思い返せば、中央大学の卒業論文として本多利明を採り上げてから一貫して利明の経済政策思想研究に携わってきたことになる。その端緒は中央大学三年時の春に日本近世史ゼミの藤野保先生から「近世の思想」をテーマとする研究史の整理を課題として与えられたことにあり、それを契機として卒業論文のテーマを本多利明に決めたという経緯に基づいている。その際、藤野先生が日本思想史の講師として立教大学から招聘なさっていた逆井孝仁先生からの個別指導も同時期に受けさせていただくこととなり、徳川幕藩体制史、日本経済思想史それぞれの碩学であられる藤野先生と逆井先生の御二人に卒業論文の御指導を仰ぐという幸運に恵まれることとなった。研究のいろはも知らぬ筆者を現在へと導いてくださった御二人には心より感謝申し上げたい。

なお、学部卒業時に逆井先生から同先生の編著にあたる『日本の経済思想四百年』（日本経済評論社、一九九〇年）を藤野先生経由にてプレゼントされたことを生涯忘れることはないだろう。同書の冒頭に記された「謹呈　宮田純学兄　逆井孝仁」というボールペン書きを目にする度にただひたすらの畏敬の念にとらわれる。

両先生との邂逅を契機として、筆者は、藤野先生の口癖であった「喰らいついたら離すな、すべからくブルドッグたれ」のごとく、本多利明研究を継続してきたが、それもひとえに多くの人々の支えによるものである。中央大学大学院文学研究科・同経済学研究科ならびに、博士論文の審査にてたいへんお世話になった西岡幹雄先生をはじめとする同志社大学大学院経済学研究科の諸先生方や先輩の方々、日本経済思想史学会（旧日本経済思想史研究会・主宰　逆井孝仁先生）や社会経済史学会、ならびに経済学史学会や日本思想史学会、国際日本文化研究センターの共同研究会（研究代表　笠谷和比古先生）や中央大学経済研究所の関係者の方々からは、数多くの御教示を賜っただけでなく、「耳学問」を通じながらの多彩な叡智との接触の機会を得させていただいた。また、調査などにおける諸機関のスタッフの方々の親切な対応も忘れることができない。紙幅の都合により個々人のお名前を記すことができないながらも、筆者の家族も含むすべての方々への感謝の気持ちをお伝えさせていただきたい。また、本書の刊行に際して御尽力を賜った御茶の水書房橋本盛作社長ならびに小堺章夫氏への謝意もここに呈したい。

　このように数多くの方々の御力添えのもとで研究者としての筆者は育まれ、本書の上梓へと至ることとなった。皆々様から拝受させていただいた学恩に応えてゆくためには、さらなる研鑽を積みつづける必要がある。その際、森銑三氏が一九七〇年代に発した「人物の研究には究極がない。自分一人の力で、その対象とする人物が、研究しつくされるものではない。自分の発表した人物の研究も後人の手でさらに一層進展せしめてもらひたい。それが人物研究家の願ひであらねばならぬ」（同「人物研究偶語」同書、五四三頁）という言葉も念頭に置きたいと思う。こうした助言を考慮しながらも、歴史家幸田成友氏の金言「歴史家は須らく原本《オリジナル》に還れ」〈幸田成友「嘘か実か」『苦楽』第二巻第四号（一九四七年）〉をあらためて強く意識した探究を今後も進めてゆきたいと考えている。

平成二八年（二〇一六年）七月

宮田純　謹誌

補遺

使い古された表現であるが、「画竜点睛」という故事成語がある。自筆本が希少であるのみならず、肖像画に至っては全く以て残存せぬ本多利明という「画竜」に「睛（瞳）」を「点」じてみると、どのような人物像が浮かびあがるだろうか。

本多利明が文政三年一二月二二日（一八二一年一月二五日）にその生涯を閉じてからおよそ二〇〇年近くの時が流れ、現在を迎えている。その間に本庄栄治郎、ドナルド・キーン、阿部真琴、塚谷晃弘といった碩学諸氏が独自の観点から「睛」を「点」じ、様々な「画竜」を学術の空へと飛び立たせていった。

その軌跡を憧憬しながら、筆者なりの「睛」を「点」じてみたのが本書であるが、果たして実像を瞭然とさせるような「点」じ方であっただろうか。利明に「不点眼睛」または、「画蛇添足」と叱責されなければよいが。それを覚悟しながらも、本多三郎右衛門利明その人に本書を捧げたい。

なお、本書の刊行は日本学術振興会の平成二八年度科学研究費助成事業（科学研究費補助金）のうち、研究成果公開促進費「学術図書」〈課題番号：１６ＨＰ５２６６〉の交付によっていることを謝意とともにここに明記する。

初出一覧

序章　新稿

第Ⅰ部

はじめに　新稿

第一章　新稿

第二章　「本多利明の経済思想――寛政七年成立『自然治道之弁』の総合的研究――」『Asia Japan Journal』第五号（国士舘大学アジア・日本研究センター、二〇一〇年）

第三章　「本多利明の経済思想――寛政七年成立『自然治道之弁』の総合的研究――」『Asia Japan Journal』第五号（国士舘大学アジア・日本研究センター、二〇一〇年）

第四章　「本多利明の水利政策論――寛政一二年成立『河道』を中心として――」『中央史学』第二八号（中央大学中央史学会、二〇〇五年）

第五章　「本多利明の藩「国益」思想――寛政七年成立『西薇事情』を中心として――」森安彦編著『地域社会の展開と幕藩制支配』（名著出版、二〇〇五年）

おわりに　新稿

補論一　「本多利明の国家再生論に関する一考察――カムサスカ開発論を中心に――」『中央史学』第二五号（中央大学中央史学会、二〇〇二年）

補論二　「本多利明の経済思想――享和元年成立『長器論』を中心として――」『日本経済思想史研究』第九号（日本経済思想史研究会、二〇〇九年）

第Ⅱ部

はじめに　新稿

第六章　「本多利明の対外交易論――『西域物語』を中心として――」『経済学論纂』第五二巻第三号（中央大学経済学研究会、二〇一二年）

第七章　「本多利明の対外交易論――一七九八年成立『経世秘策』を中心として――」『Asia Japan Journal』第七号（国士舘大学アジア・日本研究センター、二〇一二年）

第八章　「本多利明の経済思想――享和元年成立『交易論』を中心として――」『中央史学』第二七号（中央大学中央史学会、二〇〇四年）

第九章　「本多利明の経世済民思想――『経済放言』を中心として――」川口浩編著『日本の経済思想世界――「十九世紀」の企業者・政策者・知識人――』（日本経済評論社、二〇〇四年）

おわりに　新稿

終章　新稿

付録（1）　新稿

付録（2）　新稿

付録（3）　新稿

〈付記1〉本書第Ⅰ部は博士学位論文『本多利明の経済政策思想――『自然治道之弁』による日本国「豊饒」化構想とその後の展開――』〈同志社大学（経済学）平成二三年度甲第四七三号、二〇一一年三月二一日〉に該当する。なお各章とも、本書の収録に際して改稿を行っている。

〈付記2〉改稿による再掲載を快諾・許可していただいた日本経済評論社の関係者各位に謝意を呈させていただきたい。

人名索引

筆者注1——すべて日本語の音読みにしたがって配列した
筆者注2——頻出する人名については文脈に即したうえでの重要と判断される頁を掲載した

ア 行

カ 行

サ 行

タ　行

ナ　行

ハ　行

マ　行

ヤ　行

ラ　行

書名索引

筆者注 1――すべて日本語の音読みにしたがって配列した
筆者注 2――頻出する書名については文脈に即したうえでの重要と判断される頁を掲載した

ア　行

カ　行

サ　行

タ 行

ナ 行

ハ 行

ヤ 行

ラ 行

著者紹介

宮田　純（みやた　じゅん）

中央大学文学部史学科国史学専攻卒業。同大学大学院文学研究科国史学専攻博士前期課程修了後に同大学大学院文学研究科日本史学専攻博士後期課程単位取得退学。その後、同志社大学大学院経済学研究科経済政策専攻博士後期課程修了。現在、中央大学経済研究所客員研究員、関東学院大学・国士館大学・明星大学等兼任講師。（専門領域：日本経済思想史・日本近世史・図書館情報学・書誌学）

修士（史学／中央大学）

博士（経済学／同志社大学）

主要業績

『エスニシティ・ジェンダーからみる日本の歴史』長野ひろ子・黒田弘子共著（吉川弘文館、2002年）。『日本の経済思想世界――「十九世紀」の企業者・政策者・知識人――』川口浩共著（日本経済評論社、2004年）。『地域社会の展開と幕藩制支配』森安彦共著（名著出版、2005年）。『クロス文化学叢書　第一巻　互恵と国際交流』矢嶋道文共著（クロスカルチャー出版、2014年）。『徳川社会と日本の近代化』笠谷和比古共著（思文閣出版、2015年）。『幕藩制転換期の経済思想』小室正紀共著（慶應義塾大学出版会、2016年）。「本多利明の経済思想――享和元年成立『長器論』を中心として――」『日本経済思想史研究』第9号（日本経済思想史研究会、2009年）。「本多利明の経済思想――寛政七年成立『自然治道之弁』の総合的研究――」『Asia Japan Journal』第5号（国士舘大学アジア・日本研究センター、2010年）。Political Economic Thought and the Development of Political Economy as a Discipline in Japan: Civilization, Enlightenment, and Modernization 西岡幹雄共著『経済学論叢』第61巻第4号（同志社大学経済学会、2010年）。

近世《きんせい》日本《にほん》の開発経済論《かいはつけいざいろん》と国際化構想《こくさいかこうそう》――本多利明《ほんだとしあき》の経済政策思想《けいざいせいさくしそう》――

2016年10月3日　第1版第1刷発行

著　者　宮　田　　純

発行者　橋　本　盛　作

発行所　株式会社　御茶の水書房

〒113-0033　東京都文京区本郷5-30-20

電話　03-5684-0751

FAX　03-5684-0753

印刷・製本　シナノ印刷㈱

ISBN 978-4-275-02048-2 C3021